ALMANAC OF HENAN UNIVERSITY OF TECHNOLOGY

河南工業大學年鉴（2019）

《河南工业大学年鉴（2019）》编委会 编

2019

郑州大学出版社
郑州

图书在版编目(CIP)数据

河南工业大学年鉴.2019/《河南工业大学年鉴.2019》编委会编.—郑州:郑州大学出版社,2020.7
ISBN 978-7-5645-6927-3

Ⅰ.①河… Ⅱ.①河… Ⅲ.①河南工业大学-2019-年鉴 Ⅳ.①G649.286.11-54

中国版本图书馆 CIP 数据核字（2020）第 047507 号

郑州大学出版社出版发行
郑州市大学路 40 号　　邮政编码:450052
出版人:孙保营　　发行部电话:0371-66966070
全国新华书店经销
河南瑞之光印刷股份有限公司印制
开本:850 mm×1 168 mm　1/16
印张:15
字数:494 千字　　彩页:8
版次:2020 年 7 月第 1 版　　印次:2020 年 7 月第 1 次印刷

书号:ISBN 978-7-5645-6927-3　　定价:98.00 元

2018 年 **2** 月 **9** 日，河南省人大常委会副主任徐济超（中）一行来学校慰问卞科（左二）、谷克仁（右二）两位专家教授

2018 年 **6** 月 **12** 日，原国家粮食局副局长、项目实施指导委员会主任徐鸣（前排中），国家粮食与物资储备局人事司司长陈军生（前排右一），原国家粮食局科学研究院院长杜政（前排左二）等出席在学校召开的服务国家粮食安全（产后）博士人才培养项目实施指导委员会第三次会议

2018 年 10 月 16 日，河南省粮食局党组成员、副局长刘大贵（左三）出席在学校举行的 2018 世界粮食日河南主会场系列活动启动仪式

2018 年 4 月 23 日，河南省社会科学院院长张占仓应邀来学校作十九大精神辅导报告

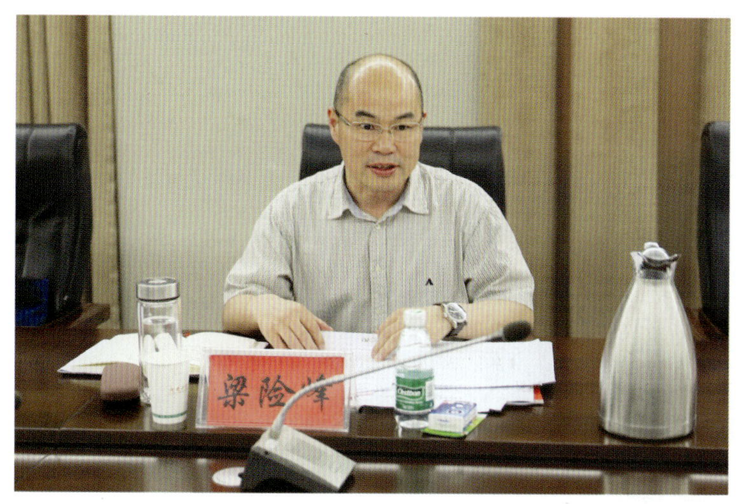

2018 年 6 月 21 日，河南省委统战部副部长梁险峰来学校检查指导工作

2018 年 3 月 28 日，国家粮食和物资储备局信息化推进办谭本刚副司长到学校调研

2018 年 1 月 3 日，河南省委高校纪工委书记李莉华一行莅临学校调研思想政治工作

2018 年 4 月 12 日，校党委书记张元在学校党建工作会议上安排部署 2018 年党建重点工作

2018 年 9 月 14 日，校长卞科在 2018 级新生开学典礼暨军训总结表彰大会上讲话

2018 年 11 月 3 日，校党委常务副书记王玉斌（前排右三）为第三届全国“一带一路”跨文化沟通高峰论坛暨学校“一带一路”跨文化研究基地揭牌

2018 年 1 月 19 日，常务副校长赵豫林（前排中）看望外国专家和留学生

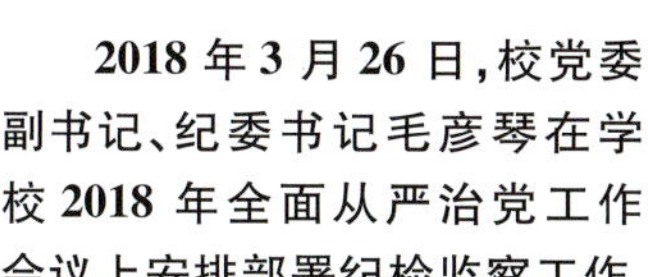

2018 年 3 月 26 日，校党委副书记、纪委书记毛彦琴在学校 2018 年全面从严治党工作会议上安排部署纪检监察工作

2018 年 8 月 9 日，副校长李利英（前排右六）出席“2018 年发展中国家粮食安全研修班（法语）”开班仪式

2018 年 12 月 4 日，副校长陈复生（左五）为全国专利文献服务网点及河南专利信息中心河南工业大学分中心揭牌

2018 年 3 月 23 日，副校长李学雷主持校第二届教职工代表大会第四次会议

2018 年 9 月 4 日，副校长朱文学（前排右一）代表学校与南非林波波省签署合作备忘录

2018 年 1 月 20—21 日，由语料库翻译学研究会指导、学校外语学院主办的“基于语料库的语言对比与翻译研究高端论坛(2018)”在学校召开

2018 年 1 月 23 日，《粮油科技(英文)》第一届编委会第一次会议在学校举行

2018 年 1 月 25 日，河南省高校统战工作座谈会在学校召开

2018 年 2 月 8 日，郑州市高新区党工委书记、管委会主任王新亭一行走访学校

2018 年 3 月 22 日，学校召开本科教学工作审核评估动员大会

2018 年 4 月 24 日，美国雪兰多大学校长 Bloss 一行来访学校

2018 年 4 月 26—28 日，学校土木工程专业接受住建部高等教育专业评估（认证）专家现场考察

2018 年 5 月 16 日，柬埔寨财经部国务秘书翁赛维索一行访问学校

2018 年 5 月 24 日，学校在 2018 年“创青春”河南省大学生创业大赛决赛中获“优胜杯”

2018 年 6 月 24 日，学校承担的第一个教育部工程研究中心“粮食储藏与安全教育部工程研究中心”建设项目验收会在学校举行

2018 年 7 月 31 日，河南省委高校工委调研组莅临学校调研省委十届六次全会暨河南省委工作会议精神贯彻落实情况

2018 年 8 月 8 日，学校足球队首次在河南省第十三届运动会学生组足球比赛暨河南省大学生第十七届足球锦标赛上夺冠

2018 年 8 月 28 日，学校到光山调研对接帮扶工作

2018 年 8 月 29 日，第八届中加生态储粮研究中心暨粮食储运国家工程实验室工作学术研讨会在学校召开

2018 年 10 月 26 日，教育专家团在中国·河南招才引智创新发展大会前到学校考察

2018 年 10 月 26—28 日，学校主办第二届中国亚临界生物萃取技术发展论坛

2018 年 10 月 29—31 日，学校环境工程专业接受全国工程教育认证现场考查

2018 年 11 月 4 日，河南省委第六巡视组进驻学校开展巡视工作

2018 年 11 月 11 日，2018 中国（国际）传感器创新创业大赛在学校举行

2018 年 11 月 14 日，美国欧道明大学代表一行到访学校洽谈合作事宜

2018 年 11 月 29 日，学校召开本科教学工作审核评估专家意见反馈会

2018 年 11 月 30 日，学校与光山县举行扶贫攻坚工作座谈会暨项目签约仪式

2018 年 12 月 3 日，学校斩获中国青年服务项目大赛最高奖金奖

2018 年 12 月 26 日，学校“国家粮食局粮油食品工程技术研究中心”以优秀等级完成国家粮食和物资储备局组织的评估

《河南工业大学年鉴(2019)》编写领导小组

主任委员：张　元

副主任委员：卞　科　陈复生

委　　员：张　元　卞　科　王玉斌　毛彦琴　李利英　陈复生　李学雷　朱文学　余传杰　李焕锋　朱立峰　牛进平　王世成　辜　瑞

《河南工业大学年鉴(2019)》编写委员会

主　　编：陈复生

副 主 编：王世成　辜　瑞　朱立峰　牛进平

编　　委：闫武辉　王晓玲　蔡永平　孙柯贞　李怀西　李文庠　张万青　周姗姗　马景娥　赵　宇　何进军　王　霞　单保星　陈丹丹

编 辑 说 明

《河南工业大学年鉴(2019)》记载了河南工业大学2018年度在教学改革、学科建设、科学研究、对外交流、学生培养、社会服务等各方面的发展进程和最新成就。

全书共分特载,专文,河南工业大学年度概况,机构与干部,学院情况,教学工作,学科建设,科学研究与产业开发,国际及港澳台交流与合作,管理工作,教学科研服务设施,基建与后勤服务,党建与思想政治工作,人物,2018年党发、校发文件目录,表彰与奖励,2018届毕业生信息,2018年大事记等基本栏目。

本年鉴所收录的各学院的资料,基本上按照概况、学科建设、教学工作、科研工作、学生工作、党建与思想政治工作等条目编写。各部、处、所、中心、办公室、实验室等基本按概况及本部门具体工作分条目、分层次编写,有关统计数据附在相关内容之后。

本年鉴所刊内容由各单位确定专人负责提供,并经本单位领导审定。

本年鉴主要收录了各单位2018年1月1日至2018年12月31日期间发生的重大事件。部分内容依据实际情况在时限上略有延伸。

《河南工业大学年鉴(2019)》由河南工业大学档案馆组织编写,在编写过程中,得到了各有关单位和部门的大力支持,在此谨表衷心感谢。

《河南工业大学年鉴(2019)》编委会

2019年9月

目　录

·特　　载·

省委第六巡视组进驻学校开展巡视工作

根据省委巡视工作统一部署，2018年11月4日上午，省委第六巡视组巡视河南工业大学工作动员会在莲花街校区举行。会前，省委第六巡视组组长代毅君、省委巡视工作办公室副主任郭佑安、省委第六巡视组副组长郑新法与河南工业大学党委书记张元进行了见面沟通，传达了中央和省委关于巡视工作的要求部署。动员会上，代毅君、郭佑安分别做动员讲话，对做好巡视工作提出要求。张元主持会议并做表态发言。省委巡视组全体成员，学校领导班子全体成员，及其他有关人员参加了动员会。

代毅君通报了此次集中巡视的主要任务和工作安排。他指出，这次巡视的主要任务是以习近平新时代中国特色社会主义思想和党的十九大精神为指导，增强“四个意识”，坚定“四个自信”，落实中央巡视工作方针和省委部署要求，坚定不移深化政治巡视，以“两个维护”为根本政治任务，聚焦坚持和加强党的全面领导、新时代党的建设总要求、全面从严治党，从“六个围绕，一个加强”等七个重点方面，着力查找和发现被巡视高校党委及其领导班子成员存在的政治偏差及违纪违规问题，推动党中央关于高校工作的重大决策部署落到实处，推动全面从严治党向高校基层延伸，推动高校进一步严肃党内政治生活、净化党内政治生态。

代毅君强调三点意见：第一，坚守政治巡视定位，坚决落实中央和省委决策部署。这次巡视对学校党委和党员领导干部在强化“四个意识”、坚定“四个自信”、做到“两个维护”，坚持和贯彻中国特色社会主义大学的办学方针，执行“六项纪律”等方面的情况进行监督检查，这是对河南工业大学的一次全面政治体检，旨在推动党的路线方针政策在学校的贯彻执行，保障党中央和省委的决策部署在学校的坚决落实。第二，突出“五个政治高度”，坚定不移深化政治巡视。一要站在“两个维护”的政治高度开展巡视监督；二要站在推进党的建设新的伟大工程的政治高度开展巡视监督；三要站在协调推进全面从严治党战略布局的政治高度开展巡视监督；四要站在培育新时代党的事业合格接班人的政治高度开展巡视监督；五要站在对党忠诚的政治高度开展巡视监督。第三，要共同扛起政治责任，确保巡视监督的高质量。做好十届省委第五轮巡视工作，是省委第六巡视组和学校党委共同的政治责任。希望学校党委和各级党员领导干部要增强监督意识，正确对待监督，自觉接受监督，积极配合监督。巡视组将紧紧依靠学校党委开展工作，加强协调沟通，密切联系群众，广泛听取意见，着力发现问题，实事求是向省委汇报巡视情况，充分用好巡视成果。

郭佑安传达了省委关于本轮巡视工作的重要指示精神，全面阐述了巡视工作的重大意义，并提出了具体的要求。他指出，省委决定对36所省管本科院校开展巡视监督，是贯彻落实习近平总书记关于高等教育发展重要指示精神的有力举措，是践行“两个维护”，保障党的路线方针政策在河南省教育战线得到切实落实的具体行动。一是要提高政治站位，充分认识对高校开展巡视监督的重大意义。要站在推进党的建设新的伟大工程，协调推进全面从严治党战略布局，培育新时代中国特色社会主义合格建设者和可靠接班人的政治高度,充分认识对高校开展巡视监督的重大意义,把思想和行动统一到习近平总书记重要指示精神上来,统一到中央对高等教育发展的任务要求上来,统一到省委对全面从严治党的决策部署上来,以巡视监督高质量促进河南省高等教育事业健康发展。二是要坚定不移深化政治巡视,全面推动高校落实管党治党政治责任。政治巡视的本质是政治监督、组织监督和纪律监督,是对被巡视党组织的全面政治体检。要通过现象看本质,把业务工作存在的问题,放到党的领导、党的建设、全面从严治党的政治层面去分析,落到管党治党政治责任去查找。三是要加强协调配合,共同完成省委交给的政治任务。学校党委配合巡视组落实好有关纪律要求,在接受巡视监督的同时,也要加强对巡视组的监督,为搞好巡视监督创造良好氛围和环境,支持巡视组依规依纪做好本轮巡视工作。

张元在代表学校党委做表态发言时表示,要切实按照省委巡视工作要求,统一思想认识,提高政治站位,强化责任担当,全力配合好省委第六巡视组的各项工作,确保此次巡视工作圆满完成。第一,提高政治站位,坚决贯彻落实省委巡视工作部署。第二,严守政治纪律,全力配合好省委巡视组的各项工作。第三,强化政治担当,以钉钉子的精神认真抓好整改工作。第四,把牢政治方向,加快有特色高水平工业大学建设进程。要以此次省委巡视为契机,进一步把牢社会主义办学方向,坚持立德树人根本任务,厘清发展思路,细化工作措施,以党的建设高质量推动有特色高水平大学建设高质量,为实现中原更加出彩的奋斗目标做出更大的贡献。

动员会后,省委第六巡视组面向参会人员进行了现场问卷调查。

根据有关安排,省委第六巡视组在学校工作时间是2018年11月4日至12月18日。巡视期间,为切实做好省委第六巡视组对学校工作纪律、办公用房检查反馈问题的立行立改工作,迅速抓好有关工作的落实,学校成立了省委第六巡视组反馈问题立行立改工作领导小组。

学校接受教育部本科教学工作审核评估

11月26日至29日,以河北工业大学党委书记李强教授为组长,郑州大学原副校长宋毛平教授为副组长的教育部本科教学工作审核评估专家组一行,以及河南省教育厅评估中心副主任张新民教授等共14人莅临学校,对学校进行本科教学工作审核评估。

26日上午,学校本科教学工作审核评估专家见面会在莲花街校区举行。专家组全体成员,学校全体校领导、各单位主要负责同志参加会议。会议分两个阶段进行。第一阶段会议由学校副校长李利英教授主持。校党委书记张元教授致欢迎辞。第二阶段会议由专家组组长李强教授主持。他介绍了评估的背景、目的、指导思想、考察重点以及工作任务、方式和要求。校长卞科教授作了题为《夯实基础强化特色努力培养德智体美劳全面发展的高素质人才》的本科教学工作补充报告。他从坚定办学初心、学校教育事业稳步发展,坚持育人中心、人才培养质量不断提高,以及坚守兴学本心、教育教学实践持续改进等三个方面,对学校相关情况进行补充汇报。见面会结束后,按照有关日程安排,专家组通过实地考察、现场观摩课堂教学、走访座谈、审阅材料等方式,对学校本科教学工作进行审核评估。

实地考察期间,专家组共召开31场不同类型的教师、学生座谈会,座谈对象共计385人;深度访谈了8位校领导,共18人次;走访了30个职能部门、18个教学单位,共计访谈208人次;听课39学时,看课33门,调阅了43门课程共计3190份试卷和31个专业的1395份毕业设计或论文;查阅了教学单位202份教学材料;走访了校内外实验室、实习教学基地、学生宿舍、食堂、体育场馆和各用人单位共计52个;具体考察了国家工程实验室、工程实训中心、学生事务中心、中国粮食博物馆预博馆、图书馆等相关教学基础设施,实现了对所有学院和绝大多数部门、单位的全覆盖。

11月29日下午,学校召开本科教学工作审核评估专家意见反馈会,专家组全体成员,省委高校工委专职委员高治军等教育厅领导,学校全体校领导、全校处级以上干部、校教学督导委员以及评建办、教务处相关人员参加会议。会议由专家组副组长、郑州大学原副校长宋毛平教授主持。

专家组组长、河北工业大学党委书记李强教授代表专家组反馈了总体意见。他对学校办学成就和本科教学工作给予高度评价,指出学校对本科教学工作高度重视,领导班子坚强有力、奋发有为,认真贯彻20字评建方针,工作举措实,师生态度好,整改成效大,特别是诊断评估以来,以评促建效果非常凸显,全校形成了校院联动、分工协作、同鸣共振的良好局面,梳理了本科教学工作的典型经验和优秀做法,明确了今后本科人才培养的工作思路,开启了改革教学范式、提高课程质量的新征程,有力推动了本科教学工作。学校的办学定位和培养目标符合国家战略需求和区域经济社会发展需要,师资队伍基本能满足人才培养需求,教学资源条件保障有力,广大教职工爱岗敬业,教学质量保障体系运行有效,学生和用人单位满意度高,学校办学特色鲜明,粮油食品、磨料磨具和超硬材料得到了企业、同行专家的充分肯定和高度评价。主要表现在:一、办学定位、目标明确,各项事业持续发展;二、教学中心地位牢固,条件资源保障有力;三、注重内涵建设,专业优势不断强化;四、积极推进教学改革,教学质量持续提升;五、注重质量监控,质保体系运转有效;六、坚持“以本为本”,人才培养质量成效显著。他还指出了学校本科教学工作存在的主要问题,建议学校进一步加强教师队伍建设,进一步协调专业结构。

会上,其他专家组成员根据实地考察情况,坚持突出问题导向,本着帮助学校发现问题、实现发展的目的,逐一反馈了个人意见。在对学校本科教学工作给予充分肯定的同时,围绕学校的师资队伍建设、人才培养体系及模式、教学改革、学科设置与建设发展、实验室建设及运行等方面提出了中肯的意见和建议。

高治军给学校提出了三点希望:一是落实反馈意见,直面问题抓整改;二要坚持立德树人,全面发展育人;三是强化办学特色,围绕需求做贡献。高治军表示,省教育厅将一如既往支持河南工业大学的发展,希望河南工业大学为行业和河南地方经济社会发展做出新的更大的贡献。

校长卞科代表学校向审核评估专家组的辛勤劳动、悉心指导和无私关爱,向省教育厅、省教育评估中心领导的大力支持和热情帮助表示感谢,并深情回顾了过去紧张而繁忙的四天,分享了自己的感受和体会。他代表全校3万多名师生员工郑重承诺:毫无保留地接受审核评估反馈意见,并将在全校范围深入学习、深刻领会,紧紧围绕大家指出的问题和不足,认真总结、系统梳理,加快制定方案、建好台账、落实整改责任。希望各位专家和领导继续关心和支持学校发展,帮助学校早日建成一所特色鲜明的高水平大学,为全面建成小康社会,实现中原崛起、行业振兴,做出新的更大的贡献。

学校农业科学学科首次进入ESI全球前1%

据2018年1月ESI最新数据(更新范围为2007年1月1日—2017年10月31日)显示,河南工业大学农业科学学科首次进入ESI全球前1%。标志着学校农业科学学科初步迈进世界高水平学科行列。

数据显示,学校近10年在农业科学领域发表ESI论文275篇,共被引用1989次,篇均被引7.23次,在进入前1%的785个研究机构中排名第781位。农业科学学科的突破,也使学校进入ESI全球前1%,列全球5701个研究机构的第3110位,进一步提升了学校的国际声誉、扩大了学校的影响力。

十三五规划实施以来,学校坚持内涵发展,注重规划引领和目标导向。跟踪并分析最新数据,多次组织ESI学科建设专题报告和讲座,编印学校ESI潜力学科期刊名录等,营造跟踪科技前沿、提高学术研究水平的氛围,学校农业科学、化学、工程学等潜力学科发展迅速,实现了新增1~2个ESI全球前1%学科的规划目标。

ESI学科是动态排名,学校需进一步加强内涵建设,精准发力,加强国际交流与合作,创新学术团队建设以及完善激励机制,稳定提高并逐步提升农业科学、工程学、化学等优势学科的建设水平,为高水平工业大学的建设奠定坚实基础。

学校获批博士学位授予单位及3个博士学位授权点

近日,国务院学位委员会下发《关于下达2017年审核增列的博士、硕士学位授予单位及其学位授权点名单的通知》(学位〔2018〕19号),经国务院学位委员会第三十四次会议审议批准,河南工业大学成功获批博士学位授予单位,食品科学与工程、机械工程、土木工程3个学科获批博士学位授权一级学科点。

跻身博士学位授予单位,是学校办学实力、办学水平、办学特色和学术地位的集中体现,对于进一步提升学校办学层次、增强核心竞争力具有十分重要的意义。

学校将根据国务院学位委员会要求,认真贯彻落实党的十九大精神,强化质量意识、汇聚高端人才、增加教育投入、补短板强弱项,大力发展内涵建设,不断提升办学水平和研究生培养能力,确保顺利通过国务院学位委员会核查。

学校承担的两项国家重点研发计划专项项目启动

11月6—8日,学校卞科教授主持的“大宗面制品适度加工关键技术装备研发与示范(项目编号:2018YFD0401000)”、陈复生教授主持的“特色油料适度加工与综合利用技术及智能装备研发与示范(项目编号:2018YFD0401100)”两项国家重点研发计划项目启动会在郑州召开。启动会由科技部中国农村技术开发中心食品专项流动项目专员丁红雷同志主持。

启动会上,科技部中国农村技术开发中心以及项目推荐单位、项目主持单位和学校领导分别发言致辞。随后,科技部中国农村技术开发中心星火与信息处副处长戴炳业就重点专项项目和经费管理政策、国家科技监督评估办法、国家科技改革措施等有关情况进行了介绍,并对项目实施提出了具体要求。食品专项流动项目专员何荣就2018年度项目立项概况、重点专项管理体系建设、食品专项项目管理要求做了详细介绍。专项咨询专家组成员、北京金瑞永大会计师事务所注册会计师王凤波同志就重点研发计划的预算与经费管理工作做了详细讲解。

卞科教授、陈复生教授分别就两个项目的研究背景意义、总体目标及考核指标、研究内容及任务分解、技术路线、年度工作计划、经费预算和筹措来源、预期成果分析、项目组织管理和相关保障措施等方面进行了详细介绍。各课题分别就课题研究内容、技术方案、预期成果等方面做了详细介绍。国家重点研发计划食品专项咨询专家组成员和两个项目咨询专家组成员分别就项目的实施和关键问题的解决提出了指导性意见和建议。

本次项目启动会是专项由项目立项阶段转入项目实施过程管理阶段的重要标志，对于明确专项管理要求、统一专项实施思路、加强专项研发协作具有重要意义。面对国家科技计划管理改革中提出的新任务、新要求，结合项目自身特点，项目组将进一步落实好课题和子课题的研究计划和任务，推动项目研究任务有序实施，保障研究目标的实现和落到实处。

·专 文·

省委第六巡视组巡视河南工业大学工作动员会上的讲话

（二〇一八年十一月四日）

校党委书记 张 元

各位领导，同志们：

在全省上下深入贯彻落实党的十九大精神和省委十届六次全会精神之际，在我校积极筹备召开第三次党代会的重要时刻，省委决定对学校进行巡视，这充分体现了省委对河南工业大学事业发展的高度重视，对学校领导班子和领导干部的深切关怀。

学校党委高度重视此次巡视工作，10 月 7 日、12 日和 17 日，3 次召开党委会专题研究了迎接省委巡视的准备工作；10 月 18 日，又召开了各单位主要负责人参加的专题会议，要求重点结合中央巡视组巡视河南时的反馈意见，根据上级开展巡视的工作重点，深化巡视整改各项工作。在正式接到省委巡视办的通知后，22 日下午召开党委专题会议，24 日召开接受巡视工作领导小组会议和迎接配合省委巡视工作动员部署会，传达省委巡视工作方案，学习习近平总书记关于巡视工作的重要论述以及《中国共产党纪律处分条例》等党内法规，并为迎接省委巡视组到来，积极配合省委巡视组的工作，圆满完成省委巡视任务等做了深入研究和部署。刚才，省委巡视组代毅君组长和省委巡视办郭佑安副主任做了讲话，深刻阐述了巡视工作的重要意义、指导思想、主要任务和工作方法，并提出了明确的具体要求。我们一定认真学习、深刻领会，切实抓好贯彻落实。在此，我代表学校党委及领导班子郑重表态：

第一，提高政治站位，坚决贯彻落实省委巡视工作部署。巡视是全面从严治党的重大举措，是党内监督的战略性制度安排，是落实全面从严治党要求，严肃党内政治生活，净化党内政治生态，加强党内监督的重要手段。党的十九大对巡视工作提出新的更高要求，党章专列一条对巡视巡察制度做出规定，为推动巡视工作向纵深发展提供了根本遵循。省委把深化政治巡视作为履行全面从严治党主体责任的重要抓手，摆上重要位置。这次省委对包括我校在内的省属高校开展巡视工作，是对高校党委政治立场、政治忠诚、政治责任、政治生态的“全面体检”，更是对学校党的领导是否有力、开展党的建设是实是虚、全面从严治党是否推向纵深的“综合会诊”，对高校全面加强党的领导，贯彻党的教育方针，坚持社会主义办学方向，全面从严治党，不断提高党的执政能力和领导水平意义重大。

学校领导班子和各级领导干部要以更高的政治站位，深刻认识巡视工作的重大意义，增强“四个意识”，坚定“四个自信”，做到“四个服从”，切实把思想和行动统一到中央和省委全面从严治党、加强巡视工作的决策部署上来，把配合巡视工作、接受巡视监督作为践行“两个坚决维护”的具体体现，作为发现问题、改进提升工作的重大契机，以高度的政治自觉、思想自觉和行动自觉，以严肃认真的态度、求真务实的作风、从严从实的要求，诚恳接受省委巡视组的监督、检查和指导。

第二，严守政治纪律，全力配合好省委巡视组的各项工作。这次巡视工作的重点是“六个围绕、一个加强”，着力查找和发现高校党委及领导班子成员存在的政治偏差及违纪违规问题，推动党中央关于高校工作的重大决策部署落到实处，推动全面从严治党向高校延伸，推动高校进一步严肃党内政治生活、净化政治生态。全力配合省委巡视组开展巡视工作，是我们义不容辞的政治责任和必须完成好的政治任务。

学校各级党组织和党员领导干部要以强烈的使命

担当和坚定的毅力决心，本着对党负责、对学校事业负责、对群众负责、对自己负责的态度，坚决服从巡视工作安排，畅通省委巡视组与干部群众的联系渠道，全方位、无条件地配合巡视工作，为巡视组开展工作创造良好环境和条件。要始终把纪律特别是政治纪律和政治规矩挺在前面，严格执行有关纪律和规定，诚恳地接受监督，实事求是地汇报工作，及时准确地提供资料，客观真实地反映问题，让巡视组充分了解掌握学校党委和各级党组织在党的领导、党的建设、从严治党等方面的实际情况，及时发现存在的问题和不足，推动我们把各项工作做得更实、更好。巡视期间，全校各级领导干部要严守工作岗位，做到随叫随到，校、处两级领导干部需要外出的要提前向学校党委书面请假并落实好报备手续，确保准时参加巡视组的各项活动，及时完成巡视组交办的工作任务。

第三，强化政治担当，以钉钉子的精神认真抓好整改工作。巡视工作的最终成效，体现在整改落实上。我们要以这次省委巡视工作为契机，强化政治担当，紧盯省委巡视组反馈意见，全面加强党的建设，进一步强化“四个意识”，严守党的“六项纪律”，做到“四个服从”，切实把全面从严治党推向深入，为建设有特色高水平工业大学提供坚强的政治和组织保障。

我们要主动认领巡视组提出的意见建议，对于发现的问题、差距、薄弱环节以及提出的意见和建议，要高度重视，真诚接受，逐条进行梳理剖析，认真制定整改措施，建立台账，逐一抓好整改落实，做到边查边改、即知即改、立行立改，确保巡视组提出的问题事事有回音、件件有落实。要把巡视反馈问题当作一面镜子，举一反三，认真排查各领域、各层面、各环节存在的突出问题，找准病情，对症下药，健全完善制度措施，建立长效机制，以“钉钉子”精神狠抓整改，迎难而上，一抓到底，坚决杜绝避重就轻、点到为止，坚决防止“表面整改”“一时整改”“虚假整改”。

第四，把牢政治方向，加快有特色高水平工业大学建设进程。巡视工作是监督与指导，更是教育与促进。我们一定要把这次巡视工作同贯彻落实习近平新时代中国特色社会主义思想和党的十九大精神结合起来，同贯彻落实省委十届六次全会精神结合起来，同贯彻落实全国教育大会精神结合起来，同全面加强党对教育事业的领导结合起来，同培养德智体美劳全面发展的社会主义建设者和接班人结合起来，同建设有特色高水平工业大学结合起来，坚持科学计划、统筹安排，保证做到落实好省委巡视检查工作和抓好学校的各项工作两不误，两促进。我们要以此次省委巡视为契机，进一步把牢社会主义办学方向，坚持立德树人根本任务，厘清发展思路，细化工作措施，以党的建设高质量推动有特色高水平大学建设高质量，为实现中原更加出彩的奋斗目标做出更大的贡献。

我们恳请巡视组各位领导对学校工作多批评、多指导、多提宝贵意见，严肃指出我们存在的问题和不足，帮助我们工作做得更好。我们一定会把握好这次巡视监督的重要机遇，充分利用好开展巡视工作创造出来的良好政治环境，奋力开创有特色高水平工业大学建设新局面，向省委和巡视组交上一份满意的答卷。

最后，衷心祝愿巡视组各位领导身体健康！工作顺利！生活愉快！谢谢大家！

在2018年河南国际复合材料研讨会上的致辞

（二〇一八年十月二十六日）

校长　卞　科

尊敬的各位领导、专家、来宾朋友们：

大家上午好！

十月的郑州，秋意浓浓，景色宜人，在这个美好的季节，我们如期迎来了“2018年河南国际复合材料研讨会”的召开。在此，我谨代表河南工业大学3万多名师生员工，向莅临学校的各位领导、专家和来宾朋友们，表示最热烈的欢迎！向大会的如期召开表示衷心的祝贺！

先进复合材料所具有的质轻、耐温、高强度、耐腐蚀、具有功能特性等独特性能,使其广泛应用于航空航天、军工装备、轨道交通、医学机械、新能源开发等诸多行业领域,已成为国家实现“中国制造2025”战略目标的重要产业基础。为进一步探究先进复合材料及其结构的关键科学问题,拓展先进复合材料在经济产业发展中的应用渠道,同时也为助力河南新材料与高端装备的产学研发展,实现“一代材料、一代装备”河南高端制造产业升级,我们在此隆重召开这样一场“主题突出,特色鲜明”的高规格学术研讨会,这是复合材料研究发展中的一件盛事。河南工业大学能够成为此次会议的主办单位,是各位领导、专家的信任和厚爱,是对我们办学特色和办学水平的高度认可。借此机会,我对大家长期以来对河南工业大学的关心、支持和帮助表示诚挚的感谢!

河南工业大学始建于1956年,是新中国设立的第一所粮食类本科高校,也是河南省人民政府、国家粮食和物资储备局(原国家粮食局)共建高校。建校62年来,学校严守“扎根中原,立足行业,服务全国,面向世界”的办学定位,秉承“育人为本、质量立校、特色发展”的办学理念,在推动行业、区域和国家经济社会发展,实现教育振兴的过程中做出了应有贡献。在历代工大人的励精图治下,经过半个多世纪的建设发展,学校已经形成了以工学为主,多学科协调发展的办学格局,形成了集储运、加工、材料、装备、信息、管理等于一体的教学科研体系和办学特色;构建了完整的学士、硕士、博士三级人才培养体系,是国家首批入选“2011协同创新计划”高校、教育部“中西部高校基础能力建设工程”和“卓越工程师教育培养计划”高校。

目前,学校拥有三个校区,20个教学单位,68个本科专业;3个博士学位授权一级学科,20个硕士学位授权一级学科,7个硕士专业学位授权类别,17个河南省一级重点学科。在先进复合材料制造领域,我校是全国磨料磨具、超硬材料、涂附磨具行业副理事长单位,学校还建成了集“产学研用”为一体的超硬材料学科群,高分子材料与材料科学与工程专业也顺利通过国家工程教育质量认证,新筹备建立的复合材料与工程专业也即将开始招生。虽然与一些兄弟院校相比,我们在先进复合材料制造领域的发展,还有一定的差距和不足,但有各位领导专家的支持与帮助,我坚信经过不断的努力发展,我们在先进复合材料制造领域一定能够取得更好的发展,也必将为我国先进复合材料的人才培养、科学研究和社会服务贡献更大的力量!

学术研讨会是交流的平台,也是相互学习借鉴的平台。各位专家报告研讨的题目,都是先进复合材料发展中面临的重要课题。大家的探讨交流,必将对先进复合材料及其结构领域关键科学技术问题的探究,产生极大的推动作用。同时,各位领导专家、学者同人的莅临指导,对我们学校材料科学与工程学院的发展,尤其是在先进复合材料领域的发展,更是一次宝贵的学习机会,将有利于我们进一步开阔眼界、认清形势、厘清思路、抢抓机遇,并不断提升内涵、强化特色、加速发展。

真诚地希望各位领导专家、来宾朋友们,对河南工业大学材料学科的建设与发展,以及我校的教育教学事业多提宝贵意见和建议。也希望大家通过本次学术研讨,在探讨学问、交流学习的同时,进一步增进相互友谊,加强相互合作,积极携手并进。

我们相信,在各位领导专家和来宾朋友们的热情参与下,我们一定能将本次研讨会办成一次交流提升、合作共赢的高水平会议,一定可以更好地推动我省乃至促进我国先进复合材料在能源及高端装备制造中的实践应用。会议期间,我们会认真做好会议组织和接待等工作,竭诚为大家搞好各项服务。

最后,预祝“2018年河南国际复合材料研讨会”取得圆满成功!祝各位领导专家和来宾朋友们身体健康,工作顺利,心情愉快!

谢谢大家!

· 河南工业大学年度概况 ·

河南工业大学(Henan University of Technology)位于河南省会郑州市,始建于1956年,曾先后隶属国家粮食部、商业部和国内贸易部,1998年划归河南省管理,河南省人民政府和国家粮食局于2010年签约共建河南工业大学;1959年开展本科教育,1981年开始硕士研究生教育,2013年开始博士研究生教育,2017年获批硕士研究生推免资格,2018年获批博士学位授予单位。

建校至今,学校坚持"扎根中原,立足行业,服务全国,面向世界"的办学定位,严守"育人为本、质量立校、特色发展"的办学理念,秉承"明德、求是、拓新、笃行"的校训,大力弘扬"崇尚科学、勇于探索、报国兴学、自强不息"的工大精神,凝练形成了"团结进取,务实高效"的校风、"博学奉献"的教风和"勤奋诚信"的学风。

经过历代工大人的励精图治和薪火传承,学校已经发展成为一所以工学为主,涵盖理学、经济学、管理学、法学、文学、艺术学和农学等学科协调发展的多科性大学,不仅具备完整的学士、硕士、博士三级人才培养体系,而且作为第二单位成功入选国家首批"2011协同创新计划",是教育部"中西部高校基础能力建设工程"和"卓越工程师教育培养计划"建设高校,在推动行业、区域和国家经济社会发展,实现教育振兴的过程中做出了应有贡献,在人才培养、科学研究、社会服务等方面均取得了优异成绩。

一、师资队伍

现有专任教师1647人,副高级以上职称教师933人,博士学位教师774人;硕士生导师513人,博士生导师53人;汇聚了双聘院士、长江学者、国家杰出青年科学基金获得者、"百千万人才工程"国家级人选、国务院特殊津贴专家、教育部新世纪优秀人才、中原学者、河南省教学名师等一大批学术带头人;拥有省级及以上高层次教学、研究团队26个。

建校以来,学校涌现出了陈启宗、路茜玉、张根旺、周乃如、汪璠、张国贤等一大批,在粮食、磨料磨具等行业领域具有重大贡献和社会影响力的知名专家、学者,他们潜心学术,立德树人,奖掖后进,功勋卓著,为我国粮食行业、磨料磨具行业及学校发展、社会进步做出了开拓性贡献,为后继者树立了榜样。

现任教师中,有国际标准化组织食品技术委员会谷物与豆类分会主席卞科教授、国际谷物科技协会主席王凤成教授、三届奥运会田径裁判王晏教授等知名专家,还有一批专家教授担任中国粮油学会、中国粮食工程建设委员会、全国磨料磨具标准化技术委员会、中国热处理学会、中国化学会有机化学磷化学专业委员会等学术组织理事长或副理事长职务,他们在各自的专业领域和教学岗位上,教书育人,竭诚奉献,堪称楷模。

二、学科专业

学校长期致力于粮食产后领域的基础理论及工程技术研究,构建了集储运、加工、装备、信息、管理等于一体的完整学科体系;拥有全国最完整的粮油食品学科群和实力雄厚的超硬材料学科群;现有20个学院,68个本科专业,拥有3个博士学位授权一级学科,20个硕士学位授权一级学科,7个硕士专业学位授权类别,17个省一级重点学科;拥有"食品科学与工程"等5个国家级特色专业、"粮食工程"等3个国家级综合改革试点专业、"食品科学与工程、粮食工程"和"计算机科学与技术"3个国家级卓越计划专业、16个省级名牌和特色专业、6个双学位专业,学校具有同等学力申请硕士学位授予权和高校教师硕士学位授予权;"粮食产后安全及加工"学科群入选河南省首批优势特色学科建设工程。

三、人才培养

学校面向全国招生;是国家来华留学生自主招生高校,拥有"中国政府奖学金""中国政府丝绸之路奖学金"和"河南省政府奖学金"培养资格;是全国硕士研究生推免高校、普通高等学校本科教学工作水平评估优秀单位；拥有"食品科学"国家级实验教学示范中心、国家级"粮油食品类工程应用型人才培养模式创新实验区""河南工业大学-河南中鹤纯净粉业有限公司工程实践教育中心"等国家级大学生校外实践教育基地。

现有全日制在校生34 000余人，其中研究生1500余人，外国留学生50余人；另有继续教育学生6000余人；先后为国家输送了近20万名合格毕业生，国家粮食行业半数以上的管理精英和技术骨干均出自本校，被誉为粮食行业的"黄埔军校"。

近五年，学生在各类竞赛中获国家级奖340项、省部级奖772项；全国硕士学位论文抽检合格率连年100%；国家"挑战杯"竞赛连续5届居全国前40名，位居河南省高校前列；连续两次被教育部评为"全国普通高等学校毕业生就业工作先进集体"，先后获"全国就业50强高校"、全国"学校心理健康教育先进集体"等多项荣誉称号，人才培养质量获得社会高度认可和评价。

四、科学研究

学校拥有一支实力雄厚的科研队伍，长期致力于粮食产后领域的基础理论与工程技术研究，构建了集储运、加工、装备、信息、管理等于一体的科学研究体系和特色；积极服务国家战略需求和行业、地方经济社会发展，在粮食储运、仓厂建设、粮食经济与物流管理、粮食精深加工与综合利用、粮食机械、超硬材料及磨料磨具等方面取得了一批重大研究成果，有力推动了行业科技进步和社会发展，产生了显著的经济社会效益；在1978年全国科学技术大会、1986年国家科技攻关奖励大会上获国家奖励4项；近年，先后获国家科技进步奖10项(其中一等奖1项、二等奖7项、三等奖2项)，国家教学成果二等奖2项，中国标准创新贡献一等奖1项；2017年进入中国大学科技创新竞争力百强高校。

现有小麦和玉米深加工国家工程实验室、粮食储运国家工程实验室、粮食信息处理与控制省部共建教育部重点实验室、粮食储藏与安全教育部工程研究中心、中国粮食物流研究培训中心等37个国家级、省部级科研平台；建有中国粮食博物馆预博馆；是国家粮食行业郑州培训基地；设有河南省高校首家院士工作站、物流研究中心、粮食经济研究中心、超硬材料及制品工程技术研究中心等23个地厅级科技平台；校内还有岩土工程研究所、物流研究所等54个校级学术研究机构和100余个教学、科研、实习、实训平台。

自然科学领域，2018年学校获批国家级项目45项，其中主持国家自然基金项目29项；获得省部级自然科学项目130项，其中省科技厅项目99项，国际标准修订计划项目1项，行业标准制定项目19项，行业标准修订项目2项；国家粮食局软科学项目2项，青年拔尖人才项目1项；教育部协同育人项目1项，工信部工业和信息化部绿色制造系统集成项目1项；科技成果获省部级奖励11项，教育部高等学校科学研究优秀成果奖二等奖1项；自然科学纵、横向科研项目合同经费额合计10 867.02万元，到账经费合计10 075.04万元；项目结项(验收)239项，其中国家级项目50项，省部级项目71项。发表学术论文1166篇，其中北图核心论文482篇；被"四大检索"系统收录389篇，其中SCI收录329篇，EI收录54篇。出版学术著作和教材37部。取得授权专利166项，其中发明专利88项，实用新型专利77项，外观专利授权1项。获软件著作权计108项。"国家小麦加工技术研发专业中心"，由国家农业和农村部批准成立。"河南省超硬磨料磨削装备重点实验室"获批立项建设。"河南省粮食光电探测与控制重点实验室"和"河南省粮油仓储建筑与安全重点实验室"，通过河南省科技厅组织的建设项目验收，正式挂牌运行。"国家粮食局粮油食品工程技术研究中心"通过国家粮食和物资储备局组织的验收，等级为优秀。

社会科学领域，2018年获批国家级、省部级和地厅级项目156项。其中，国家社科基金项目8项，省部级项目35项。全年结项各级各类项目129项，国家社科基金项目2项，省部级项目35项。获河南省社科成果奖14项，其中二等奖10项，三等奖4项。发表学术论文570多篇，其中北图核心论文51篇；被CSSCI收录50篇；被SCI收录12篇；被SSCI收录1篇；被EI(JA)收录1篇；被ISTP收录1篇；被人大复印资料转载1篇。出版学术著作23部。

五、办学条件

占地总面积193.8万平方米，建筑总面积106.2万平方米；拥有莲花街校区、嵩山路校区、中原路校区3个校区；建有高标准的教学大楼和现代化的学生公寓；

是河南省高校“数字化校园”示范单位、“智慧校园”和“网络学习空间”建设试点单位。

建有食品工程、建筑工程、物理学、化学、力学、电工电子、机械基础等各种各类基础实验室、专业实验室、工程训练中心、实验教学示范中心、虚拟实验教学中心、本科实验教学中心和工程训练中心；配备有大批先进的实验仪器设备，教学科研仪器设备总值6.13亿元，10万元以上仪器设备759台(套)；学校图书馆是原商业部批准的“全国粮油学科文献情报中心”，藏书263万册，自建粮油食品、超硬材料与磨料磨具两个专题特色数据库；《河南工业大学学报(自然科学版)》是全国中文核心期刊和中国科技核心期刊；先进、齐全的教学科研设施，优雅宜人的校园环境，为教学、科研、管理和生活服务提供了坚实的条件基础。

作为一所办学特色鲜明的省局共建高校，如今的河南工业大学正在党的十九大精神指引下，以“实现高等教育内涵式发展，办人民满意高等教育”为宗旨，满怀信心地朝着高水平教学研究型工业大学的建设目标而努力奋斗。

· 机构与干部 ·

中国共产党河南工业大学委员会委员名单

书　　记　张　元
常务副书记　王玉斌
副 书 记　卞　科　毛彦琴
委　　员　（按姓氏笔画排序）
王玉斌　毛彦琴　卞　科　朱文学　李学雷　余传杰　张　元　张新州
陈复生　赵豫林（—2018.4.1）

河南工业大学党政领导班子成员名单

党委书记	张　元
党委副书记、校长	卞　科
党委常务副书记	王玉斌
常务副校长	赵豫林（—2018.4.1）
党委副书记兼纪委书记	毛彦琴
副校长	李利英
副校长	陈复生
副校长	李学雷
副校长	朱文学

中共河南工业大学第二届纪律检查委员会委员名单

纪委书记　毛彦琴
纪委副书记　丁达安
委　　员　（按姓氏笔画排序）
丁达安　王晓曦　毛彦琴　田顺利　刘会生　李焕锋　宋　伟　张冬生
琚学周

河南工业大学第二届工会委员会委员名单

主　　席　李学雷
副 主 席　王恒胜　胡　捷
委　　员　（按姓氏笔画排序）
马武刚　王恒胜　孙占利　孙志明　李学雷　何文高　张　石　张兴振　周志强
胡　捷　段慧子　蒋笃君　魏朝举

共青团河南工业大学第二届委员会委员名单

书　　记　梁　朗
副 书 记　王　迪　杨子江　常德海　雷超凡
委　　员　（按姓氏笔画排序）
王　迪　王　萌　吕丁阳　朱开锋　朱玲玲　刘飞翔　杨子江　吴若旻　张　芳
张东霞　张会巧　张翠华　范新爱　岳媛媛　岳鹏珍　赵　静　秦　松　常德海
梁　艳　梁　朗　雷超凡　魏　涛　魏雪芹

河南工业大学职称改革领导小组名单

组　　长　张　元　卞　科
副 组 长　王玉斌　陈复生
成　　员　（按姓氏笔画排序）
丁达安　于建华　王玉斌　毛彦琴　卞　科　田少君　朱文学　朱立峰　刘亚伟　李永祥
李利英　李学雷　李焕锋　杨六栓　杨艳萍　余传杰　张　元　张宝强　张新州　陈复生
惠延波

河南工业大学学位评定委员会名单

主任委员　张　元
副主任委员　王玉斌　卞　科　李利英　陈复生
委　　员　（按姓氏笔画排序）
于亦文　于建华　马玉梅　王玉斌　王庆斌　王金水　王晓曦　卞　科　刘广明
刘保国　刘楠嶓　李永祥　李利英　谷克仁　谷秀娟　邹文俊　张　元　张宏伟
张宝强　张德贤　陈复生　陈桂香　尚恒志　黄建水　惠延波　靳义亭　魏明侠

河南工业大学2018年度教师(实验)系列高级专业技术职务任职资格评审委员会成员名单

主　　任　卞　科

副 主 任　陈复生

委　　员　(按姓氏笔画排序)

马玉梅　王　东　王　薇　王金水　牛进平　卞　科　毕艳兰　师旭超　师高民　朱　耕　朱立峰　乔俊杰　刘於勋　刘楠嶓　孙丽君　李长春　李道荣　吴海宏　张庆辉　张宏伟　张国治　陈复生　武文斌　尚恒志　赵排风　袁延胜　袁秀珍　栗正新　郭秀兰　黄建水　梁瑞华　程云喜　谢文磊　樊志琴　魏明侠

表4-1 党政管理机构、群团组织机构、后勤服务机构及负责人情况表

机构		负责人	
		正职	副职
党政管理及群团后勤部门	党委办公室 （目标管理办公室） （重点工程办公室）	张新州 王洪江 杨六栓	尹　辉
	党委组织部 （党校、机关第一党总支）	余传杰 刘会生	陈从志
	党委宣传部 （新闻中心）	朱立峰	王进兴 隋飞（兼）
	党委统战部		孙国俊
	纪委、纪委办公室 （监察处）	丁达安 林联翠	韩永刚
	学生工作部 （武装部、学生处、就业指导服务中心、学生资助管理中心、学生发展教育中心、学生心理健康教育中心）	张宝强	方丽娟 卫红伟 王云涛
	离退休工作处	竹建德 李新和	尚　伟 田军强
	校长办公室 （法律咨询办公室、校友工作办公室）	李焕锋 李　刚	郭晓旻 张道许
	人事处 （人才交流中心、教师发展中心、机关第二党总支）	刘亚伟	毕晓勤 刘克非 孙大为
	教务处 （教学评估与质量管理办公室、高等教育研究所）	杨六栓（兼）（2018.9.3—）	胡继云 张浩军 谷存昌
	招生工作办公室		张　强
	科技处	惠延波	吴才章 刘　扬
	社会科学处	于建华	孙中叶
	研究生处	李永祥	田　勇 丁　华
	发展规划处	杨艳萍	刘国锋
	国际交流与合作处 （港澳台办公室）	刘国仕	张　莉 苗保记
	实验室管理处 （分析测试中心）	田少君	张小麟（—2018.4.27） 龙旭辉
	财务处	张冬生	彭昌喜 李定旺
	审计处		王振松
	保卫处 （党委政治保卫部）	张景现	赵　亮 杜　鹏
	基建处（新校区建设办公室）	郑峰才	华　勇 马永海 李　强
	后勤管理处	宋　伟	申海森 代辉亚
	资产与产业管理处 （工程训练中心、数控技术实训基地、师生公寓管理中心）	刘永霞	赵　鹏 王志山 李艳福 朱志强
	工会（女职工委员会）	王恒胜　胡　捷	何文高
	团委	梁　朗	王　迪 杨子江 常德海
	后勤集团公司	孟凡鑫 琚学周	吴建明（—2018.10.29） 冯宇宁 张兴振
	校医院（副处级）	程建会	

表 4–2　教学机构、科研学术机构、教学辅助机构、临时机构及负责人情况表

机构		基层党委、党总支		行政	
		正职	副职	正职	副职
教学科研及辅助单位机构	粮油食品学院	田顺利	孙志明	王晓曦	赵仁勇 马传国(兼) 王殿轩(兼) 钱向明(兼)
	粮食加工工程中心			马传国	安红周
	粮食储运工程中心			王殿轩	
	中国粮食培训学院筹建工作办公室			钱向明	裴少峰
	机电工程学院	周　芳	蒋笃君	刘保国	刘自然 马晓录 耿　铁
	土木建筑学院	谭长福	周志强	陈桂香	肖昭然(—2018.9.28) 原　方 丁永刚
	信息科学与工程学院	董庸昌	钟月双	张德贤	张红梅 杨铁军 邓淼磊 杨卫东(兼)
	粮食信息处理中心				许德刚 杨卫东
	化学化工与环境学院	赵俊廷	刘　洋		毛　璞 谢文磊 刘　捷
	生物工程学院	李继周	薛　丹	王金水	乔发东 惠　明 胡元森
	材料科学与工程学院(高温耐磨材料工程实验室)	王　良	马武刚	邹文俊	粟正新 李　颖 徐三魁
	电气工程学院	从沛杰	张　石	刘楠嶓	孙丽君 卢　涛
	管理学院(MBA 教育中心)	赵云平	魏朝举	魏明侠	李广平 肖开红 徐　恒
	经济贸易学院(中国粮食物流研究培训中心)	徐朝晖	王　影	赵予新 (—2018.3.28)	杨　茂 李铜山 李文启
	外语学院	王建辉	焦　丹	马玉梅	闫丽俐 黄辉辉
	理学院	邹凤羽	车　愔	张宏伟	焦万堂 富笑男
	设计艺术学院	王世成	晏玉珍	王庆斌	马　蕾
	新闻与传播学院	武　威	段慧子	尚恒志	李晓云 杨丽雅 郑冬晓
	法学院	宋芙晖	张小彩	黄建水	谭　波
	马克思主义学院	霍清廉	李海涛	靳义亭	刘晓欣
	国际教育学院	黄泽峰	刘红军	于亦文	陈雪琳 刘来亭 李　震
	中英国际学院(软件学院)	崔　政	孙占利	曹利强	沙　杰 张雪萍
	继续教育学院(磨料磨具工业职工大学、职业技术学院)	吴贺喜	姚艾东	刘广明	伍毅(—2018.3.28) 孙普阳
	体育学院	杨晓轼		牛进平	王　渤 王　放 郭　瑞
	国际粮食研究中心			王凤成	周显青
	图书馆	杨延林			
	学报编辑部				牛彦绍
	档案馆			辜　瑞	王喜玲
	网络教育管理中心			付晓炎	隋　飞
	粮食博物馆筹建工作办公室			师高民	张庆州
	东校区管委会办公室			刘新杰	赵永强

表 4-3　河南工业大学处级调研员、处级组织员情况表

职务	姓名
学生工作部(学生处)副处级组织员	郑豫鹤
电气工程学院正处级调研员	李秀娟
信息科学与工程学院正处级调研员	袁秀珍
体育学院正处级调研员	王　晏

·学院情况·

粮油食品学院

【概况】 学院设党政办公室、教学办公室、学生工作办公室、分团委,有油脂工程、粮食工程、粮油储藏、食品工程、食品安全与营养5个系,分为油脂理论与技术、脂质化学与品质、植物蛋白化学与利用、粮食储藏理论与技术、储粮害虫与防治、谷物加工理论与技术、谷物化学与品质、粮食资源利用与转化、东方食品加工原理与技术、食品工程与品质控制、食品安全与营养11个教学科研团队。学院有在编教职工119人,本年度新引进博士青年教师15人,退休2人。聘用合同制职工1人。

学院现有在校生2444人,其中本科生2008人,硕士研究生409人,博士研究生27人。学院有河南省一级重点学科“食品科学与工程”,河南省二级重点学科“农业昆虫与害虫防治”。

【学科建设和研究生工作】 食品科学与工程学科作为主要支撑学科,为学校农业科学学科首次进入ESI全球前1%做出了贡献。

博士学位授权点建设取得了突破。2018年,“国家粮食安全(产后)博士人才培养项目”以优秀的成绩通过验收。“食品科学与工程”一级博士学位授权点正式获批,将于2019年开始招生。制定了“食品科学与工程”博士学位授权点建设规划,完成了博士研究生培养方案的修订工作。

完成了食品科学与工程、食品工程、农业昆虫与害虫防治3个硕士学位授权点的合格评估工作,并上传评估材料至“全国学位与研究生教育质量信息平台”。

根据学科调研,修订硕士研究生培养方案。根据第七届食品科学与工程学科评议组意见,完成了食品科学与工程一级学科调研工作,对食品工程专业的培养方案进行了修订,申报并获批2018年“河南省硕士专业学位(食品工程)研究生教育综合改革试点”建设项目。

2018年,新招博士生7人,招收硕士研究生152人,招收7名外国留学研究生,对留学生的课程实行了全英授课。完成博士研究生、硕士研究生学位论文的开题、中期检查、答辩等工作。研究生学位论文校级优秀硕士论文获奖率17.7%,2018届研究生英语6级通过率59.6%。

【教学工作】 学院有食品科学与工程、粮食工程、食品质量与安全、食品营养与检验教育4个本科专业。教学运行正常进行。

本科教学审核性评估　学院成立本科教学审核性评估领导小组和6个专项组,专题研究部署学院评建总体工作,对专业培养目标、标准及确定依据、教学基本状态数据等认真总结,凝练人才培养的亮点和特色,呈现学院办学理念,加强学风建设。

专业建设　以工程教育专业认证和河南省优势特色学科建设为契机,坚持以“学生中心、成果导向、持续改进”的理念开展专业人才培养模式和教学模式的改革和创新,制订3个本科专业“双一流”建设发展规划。以夯实基础理论、加强实践环节为目标,培养工程素养强、实践能力硬的高素质应用型人才和行业精英。

招生宣传工作　学院深入一线进行招生宣传,通过多种渠道加大宣传力度,提高第一志愿报考率。2018年,学院再次获学校招生先进单位。

教育教学研究和质量工程　粮油储藏系2017年被推荐为省级优秀基层教学组织建设,经过一年建设期,学校进行优秀认定。食品安全与营养系被评为2018年校级优秀基层教学组织。完成2016年高等教育教研课题结项验收和2018年校级高等教育教学研究项目申报;完成2016年“创新示范学院”项目结项验收、2017年“创新示范学院”中期检查以及2018年“创新示范学院”立项申报工作。

实验室建设　组织完成国家级示范教学中心“食品科学实验室教学示范中心”年度评估。组织申报2018年国家级和河南省虚拟仿真实验教学项目，获批河南省虚拟仿真实验教学项目。组织并撰写完成2019—2020年实验室建设规划，落实完成2018年实验室规划建设。推进实验室安全建设，从实验中心、学院、校、高新区、省教育厅等不同层面开展或配合实验室安全检查，实验室安全责任落实到具体负责人。

【科研工作】　2018年获批国家级项目23项，其中主持3项“十三五”国家重点研发计划项目；到账纵向经费1887.2万元。新增横向项目65项，到账横向经费526.1万元。授权发明专利16项，新型实用专利授权18项。发表学术论文449篇，其中被三大索引（SCI、EI、ISTP）收录论文132篇，主编、参编著作3部，教材4部。获中国粮油学会一等奖2项。

与粮食储运工程中心、粮食加工工程中心一起，完成国家“2011计划”河南粮食作物协同创新中心粮食绿色储藏加工平台的验收、粮食储运国家工程实验室（小麦）的验收、粮食储藏与安全教育部工程研究中心建设项目的验收。“国家粮食局粮油食品工程技术研究中心”评估结果为优秀，并建议变更为“国家粮油食品工程技术创新中心”。获批“国家小麦加工技术研发专业中心”“国家食物营养教育示范基地”两个省部级科研平台。中国粮油学会团体标准工作委员会成立，卞科教授任主任委员。

对外交流与行业服务　2018年，13人次到国外进行学术交流，邀请6位国外学者来学院学术交流。80人次参加国内学术会议并做报告。

组织第八届中加生态储粮研究中心学术年会；组织国内首次粮食加工场所害虫综合治理国际学术研讨会。召开学院第一届董事会2018年年会暨第一届“粮食产业经济发展高端论坛”，会议邀请中国人民大学等5位行业著名专家学者作报告，有57家企业137名代表参会。学院与佛山市禅城区粮油检测中心签订合作协议，与日本佐竹、山东鲁粮集团、台湾南桥集团等4家企业集团达成合作意向。

和粮食培训学院筹建办一起，承办8期援外培训班。举办21期行业培训。承办的两个发展中国家武术班代表河南工业大学参加第十二届中国郑州国际少林武术节，获得42金、69银、104铜和两个集体一等奖、两个集体二等奖。

【学生工作】　引导和支持学生科技创新，在“创青春”全国大学生创业大赛获得铜奖一项，省赛特等奖两项。在学校职业生涯规划大赛、创新大赛、创业大赛、互联网+大赛均取得优异成绩并获得优秀组织奖。实现了实践、竞赛同职业发展教育课堂教学的有机结合。强化对毕业生的就业和创业指导，全年考研率26.28%，就业率99.85%，完成年度考核目标。

组建学生社会实践队伍73支，被省级以上媒体累计报道100余次，新建立两个实践基地，发表调研论文2篇。丰富学生活动载体，食工1501班团支部获全国高校“活力团支部”，刘洋同学获河南省优秀共青团员。刘增喜同学入选全国百佳心理委员。

继续蝉联校运会团体总分第一名，承办2018年世界粮食日河南主会场活动，举办世界粮食日“烛光守夜”晚会等30项活动和竞赛。学院青协举办20余项活动，“灯下影，戏中人”获河南省青年职业服务大赛银奖、“创青春”河南省公益创业赛一等奖。

【党建与思想政治工作】　落实中央、省委关于基层党建工作的重大部署，学习贯彻习近平新时代中国特色社会主义思想和党的十九大精神，组织全体党员开展学习十九大精神百题知识竞赛、观影《厉害了，我的国》党日活动，“不忘初心，牢记使命”党日活动，组织教师党员奔赴河南新县红色教育基地开展党员培训教育活动。

根据省委巡视组整改反馈，党委坚持立行立改，加强对各支部的监督与指导，调整行政人员办公用房，完善出差、请销假制度，召开学院党委统战、意识形态工作会议，制定党委委员同党外人士联谊交友工作方案，以及抵御宗教势力渗透工作方案，实现党委委员、学工干部分别联系信教学生，防止宗教在校园蔓延扩散。牢筑党的组织阵地、宣传文化阵地、课堂教学阵地与网络防范阵地。

学院党委获得2018年“河南省高等学校先进基层党组织”称号。

【工会工作】 食品工程系获“河南工业大学女职工建功立业先进集体”称号。蝉联校第八届教职工乒乓球比赛冠军,承办“三八节”送快乐系列活动之烘焙艺术培训,组织新年教工联欢会,组织教工参加篮球赛、环校健步走等活动。

机电工程学院

【概况】 学院现有教职工106名,其中专任教师94人,高级职称教师占比62.8%,博士学位教师45人,占比47.9%。学院设有机械设计制造及其自动化等5个本科专业,其中,机械设计制造及其自动化和过程装备与控制工程两个专业为河南省特色专业,机械设计制造及其自动化专业通过教育部工程认证中心认证,过程装备与控制工程专业工程认证获得工程教育认证专家组现场考查,本科教学审核评估工作顺利完成。机械工程一级学科博士学位授予权获批。

【学科建设】 学院机械工程学科为河南省一级重点学科,拥有机械工程一级学科博士点,现有5位博士生导师,36名硕士生导师,2018年度招收2名博士研究生、39名全日制研究生。学院2018年获批河南省超硬磨料磨削装备重点实验室,现有河南省碳纤维复合材料国际联合实验室、河南省汽车复合材料河南省工程实验室、河南省绿色粮油食品装备实验室和郑州市粮油食品装备重点实验室等多个学科建设平台,并与郑州万谷机械股份有限公司等企业建立了研究生创新实践培养基地,与郑州万达重工集团公司、郴州粮机集团等企业建立了产学研合作关系。

【教学工作】 2018年学院招本科生624人,第一志愿报考率居全校前列,接收全日制本科留学生25名、研究生1名,获2018年度“河南工业大学招生宣传先进单位”称号。学院共承担本学院本科生和其他10个学院本专科共275门次课程教学,同时承担本学院研究生的教学管理工作。2018年度,学院进一步强化院级质量监控保障体系,全年院督导组成员、学院领导班子人均听课12次以上,召开各种形式的教学座谈、研讨会7次。学院教学秩序和教学工作执行情况良好,全年无教学事故。

教学研究　2018年度学院“冲压模具拆装及结构分析虚拟实验”被评为省级虚拟仿真实验教学项目,并被推荐参加国家级虚拟仿真实验教学项目的遴选;获教育部产教协同育人项目2项;获省级教育教学改革研究项目立项2项,其中“基于‘互联网+’的机械基础类课程多元化教学模式改革与实践”项目被确定为省级重点教改研究项目;获得省教育厅规划教研项目立项3项。“机械专业新工科建设探索”获学校“创新创业示范学院”立项。《材料科学基础》课程课件获教育部在线教育研究中心“智慧教学优秀电子教材”称号。

师资队伍建设　学院积极组织全院教师参加各类大奖赛,学院青年教师在河南省教师教学竞赛中获二等奖1项,在学校教学大赛“说课程论专业”中,获一等奖2项、二等奖1项、三等奖1项。蔡刚毅、刘晓霞和唐静静3位教师获得2018年度学校“校长质量奖”。2名青年博士进入博士后工作站,2名教师到国内外知名高校访学。蔡刚毅老师获教育部在线教育研究中心“智慧教学之星”称号、河南省优秀教师称号。

【科研工作】 2018年度学院科研工作取得较大突破。学院科研经费815万元,获得纵、横向各类科研项目近47项。其中,国家重点研发计划课题1项,省部级项目立项16项,地厅级项目6项。学院获得中国粮油学会二等奖2项,中国石油和化学工业联合会三等奖1项,河北省科技进步二等奖1项。发表学术论文83篇,其中SCI/EI收录论文14篇,出版教材3部;制定1项国家标准,2项行业标准,2项行业标准获得颁布;获得授权专利29项,其中授权发明专利18项。

【学生工作】 2018年度,学院继续紧紧围绕“抓基础、重实效、创品牌”的工作要求,实现学院学生党建工作上台阶,安全稳定“零”事故,就业率与就业质量、考研率与考研质量稳步提升。学院2018届毕业生考取研究生144人,考研率达到24.53%。学生就业绩效考核优秀。

学生管理队伍建设　进一步规范学生工作机制,认真落实辅导员队伍“六个一工程”建设,坚持创新学生管理,全面实施“导师制”,充分发挥了党员先锋岗的作用。2018年张宾老师被评为河南省学雷锋活动先进个人;姜欢龙同学被评为“河南省文明学生”,学院“创客之家”获评校园文化建设优秀品牌。

学生科技创新 2018年学院学生取得国家级竞赛奖项7项，省部级各类竞赛奖项19项。在全国大学生机械创新设计大赛中获一等奖1项。在全国过程装备实践与创新大赛中获二等奖2项。在全国“高教杯”成图大赛中获二等奖2项。在河南省数学建模大赛中获一等奖1项，二等奖2项。在第十届全国大学生数学竞赛中，4人获一等奖，3人获二等奖，3人获三等奖。

【党建与思想政治工作】 2018年度学院充分发挥党委的政治核心和保证监督作用，全面推进基层党的建设。学院党委获河南省高校“先进基层党组织”称号。

加强基层党组织建设，发挥先锋模范作用。学院严格党员教育管理，认真落实“三会一课”和民主评议党员等制度；严格落实党员发展计划和发展程序，学院分党校举办入党积极分子培训班2期，培训学员208人，举办党员和新任党支部委员培训班1期，培训学员82人；严格发展对象的审查和党委委员谈话制度，实行发展党员责任追究制度，全年发展党员85名；科学设置党支部，认真实施“双带头人”培育工程，持续推进“三结对”活动，切实加强党支部建设。

注重思想教育，促进学院和谐建设。学院党委积极推进精神文明创建工作。积极开展学先进，树典型活动，通过“道德讲堂”，用身边事教育身边人。同时加强新闻宣传报道工作，建设教工和学生新闻宣传工作队伍，加强“两微一云”平台建设，机电先锋党建云平台网站加入全国党建云平台计划；建设“机电先锋新媒体工作室”，学院网站已发布各类新闻61篇，学校主页新闻23篇，学生活动受到大河网、东方今报、河南商报等多家媒体的宣传报道。

重视统战工作，齐心协力促发展。学院现有中国民主同盟、九三学社两个民主党派成员和无党派人士8人，其中3人是教授，2人为处级干部。学院党委坚决落实党委对统战工作的主体责任，认真贯彻统战工作的“四个纳入”和“三个带头”工作要求，为民主党派和无党派人士建言献策、发挥作用搭建桥梁和平台，有效发挥他们的积极作用。

学院始终坚持以人为本的原则，强化“教工小家”建设，2018年度，学院获学校“先进教工小家”称号；在校第十二届田径运动会上，获教工组第三名，并获精神文明奖；在校工会组织的教职工乒乓球比赛中获优秀组织奖；在校工会组织的“书香三八征文”中，学院分会获得一等奖2项、三等奖1项、优秀奖1项。组织召开“机电工程学院2018年教职工专题代表大会”，审议并通过《机电工程学院全日制本（专）科教学工作量计算办法》等管理办法，充分发挥了工会组织参政维权作用。

土木建筑学院

【概况】 学院现有党政办公室、教学办公室、团委和学生工作办公室；有土木工程、建筑学、工程管理、建筑环境与能源应用工程、交通工程5个系；土木工程实验教学中心、力学教研中心2个中心；河南工大设计研究院、河南工大粮食工程有限公司2个实体公司。学院现有教职工138人，其中教授15名，副教授（高级工程师）43名，享受国务院特殊津贴专家1名，博导9名，具有博士学位61名。汇聚一批在国内外颇有影响的专家、学者和教授，形成了一支学历层次高、结构合理、富有创新和奉献精神的师资团队。学院学生2583人，其中本科生2420人、研究生164人。

【学科建设】 力学学科申报获批河南省第九批一级重点学科。按照一级博士点建设标准，推进“服务国家特殊需求博士人才培养项目”的实施；落实“三元制”培养模式，完成博士培养任务。“服务国家特殊需求博士人才培养项目”已提交项目验收申请；土木工程获批一级博士学位授权点，现已开始招生。实施“特色学科群建设计划”，为初步建成具有国内先进水平、国际具有较大影响力的大学科群，探索促进特色学科群建设的机制，河南省优势特色学科建设工程一期——“粮食产后安全及加工”特色学科群通过中期验收，验收结果优秀。组织开展土木工程、力学一级学科硕士学位授权点，建筑与土木工程专业学位授权点3个学位授权点的合格性评估工作，邀请行业专家对3个学位点的评价，现已提交自评报告至全国学位与研究生教育质量信息平台，接受网评抽查。

学院完成与韩国釜山大学的本科合作办学的申请,筹备与美国欧道明大学的合作办学相关事宜,拟定日本东京大学、韩国首尔大学、河南工业大学三方交流会议。派出11名老师到英国东安格利亚大学、希腊西阿提卡大学等进行学术访问,18名学生赴台湾中国文化大学等高校留学深造交流,与学校联合承办了“塞拉利昂高速公路建设与运营管理培训班”;向中国驻柬埔寨大使馆经商参处、中国驻孟加拉大使馆经商参处提交了“2019年柬埔寨公路交通规划与建设研修班”“关于举办2019年孟加拉公路交通规划与建设研修班”申请函及计划书;与中铁七局就非洲国家高层次人才培训及学历教育与学校签署了《校企合作协议》,并接收5名塞拉利昂籍高层次硕士留学研究生;与中建七局达成协议,完成第一届学员培训班。秦庆华教授获得学校特聘教授,考核合格。

【教学工作】 专业建设方面 持续做好土木工程、建筑学两个专业的建设工作。土木工程专业通过住建部评估委员会复评,建筑学专业开展新一轮的评估(认证)工作,现已收到住建部评估委员会的成功受理。全面落实评估工作,加强专业建设。与河南六建建筑集团有限公司、郑州交通信息科技有限公司等6个单位签订合作战略合作协议,推进产学研建设。

研究生教育 学院现有土木工程一级学科博士点1个,土木工程、建筑学和力学3个一级硕士点,建筑与土木工程专业硕士学位点1个。在籍研究生164名,其中,2018级硕士研究生55名、博士研究生4人,有9名教师(包括院外导师)具有指导博士研究生的资格,42人具有指导硕士研究生的资格。学院录取全日制硕士研究生55人,第一志愿报考率为425%,第一志愿上线率为71.0%。

【科研工作】 学院获得省部级以上项目资助9项。项目合同经费493.138万元,到账经费418.747万元。其中,纵向项目立项20项,签订合同总经费158万元,纵向项目到账经费206.1764万元;横向项目立项29项,签订合同总经费335.138万元,横向项目到账22项,到账经费212.5706万元;获得省部级二等奖1项,三等奖1项,获得地市级奖励1项;专利申请共60项,其中发明专利32项,实用新型28项,获得专利授权17项,均为实用新型专利;发表论文113篇,其中SCI检索15篇,EI检索11篇;核心期刊(北图)28篇。承办第28届全国土工测试学术研讨会,为国际土工测试领域高水平的学术交流搭建了良好平台。

河南工大设计研究院完成设计、咨询及总承包项目签约合同134项,合同额约10 238万元,其中设计院本部合同额9724万元,分院合同额514万元。主要项目有:杭州市新库建设、黄石国家粮食物流园、珠海中心粮库二期等。工程总承包类项目15项,合同额约1047万元,主要项目有:浦东2018维修项目、云南省工业公司粮库智能化改造项目等。2018年发布出版(主编)国家标准1项;申请和批准发明专利5项,实用新型专利6项;获得河南工程咨询协会奖励4项。

【学生工作】 科技创新 组织学生参加各级创业、互联网+等赛事30余项,获国家级、省部级奖励104项,参与学生累计1200人次。特别是在全省“创青春”创业大赛中,结合专业参赛,获一等奖1项、三等奖2项。依托专业研究所,组建了校内外创业导师队伍,开办GYB、SYB及创业实训班3期,培训400余人,继续完善“筑创空间”建设。目前,孵化创业项目7项,完成工商注册5项。

社会实践 学院组织94支社会实践团队奔赴全国各地开展活动,受到新浪网、人民网等多家媒体的报道150余次,在校级优秀评比中获奖8项。志愿服务实施项目化管理,注册学生2824人,年累计服务时长12 041小时。其中,“不朽计划”项目获全国志愿服务项目大赛金奖、省赛特等奖,创学校在此项赛事的最好成绩。

文体活动 组织学生参与各类校园文体活动百余项,获校运会总分第三名、“扬帆杯”篮球赛冠军等荣誉50余项。

国防教育 学院参与校“国防预备役连”“退役士兵联谊会”学生18人,5名学生征兵入伍。

就业质量 2018届毕业生就业率为98%,其中博士为100%、研究生97%。考取研究生134人,其中国外高校研究生9人。就业质量稳定,2018届毕业生签约世界500强260人,中国500强26人,占毕业生总人数46%。各专业学生专业对口率达97.3%以上,学生对就业的满意程度较高。

【党建与思想政治工作】 学院党委有委员7名,下设8个教工党支部和10个学生党支部。其中教工党员87人,学生党员204人。

党建工作 学院党委坚持问题导向,认真做好巡视自查自纠、巡视整改工作。组织师生党员观看纪录片《厉害了,我的国》、举办“教书育人,不忘初心”主题道德讲堂、学习全国教育大会精神等;举办《中国共产党支部工作条例》学习培训会。认真做好基层党组织专项评估工作,在“一带一路”精神研究会与团中央主办的“一带一路”专项行动中获得优秀团队。“土建云”党建平台获得省高校基层党建创新项目立项,“有巢新媒”获得校思想政治优秀品牌。学院党委获“全省高等学校先进基层党组织”称号,周志强获“河南省省管高校优秀党务工作者”称号。尹青超入选首届“最美大学生”宣传推介活动前20名,2个团支部经学校推荐参加河南省“活力团支部”评比,3个班级获河南省先进班集体,1个班级获河南省文明班级,院团委获评“校五四红旗团委”,院学生会获评“优秀基层学生会”。

【工会工作】 学院工会走访慰问职工及家属20余人次。组织女教工参加学校组织的“三八节”系列活动和女教工活动,为生孩子的教工家庭送去慰问金,为女教工发放“美丽100”活动费、组织关爱女性健康讲座。为每位老师购买黄金晴大米和苦荞醋;在情系光山农特产品展销会中,为学院老师购买农特产品。在校教工篮球比赛中,教工代表队获得全校第一名;在学校第十二届田径运动会中,获得教工组第四。王萌被授予“河南省教育系统学雷锋活动先进个人”称号;范量老师被评为“郑州市2018年7月份文明市民”。

信息科学与工程学院

【概况】 学院设党政办公室、教学办公室、学生工作办公室、团委,设有计算机科学、软件工程、电子信息工程、通信工程、空间信息与数字技术、物联网工程6个系,设有计算中心和实验中心。现有教职工163人,其中正高级职称19人、副高级职称49人,具有博士学位89人,具有硕士学位68人。有计算机科学与技术、电子信息工程、电子信息科学与技术、网络工程、通信工程、软件工程、空间信息与数字技术和物联网工程8个本科专业,其中计算机科学与技术为国家级特色专业,物联网工程专业与台湾中原大学合作办学。

【学科建设】 信息与通信学科获批第九批河南省一级重点学科,支撑学校“服务国家特殊需求博士人才培养项目”验收,论证建设博士学位点培育学科,编写《博士学位点培育学科建设规划》,通过粮食光电探测与控制河南省重点实验室验收。引进国内外博士11人,获河南省教育厅学术带头人称号1人,获河南省高校科技创新人才资助项目1人,出国访学教师1人,出国访学外语培训教师6人。

【教学工作】 电子信息工程专业通过工程教育认证,有效期6年,软件工程专业接受专业认证现场考查,计算机科学与技术专业第二轮认证申请已被受理。

本科招生752人,硕士研究生录取37人,博士研究生录取3人。本科毕业生698人,硕士毕业生15人。在校博士研究生7人,硕士研究生104人,本科生3117人。

获批河南省优秀基层教学组织1个,河南省示范性实验教学项目1项。3名教师获学校教学大奖赛一等奖,2名教师获得校长教学质量奖。1人获河南省教学技能竞赛一等奖并被授予省教学标兵称号,1人获得二等奖。在河南省本科专业评估中,电子信息工程专业排名第一,软件工程专业排名第三。

与印第安纳大学和普渡大学印第安纳波利斯校区以及台湾中原大学建立了稳定的实质性在校生对外交流项目。已有64名同学在台湾中原大学学习,两批次8名教师赴台湾中原大学开展交流。开办留学生本科班2个,研究生班1个,提供全英授课。选派教师赴国外访学3人,赴国内外参加学术会议30余次。

【科研工作】 获国家级科研项目立项4项,其中国家自然科学基金3项;省部级项目立项16项,较上个年度增加23.1%。签订横向科研合同16项,较上个年度增加77.8%,科研经费到账821.6万元。

发表学术论文173篇,其中三大索引收录论文64篇,收录论文数较上个年度增加64%。SCI检索论文30篇,较上个年度增加

30.4%。完成省部级科技成果评价5项,获得科技成果奖4项,其中省部级科技成果奖2项。申请国家专利63项,其中国家发明专利申请51项,发明专利申请量较上个年度增加30.8%。国家发明专利授权18项,发明专利授权量较上个年度增加38.5%。获得软件著作权83项,较上个年度增加62.7%。

作为主要负责单位起草编制《"金储"工程规划》,受国家粮食和物资储备局委托对《粮食行业信息化"十三五"发展规划》的执行情况进行评估。

作为承办方,组织举办中国粮油学会信息与自动化年会、河南省测绘学会学术年会及学术交流会。先后邀请国内外专家学者交流、指导20余次,资助学术骨干参加国际、国内学术交流50余人次。

【学生工作】 团建项目获学校资助8项。微信公众号"河工大信越团"获评学校"十佳新媒体平台",学生工作上学校主页新闻11条,国家级和省级媒体报道百余条。

辅导员许森获第七届全国高校辅导员素质能力大赛二等奖、河南省第七届辅导员素质能力大赛特等奖、河南省学校战线基层团干部微团课大赛特等奖,受到中共河南省委高校工委、河南省教育厅通报嘉奖。

在校级及以上文艺、体育比赛中获奖133项,其中省级及以上奖励43人次,国家级获奖25人次。派出学生暑期实践团队141支,组织党员考察培养实践项目54项,其中6支队伍获评学校优秀团队。获首届全国高校心理情景剧大赛优秀作品奖,学校第三届心理健康素质拓展竞技会团体一等奖。职业发展教育社会实践环节获校级一等奖1项、二等奖2项、三等奖3项。

承办全国大学生软件测试大赛、全国大学生GIS应用技能大赛、全国青少年信息学奥林匹克复赛,"金鹏杯"河南省首届地图制图与应用专业竞赛。学生创新获国家级奖项105项、省级奖53项、校级22项;学生发表论文3篇、申请专利2项;创业项目新增8项,新注册6项。大学生创新创业计划获国家级立项2项,省级立项4项,立项数量居全校第一。

本科生就业率98.38%,研究生就业率100%。考研率15.09%,同比上涨1.22个百分点。举办3场电子信息类行业专场双选会、近百场院级企业宣讲会、发布200余条就业招聘信息,学生学费缴费率100%。2018年提前还款率100%,毕业生年终付息违约率0,累计违约率0。

【研究生工作】 完成国家硕士学位点的合格评估自评报告,信号与信息处理二级硕士点动态调整信息与通信工程一级硕士点,计算机技术合并控制工程硕士专业学位授权点调整为电子信息类。

来自蒙古、巴基斯坦和津巴布韦的3名留学生,进入计算机科学与技术硕士专业学习。

获批河南省研究生教育优质课程1项,优秀硕士论文培育项目获批5项,完成3项;完成校级研究生高质量课程建设项目2项。2018届硕士毕业生16名,均为学术型硕士,其中1人获河南工业大学优秀硕士学位论文一等奖,1人获二等奖;5篇论文入选学校"优秀博士/硕士学位论文培育"项目。评选出国家奖学金2人,省级学业奖学金37人,校级学业奖学金54人。评选出符合条件的国家助学金101人,博士学业奖学金5人,博士国家助学金5人。研究生共发表高层次科研成果26项,其中SCI收录5篇,EI收录3篇,ISTP收录2篇,中文核心期刊收录16篇。受理专利21项,授权专利1项。获"华为杯"第十一届中国研究生电子设计竞赛华中分赛区团队三等奖3人。获"华为杯"第十四届中国研究生数学建模竞赛成功参与奖7人。获"兆易杯"电子设计大赛华中区团队三等奖2人。获阿里云天池大数据竞赛一等奖2人。获学校第七届"良师益友"硕士生导师1人。获"三好学生"称号4人,"优秀学生干部"称号3人,"优秀团员"称号5人,"优秀团干"称号2人。获得学校第十一届硕士研究生英语演讲比赛三等奖2项。学校第七届"迎新杯"研究生羽毛球联赛女单冠军和女双冠军。

【党建与思想政治工作】 在校党委书记张元带领下,学院党委书记、院长共赴邓州市冠军村张村镇张兴太家,结对帮扶。全体党员参加政治理论知识网络测评,发展党员94人,党校培训学员300人。"万众E心"教工党员成长营赴南阳邓州花洲书院、确山竹沟革命纪念馆、开封兰考焦裕禄纪念园学习。"IT先锋班"赴光山文殊花山村、“红军墙”、砖桥镇王大湾会议革命旧址学习。

学院党委与基层党支部分层级签订意识形态责任书,张元书记与“学研社”青年共话真理,请南阳邓州编外雷锋团政委一行做客道德讲堂暨工大讲坛,获河南省教育厅师德征文一等奖1项,班主任事迹材料入选学校“一路同行,师恩难忘”优秀征文选登。获全国辅导员能力大赛二等奖1人,获河南省共青团学校战线基层团干微团课大赛特等奖1项。在学校“庆祝改革开放四十周年”征文比赛中获得二等奖2项,三等奖1项,并获得优秀组织奖。

加强宣传教育,保证教育与宗教相分离,举办“婵娟千万里”中外学生中秋联谊会,增强外国留学生中华文化的认同;举办“手足相亲”民族团结教育月活动,获学校评比一等奖。

召开二届四次教代会,连续举办五届教工集体生日会,学院教职工参加“我与新时代共芳华”主题征文获三等奖2项,书香“三八”家书征文获一等奖1项,三等奖1项,读书征文获三等奖1项,学院工会被评为读书征文活动优秀组织奖;第九届教职工男子篮球赛中获体育道德风尚奖。

化学化工与环境学院

【概况】 学院是河南省化学会应用化学专业委员会和河南省化工学会生物化工专业委员会的挂靠单位。下设基础化学实验中心、化工与环境实验中心和分析测试中心。化学实验中心为河南省高校实验教学示范中心。学院拥有天然药物化学河南省院士工作站、复合污染治理研究河南省院士工作站、环境污染治理与生态修复河南省协同创新分中心、河南省教育厅科技创新团队、生物质资源化工河南省重点学科开放实验室、食品乳化剂河南省工程中心、绿色化学郑州市重点实验室、磷脂研究所、农药残留分析研究所、环保技术研究所、新能源材料研究所和药物研究所。学院可使用实验室总面积17 000余平方米,固定资产中的仪器设备2700余台,总值3500余万元。

学院现有教职工117人,其中省级特聘教授2人,教授19人,副教授41人,高级实验师4人,高级工程师2人;具有博士学位的教师71人,博士生导师5人,硕士生导师42人。享国务院政府特殊津贴专家2人,河南省政府特殊津贴专家1人。

【学科建设】 学科涵盖理学和工学两大门类。有应用化学、化学工程与工艺、环境工程和化学4个本科专业。拥有化学(含无机化学、有机化学、分析化学、物理化学、高分子化学与物理)、化学工程与技术(含化学工程、化学工艺、应用化学、生物化工、工业催化)两个一级硕士学位授权点和环境工程二级硕士学位授权点。环境工程和化学工程两个工程硕士领域可招收专业学位研究生。化学工程与技术和环境科学与工程为河南省一级重点学科,入选河南省粮食产后加工优势特色学科群,化学和环境科学与工程两个学科获批第九批河南省重点学科。化学、化学工程与技术、环境工程和化学工程参加并完成全国学位点合格评估工作。化学工程和环境工程两个专业硕士学位授权领域申请升级为专业硕士类别。

【教学工作】 学院共67个本科教学班,在校本科生1869名,研究生104名。学院承担31个本、专科专业的无机化学、分析化学、物理化学、有机化学、仪器分析、化工原理等课程共506门,完成本科教学工作量53 000标准学时。

完成中国工程教育专业认证专家组对环境工程专业和化学工程与工艺专业的进校考察工作。完成审核评估专家组对学院的考察工作。“有机化学”课程获河南省在线开放课程立项,1项国家级大学生创新创业训练计划项目立项,1项省级大学生创新创业训练计划项目立项;环境工程系被评为省级合格基层教学组织;赵东欣、胡乐乾、袁金伟等3人获得首届“校长教学质量奖”;2人获得“论专业说课程”比赛二等奖。

2018年考研率32.6%,其中应用化学专业42%,化学专业28.2%,环境工程专业28.6%,化工专业33.3%;4名学生获得硕研推免,考博率8%。

【科研工作】 2018年度全院获批纵向科研经费356.35万元,横向科研经费84.5万元。获批国家自然科学基金项目4项,其中面上项目1项,青年基金3项,获批省、市级项目15余项。发表学术论文149余篇,SCI论文74篇,其中JCR一区以上论文32篇。

先后邀请中国工程院侯立安院士、美国Southwestern Medical Center孙贤楷教授(终身教职)等21名国内外知名学者前来讲学。

【实验室工作】 完成化工专业实验室、化工原理实验室、化工热力学实验室、化工模拟实验室、水处理实验室、大气污染控制工程实验室、固废处理与处置实验室以及危化品储存室建设,新建成实验室面积达4200平方米,设备170台套。

【学生工作】 学生工作坚持"五个围绕、五个推进",即围绕认证评估推进学风院风建设,围绕党团作用推进校园文化建设,围绕企业校友推进毕业生就业工作,围绕困难生帮扶推进励学育人工作,围绕教学和实践推进特色品牌建设。2018年毕业生就业率为98%;贷款违约率为0,在校学生缴费率100%;学生社会实践成果丰硕;"魅力化学"科技文化节获校第一届校园文化建设优秀品牌;安全稳定100%。

学生暑期社会团队在校级评选中获一等奖1项,二等奖2项,三等奖3项;获科技创新类比赛省级奖项4项。

【党建与思想政治工作】 学院现有教工支部4个,学生支部5个,共有党员138人,其中在职教师党员62名,学生党员76名。学院党委围绕"抓党建,促发展,育人才"工作思路,指导学院各项工作落实并创造性开展工作。党建项目《化学化工与环境学院党的建设"五个一"工程》成为学院党委党建工作的内容框架和重要抓手。学院党委认真贯彻落实"党员发展五个一"要求和学校统战工作"四个纳入"。继续办好《化学化工与环境学院手机党报》;开展"温入党誓词,悟建党精神"学习交流活动。在学校第十二届田径运动会上学院取得教工组团体总分第三名。学院教师关心并积极参与扶贫工作,学院定点扶贫的邓州市冠军村农民已彻底脱贫且以良好的状态发展;配合学校做好学校对光山县的扶贫工作,学院教师自发为学院2011届患重病学生捐款1万余元。

生物工程学院

【概况】 学院设党政办公室、教学办公室、团委、学生工作办公室、档案室、资料室以及生物工程、动物科学、生物技术3个系。学院共有教职工86人,其中教授15人,副教授24人,硕士生导师33人,博士生导师4人。教师中,具有博士学位者58人,硕士学位22人。在校硕士研究生97人(其中专业硕士40人),本科生1576人。

【学科建设】 学院现有生物工程、动物科学、生物技术和制药工程4个本科专业(动物科学、生物技术为省级特色专业);有生物学和药学2个一级硕士学位授权点和发酵工程、动物营养与饲料科学2个二级硕士学位授权点,以及农业硕士专业学位植物保护和食品加工与安全2个授权点,生物学、畜牧学和药学为河南省一级重点学科。

2018年以申报博士点为契机,进一步凝练学科方向,学科团队初步形成。以"生物学"重点学科为主要建设对象,参与学校2020年博士点申报培育建设计划;"粮食储藏生物学"研究方向融入学校"粮食产后加工与安全"河南省特色学科群进行建设;投入发展基金114万元进行学科建设。在建省级、地厅级学科平台4个,获河南省科技攻关研究项目7项,接受企业委托开发项目10项。

承办中国粮油学会饲料分会第七次全国会员代表大会暨2018年学术年会。邀请国内知名学者做学术报告3场,并指导自然基金申报材料的撰写。参加国内大型学术会议15场,参会人数达100余人次,拓展教师的科研思路。

【教学工作】 全年共完成256门次本科生课程教学任务;承担37门次研究生课程教学任务。"食品微生物学"获在线开放课程;获河南省大学生创业创新项目立项2项,获学校教育教学改革项目立项5项,"科教融合"立项项目2项;出版教材著作4部,发表教学研究论文4篇。

2018年新引进博士7名,2名教师在职攻读博士学位,2名教师到国外高校进行学术交流,2名教师参加博士后研究工作。3名教师获"校长教学质量奖";1名教师入选2018年度河南省高等学校青年骨干教师培养计划,2名教师入选学校第四批、第五批青年骨干教师培育计划;4名教师获学校"论专业说课程"竞赛三等奖;18名教师2017—2018学年教师教学质量评价优秀;7名教师获学校毕业论文优秀指导教师;15名教师年终考核优秀。

完成2018年本科教学工作审核性评估。

获批本科实验室中央与地方共建项目立项2项,经费约700万元;完成2017年中央与地方共建项目全部招标工作;加强实验室安全教育及考核,有毒有害试剂安全管理及废液集中收集处理,配合学校完成高新区公安局实验室安全专项检查,危化品暂存室安装视频监控设备,对危化品存储柜、实验室智能安全柜进行维修,对实验室仪器设备使用状况和管理情况进行摸底统计,推动实验室管理的智能化、数字化、信息化建设。

【科研工作】 申报纵向科研项目71项,其中国家自然科学基金项目34项。获各级各类纵横向项目立项42项,其中,国家自然科学基金项目2项,国家重点研发计划项目2项;河南省科技攻关项目7项,省自然科学基金项目3项,国家工业与信息化部项目1项;河南省教育厅自然科学基金项目3项,河南省教育厅高校科技创新团队项目1项;校级人才支持计划项目2项,校级青年支持计划项目4项;省重点实验室、小麦和玉米加工工程中心开放课题4项;企事业单位委托横向项目10项。到账经费437万元,其中纵向项目到账经费394万元,横向项目到账经费43万元。

发表学术论文88篇,其中SCI/EI收录论文37篇,中文期刊51篇。申请发明专利21项;出版著作及教材7部。获河南省教育厅科技成果一等奖1项;中国商业联合会科学技术奖一等奖1项。

【学生工作】 以人才培养为目标,以学风建设为重点,以服务学生为中心,充分结合学生特点,进一步优化管理、夯实基础、完善制度、强化特色。2018年本科生考研率达25.32%,2019年研究生报考率达65%以上,同比增长显著;第二届全国大学生生命科学联赛,1个团队获省级一等奖,2个团队获三等奖;本科生参与导师科研项目,发表SCI收录论文4篇,中文核心1篇;与正邦集团合作成立"正邦农牧班",加强与企业的产学研合作。

组建71个社会实践团队,深入革命老区走访老红军,追寻红色记忆,接受红色教育;探访河南古迹,重温历史遗迹,感受时代变迁。组建5个精准扶贫小分队,走访困难学生家庭,落实精准帮扶。

加强学生工作队伍的工作能力和责任意识培养,深入班级、宿舍了解学生情况,排查心理问题学生,做好心理健康教育工作;高度重视安全稳定问题,广泛开展安全教育,提高学生防患意识和安全意识;完善学生管理规章制度,通过规范管理,强化目标责任,确保任务落到实处。

本科专业403人,河南省内考生均按普通本科一本录取。录取硕士研究生38名,其中专业硕士研究生17名。

【党建与思想政治工作】 持续加强党支部建设,抓好党员发展和管理,举办两期入党积极分子培训班,培训学员211人,发展党员42人,转正39人。严格组织生活,开展"创新争优"活动,切实抓好中央和省委巡视反馈意见的落实整改,落实党建工作责任制,健全完善工作制度体系,继续推进党建项目"基层组织三级服务体系"建设,有力推进学院事业的发展。

重视意识形态工作,开展文明创建活动,加强师生的思想道德建设,抓好教师职业道德建设,实施大学生"立德树人"工程,全心全意为师生办实事、解难事,构建团结和谐、拼搏进取的氛围。推进教职工参与学院民主管理和民主监督;关心教职工身体健康和切身利益,组织参加和开展各类文体活动,丰富教职工的生活,创新工作体制机制,校第十二届田径运动会获教工组体育道德风尚奖、拔河第五名,乒乓球赛获优秀组织奖。

材料科学与工程学院

【概况】 学院现有教职工72人。其中教授17人,副教授、高级工程师、高级实验师28人;博士44人;硕士生导师24人,博士生导师2人;新引进博士1名,1名教师退休。学院拥有材料科学与工程、高分子材料与工程和无机非金属材料工程3个本科专业,均为一本招生。

【学科建设】 与三磨所合作建设河南省研究生实践创新培养基地,开展产学研合作,在超高压合成、超精密制造、超硬陶瓷磨具和新型陶瓷材料领域取得多项研究成果,第八批河南省一级重点学科"材料科学与工程”通过验收,并获批第九批河南省一级重点学科。积极培育材料科学与工程特色学科群,开展河南省优势特色学科建设工程项目申报工作。

【教学工作】 提高教学水平　与韩国釜山国立大学合作申请“高分子材料与工程专业中外本科课程合作”项目,与悉尼大学航空航天、机械与机电工程学院达成课程引进意向。学院先后派20多名教师参加全国高等教育培训会议,申报中全院教师申报校级招标项目4个,专项10项。组织“改革教学范式、提升课程质量”的教育思想大讨论,按照OBE理念优化课程设计,提高课程质量,刘世凯老师获首届“校长教学质量奖”。

专业建设　材料科学与工程、高分子材料与工程两个专业获得中国工程教育认证(有效期6年)。

教育教学改革　学院进一步完善课程考核方式的改革方案,将课程考核方式的改革范围扩大到全院所有课程。高分子材料与工程专业和材料科学与工程专业获得河南省高校优秀基层教学组织建设立项,学院产教融合人才培养模式探索与实践获校级创新示范学院立项。

学生能力培养　鼓励学生申请海外交流项目,2名学生分别赴德国、英国深造,1名大四学生被意大利大学录取。学院主办第三届“钻石杯”材料学科专业技能大赛。磨料磨具专业方向近80名学生到广东创汇进行顶岗实习。

研究生教育　2018年,材料科学与工程硕士学位点合格评估的自评估结果为“合格”,获2017年河南省优秀硕士论文1篇。研究生发表期刊论文16篇,其中3篇SCI、EI收录,11篇核心论文,1人获得研究生国家奖学金,受权1项国家发明专利、受理23项国家发明专利。1篇获校优秀硕士论文一等奖,2人考取博士研究生。

【科研工作】 学院获纵横向项目53项,研究经费544余万元。包括横向经费391万元,纵向经费153万元;申请国家专利49项(发明专利42项,实用新型7项),授权国家专利14项(发明专利6项,实用新型8项);发表学术论文75篇,其中SCI/EI收录论文27篇(1区论文15篇);2名教授获2018年度郑州市创新领军人才称号;主办2018河南国际复合材料研讨会,邀请包括中国科学院院士在内的百余名知名专家、学者和企业代表就国家相关政策和复合材料技术研究现状及发展趋势进行学术交流。与江苏新砺河磨具科技有限公司联合开展“超硬磨钢轨砂轮的制备技术”研究,到账经费20万元。在河北盛森磨具公司开办技术培训班,培训人员50余人,为行业发展提供技术支持。

【学生工作】 学院以学习贯彻习近平新时代中国特色社会主义思想为引领,全力加强思想育人工作。开展“党员先锋论坛”“纪念马克思主义200周年”“纪念建党97周年”等主题活动4次。

学院持续开展精准资助工作,召开在校生、新生“资助政策”宣讲会8场。严格评审和发放各类奖助资金,发放奖助资金900余人,总额214.46万元。申请国家助学贷款179人次,当年度贷款违约率为0;完成学费催缴工作,实现零欠费。考研率30.30%,其中考取985、211院校学生达60.7%;建立学生个人档案,及时跟踪反馈,就业率达99.03%。

在各类竞赛活动中,获“互联网+”创新创业大赛国家三等奖2项,“挑战杯”省级一等奖2项、三等奖1项,大学生数学建模大赛国家二等奖1项,职业规划设计大赛获校二等奖1项。在国内《创新科技》《乡村科技》期刊发表论文3篇;充分发挥超硬创客空间功能,孵化创业项目3项;校创新、创业比赛中获二等奖1项、三等奖3项,学院获创新大赛优秀组织奖。

【党建与思想政治工作】 学院下设5个教工党支部,9个学生党支部,有教工党员53名,学生党员93名。

党建工作　组织学生党员参观豫西抗日革命根据地纪念馆、举办纪念马克思诞辰200周年主题活动和“红色练习生”等多个主题党日活动,开展了“永葆先进,争做优秀”毕业生党员座谈会、“学党史知党情 跟党走”七一建党纪念活动、“沉痛悼念南京大屠杀中遇难的同胞们”、民族团结宣传教育月系列活动等一系列党员活动。

【工会工作】 完善教工小家建设,进一步加强硬件和软件建设。羽毛球协会等协会定期开展丰富多彩的文体活动。学院领导关心职工生活,凡教工有喜、忧、病等,院领导带领有关人员前往看望慰问。组织师生代表组成专家团,赴柘城帮助开展脱贫攻坚工作,并定期看望南阳冠军村的结对贫困户,做好贫困帮扶工作。

电气工程学院

【概况】 学院设控制工程系、电气工程系、测控工程系、电工电子教学中心4个教学部门和电工电子、自动化与电气工程2个实验中心。有教职工91人,其中教授10人,副教授40人。拥有控制科学与工程一级学科硕士学位点和控制工程专业硕士学位点,其中控制科学与工程为河南省重点学科,有自动化、电气工程及其自动化、测控技术与仪器、轨道交通信号与控制4个本科专业。在校研究生49人、本科生2041人。

【学科建设】 完成"测控技术与智能仪器仪表河南省工程实验室"的年度建设目标;获批第九批河南省一级重点学科;继续参与实施"特色学科群建设计划";获批郑州市"机器感知与智能系统"重点实验室。

学院当选河南省智能传感器创新联盟副理事长单位;继续发挥河南省仪器仪表学会理事长单位及支撑单位作用,主办河南省科协第九届学术年分会场——中国智能传感器暨物联网高峰论坛,申请到2019年包括百千万创新驱动助力工程重点项目——河南省智能传感器创新协同发展项目在内的4个科研项目立项;推举河南省青年人才托举工程项目1项。

【教学工作】 提交"电气工程及其自动化""自动化"和"测控技术与仪器"3个专业的认证申请,"测控技术与仪器"专业的认证申请获中国工程教育专业认证协会受理。现有4个本科专业继续按照本科一批专业招生。举办"第3届河南工业大学C语言专业竞赛"和"第2届河南工业大学单片机专业竞赛"。

立项校级课程改革工程项目1项,立项教育部产学合作协同育人项目2项,获批校创新示范学院建设项目,立项校级本科教育教学改革研究与实践专项4项。

获河南省教育系统教学技能竞赛一等奖1项,获得第二届全国高等学校青年教师电子技术基础、电子线路课程授课竞赛中南赛区二等奖1项,获校长教学质量奖1项,获校"论专业说课程"竞赛一等奖1项,1人被评选为校第八届"我爱我师——我心目中最优秀的老师"。

【科研工作】 获高层次纵向科研立项11项,其中国家自然科学基金青年项目2项,国家自然基金委-河南省人民政府联合基金项目2项,河南省科技厅自然科学项目4项,省产学研合作项目1项,省青年人才托举项目2项;完成国家自然基金项目3项,完成科技成果鉴定6项;发表学术论文66篇,其中:SCI收录16篇,EI收录12篇;授权国家发明专利1项。

【学生工作】 2018届本科毕业生总数569人,毕业率为92.93%,考研率为19.02%,就业率97.9%;研究生毕业生12人,就业率100%。24个参赛小组参加国家级竞赛8项,其中6支队伍获国家级一等奖、三等奖、优秀奖;5支队伍获分赛区的一等奖、二等奖、优秀奖;13支队伍获省级一等奖、三等奖、优秀奖。

学院蒲公英支教社会实践志愿服务团被授予"河南省教育系统学雷锋活动先进集体"荣誉称号。

【党建与思想政治工作】 落实"三会一课"制度,加强"红色中原"党建项目建设。组织党员观看《厉害了,我的国》,赴新密"抗日纪念园"开展党日活动,举办毕业生党员座谈会,开展支部书记述职评议,举办入党宣誓、党日观影、学党史国情等系列活动。培训积极分子231名,发展党员65名。

管理学院

【概况】 管理学院现设有电子商务、物流管理、市场营销、会计学、工商管理5个系;管理科学综合实验中心下辖8个专业实验室,项目管理实验室、会计手工实验室、财务信息技术实验室、电子案例实验室、ERP沙盘实验室、旅游管理模拟实验室、物流仿真实验室、物流工程实验室;设有党政办公室、教学办公室、学生工作办公室、院团委;建有河南工业大学物流研究中心、商务智能与知识工程实验室、市场营销研究所、电子商务研究所、旅游管理研究所5个学术研究机构。引进青年博士4人,教师退休2人,晋升副教授1人。在编教职员工 113 人,其中专任教师 102 人,教授、副教授 63 人,具有博士、硕士学位教师 105 人;同等待遇辅导员 3 人,合同制实验员 1 人。博士生导师 1 人。

【学科建设】 学院有河南省高校人文社科重点研究基地——物流研究中心,中国高等院校电子商务和电子政务联合实验室河南工业大学分中心——商务智能与知识工程实验室。建设有管理科学与工程、工商管理两个省级重点学科,有 2 个一级硕士点,6 个二级硕士点,3 个专业学位硕士点(其中 MBA 为河南省特色品牌硕士专业学位授权点),8 个本科专业。作为服务国家特殊需求博士项目的支撑单位,以粮食质量安全与品质控制技术为方向招收博士生。电子商务专业为国家级特色专业建设点。

【教学工作】 教学管理 学院到新乡和焦作进行招生宣传工作,组织开展 2018 届毕业生的毕业论文答辩工作。启动 2019 届本科毕业生的毕业实习、毕业论文的前期准备工作。发挥学院本科教育教学工作指导委员会的作用,将学校强化院级质量保障体系建设的要求落到实处,修订和完善一系列教学管理文件。学院整体教学秩序正常,教学质量保障实施情况良好,完成本科教学工作审核评估。现有本科生 1803 人,硕士研究生 194 人,留学生 8 人。

教材建设 重点放在选好、用好各类规划教材以及配套教材。正式出版专业教材 3 部。

教学条件 以校院两级财务制度改革为契机,积极落实并推动学院实践教学改革工作,推动大数据分析与决策实验室建设规划工作,加强建设郑州悉知信息技术有限公司和郑州太古可口可乐饮料有限公司两个产学研实践教学基地,新增与杭州贝腾科技有限公司共建产学研实践教学基地。学院更新升级电子商务实验室,改善了课内实验和集中实验条件,为实践实验教学改革工作的推进奠定了良好基础。

教学研究 获教育部高等教育司“产学合作协同育人”项目,使学院的省级质量工程项目覆盖面和层次水平进一步得到拓展。积极推动专业建设工作,电子商务系获 2018 年度河南省高等学校省级优秀基层教学组织认定,电子商务与物流管理专业在校内本科专业评估中获优秀评价结果。发表教研论文 2 篇。“人力资源管理”获评为河南省研究生教育质量工程优质课程项目。

师资建设 学院新引进博士 4 名,拥有主讲资格的教师 106 人,承担 8 个本科专业 100 多门课程的授课任务。

【科研工作】 学院获省级以上科研项目 12 项。其中,国家社科基金项目 3 项。到账科研经费 140.5 万元。发表学术论文 65 篇,其中被 SCI 收录 10 篇,CSSCI 收录 19 篇;获河南省社会科学优秀成果二等奖 3 项。承担横向课题 3 项。

【学生工作】 学院现有辅导员 5 人,导师班主任 51 人。

学院在“创青春”全国大学生创业大赛中获铜奖 1 项,“互联网+”大学生创新创业大赛河南省决赛中获二等奖 3 项。在专业竞赛中,获第八届全国大学生电子商务“创新、创意及创业”挑战赛一等奖、第四届全国大学生物流仿真设计大赛一等奖、2018 年“百蝶杯”全国大学生智慧供应链创新创业挑战赛三等奖。E 创空间孵化项目郑州索腾乐器有限公司销售额 2018 年达 1056 万元。为提高学生创业意识和能力,实现了 2017 级、2018 级本科生 GBY 培训全覆盖。在第十届职业规划大赛中获二等奖 1 项、三等奖 2 项;在第九届大学生创业大赛决赛中获一等奖 1 项、二等奖 2 项,在第十二届大学生创新大赛中获二等奖 2 项、三等奖 1 项。上述三项赛事均获优秀组织奖。在学校社会实践项目评选中,获一等奖 1 项,二等奖 3 项,三等奖 3 项。在河南省第十六届大学生科技文化艺术节系列竞赛中获一等奖 1 项,三等奖 3 项;河南省第十三届运动会学生组跆拳道比赛暨河南省大学生“华光”体育活动第七届学生跆拳道锦标赛中获一等奖 1 项,二等奖 2 项;其他省级及以上荣誉 20 余项。实施管理学院“勤奋诚信”学风建设方案,开展第七届“管理之星”评选、第十三期“赢在起跑线”学习交流会。实施学院“文明宿舍”创建方案,评选“学习示范”“卫生示范”等先进宿舍。学院心理辅导站“心语小屋”获批校首批“示范性二级心理辅导站”。

【党建与思想政治工作】 学院现有 6 个教工党支部和 7 个学生党支部,教工党员 66 人,学生党员 105 人。

学院获评河南省委管高校先进基层党组织荣誉称号。举办了两期入党积极分子初级培训,培训入党积极分子 140 名。设立明德党员先锋岗,发挥党员模范带头作用。严格党员发展程序,规范党的组织生活,形成上届带下届的交流培养机制,全年发展党员 62 名,培训团员干部 400 余人次。线上“明德先锋”微信平台 WCI 指数月排名多次位居前三。线下实施党员发展“三推三测三答制”。

重视理论学习。学院党委及所属各党支部组织学习全国高校思想政治工作会议、十九大报告、全国宣传思想工作会议、全国教育大会等会议精神。召开辅导员学习全国高校思想政治工作会议工作研讨会,党委书记为全院教职工和学生骨干主讲了十九大精神宣讲会。认真抓好意识形态工作,与学院各室、系签订了意识形态(网络意识形态)工作责任书。开展以案促改制度化常态化警示教育工作,召开工作推进会,通报有关警示教育案例,领学《卞科校长在全校以案促改制度化常态化警示教育暨工作推进会上的讲话》,通报《河南工业大学推进以案促改制度化常态化工作方案》,并对管理学院以案促改制度化常态化工作进行安排部署。学院注重凝练特色,积极打造以“明德”为品牌的系列活动,建设具有管理学院特色的思想政治教育体系。学院在建好主页的同时,不断完善“明德先锋”微信党刊、“河南工业大学管理学院”“工大物流团”等微信订阅号,运营好“河南工业大学管理学院团委”新浪微博以及“河南工业大学管理学院团委”QQ 用户等,多渠道、宽领域对学生进行思想引领、学业指导及情感交流等,积极探索创新网络学生工作。

经济贸易学院

【概况】 学院设有党政办公室、教学办公室、学生工作办公室、团委,有教职工 78 人,其中专职教师 67 人,教授 13 人,副教授 32 人,博士学位教师 39 人,硕士学位教师 35 人。在校生 2075 人。其中,本科生 1984 人,硕士研究生 87 人,博士研究生 4 人。有国际经济与贸易、金融学、财政学、经济学 4 个本科专业;理论经济学、应用经济学 2 个一级硕士点;财政学、金融学、产业经济学、国际贸易学、农业经济管理、农村与区域发展(专业硕士)6 个二级硕士点;应用经济学、理论经济学是省级重点学科;金融学、国际经济与贸易、经济学是省级特色专业;有 2 个研究中心,其中粮食经济研究中心为河南省普通高校人文社科重点研究基地。

【学科建设】 经济学一级学科“理论经济学”成为第九批省级重点学科,应用经济学、理论经济学两个一级学科同时成为省级重点学科、同步招生学硕、同步重点建设。配合学校完成河南省优势特色学科——“粮食产后安全及加工”学科群的建设中期检查工作。完成教育部组织的一级学科应用经济学的学位授权点自我评估工作,并上传教育部网站。完成“应用经济学一级学科博士学位授权点申报”以及“应用经济学博士学位授权点培育学科建设规划”工作。配合学校作为 2017 年河南省普通高等学校经济学本科专业评估教指委主任单位,完成省教育厅指定的全省经济学本科专业评估工作。完成服务国家特殊需求博士培养项目验收工作。

【研究生教育】 来自乌兹别克斯坦留学生研究生 Nodir,成为学院应用经济学学硕开题第一人。有 3 位同学考取知名大学的博士研究生。硕士研究生招生 44 人,比上年增加 8 人。完成 2018 届 32 名硕士研究生的毕业论文指导、初审及答辩工作。6 篇研究生毕业论文被评选为校 2018 年优秀硕士学位论文。2018 级 44 名学硕、专硕学生到郑州大学参加了“2018 年郑州大学第十二届研究生专题创新分论坛”,田丽娜同学做了大会学术交流,田丽娜等同学的 4 篇论文被评为优秀论文。杨绍闻等研究生参加的挑战杯比赛获国家二等奖。完成 2017 级研究生毕业论文开题和 2016 级学硕研究生毕业论文中期检查工作。完成学校第三届研究生学术创新活动月活动。

【教学工作】 学院教学(招生)工作紧紧围绕突出实践教学、全面提高教学质量的宗旨,全力推进理论教学、实践教学和招生工作的开展。学院党委书记、教学副院长带队参加到驻马店地区进行招生宣传,连续五年获得学校招生先进单位,金融学、经济学专业一志愿上线率分别为 81.6% 和 76.67%,各专业志愿满足率均在 98.86% 以上。经济学(金融学)专业文科高出一本线 15 分(13 分),理科高出一本线 38 分。获校第七届教学比赛 2 项一等奖;3 项校"科教融合"结项;完成河南省经济学、国际经济与贸易专业综合评估;获得校级本科教育教学改革研究与实践专项项目立项 2 项;经济系、财政系完成河南省基层教学组织合格性评估,经济系获校级优秀基层教学组织认定并立项建设;经济贸易河南省实验教学示范中心获省 50 万元立项建设经费;"国际贸易实务"课程获得国家精品在线开放课程认定,"金融风险管理"双语教学改革研究获教育部第一批产学合作协同育人项目立项;学院第一次接收 2 名分别来自塔吉克斯坦和印度尼西亚的本科学历教育生。

【科研工作】 学院国家社科基金项目立项 3 项,实现国家项目 6 年不断线,每年平均立项数量 2 项。发表论文 139 篇,其中,中文核心期刊(北图)6 篇,被 CSSCI 收录论文 6 篇;立项纵向科研项目 42 项,其中省部级项目 8 项,国家级 3 项;结项 38 项;出版学术著作 7 部;到账科研经费 130.1 万元;获河南省社会科学优秀成果奖二等奖、三等奖各 1 项。依托"经贸论坛"、粮食经济研究中心平台,先后进行多次学术讲座,邀请中国农业大学教授穆月英教授等学界知名人士,为学院师生做精彩学术报告。学院鼓励教师走出去,提升教师的科研水平,派出多位教师参加各类经济学年会,派出多位专业教师到国内知名大学就科研提升、实验室建设等进行走访取经。省级人文社科重点研究基地——粮食经济研究中心积极服务社会,先后为省农业厅等政府部门及大中型企业提供多份决策咨询报告,基地成员的成果获省主要领导批示 2 次。选派一名年轻教师参与国家粮食和物资储备局开展"百名博士服务粮企"活动。

【学生工作】 学院系统进行学生创新创业教育,稳步提升学生创新、创业水平和能力,开展"经贸嘉年华""经济视点"系列活动,做好奖、贷、助、补等工作,缴费率 100%,年度助学贷款违约率为 0,累计违约率低于 1%。通过建立贫困生信息库,广开渠道,多方筹措资金,实现静态与动态管理相结合,对贫困生的资助率 100%。有 450 人获国家助学金,4 人获国家奖学金。毕业生就业率 98.53%;有 84 人考取研究生,考取率 16.53%。获全国"创青春"三等奖 1 项,河南省"挑战杯"特等奖 1 项、金奖 1 项、银奖 1 项。组织近 60 余支队伍,分赴 18 个地、市、县进行社会实践活动,新建 10 余个实践基地,得到 40 多家媒体报道数百余次。小树苗志愿服务育人工程获河南省思想政治教育优秀品牌,"小树苗志愿服务队""互联网+教育""心系乡情 支农践行"获团中央"镜头下的三下乡"优秀团队称号,小树苗志愿服务队获全国最具公益力社团、全国优秀社会实践团队称号。

【党建与思想政治工作】 学院党委下设 5 个教工支部、5 个本科生党支部、1 个研究生党支部。专职政治辅导员 5 人,兼职政治辅导员 1 人,形成了以专职人员为骨干、专兼职相结合的思想政治工作队伍。学院党委以提高党员素质、增强党组织凝聚力、建设和谐学院为目标,把党建工作与教学、科研工作结合起来,深化立德树人。学院党委获评河南省优秀基层党组织;"小树苗"志愿服务项目获批学校思想政治教育优秀品牌、河南省思想政治教育工作优秀品牌;国防教育工作不断推进,新生军训斩获多项第一。两个班级获得省级文明班级,"创+"获批大美学工优秀品牌,学院团委获五四红旗团委,学生会获优秀基层学生会称号,学校宣传工作、统战工作获评优秀。

外语学院

【概况】 现有英语(经贸、口译、笔译方向)、日语和翻译 3 个本科专业。设有党政办公室、教学管理办公室、团委兼学生工作办公室、语言实验室;教学单位为英语系、翻译系、大学英语教学一部、大学英语教学二部;还设有中国政法大学法律英语教学与测试研究中心、翻译与语言测试研究所、EIE 英语教育中心。教职工 108 人,具有高级技术职称 41 人,讲师 52 人;博士 16 人。EIE 教师 10 人。

【学科建设与研究生工作】 现有外国语言文学一级学科,外国语言学及应用语言学、英语语言文学二级学科学位授权点。研究领域有语言学、英美文学、翻译理论与实践、跨文化交际4个方向。硕士生导师及副导师12人,其中博士9人。

举办“基于语料库的语言对比与翻译研究高端论坛”“新时代创新背景下翻译传译认知国际研讨会暨中国翻译认知研究会第三届大会”“全国‘一带一路’跨文化沟通高峰论坛”等学术研讨会3场。创建河南工业大学“一带一路”跨文化研究基地。

招收12名研究生,含1名留学生。2018届硕士研究生学位论文专家评审全A率22%,校级优秀硕士论文二等奖2人,专八通过率67%;研究生共发表论文35篇。

【教学工作】 专业建设　根据中国科学评价研究中心发布的《2017—2018中国大学及学科专业评价报告》,英语专业被评定为4星级专业。2018年度麦克斯第三方评价结果显示,2017届毕业生对学院教学满意度为98%,位居全校第一;2017届校友对母校推荐比例较高的专业为英语专业,推荐度为93%,位居全校第一;2017届校友满意度为100%。

招生工作　英语专业省内第一志愿录取率为69.47%,较往年上升5.08个百分点。英语和翻译专业校内专业类型均为B类。英语专业报到率100%。

教学管理　修订完善《外语学院教学督导工作规定》《外语学院教师本专科教学质量评价办法》《外语学院课程考核方法改革实施方案》《外语学院推荐免试攻读硕士学位研究生工作实施细则》等文件。完成年度省诊断性评估与年度教育部审核性评估工作;完成2017版人才培养方案的对标工作;持续完善与规范外语学院考核材料归档要求。

教学质量　各类教学竞赛获奖共计8人次。获第九届“外教社杯”全国高校外语教学大赛英语类专业组三等奖1人;2018年河南省教育系统教学技能竞赛三等奖1人;获校“论专业说课程”竞赛二等奖1人,三等奖3人;获“校长教学质量奖”2人。2018届毕业生考研通过率为15.33%。英语专业四级通过率高于往年0.86个百分点。2019届英语专业两名推免生分别被上海外国语大学和北京林业大学录取。28名学生获得阿里巴巴(中国)跨境电子商务师初级和三级证书。获2018外研社杯全国英语写作大赛河南赛区省级一等奖3人,阅读大赛省级一等奖2人、三等奖1人,演讲大赛省级二等奖1人、三等奖1人。第七届全国口译大赛(英语)中部赛区大区赛三等奖1人,优秀奖1人。第二十一届“外研社杯”全国大学生英语辩论赛华西赛区总决赛三等奖2人。

教学教研　获省级优秀基层教学组织立项1项;省级合格备案基层教学组织1项;校级优秀教学基层组织立项2项;校级精品在线课程立项1项,校教研项目立项5项;教研论文SCI收录1篇,CSSCI收录1篇;出版教材5部。

实践教学　与河南一贸通外贸综合服务有限公司签署合作协议,共建金水“一带一路”经贸产业园外贸人才平台培育项目。组织2015级学生赴阿里巴巴郑州办事处、河南金水“一带一路”经贸产业园等企业认知实习170人次。学生参加国际少林武术节、商务部援外项目等各类志愿者服务167人次。

教学条件　引进U校园大学英语教学平台,重点推进2018级新生大学英语课堂教学混合式教学模式的改革,探索依托U校园平台,探讨线上线下教学并行推进,构建多维度模块化的自主学习资源。

【科研工作】 科研立项15项,其中省社科规划2项,省教育厅人文社科3项,郑州市科技计划项目1项,完成教材4部,专著5部。发表论文69篇,其中SCI收录1篇,CSSCI收录3篇,获省社科优秀成果奖2项;获省教育厅人文社科二、三等奖3项。到账经费13.85万元。

【师资建设与人事管理】 引进博士5人,其中海外博士3人,引进硕士1人。赴国外读博士1人,复旦大学博士后流动站出站1人。赴英国访学2人。入选“河南省教育厅学术技术带头人”1名。参加国内外各类培训会议45人次。

【学生工作】 在校本科生800人、硕士研究生32人,共832人;有本科班级30个、研究生班级3个。导师班主任44人,专职辅导员2名。

开展第十四届英语文化节之英文话剧比赛、英文演讲比赛、外文歌曲大赛、“影”工大配音比赛等系列活动,全校参与600余人次。获校第九届职业生涯规划大赛三等奖1人。学生参加各类社会志愿服务150余人次。

学费缴费率100%，贷款累计违约率0.1‰，就业率99.37%，考研通过率为15.53%。推荐免试攻读硕士学位研究生2人。

赴韩国的朝鲜大学参加2+2项目1人，赴日本参加交流学习3人，考取英国、日本等国高校硕士研究生3人。4人成功申请去美国等国家以及中国台湾地区的交流交换生。

【党建与思想政治工作】 教职工党支部党员44名；本科生6个党支部和研究生党支部共有党员42人，申请入党的学生比例达97%，发展新党员22名，转正19名，党课团课开展三级培训制度培训学员280人次。

中心组集中学习6次和专题讨论2次，班子民主生活会1次，获校级“第一届校园文化建设优秀品牌”、校级“我爱我师——我心目中最优秀的老师”7人。获校教工篮球赛第8名、乒乓球赛第2名。英语F1505班获得河南省先进班集体、十佳优良学风班。

理学院

【概况】 学院现有数学一级学科硕士学位授权点及凝聚态物理二级硕士学位授权点，数学与应用数学、信息与计算科学、应用统计学和应用物理学4个本科专业。下设党政办公室、教学办公室、学生工作办公室(团委)、公共数学教研室、数学实验室、应用数学教研室、信息与计算教研室、统计学教研室、大学物理教研室、应用物理教研室、物理实验中心。现有教工117人，其中教授14人、副教授33人，具有博士学位的教师73人，硕士生导师23人。学院有全国优秀教师1人，河南省优秀教师3人，河南省文明教师2人，河南省高校师德建设先进个人2人，河南省跨世纪学术带头人1人，河南省优秀中青年骨干教师6人，河南省教育厅学术技术带头人7人。在校本科生788人，硕士研究生17人。

【学科建设】 完成硕士学位点评估材料上报和本科教学评估工作以及配合学校工程专业认证工作，本科生的“数学+金融”实验班顺利开班；新进博士16名，形成了一支师德高尚、业务精湛、结构合理、充满活力的高水平师资队伍；推荐2名优秀应届本科毕业生免试攻读硕士学位研究生；国内外18位知名学者、专家指导或参与学院的学科建设，进行学术交流。

【教学工作】 学院除承担本院各专业的教学任务外，还承担着全校相关专业的高等数学、大学物理、物理实验、线性代数、概率论与数理统计等公共基础课的教学任务。

学籍管理　2018届151名毕业生，全部授予学位。对2017级学生进行转专业工作，其中转出2人，转入8人。按照学校要求按时完成优秀毕业生推免工作。

教学督导　继续加强院级教学督导工作。对学生反馈信息及时解决。召开座谈会，了解学风和教风情况。使用教学质量管理系统组织学生评教。

教学研究和质量工程建设　获立项有省大学生创新创业训练计划项目1项，校级大学生创新创业训练计划项目4项，高等教育教学改革研究与实践项目4项，在线开放课程1项，教学改革“创新示范学院”项目1项，科教融合项目2项，院级教研项目15项。获得结项有校级教研项目3项，精品公选课1项。多位教师参加“改革教学范式、提升课程质量”教学研讨活动。

基层组织建设　开展基层教学组织审核备案工作，8个教研室全部合格。公共数学教研室获批校优秀基层教学组织。

教学技能　5名教师在学校“论专业说课程”竞赛活动中获奖，其中一等奖1人，二等奖2人，三等奖2人。1名教师在省教育技能竞赛中获得二等奖。3名教师获得校长教学质量奖，12人次获高等数学课程校长教学质量奖。

毕业论文和实习　本科毕业生论文实行学术不端检测，7位教师被评为毕业论文优秀指导教师，6篇学生论文被评为优秀毕业论文。

本科教学审核评估　撰写学院自评报告，修订院级教学管理制度，整理近三年课程考核材料和毕业论文等教学档案材料，统筹安排，圆满完成评估任务。

【科研工作】 理学院科研项目在去年的基础上稳步提升。各类在研项目87项，国家级结项项目3项、地厅级结项项目7项、校级结项7项。以理学院教师为项目主要负责人获准立项国家级项目7项，参与面上项目1项；申请其他项目 10 项，其中省教育厅项目 5 项，校基金项目 5 项；获得立项合同金额 152.2 万元，到账 107 万元。发表学术论文 66 篇，其中 SCI 收录 34 篇，EI 收录 2 篇。SCI 收录论文中一区文章有 14 篇。举办国家级学术会议 1 次，举办学术报告 18 次，邀请国内外著名学者专家 10 人次到校讲学。

【学生工作】 学院现有专职辅导员 2 人，兼职辅导员 1 人，导师班主任 35 人。学院学生工作以教育部本科教育审核评估为契机开展工作。社会实践 4 个项目获校级评比一等奖、二等奖各 1 项，三等奖 2 项。科技创新类共获得国际奖 4 项；国家级奖励 1 项，省级奖励 28 项。考取硕士研究生比去年提高 1%，毕业生就业率 99.45%，其中签订三方协议（劳动合同）69 人，比上年提高 13.5%，自主创业学生 3 人。

【党建与思想政治工作】 班子建设　严格执行党委会、党政联席会制度和民主集中制，凡属“三重一大”事项都必须经党政联席会集体讨论决定。党委班子及其成员履行“一岗双责”和党风廉政建设责任制，签订年度党风廉政建设目标及责任分解任务书，开展行风评议，开展“以案促改”警示教育及多项专项治理工作。

基层党组织建设　坚持基层党组织“三会一课”制度。把“两学一做”常态化、制度化，认真开展对习近平讲话、党章、十九大及中央会议精神的学习和辅导。学院党委和党支部，以党员会议、邮箱、微信群等形式开展宣传教育活动。举办两期“学生党员成长卓越计划”学习班。举办入党积极分子培训班，191 名学生结业，举办第六、第七期学生党员成长卓越计划，150 名参与培训。发展学生党员 25 名，转正 24 名。学生党员 57 名，占在校学生数的 7.3%。教工中有党员 73 名，占教工数的 62.9%。加强对党费收缴工作的管理，全体党员按标准要求，足额按时交纳党费，增强党员意识。党建经费有保障，使用规范。购买党章等学习资料，加强对生活困难党员的关爱力度。

廉政建设　进一步落实党组织全面从严治党的主体责任和书记切实履行第一责任人的职责，进一步增强班子成员认真履行“一岗双责”的自觉性，进一步落实“八项规定”要求，开展“以案促改”典型案例和警示性教育；按照中央和河南省委巡视组反馈意见要求进行整改。开展党员干部党性教育、廉洁教育和廉政教育，做到警钟长鸣。

工会及统战工作　开展“不忘初心，牢记使命”、立德树人、意识形态、精神文明建设等主题教育活动。在学校第七届“我爱我师”评选活动中，学院有 7 位老师榜上有名。加强学院网站、微博、微信等网络新媒体安全引导和管理。学院分会协助学校工会举办“致敬改革四十载，携手健步赢未来”教职工健步走活动；组织教工举办“庆三八”女教工踢毽子比赛；在学校第十二届田径运动会上，学院取得教工团体总分第二名。

设计艺术学院

【概况】 学院现有教职工 86 人，专任教师 74 人，具有高级以上职称 26 人（教授 3 人，副教授 23 人），博士学位教师 7 人，博士生导师 1 人，硕士生导师 8 人，河南省学术技术带头人 1 人，青年骨干教师 1 人，河南省教学标兵 1 人，校级教学标兵 2 人。

学院设有产品设计、视觉传达设计、环境设计、动画、数字媒体艺术 5 个艺术类本科专业和艺术硕士专业学位点，采用工作室模式教学，教学条件优越；设河南省工业设计中心、设计与艺术研究中心和中原传统艺术研究所 3 个科研机构，建有 17 个校外教学实践基地。设计艺术综合实验中心下设模型实验室、3D 实验室、油泥模型实验室、陶艺实验室、动画实验室、数媒实验室、丝网印实验室 7 个专业实验室。建有千余平方米的专业展厅和 200 平方米的专业资料室。近年来先后有近 500 人次在“挑战杯”全国大学生课外学术科技作品竞赛、金犊奖、全国大学生广告设计大赛、德国 iF 奖、红点奖等专业竞赛中获奖。3 年来学院学生创业团队共获得省级创业扶持项目 13 项，累计获得省级创业扶持资金 84 万元。

【学科建设】 获 2018 年度河南省高等学校精品在线开放课程立项 1 项（中西方名家名作赏析），校级“优秀基层教学组织”1 个（通用信息设计工作室），2017 年度河南省高校国家级、省级大学生创新创业训练计划项目结项6项,2018年度河南省高校国家级、省级大学生创新创业训练计划项目立项2项,2018年度校“科教融合”立项3项,2016年度校级精品公共选修课结项2项,2018年度河南工业大学在线开放课程立项1项(中国工艺美术史),2018年度本科教育教学改革研究与实践专项项目立项3项,2018年度校质量工程项目创新学院结项并获得优秀。

硕士研究生校外导师规模达30人,行业内知名企业新增12人,外籍硕士研究生增加1名。

【教学工作】 严格执行校院两级教学管理规章制度,完成毕业生资格审核,第一志愿报考率122%,新生报到率99.3%,完成5个专业的《2017版人才培养方案》的修订工作,共编写完成251门课程的教学大纲,完成本科人才培养方案对标工作,修订2个专业培养方案,完成审核性评估工作。

【科研工作】 学院纵向省部级项目获批4项,省部级项目结项2项,地厅级项目获批3项,结项6项,纵向到账经费11.2万元,横向立项数量19项,合同经费109.74万元,实际到账经费79.74万元,纵横向到账经费90.94万元,是上年的1.95倍。发表论文46篇,在国内普通正规期刊上发表论文39篇,权威期刊CSSCI(来源刊)6篇、CSSCI(扩展刊)1篇,公开出版专著1部、著作1部,获社会科学成果省部级二等奖1项,三等奖1项,地厅级二等奖1项,三等奖2项,获使用新型专利1项,计算机软件著作权1项。

【学生工作】 组织建设 实施“学生骨干培养213工程”,启动班级例会制。累计培养积极分子99人,开展各级培训45次,参与校级党课培训班学习33人,学院分团校培养团学骨干184人。2017、2016、2015级13个“工作室”实行集体导师负责的工作室制度,每个工作室配备3~5名导师,平均师生比约1∶17.4。实施“艺起创”大学生创业工程,创客空间新增项目4个,获省级扶持资金1项。获“中国好设计”奖,获德国iF大奖前62,在“奇瑞全球汽车设计大赛”中获奖数量居(全球高校)第二位,获第九届校园心理情景剧大赛校级一等奖,连续8年蝉联校级运动会体育道德风尚奖,获校新生乒乓球赛团体第四名,校青春杯足球乙级联赛季军。

学生事务管理 学院有国家二级心理咨询师2人,国家三级心理咨询师2人,心理辅导助理14人,制订《设计艺术学院谈心谈话实施办法(试行)》,承办校心理健康科普展,获心理健康活动月一等奖,“心晴艺站”开放咨询师咨询时间段,建立咨询档案。派出56支暑期社会实践小分队(校级重点14支;院级重点团队30支),筹备以“设计扶贫”“助农扶贫”为主旨的社会实践活动,签订基地协议8份,实践团队多次受到省、市级报道以及数项国家级网站报道。举办第十七届“创意风”系列活动、“设艺之声”唱响红色精神活动,“春天里”基层党建创新工程成为校最具特色的学生党建品牌,举办“红色精神进课堂”“红色活动进校园”“红色知识进头脑”活动。考取研究生30人,其中211、艺术类高校4人,出国读研8人,考研率达到11.72%,同比增长6个百分点。就业率达93.75%,且就业质量提高。向华沙人文社科大学输送1名交换生,向台湾中国文化大学输送1名学生。

【党建与思想政治工作】 学院有教工党支部6个,学生党支部4个,教工党员44名,占教工总人数的51%,申请入党的学生人数为1083人,占全院学生人数的93%,学生党员人数66人,学院分党校培养党课学员103名。

建设“设计艺术学院两学一做微信学习群”,推送学习材料100余份。成立意识形态工作领导小组,班子成员和科室负责人签订《意识形态责任书》,开展宗教政策宣讲会10余场,签订《宗教事务条例》承诺书,获“民族团结进步宣传月活动”三等奖。向学校新闻中心网站新闻投稿100余篇,严格落实“三审三校”制度,获2017年度“学校宣传工作先进单位”。举办纪念建党97周年主题座谈会,召开教职工党员干部工作培训会,“勇担历史使命,贡献青春力量”致经典演讲朗诵交流会,“学风和校园文明建设月”动员会等。

与光山县签订“美丽乡村建设规划”技术服务协议、“农特名品”包装系统整合与提升设计协议,参与中南海农产品展,进行光山十大宝、光山十小宝等30多款特色农副产品设计扶贫项目,开展兰考县张庄环境改造美丽乡村设计项目,进行陕州区柳林村农产品品牌整合、包装提升设计等。

切实建好"设艺小家",看望生病教工和生宝宝家庭,为各工作室配备健身羽毛球,为教工之家添置健身器材。组织教职工开展师生台球友谊赛,参加学校三八节趣味活动、篮球赛、乒乓球比赛,庆祝改革开放四十周年迎新年联欢会等。重大节日,动员和组织教工参加活动并送上礼品。

新闻与传播学院

【概况】 学院现有教职工 55 人,其中教授、副教授 24 人,具有博士学位、在读博士 15 人。获批新闻学本科专业,现有广告学、广播电视学、播音与主持艺术、网络与新媒体 4 个本科专业;新闻传播学硕士点和新闻与传播专业硕士点。拥有 700 多平方米广播级演播厅、200 平方米的专业录音室、多功能媒体实验室、广播电视制作实验室、录音与播音室、摄影实验室、广告图文设计实验室、多维广告制作实验室、网络与多媒体实验室、影视赏析室、舆情监控与分析实验室等 20 个专业实验室,设备总值 3000 万元。

【学科建设】 研究生培养　完成学硕、专硕招生计划指标。招收学硕 3 人、专硕 13 人。2016 级 12 名专硕研究生完成答辩毕业并获得学位。修订 2018 版学硕与专硕培养方案,新增 5 门核心课程,融合新闻和公共传播两个方向均已开设。新聘校外导师 7 人,包括原新华社副社长、常务副总编辑周锡生等。

实践基地建设　新增中原网、今日消费、国搜河南、漯河市许慎文化园研究生教育实践基地 4 个。

请进来走出去　学院邀请原新华社副社长、常务副总编辑周锡生,华中科技大学张昆教授,中央电视台资深记者余仁山,中国人民大学周勇教授等国内知名专家学者到院,举办高水平学术讲座 5 场。学院当选河南省广播电视协会媒体融合工作委员会副主任单位、河南省广播电视协会纪录片工作委员会常务理事单位,使学院在学界和业界的影响力及话语权得到进一步提升。

【教学工作】 教学质量　学院进一步完善本科教学管理工作的相关文件,为教学运行管理的规范有序提供了制度保障。本年度学院教学督导组开展课堂教学督导 133 次,参加教学座谈会 4 次,参加专项教学工作研讨会 6 次。组织开展同行听课,听课门数占所有本科课程门数的 90.5%。搜集处理学生对理论教学、实践教学反馈信息 19 条,解决落实 16 条。学生评教率 100%。高级职称教师给本科生授课率 100%。学生到课率为 96.5%。2017—2018 学年,教师教学评价优秀人员 10 人,优秀率为 19.2%。

在校级项目立项建设中,获批 1 项科教融合项目和 3 项本科教育教学改革研究与实践专项项目,广告学专业获得优秀基层教学组织建设项目立项建设。设立院级本科教学改革与质量工程项目,并提供财力保障,12 项项目获立项建设。出版教材 2 部。在河南省教学技能竞赛中,1 人获得二等奖;在校"论专业说课程"竞赛中,3 人获得二等奖,1 人获得三等奖。校长教学质量奖有 2 人获奖。

专业建设　高质量完成评估工作。召开动员大会,工作安排会议,通过个人自查、系统检查、学院复查、教师完善、学院抽查 5 个环节多次反复,对近三个学年课程考核材料、毕业设计材料进行 3 次检查与整改。高质量完成评估的各项工作,受到评估专家肯定与好评。一是办学定位清晰、办学特色鲜明。评估专家在走访和反馈中反复提及,学院在教学改革方面亮点突出,效果明显,应作为学校学科发展新的增长点加以大力支持。二是各项材料齐全完备、管理规范科学。评估专家经过审阅认为学院各项教学资料齐全完备,记录翔实规范。播音与主持艺术、广播电视学、广告学和网络与新媒体专业的第一志愿报考率分别为 173.33%、98. 33%、98. 33% 和 54.44%,播音与主持艺术和网络与新媒体专业生源质量在省内同类院校中排名前三。新生报到率 98.7%。

实践教学　制定学院 2019—2021 年学院实验室建设规划,撰写 2021 年中央财政支持地方高校改革发展专项资金建设项目申报材料,获批建设资金 300 多万元。投资 57 万余元购置了高清摄像机 12 套和 4K 视频工作站 8 套。投资 9.9万元购置微单摄像机、视频记录仪等实验设备。

教学条件　投资110万余元进行演播厅、小演播室改造。

【科研工作】　纵向立项项目26项,其中国家社科基金后期资助项目1项,省部级项目2项;纵横向项目到账经费58.7万元(其中,横向经费7.9万);13项地厅级以上项目结项,其中省部级4项。学院教师获得河南省社科优秀成果奖二等奖2项,地厅级奖励7项,其中河南省教育厅人文社科研究成果一等奖2项、二等奖1项;郑州市社科优秀成果二等奖1项。学院教师发表论文34篇,其中核心期刊10篇,被CSSCI收录4篇。出版著作1部。

【学生工作】　学院在校本科生1535人,硕士生30人,专职辅导员4人,导师(班主任)51人。

思想教育　深入开展理想信念教育、爱国主义教育、思想道德教育、成长成才教育、廉政文化教育等大学生思想政治教育,构建"十大育人体系",加强分类指导,在党校团校基础上适时推进8期主题"微党课"。学院党课培训300余人次,团校培训900余人次,校级团校培训10人。发展党员42人,学生党员比例6.4%。

综合素质培养　广播电视学专业1601团支部获评全国高校"活力团支部"。学生近201人次在各级综合比赛和专业比赛中获国家级奖项76项,省级奖项125项。

社会实践活动　金种子社会实践团队、重走长征路活动等被人民网、中国教育网、中国网、中国青年网、搜狐、网易、凤凰网等100多家媒体网站报道近200次。

就业、创业　本科毕业生年终就业率96.53%,考研率11.99%,学生创业项目20个。

【党建与思想政治工作】　院党委进一步落实基层组织党建工作的各项任务目标;进一步深化"两学一做"学习教育活动,组织集中学习8次。把全面从严治党落实到基层党组织,牢固树立"四个意识";在新形势下加强思想政治教育工作,发挥基层党支部的战斗作用和堡垒作用;以党校、团校为阵地,进一步推进学院基层党建。将党建与融媒体多角度、全方位结合,引领传播核心价值观。认真落实《河南工业大学2018年度党风廉政建设和反腐败工作责任目标及任务分解书》中的各项任务。班子认真履行党风廉政建设"一岗双责"责任制,定期召开专题会议,明确班子成员在党风廉政建设工作中的任务和职责,做到"谁主管,谁负责"。

法学院

【概况】　法学院有在编教职工33人,其中有教授4人,副教授8人;具有博士学位人员19人,博士后3人(已出站2人),在读博士生2人;硕士生导师6人;另有经"双千计划"由巩义市公安局派至学院挂职1人。设有5个教研室、法学模拟实验教学中心以及5个研究所(中心)。在校本科生569人,双学位学生154人,法律硕士研究生12人。

【学科建设】　学院现有法学本科专业和法学双学位各1个,法律硕士学位点1个。招收本科生151人,双学位学生70人。招收法律硕士研究生7人,全部为第一志愿考生,报考率比2017年增加124%。与台湾辅仁大学法律学院续签3年合作交流协议,与12家单位签订战略合作及实习基地协议。法学获批河南省第九批重点学科,实现一级重点学科零的突破。

【教学工作】　迎接本科教学工作审核评估,工作情况得到评估专家的充分肯定。规范教学管理工作,制定教学工作文件18个。以"改革教学范式,提升课程质量"为主题,推进教学研究常态化,校级教改项目立项2项,院级教改项目立项6项;发表教研论文3篇。南海燕获学校"论专业说课程"竞赛二等奖;李琴等3人被评为毕业论文优秀指导教师。招生一志愿录取率75%以上,报到率98%以上,获学校招生工作先进单位称号,法学专业等级由C级晋升为B级。

【科研工作】　注重营造专业学术氛围,派出25批38人次参加国内高层次学术会议交流,邀请来自日本山口大学、中国政法大学、武汉大学等多名国内外法学学者做客工大讲坛、政法论坛。科研经费取得突破,到账纵横向科研经费161万元;立项省部级项目4项,厅局级项目8项,横向项目10项;发表论文37篇,其中CSSCI收录5篇;出版学术专著4部;获得厅级社会科学研究优秀成果奖一等奖3项,二、三等奖4项。

【学生工作】　2018届毕业生考研率24.1%,国家统一法律职业资格考试通过率25%，实现连续三年双提升。毕业生初次就业率95.5%，7人参加基层就业西部计划项目，连续十一年名列全校第一。学生缴费率100%，实现安全稳定零事故。赵静获河南省优秀辅导员称号。法学1501班获评河南省先进班集体；西部计划志愿者薛鹏伟、王珍珍获2018年全国“优秀志愿者”称号；“法治校园行”被评为校第一届校园文化建设优秀品牌。

【党建与思想政治工作】 学院现有教工党支部2个，教工党员28人；有学生党支部2个，学生党员38人。学院党委深入学习和贯彻党的十九大和十九届二中、三中全会精神，认真学习领会习近平总书记重要讲话精神，树牢“四个意识”，坚定“四个自信”，坚决做到“两个维护”，举行政治理论学习近20次，中心组学习9次。定期召开党政联席会议，班子成员自觉履行“一岗双责”，将“三重一大”以及院务公开真正落到实处。培训入党积极分子56人，发展党员19人。在2018年“五四”表彰中，学生党员获得表彰76人次。工会积极组织开展丰富多彩的活动，院队获得第七届教职工乒乓球赛第四名，张小彩获得2018年“文明家庭”荣誉称号，学院获2018年女职工读书征文活动优秀组织奖。

马克思主义学院

【概况】 学院承担全校博士研究生、硕士研究生、本专科生的马克思主义理论课教学与研究工作。教师总数52人，其中教授8人，副教授16人，讲师28人；具有博士学位教师25人。

【学科建设】 学院拥有马克思主义理论一级硕士学位授权点，下设马克思主义基本原理、思想政治教育、马克思主义中国化研究3个二级硕士学位点。马克思主义理论和思想政治教育为省级重点学科。拥有5门河南省高校思想政治理论课优秀课程。马克思主义理论获批河南省第九批省级一级重点学科。获批校“博士学位授权点培育建设单位”。完成河南省重点马克思主义学院申报工作。制定学科建设规划。召开6次学科建设会议。做学术报告12次。召开4次研究生培养研讨会。

【教学工作】 教学管理 加强常规教学管理。严格执行校院两级教学管理规章制度，坚持班子周一教学例会制度。加强教学质量监控。

教学改革 以考核方式改革为突破口，对4门思想政治理论课实行在线考试。“形势与政策”“思想道德修养与法律基础”等课程利用慕课进行翻转教学。超星学习通引入“形势与政策”的教学过程。

教师培训 1位教师在职攻读博士学位。教师均参加2018版思想政治理论课新教材培训，并参加院内关于微课、慕课制作培训。

李海涛获省教育厅思政课教学技能大奖赛特等奖。李本松、赵鹏获省教育工会教学技能大讲赛一等奖、二等奖。赵鹏、赵排风获省教育厅思政课奖励基金二等奖、三等奖。杨丽、白海燕获“河南省高等学校思想政治理论课优秀教师”荣誉称号。

对外合作交流 先后组织人员对北京工业大学、河南师范大学、河南中医药大学等院校的相关学院进行参访与交流学习。

【科研工作】 2018年学院获国家社科基金项目立项1项。获河南省教育厅哲学社会科学基础重大科研项目1项，河南省高校哲学社会科学优秀学者资助项目1项。省部级项目立项11项，省教改项目立项2项；获厅、局级项目立项28项。获郑州市社会科学奖二等奖1项。发表论文47篇，其中核心期刊8篇，被CSSCI、人民大学报刊复印资料全文转载收录6篇。科研经费57万元。

【学生工作】 毕业硕士研究生15名，就业率达到100%。招收硕士研究生13名。在校研究生46人。

【党建与思想政治工作】 学院党委下设4个教工支部、3个研究生支部。发展研究生党员6人。党的理论宣讲团先后在校内外开展了多场“两学一做”、十九大会议精神宣讲活动。组织教职工开展多种形式的政治学习、师德师风专题教育活动。举办“不忘初心、牢记使命暨愚公移山精神学习培训班”、参观小浪底水利工程、赴辉县市回龙村、驻马店确山县等红色教育基地参观等多种形式的政治学习。

国际教育学院

【概况】 学院现有会计学、市场营销、人力资源管理、食品科学与技术、生物技术5个本科项目。商科项目与英国威尔士大学合作,工科项目与英国瑞丁大学合作。在校生2965人;管理人员22人,其中教授4人,副教授4人。

【学科建设】 学院的学科建设依托粮油食品学院、生物工程学院、管理学院。

【教学与招生工作】 在教育部审核性评估期间,学院通过梳理指标和查找不足,制定和完善了《国际教育学院商科国际方向教学工作规程(试行)》《国际教育学院国际方向引进课程考试工作管理规定》等11项教学管理规章制度,使教学管理水平进一步加强。

2018级学生继续引入雅思英语教学,开设4个试点班。语音教室配备智课教育云学习服务平台,期末考试中引入国际化的英语普思(Aptis)考试,对英语教学进行有效改革,使学生在“听、说、读、写”方面的英语综合技能得到进一步提高。学院出国学生的雅思成绩平均提高0.5分。

成立学院招生宣传工作领导小组。配合学校招办,参与省内现场招生咨询会,到扶沟县高级中学宣讲。到上海、内蒙古、海南和贵州参与高招现场招生咨询会。印制彩色招生宣传页,设立招生咨询热线,参与重点生源地现场招生咨询会,在学院网站上开辟“招生专栏”,公布招生简章、招生计划和历年分数,及时更新招生动态。拓宽宣传渠道,利用迎新和毕业典礼以及北京校友会、河南校友会、海外校友联盟等校友群体,转发学院招生宣传资料;通过“掌上国院”公众号、微信朋友圈、QQ在线咨询等形式,实现在线招生宣传。通过以上措施,2018年录取文、理科位次保持或提高,分数线文科、理科分别高省控线82分、96分。

【项目工作】 2018年度,学院有51名学生通过中外合作办学项目,分别前往英国班戈大学、卡迪夫城市大学和瑞丁大学学习;有27名学生通过暑期夏令营项目到合作方院校进行交流实习;有34名学生国内毕业后申请国外大学研究生;有54名学生在国外合作方院校毕业后申请国外大学研究生,以上各类出国学生总计166人。其中,申请到排名全球前100院校就读研究生人数为24人,申请到排名全球前200院校就读研究生人数为56人。

商科3个项目引进27门核心课程,工科两个项目引进14门核心课程。完成各类国外来访人员的接待管理与服务39人次。其中,商科授课16人次,院校来访6人次;工科授课14人次,院校来访3人次。

2017年制定《河南工业大学国际教育学院出国留学奖学金管理办法(试行)》。学院成立出国留学奖学金评审小组,对51名出国留学生进行评审,并对评审结果进行公示。

为保证市场营销、人力资源管理、食品科学与技术3个本科中外合作办学项目2018年招生,学校和学院领导联系并协调国外合作方大学,完成相关合作协议的提前续签和各项申请材料的撰写、印刷、装订报送工作。教育部批复有效期延长至2026年12月31日。生物技术与会计学两个本科中外合作办学项目的批准书有效期为2022年12月31日,2018年为最后一个招生年度。学院按时向教育部报送延期申请各项材料。同时,按要求完成5个项目年度报告的撰写和报送提交工作。

【学生工作】 学院制定可操作性强的《“六级联动”学风班风建设长效机制构建》《国际教育学院学生课堂考勤管理规定》《国际教育学院学生请销假管理制度》。

学院领导听课每周至少1次,辅导员每周至少2次;发放《致全体任课教师的一封信》120余封,加强与任课教师沟通;课前十分钟学生会进行考勤,班级考勤采取蓝墨云班课进行考勤,辅导员进行抽查考勤。学院督查小组累计出动督查人次1590次,督查课程318节,督查班级1860班次。学生的出勤率不断提高,常年保持在95%以上,毕业生考研率19.1%,学风建设取得了显著效果。

举办“唱响国际”班级合唱比赛、辩论赛、英文电影配音大赛、曲艺大赛、心理情景剧大赛、迎新晚会、毕业生晚会等文艺活动,举行新生运动会、新生篮球赛、乒乓球比赛等体育活动。获河南省第十六届科技文化艺术节校园器乐大赛二等奖、河南省足球主题文化作品征集三等奖、全国高等院校健身气功比赛二等奖、2018竞技叠杯亚洲锦标赛冠军、河南省第十三届运动会学生组啦啦操锦标赛第一名、校乒乓球赛第一名、足球赛第一名、河南省国际象棋锦标赛第一名等荣誉60多次。

学院利用外教资源，开展面向全校的英语沙龙活动，2018年开展19期沙龙，参与学生800余人次，为学生英语交流水平的提高搭建平台。新生举行英文歌曲合唱比赛，提高学生学习英语的兴趣。在暑假期间举办英国游学夏令营，为30名赴英学生提供30万元奖学金，开阔学生的国际视野。

【党建与思想政治工作】 学院党委围绕党的十九大和十九届一中、二中、三中全会精神及教育工作会议精神，以习近平总书记在改革开放四十周年大会上的讲话为主题，坚持“党委委员领学，正式党员带学，全体党员集中学和入党积极分子跟学、自学，出国党员和入党积极分子网上学”五级学习体系，以经常性理论宣讲为载体，强化师生的政治意识和时代意识。

学院建有教工党支部1个，有教工党员18人；学生党支部5个，有学生党员117人。在党员发展方面，学院实施“六辩六评六票”制度，使每个环节既公开透明，又严格严肃，摒弃打招呼、走关系等不正之风，严把“推荐关、培养考察关、公示审查关、审批关、预备党员转正关、党员考核关”，确保党的队伍的纯洁性和先进性。为推进学生党员的先进性长效机制建设，实施“学生党员常驻制”。推进学生党员驻班、驻会、驻社团，并且长期结合，长期指导，长期发挥作用，使每一名学生党员的职责明确化、固定化，从而确保作用的发挥，也确保学生党员的优良形象。

中英国际学院（软件学院）

【概况】 学院设党政办公室、教学办公室、学生工作办公室、团委办公室4个科级部门，设建工、食品、软件、设计、机械、金融、会计、播音8个系，包括艺术设计、播音与主持、机械制造与自动化、汽车营销与服务、会计、证券与期货、食品营养与检测、工程造价、信息安全与管理、软件技术10个专业。现有在岗教职员工35人，14人为在编职工，3人为退休返聘人员，1人为校聘人员，学院自主招聘9人，临时人员8人。

【学科建设】 学院现开设10个专业，软件学院有信息安全与管理、软件技术2个两年制专科专业。有6个专业与英国亚伯大学（Aberystwyth University）合办。所有课程依托相关院和工程训练中心等部门。

【教学工作】 日常教学管理　学院有112个教学班，在校生人数3506人，严格执行校院两级教学管理规章制度，完成学籍、课程、考务等管理工作，保障教学运转正常。学院制定《中英国际学院教学质量评价体系实施方法》，组织督导集体查课7次，日常查课1362次，听课268次，对156名教师进行教学评价。编写发布《教学简报》8期；编制《月教学督查汇总》10期。

实验室建设　学院拥有实验室21个，占地1645平方米，资产1099万元，设备1483台（套）。按照学校实验室建设要求，完成价值400万元的5个实验室建设项目的资料汇总、项目论证、党政联席会议讨论、项目立项等工作。

【科研工作】 申请到部级项目“趋同到多元：行业特色大学转型发展中制度的建构研究”，厅级项目“地方行业特色大学内涵式发展研究”，河南省政府决策研究招标课题“趋同背景下河南省高等教育分类发展的制度建构研究”，厅级横向项目“河南省三区人才支持计划”。参与的光纤预制棒磁流变抛光机、抛光方法、抛光头装置3项成果获得发明专利和实用新型授权。

【学生工作】 2018年学院安全稳定实现零事故，毕业生就业率89.98%，完成2018届毕业生贷款催还贷款工作，还款率100%。

班级建设　班级建设实现“六个结合”：与学生的思想政治教育相结合、与团组织建设相结合、与学生的安全稳定相结合、与学风建设相结合、与学生的评先评优相结合、与学生的资助工作相结合。

圆梦计划　加强“圆梦计划”品牌建设，为学生提供丰富的活动平台，锻炼能力，提高特长，组织圆梦系列活动20余场，参与学生2000余人次。将品牌建设与专业引导相结合，不断发展学生技能，提高综合素质。

社团建设　学院全面推进系部建设工作，构建适合学院学生发展的新模式。各系基层团支部明确具体职责、丰富工作载体、获得有力保障。对现有的35个学生社团实行“一团二品”的精细化建设，有专业特色的社团放到各系发展，鼓励结合自身的兴趣爱好建立不同类型的文体社团，组织有特色的社团活动，社团在众多活动中确定自己的品牌活动。

家校联系　继续充实《家校协同驾驭精品案例》一书，通过更多真实案例引导家长参与到学校教学管理中。建立家校联系QQ群、微信群，及时汇报学校的重要决定和近期注意事项。印制“家校联系卡”，覆盖所有学生工作负责老师的联系方式和个人邮箱，24小时接受家长咨询。编写《辅导员工作100个怎么办》一书，将学生工作中常见的问题列出并给出详细解决办法。

【招生工作】　学院招生工作趋于稳定，品牌效应日渐突出。学院时刻保持危机意识，继续加大投入，招生工作再创佳绩。一是报考踊跃，全部实现第一志愿录取。二是录取分数再度提升，挺进河南省专科录取第一梯队。2个艺术类专业最低录取分数比省控线高240分左右，6个合作办学普通专业最低录取分数比省控线高100分左右，2个软件专业比省控分数线高170分左右。三是报到率超95%，比2017年提高8%，在校生稳定在3500人。

全员参与　学院领导班子带队，组织专人参加河南省2018年高招现场咨询大会。

多方动员　动员学生利用暑假回高中母校看望恩师、宣传学院；发动师生深入18个地市的中心广场、事业单位、高考培训机构等场所进行招生宣传。

全方位宣传　学院开通4部招生热线咨询电话，进行24小时招生咨询；安排专人利用新浪官方微博、QQ官方群、专用QQ号、百度贴吧招生咨询专帖等新媒体与考生进行实时在线互动；学院招生办公室、学工办、团委办公室，轮流值班，接待来访考生及家长。在郑州市教育广播进行口播。

【对外合作交流工作】　优质资源引进　以申报中外合作办学本科机构为目标，探索合作办学新路，接待英国亚伯大学2位副校长访问，圆满完成亚伯大学全球合作伙伴评估工作，与亚伯大学合作申报中外合作办学本科机构工作取得实质性进展。继续加大国外优质教育资源引进，引进外方授课课程23门，不断加强教学质量监控，专科机构合作办学趋于规范化。继续实施“出国留学工程”，出国留学实验班稳定在100人，为学生申请出国深造创造条件。雅思成绩明显提高，学生出国留学人数持续增长。

加强外语培训　学院将英语教学分为听力、口语、写作，并纳入教学计划，全面提升学生英语技能；出资20余万元与新东方合作，针对有出国意向的学生推出免费雅思培训班；推出“出国留学培育”工程，选拔有意向出国学生参加英国班戈大学、英国亚伯大学的语言水平测试，为学生申请出国深造创造条件。

营造国际化氛围　网站设置英文网页，加强和外方合作建成外籍教师与学生资料共享等专门网站，16名学生拿到国外高校offer，出国留学人数大幅增长。创建“英语共进协会”，提升学生的外语水平，开办“英语周末舞会”，提升学生综合素养，营造国际化氛围。

【党建与思想政治工作】　学院党委下设1个教工党支部，3个学生党支部。在编教职工党员14人，发展学生党员52人，组织212名入党积极分子参加党校学习。组织党员观看改革开放四十周年纪念大会实况直播。走进反腐倡廉教育基地荥阳“廉苑”，开展以“弘扬民族文化，繁荣文化事业发展”的红色革命的历史文化调研等活动，体现学院“示范先行带共建”的党建工作特色，全面抓好党员组织生活和政治理论学习，创新党支部活动。开展学习“十九大报告精神”和“学党章党规、学系列讲话，做合格党员”的“两学一做”学习教育，提高党员思想觉悟。

· 教 学 工 作 ·

本(专)科生教育教学

【概况】 教务处设有办公室、招生管理科、招生计划信息科、教务科、教材科、教学质量管理科、实践教学科、高教研究室、评估科等科室,另有学校招生工作办公室、高教研究所、教学评估与质量管理办公室、语言文字工作委员会挂靠在教务处。共有职工27人,其中处长1名,副处长(副主任)4名,科级干部10名。

【教材建设】 修订印发《河南工业大学教材建设与管理工作办法》;出版校级规划教材10部,出版国家级规划教材1部;本科教学选用优秀教材和省部级以上规划教材的比例为37%,比2017年高4个百分点,选用近三年出版的教材比例为42%,比2017的34%高8个百分点;公共基础课选用优秀教材和省部级以上规划教材的比例为44%;公共基础课选用近三年出版的教材比例为34%,均与2017年持平,超过教育部规定的20%。对2016级和2017级学生公共课和基础课所选教材进行教材质量抽样调查,测评结果显示,优良率90%及以上的教材占被测评教材的70%,优良率60%以下的教材占3%。

【教学情况】 教研项目 学校获立教育科学"十三五"规划2019年度重点课题1项,教育科学"十三五"规划2018年度一般课题获立6项。9月份组织对2016年校级高等教育教学改革研究立项项目进行结项验收,验收通过率为61.54%。组织申报2018年度高等教育教学改革研究与实践招标项目,最终确定12个项目为校级教育教学改革研究与实践的招标项目,67项为专项项目。

【质量工程】 国家级、省级质量工程 2018年省级以上质量工程申报中,学校取得丰硕的成果,国家级精品在线开放课程1门(国际贸易实务),省级精品在线开放课程2门(有机化学、中西方名家名作赏析);国家级大学生创新创业训练计划项目获批12项,省级大学生创新创业训练计划项目获批23项。获批省级优秀基层教学组织6个(土木工程系、信息与通信工程系、电子商务系、高分子材料系、英语系、材料科学与工程系)。依照省教育厅要求,对第一批合格的15个基层教学组织进行省备案。

校级质量工程 组织专家对2016年立项的校级在线开放课程、精品通识平台公共选修课以及2015年立项的网络空间课程、优培课程延期结项项目进行评审验收,确定12项精品通识平台公共选修课、1门2016年立项的校级在线开放课程、1门网络空间课程、1门优培课程通过验收。发布《关于推进一流课程、一流专业培育建设的指导意见》,提出一流专业、课程建设要求与内容。制定《2018年度本科教学改革"创新示范学院"建设工程实施方案》,发布《关于申报河南工业大学本科教学改革"创新示范学院"建设工程项目的通知》,经过专家评审,立项6项。学校启动2018年"精品在线开放课程"立项工作,立项5门精品在线开放课程。组织"科教融合"项目立项申报工作,经过召开答辩会,57项进行立项建设。开展首批"优秀基层教学组织"认定工作,有14个基层教学组织被认定为优秀。组织2018年度校优秀基层教学组织立项申报,立项建设11项;组织评委对2016年立项的"创新示范学院"进行验收评审,结果为2个优秀,2个合格,1个延期结项。

【教研项目】 学校获立省级高等教育研究项目23项,立项数创历年新高。获立2017年教育规划课题一般项目10项,教育科学规划2018年重点课题获立1项。组织申报高等教育教学改革研究与实践招标项目,确定"大数据视域下高等学校专业动态调整机制研究"等2个项目为校级教育教学改革研究与实践的招标项目。组织对2014年立项的校级高等教育研究延期结项项目进行了验收评审,21项通过验收。

【实践教学】 实验教学 学校加强实验教学平台建设,增加设备台套数,满足基础课实验每人1台套实验设备,专业基础课2~4人1台套实验设备;加强实验教学队伍建设,采用走出去请进来的办法,对实验教师进行培训学习,满足实验教学改革需要;增加实验课程,优化实验内容,及时淘汰过时的实验项目。积极推进实验室开放工作。实践教学综合管理平台实现实验排课网络化管理,使得各个实验项目落实了时间地点和指导教师。2017—2018学年学校开出实验课596门,其中独立设置的实验课97门,含综合性设计性实验的课程527门,实验开出率100%,综合性设计性实验占总实验课程比例为88.42%。

实习教学 学校依托“国家级大学生校外实践教育基地”建设项目和“卓越工程师教育培养计划”加强校外实习基地建设力度。2017—2018学年,学校302个校外实习实训基地接纳学生17 850人,10 073人在16个校内实习基地实习。

课程设计 学校从人才培养方案入手,加大各专业课程设计的课程比例。2017—2018学年全校开出课程设计378门,42 726人次参加了课程设计训练。

毕业设计 学校高度重视毕业设计(论文)工作,精心组织,层层落实。各教学单位严把指导教师选派关,2018年共选派1112名具有工程实践和教学经验的中级及以上专业技术职务的人员对学生进行指导;指导教师恪尽职守,每周至少对学生进行两次以上的指导。学生的设计(论文)成绩由指导教师、评阅教师和答辩小组三个环节综合评定,保证成绩评定的客观与公正。各教学单位学术委员会严把选题质量关,2018届,全校共有毕业设计(论文)选题6754个,其中6749个论文题目被学生选定。对2018届的本科毕业设计(论文)进行学术不端检测,对文字复制比超标的学生进行延缓答辩、延缓毕业等处理。根据《本科毕业设计(论文)工作管理规定》(校政教〔2012〕32号)规定,继续实行优秀本科毕业设计(论文)和优秀指导教师评选制度。通过盲审、外审等途径,评选出165份优秀本科毕业设计(论文),评选出116名优秀指导教师。连续三年,河南省教育厅抽检学校普通本科毕业设计(论文),合格率均为100%,居河南省前列。毕业设计(论文)各个流程均在实践教学综合管理平台实现了网络化管理。

专业竞赛 通过校内学生专业竞赛活动,对各阶段学生所学知识和技能进行评估或评价。2018年组织各类专业竞赛12项,参加学生4986人次。

【培养方案】 深入实施体现OBE理念的2017版本科人才培养方案。依据《河南省教育厅转发教育部关于狠抓新时代全国高等学校本科教育工作会议精神落实的通知》,学校依照《普通高等学校本科专业类教学质量国家标准》及有关行业标准,结合办学实际,正在执行的2017版人才培养方案进行对标。对材料科学与工程、无机非金属材料工程、动画以及数字媒体艺术4个本科专业的人才培养方案进行修改。

【教学研讨活动】 为贯彻落实《教育部关于狠抓新时代全国高等学校本科教育工作会议精神落实的通知》,学校以“改革教学范式,提升课程质量”为主题启动了教育思想大讨论。制定《河南工业大学开展“改革教学范式、提升课程质量”教学研讨活动方案》,研讨活动分五个阶段持续了一个学期。此次教学研讨活动目标是按照坚持立德树人,提高人才培养质量的总体要求,紧紧围绕活动主题,创新基层教学组织活动形式,切实发挥基层教学组织在人才培养中的重要作用;引导广大教师树立“以教为中心”向“以学为中心”转变的理念;深入推进“以学为中心”的课程设计,努力提升教学质量;发现一批优秀教师,打造一批示范课程,为优秀课程评估打下坚实的基础。学院充分发挥基层教学组织的作用,利用周二下午等教研活动时间进行精心安排,采取工作坊、主题沙龙、讲座等多种形式进行学习与研讨。

【教学质量管理】 学校开展“论专业说课程”教学大奖赛活动,有16名教师获一等奖,24名教师获二等奖,32名教师获三等奖。校长教学质量奖评选中,29名教师获“校长教学质量奖”。学生平均到课率87%,比2017年提高1个百分点。

课堂教学效果优秀率35%,比2017年高了13个百分点。组织完成教师教学质量评价工作,优秀占21.3%,良好占39.2%,合格占39.3%,不合格占0.2%。安排各类听课559人次,教学督导巡视考场200人次。聘任学生信息员379人,收集并解决有效反馈信息640条。

【教学常规管理】 创新工作 增加秋季学期毕业资格审核,根据教育部41号令的相关管理规定,学校作为河南省首家也是唯一一家增加秋季毕业资格审核,对符合毕业资格条件的毕业生进行资格审核和数据上报工作,保证达到毕业条件的学生能够及时毕业。自主设计打印毕业证书,根据河南省教育厅文件,自主设计、制发学历证书和学历证明书,对证书整体版面、内容文字编排和打印效果等方面进行百余次测试,首次将学生照片、学校印章打印到毕业证和学位证上,首次使用自动钢印盖章机,极大地提高了盖章的效率和准确性,确保8000余份毕业证书的印制效果。招标引进成绩自助打印设备,在校生可免费打印中英文成绩单、中英文在读证明和等级考试成绩证明。

学籍管理 组织完成毕业生的常规审核、学位审核工作以及2019年预计毕业信息及图像采集工作;组织完成新生的入学信息的审核、注册工作和学生证的办理工作;组织完成专业分流和学籍异动工作。

计划课程 审核69个专业4个年级的执行计划;组织完成了两个校区公共基础课、跨学院课程和公共选修课的编排工作;组织完成两个校区的选课工作;处理教学变动和临时调课,教室预约借用2000余次。

成绩管理 完成重修报名工作,安排课号变更重修课程,实现网上重修选课95%以上;完成网上录入成绩;学籍处理退学36人,延长学习年限111人,试读119人,解除试读40人。

考试考务 组织完成全国大学生英语四、六级考试,安排考场1117个,组织完成全国计算机等级考试;组织安排学期初补考;组织安排期末考试;组织审核分散考试。

【招生工作】 招生专业与计划 校本部61个本科专业和8个专科专业面向全国计划招生8540人,其中本科7220人,专科1320人。其中省外录取3035人,占整个本科招生规模的42%。全校增加招生计划的专业4个,减少计划专业7个,停止招生专业2个。

本科艺术专业招生 6个艺术类本科专业计划招生420人(其中河南省招生270人),在河南、河北、山西等18省份招生,各省录取专业分均使用各省统考成绩,考生报考积极、生源质量高。

本科一批招生 学校51个普通专业在河南和河北省全部按本科一批招生,其他有本科一批专业的省份有安徽、甘肃、贵州、内蒙古、四川、山西6个省份。本科一批计划总数为3836人,占本科招生规模的53.1%。其中在河南省招生3390人(含国家贫困地区专项200人和农村专项75人)。在省内文、理科录取最低分分别高一本分数线9分和26分。文、理科生源最低位次分别为17 891名和72 572名。

本科二批招生 本科二批招生计划招生2964人(含合作办学870人),在河南省只有合作办学的6个本科专业仍按本科二批招生,文、理科录取最低分分别高出二本线82分和96分。在外省(市、区)录取最低分均大幅度超过当地线。

联合办学招生 与漯河市人民政府联办的4个本科二批专业和1个艺术专业共录取401人。与河南应用技术职业学院联办的3个理工类本科二批专业共录取181人。与河南辅读职业中等专科学校联办的2个专科专业录取200人。

专科批次招生 学校本部8个专科计划1320人全部在河南省招生,其中2个合作办学艺术类专科360人,6个合作办学专科640人,2个软件类专科320人。合作办学专科文、理录取最低分分别高专科分数线124分和86分;软件类专科文、理录取最低分分别高专科分数线173分和159分。

报到情况 省内外本科报到率稳定提高,报到率为98.63%,其中合作办学本科专业报到率98%。中英国际学院专科报到率95.8%。

【教学评估】 启动本科教学工作审核评估 制定《河南工业大学本科教学工作审核评估工作方案》(校政教〔2018〕12号)。学校召开本科教学工作审核评估动员大会,围绕本科教学工作审核评估提出指导性要求,进行工作安排和部署。校长卞科作动员报告。河南省教育评估中心副主任张新民教授作了辅导报告。

完成本科教学基本状态数据库填报工作　制定《河南工业大学2018年本科教学基本状态数据库采集填报工作实施方案》(校政教〔2018〕21号),按工作方案完成本科教学基本状态数据库填报,形成《河南工业大学本科教学工作审核评估数据分析报告》。

完成并发布本科教学质量报告　根据《河南省教育厅办公室转发国务院教育督导委员会办公室关于普通高等学校编制发布2017—2018学年〈本科教学质量报告〉的通知》(教高办〔2018〕790号)要求,在学校各部门材料和数据的基础上,完成《河南工业大学2017—2018学年本科教学质量报告》。

完成本科教学工作诊断评估　根据学校本科教学工作审核评估工作方案总体安排,组织开展本科教学工作诊断评估,邀请以青岛大学党委书记胡金焱教授为组长、华北水利水电大学副校长施进发教授为副组长的专家组一行9人,以及河南省教育评估中心副主任张新民教授莅临,对学校本科教学工作进行诊断评估。根据实地考察情况,坚持突出问题导向,本着帮助学校发现问题、实现发展的目的,专家组逐一进行个人意见反馈,并对今后改进和加强本科教育教学工作提出相应建议。

完成本科教学工作审核评估　受河南省教育厅、河南省教育评估中心的委托,11月26日,专家组一行14人莅临学校,对本科教学工作进行审核评估。根据本科教学工作审核评估的要求和有关日程安排,专家组在审读学校提交的自评报告、教学基本状态数据分析报告和本科教学质量年度报告的基础上,对照审核评估要求,进行为期4天的实地考察。专家组对学校办学成就和本科教学工作给予高度评价,并根据实地考察情况,本着帮助学校发现问题、实现发展的目的,在对学校本科教学工作给予充分肯定的同时,围绕学校的师资队伍建设、人才培养体系及模式、教学改革、学科设置与建设发展、实验室建设及运行等方面提出了中肯的意见和建议。

全面推动工程教育专业认证工作　根据《河南工业大学2018年度工程教育专业认证实施计划》(校政教〔2018〕16号),协助材料科学与工程、高分子材料与工程、电子信息工程3个专业通过工程教育专业认证;协助过程装备与控制工程、软件工程、化学工程与工艺、环境工程和土木工程专业完成专家进校现场考察;食品科学与工程、计算机科学与技术和测控技术与仪器3个专业的专业认证申请获中国工程教育专业认证协会受理。

依托第三方评价反馈完善教学质量监控体系　为第三方麦可思公司提供本科毕业生、教师、核心课程和专业的各类信息,配合其对2017届本科生进行跟踪调查,最终完成《2018河南工业大学社会需求与培养质量年度报告》。该报告综合了2014—2017届共4届本科毕业生的反馈评价信息。

校内专业评估结果发布公布　2015年参与校内本科专业评估的电子信息科学与技术、物流管理、电子商务、金融学、英语、广告学、数学与应用数学、应用物理学、法学9个专业的评估结果,7个专业评估结果为优秀,1个专业评估良好,1个专业评估为合格。

表6–1　本科专业设置一览表

序号	所属学院	专业名称	专业代码	学制	学位
1	粮油食品学院	食品科学与工程	082701	4年	工学学士
2		食品质量与安全	082702	4年	工学学士
3		粮食工程	082703	4年	工学学士
4		食品营养与检验教育	082707T	4年	工学学士

续表 6–1

序号	所属学院	专业名称	专业代码	学制	学位
5	机电工程学院	机械设计制造及其自动化	080202	4 年	工学学士
6		包装工程	081702	4 年	工学学士
7		过程装备与控制工程	080206	4 年	工学学士
8		车辆工程	080207	4 年	工学学士
9		材料成型及控制工程	080203	4 年	工学学士
10	土木建筑学院	土木工程	081001	4 年	工学学士
11		工程管理	120103	4 年	工学学士
12		建筑学	082801	5 年	建筑学学士
13		建筑环境与能源应用工程	081002	4 年	工学学士
14		道路桥梁与渡河工程	081006T	4 年	工学学士
15		工程力学	080102	4 年	工学学士
16		交通工程	081802	4 年	工学学士
17	信息科学与工程学院	计算机科学与技术	080901	4 年	工学学士
18		电子信息工程	080701	4 年	工学学士
19		电子信息科学与技术	080714T	4 年	理学学士
20		软件工程	080902	4 年	工学学士
21		空间信息与数字技术	080908T	4 年	工学学士
22		物联网工程	080905	4 年	工学学士
23		网络工程	080903	4 年	工学学士
24		通信工程	080703	4 年	工学学士
25	化学化工与环境学院	化学工程与工艺	081301	4 年	工学学士
26		应用化学	070302	4 年	理学学士
27		环境工程	082502	4 年	工学学士
28		化学	070301	4 年	理学学士
29	生物工程学院	生物工程	083001	4 年	工学学士
30		动物科学	090301	4 年	农学学士
31		生物技术	071002	4 年	理学学士
32		制药工程	081302	4 年	工学学士
33	材料科学与工程学院	高分子材料与工程	080407	4 年	工学学士
34		材料科学与工程	080401	4 年	工学学士
35		无机非金属材料工程	080406	4 年	工学学士
36	电气工程学院	自动化	080801	4 年	工学学士
37		电气工程及其自动化	080601	4 年	工学学士
38		测控技术与仪器	080301	4 年	工学学士
39		轨道交通信号与控制	080802T	4 年	工学学士

续表 6-1

序号	所属学院	专业名称	专业代码	学制	学位
40	管理学院	工商管理	120201K	4 年	管理学学士
41		电子商务	120801	4 年	管理学学士
42		旅游管理	120901K	4 年	管理学学士
43		物流管理	120601	4 年	管理学学士
44		财务管理	120204	4 年	管理学学士
45		市场营销	120202	4 年	管理学学士
46		会计学	120203K	4 年	管理学学士
47		人力资源管理	120206	4 年	管理学学士
48	经济贸易学院	国际经济与贸易	020401	4 年	经济学学士
49		金融学	020301K	4 年	经济学学士
50		财政学	020201K	4 年	经济学学士
51		经济学	020101	4 年	经济学学士
52	外语学院	英语	050201	4 年	文学学士
53		日语	050207	4 年	文学学士
54		翻译	050261	4 年	文学学士
55	理学院	数学与应用数学	070101	4 年	理学学士
56		应用物理学	070202	4 年	理学学士
57		信息与计算科学	070102	4 年	理学学士
58		应用统计学	071202	4 年	理学学士
59	设计艺术学院	视觉传达设计	130502	4 年	艺术学学士
60		环境设计	130503	4 年	艺术学学士
61		产品设计	130504	4 年	艺术学学士
62		动画	130310	4 年	艺术学学士
63		数字媒体艺术	130508	4 年	艺术学学士
64	新闻与传播学院	广告学	050303	4 年	文学学士
65		广播电视学	050302	4 年	文学学士
66		播音与主持艺术	130309	4 年	艺术学学士
67		网络与新媒体	050306T	4 年	文学学士
68	法学院	法学	030101K	4 年	法学学士

注:专业代码加有“T”者表示特设专业;专业代码加有“K”者表示国家控制布点专业。

表 6-2　省级以上大学生创新创业训练计划项目立项名单

序号	项目负责人	指导教师	项目名称	项目类型	所属学院	项目期限	项目级别
1	刘金达	卫红伟	河南吉是达新材料科技有限公司	创业实践项目	材料科学与工程学院	2 年	省级
2	霍少华	赵志伟	郑州超细硬质合金有限责任公司	创业训练项目		1 年	省级
3	刘　刚	张　猛	河岸驰泰新材料科技有限责任公司	创业训练项目		1 年	省级
4	韩殿辉	张　猛	氢氧化镁基阻燃电池隔膜的研发	创新训练重点项目		1 年	国家级

续表 6–2

序号	项目负责人	指导教师	项目名称	项目类型	所属学院	项目期限	项目级别
5	华军明	张　杰	基于多传感器信息融合的格斗机器人控制器设计	创新训练重点项目	电气工程学院	1 年	国家级
6	周　鑫	石庆升	基于 PLC 的电梯交互式智能控制终端设计	创新训练重点项目		1 年	省级
7	杨文庆	吴　翔 李　冀	三维视觉测量工业机器人	创业实践项目		1 年	省级
8	于　淼	吴春阳	民宿——久住王员外家	创业训练项目	管理学院	1 年	省级
9	杨　松	郭　涛 王宏雁	新型双杂环化合物的合成及其抗肿瘤活性研究	创新训练重点项目	化学化工与环境学院	1 年	国家级
10	陈秋寒	朱春山	基于糠醛渣的吸附剂制备及其对水中重金属离子的吸附性能	创新训练重点项目		1 年	省级
11	侯趁意	任　宁	基于高密度 IC 集成的微米级互连点键合工艺研究	创新训练重点项目	机电工程学院	1 年	国家级
12	陈　帆	田　野	电子打印的柔性透明电极材料研发	创业实践项目		2 年	省级
13	孙　瑜	郭永刚	大学生宿舍生活废水回收冲厕节水系统推广应用	创业实践项目		1 年	省级
14	刘　涛	雷　辉	柑桔电动采摘器	创业实践项目		1 年	省级
15	李国洋	方旖旎	“一带一路”倡议下中国制造业对外直接投资风险量化与应对研究	创新训练重点项目	经济贸易学院	1 年	国家级
16	李慧颖	马松林	河南粮食融入“一带一路”建设的思路和对策研究	创新训练重点项目		1 年	国家级
17	宋孟韩	康涌泉	南阳农家康养服务有限公司	创业训练项目		2 年	省级
18	徐韬滔	翟书斌	银酱食品有限公司	创业训练项目		1 年	省级
19	杜大威	杨　武 欧海峰	大学物理实验仪器的智能化改装和优化设计	创新训练重点项目	理学院	1 年	省级
20	曹鑫哲	陈志成	茶饭两用糙米的开发应用研究	创新训练重点项目	粮油食品学院	1 年	国家级
21	杨　辉	陈志成	美康谷物科技有限公司商业计划	创业训练项目		1 年	省级
22	李　薇	李　芳	基于情景模型构建的诊疗空间体验设计研究	创新训练重点项目	设计艺术学院	1 年	国家级
23	刘宛玉	王　鹏	郑州大象文化有限公司	创业训练项目		1 年	省级
24	陈　蕾	王　乐	以生物质为原料生物法清洁糖化处理关键技术研究	创新训练重点项目	生物工程学院	1 年	国家级
25	魏梦雅	黄继红	基于蛋白质组学与代谢组学对麦胚免疫球蛋白的开发	创新训练重点项目		1 年	省级
26	邵　娜	段宇洲 李　辉	城市车辆限行政策成效分析及决策方法研究——以郑州市为例	创新训练重点项目	土木建筑学院	1 年	国家级
27	薛雅沛	黄海荣 董润润	不朽计划——基于 BIM 的古建保护	创业训练项目		1 年	省级
28	马锦涛	卢雪飞 王　萌	郑州景上园林有限公司	创业训练项目		1 年	省级
29	吕孙伟	张合斌	未完网络 MCN	创业实践项目	新闻与传播学院	1 年	省级
30	刘雅剑	王彩红	基于环境检测的四轴飞行器的研究	创新训练重点项目	信息科学与工程学院	2 年	国家级
31	周　瑞	吕宗旺	防作弊仪器	创新训练重点项目		1 年	国家级
32	王易扬	闫秋玲	粮食舆情分析关键技术研究	创新训练重点项目		1 年	省级
33	李　林	吕宗旺	智能指纹柜	创业实践项目		1 年	省级
34	王俊虎	王星东	基于 VR 技术的儿童安全教育系统	创业实践项目		1 年	省级
35	李倩影	张闻强 梁　艳	智能自助终端柜	创业训练项目		1 年	省级

表 6-3　获批省级及以上本科教学工程项目统计

序号	项目类别	项目名称	主持人	所属学院
1	国家级精品在线开放课程	国际贸易实务	吕玉花	经济贸易学院
2	省级精品在线开放课程	有机化学	袁金伟	化学化工与环境学院
3		中西方名家名作赏析	赵　鑫	设计艺术学院
4	省级优秀基层教学组织	土木工程系	静　行	土木建筑学院
5		信息与通信工程系	樊　超	信息科学与工程学院
6		电子商务系	雷　兵	管理学院
7		高分子材料系	彭　进	材料科学与工程学院
8		英语系	葛丽萍	外语学院
9		材料科学与工程系	左宏森	材料科学与工程学院

表 6-4　河南省教育科学“十三五”规划一般课题立项名单

序号	课题名称	主持人
1	基于“专创融合、校企协同”的传统优势专业过程装备与控制工程专业人才培养改革与实践	曹宪周
2	新媒体新技术与高校思想政治理论课教学融合机制研究	赵排风
3	信息技术条件下基于教学重构的课程考核评价方法研究与应用	蔡刚毅
4	信息技术下基于 OBE 的机械基础类课程教学方法的研究与应用	武照云
5	OBE 理念下农学专业选修课程考核新模式的构建	赵红月
6	工程教育专业认证背景下的土木工程专业实践教学改革与实践	静　行

表 6-5　河南省教育科学“十三五”规划 2019 年重点课题立项名单

序号	课题编号	课题名称	主持人
1	〔2019〕-JKGHZD-20	董仲舒德育思想当代价值研究	杨　丽

研究生教育

【概况】　研究生处负责学校学科建设、研究生招生、培养、学位、创新与质量管理等工作。现设综合办公室、学科管理科、研招办、培养科、学位管理科、创新与质量管理科。现有处长 1 名,副处长 2 名,科级及以下干部 7 名。研究生处 2018 年被评为“河南省教育系统先进集体”。

【招生工作】　完成 2018 年博士和硕士研究生招生任务,招收博士研究生 16 人、硕士研究生 597 人,一志愿上线率比去年有较大提升,硕士研究生招生报名比上年增加考生 600 多人。研究生类型结构进一步完善,生源数量和质量均有显著提升。组织完成 2019 年硕士研究生和博士研究生招生简章的制定工作。

【首次全国研招考试考点工作】　根据《郑州市教育局关于在河南工业大学设立全国硕士研究生招生考试报考点的函》(郑教办函〔2018〕30 号)文件要求,自 2019 年研招工作起,学校成为全国研究生招生考试报考点,负责河南工业大学应届生研招考试的报名、试卷接收和寄送、试卷保管以及考试组织、监考等工作。

2018 年学校首次承办全国硕

士研究生招生考试考点工作。成立由校长下科任组长，党委常务副书记王玉斌、副校长李利英、陈复生任副组长的硕士研究生招生考试考点工作领导小组。研究生处结合学校实际，制定科学合理的考点工作方案，成立8个专项工作组，多次召开协调会，周密部署，细化工作流程和关键工作时间节点，落实责任单位和具体责任人。

考试期间，工作人员克服工作时间长、程序复杂、任务繁重等困难，恪尽职守，尽职尽责，确保了2019年全国硕士研究生招生考试工作有条不紊、圆满完成，学校考点未发现一例考生违规和作弊现象。

【培养质量】 过程管理 抓住学位论文中开题、中期检查、论文评审等关键环节，开展研究生和研究生导师网上调查，学校首次实行学位论文100%盲评，适当提高论文重复率检测和评审合格标准，保证了培养质量和学位论文质量。国家随机抽检学位论文合格率连续多年100%。硕士生的考博率和考博人数比往年显著增长。

研究生质量工程 继续开展“高质量课程建设”“优秀博士/硕士学位论文培育”项目，经过校内培育和评比推荐，6篇2018届硕士学位论文获得“河南省优秀硕士学位论文”。河南省研究生教育改革与质量提升工程申报取得突破，“食品工程”专业硕士学位点获批河南省专业学位改革试点单位，填补了该项空白；“机械电子学”“数字通讯”“人力资源管理”3门研究生课程被评为“河南省研究生教育优质课程”。

【学位工作】 组织学院严格按照有关规定开展学位论文答辩，确保学位论文质量。对于申请人学术论文、科研成果及专利技术，制定严格审查标准，对论文收录、项目等级、申请人排名等情况逐一审查，杜绝弄虚作假，确保申请人材料的真实性。向校学位评定委员会提交规定的学位申请材料、召开校学位评定委员会会议。经学位评定委员会审议决定，授予张倩等183位同学工学硕士学位；授予刘帅楠等29位同学理学硕士学位；授予霍鸣飞等13位同学工学硕士学位；授予朱亚菲等13位同学法学硕士学位；授予石芳宁等5位同学经济学硕士学位；授予王小魁等3位同学管理学硕士学位；授予王凌云等8位同学文学硕士学位；授予陈丛丛等65位同学工程硕士学位；授予张汉军等39位同学工商管理硕士（MBA）学位；授予张甜甜等37位同学农业硕士学位；授予孙青等25位同学会计硕士学位；授予郑佩敏等12位同学新闻与传播硕士学位；授予王雪萌等6位同学艺术硕士学位。

【规章制度建设】 根据国务院学位委员会、教育部的文件精神和学校实际情况，修订并印发《研究生工作手册》（2018版），新增了《高等学校预防与处理学术不端行为办法》《河南工业大学落实研究生导师立德树人职责实施细则》等规章，修订《河南工业大学硕士研究生指导教师招生资格审核办法》《河南工业大学硕士学位论文评审实施办法》《河南工业大学研究生奖助金管理暂行办法》等20多项管理规定，完善了研究生培养的各项规章制度。

【研究生良师益友评选】 为促进广大研究生与导师之间的交流，增进师生感情，营造尊师重教氛围，进一步发挥好导师立德树人的榜样作用，组织学校第七届“研究生良师益友”评选，汪来喜等10位优秀指导教师获评“研究生良师益友”。

【创新教育】 组织开展研究生学术创新系列活动，推行研究生奖助金体系改革，构建创新能力和实践能力为核心的培养体系。

在第十五届中国研究生数学建模竞赛中，2支研究生代表队获得国家三等奖。在第十三届中国研究生电子设计竞赛中，电气工程学院和信息科学与工程学院的参赛团队荣获华中分赛区团队二等奖、三等奖各一项。组织研究生参加台湾冬令营文化学术交流活动，参访中国文化大学、台湾师范大学、静宜大学和建国科技大学。

本着公开、公平、公正、择优的原则，经过研究生自主申报、导师推荐、学院评审公示、学校审核公示上报4个步骤，完成2018年度研究生国家奖助学金的评审工作，评出1名博士研究生和27名硕士研究生获得国家奖学金，35名博士研究生和606名硕士研究生获得国家学业奖学金，10名博士研究生获得校级学业奖学金，163名和461名硕士研究生分别获得校级一等学业奖学金和二等学业奖学金，40名博士研究生和1400名硕士研究生获得国家助学金。

【联系校研究生会工作】　联系、指导研究生会开展“科技创新之星”等的评选，开展名家讲坛、英语演讲比赛等研究生学术创新活动，组织研究生迎新年联欢会，丰富了研究生的课外生活，提升了研究生的创新能力和综合素质。

2018年博士研究生导师名单

丁永刚　马传国　王庆斌　王金水　王金荣　王录民　王振清　王晓曦　王殿轩　卞　科　卢　奎
田少君　刘保国　孙中叶　孙丽君　李立平　李永祥　李利英　李铜山　李瑞芳　杨红卫　杨艳萍
杨铁军　肖昭然　吴子丹　何丽君　谷克仁　谷秀娟　汪学德　张　元　张占仓　张庆辉　张德贤
陆启玉　陈复生　陈桂香　武文斌　郑学玲　屈凌波　赵仁勇　赵予新　赵继红　胡元森　祝玉华
耿　铁　原　方　曹晓雨　韩　阳　惠延波　鲁玉杰　谢文磊　甄　彤　魏明侠

2018年硕士研究生导师名单

丁长河　丁四波　丁永刚　丁　华　丁梧秀　于亦文　于　杨　于建华　于俊伟　万东锦　卫　敏
马义平　马玉梅　马传国　马兴科　马　丽　马松林　马晓录　马　森　马　蕾　王广国　王卫国
王卫国　王天贵　王凤成　王文剑　王玉华　王玉雷　王　乐　王　宁　王自强　王庆伟　王庆斌
王志山　王志涛　王迎春　王宏力　王宏勇　王宏雁　王若兰　王岸娜　王金水　王金荣　王录民
王　春　王春华　王　威　王振领　王振清　王　莉　王晓曦　王　峰　王高平　王海涛　王海阔
王　辉　王　锋　王　斌　王　媛　王殿轩　王鲜杰　王　薇　王　赞　王　燚　牛彦绍　牛群峰
毛　文　毛艳丽　毛　璞　卞　科　孔繁士　巴松涛　邓淼磊　邓德华　石庆升　石　凯　布冠好
平　源　卢　奎　卢　涛　申小刚　田少君　田建珍　田　勇　田　野　史卫亚　付　宏　白海燕
邝金丽　冯兰芳　冯　永　冯亚明　冯光炷　冯江菊　冯肖亮　冯德显　宁　祎　司林胜　邢维芹
成汹涌　毕艳兰　毕晓勤　师旭超　师高民　吕玉华　吕　刚　吕宗旺　吕建华　吕莹果　朱利敏
朱坤林　朱春山　朱春华　朱　峰　朱　靖　乔发东　乔光辉　乔丽红　乔俊杰　乔　颖　任志勇
任顺成　任笑真　任新平　伊艳杰　向国强　全　然　刘广明　刘长虹　刘文举　刘玉兰　刘功伟
刘世声　刘世凯　刘永德　刘　扬　刘亚伟　刘　刚　刘　伟　刘伍丰　刘仲敏　刘自然　刘志敏
刘克非　刘来亭　刘秀英　刘昆仑　刘国琴　刘国勤　刘明耀　刘於勋　刘春波　刘钟栋　刘保国
刘　洁　刘　娜　刘　哲　刘晓欣　刘爱荣　刘海燕　刘　翀　刘继承　刘　捷　刘楠嶓　闫丽俐
关炎芳　关春龙　江秀明　安红周　许元栋　许志红　许德刚　阮竞兰　孙中叶　孙长坡　孙会霞
孙旭镯　孙丽君　孙宏岭　孙　妍　孙纲春　孙尚德　孙建刚　孙崇峰　孙福艳　买文鹏　苏东民
苏建修　杜明芳　杜根远　李广平　李义伦　李卫东　李文江　李文启　李本松　李立平　李永祥
李伟民　李华(粮)　李华(机)　李兴照　李志成　李志建　李秀娟　李青彬　李绍玉　李绍玲　李俊海
李桂华　李晓云　李晓东　李海峰　李海涛　李雪琴　李焕锋　李　琳　李道荣　李富生　李　强
李瑞芳　李　魁　李　颖　杨卫东　杨卫军　杨天奎　杨六栓　杨迅周　杨红卫　杨志晓　杨　丽
杨丽雅　杨宏顺　杨　茂　杨国龙　杨亮茹　杨　勇　杨艳会　杨艳萍　杨铁军　杨瑞霞　杨新丽
轩治峰　肖开红　肖长江　肖付刚　肖　乐　肖咏梅　肖昭然　肖留超　吴才章　吴子丹　吴长顺
吴文瀚　吴立辉　吴　兰　吴成福　吴兴泉　吴国玺　吴建军　吴建勋　吴海宏　吴　锋　何　方
何世均　何伟春　何丽君　何保山　何　娟　何　程　余守志　余学军　谷克仁　谷秀娟　谷建全
邹文俊　汪来喜　汪学德　汪敬恒　沙　杰　沈国荣　宋伟强　宋　强　张士雄　张　元　张少文
张书良　张书海　张玉军　张玉荣　张占仓　张帅兵　张　旭　张庆辉　张红梅　张孝远　张志清

张来林 张应奇 张宏伟 张昊 张国治 张国宝 张宝忠 张宝强 张树忠 张闻强 张振山
张晓琳 张浩军 张雪萍 张清学 张惠民 张道许 张慧茹 张慧档 张震宇 张德贤 张璐
陆启玉 陈卫东 陈东兆 陈志成 陈良骥 陈复生 陈亮 陈洁 陈振民 陈桂香 陈雪琳
陈雁 陈锋 陈富安 陈新平 陈静 陈肇锬 武文斌 武林俊 武娜 武照云 苗红梅
苗荣正 范艳峰 范璐 林江涛 尚恒志 呼青英 罗士喜 岳龙旺 岳国法 金立兵 金华丽
周广舟 周伏忠 周全申 周显青 庞瑞 郑冬晓 郑永战 郑红娟 郑学玲 郑德乾 屈建航
孟丽莎 赵仁勇 赵文杰 赵东欣 赵永江 赵永亮 赵永德 赵志伟 赵妍 赵俊廷 赵亮(电)
赵亮(校外) 赵继红 赵排风 赵献增 赵豫林 赵豫新 胡元森 胡世超 胡乐乾 胡继云 胡霞光
南海燕 咸金龙 段文平 段永辉 段学军 段爱玲 侯永改 侯志伟 侯利霞 侯惠芳 饶卫国
姜振颖 娄源功 祝玉华 姚为正 秦庆华 秦杰 秦海敏 秦瑶 袁夫彩 袁剑侠 耿铁
栗正新 贾冠杰 贾晶 原方 钱同舟 徐三魁 徐建震 徐恒 殷海成 奚宾 高美玲
高海晨 郭永刚 郭全生 郭兴凤 郭秀兰 郭祯祥 席俊 唐学军 展海军 黄建水 黄辉辉
曹阳 曹利强 曹建莉 曹晓雨 曹健 曹毅 戚世钧 常林朝 崔玉亭 崔仲鸣 崔柳青
崔颖 康涌泉 章绍兵 阎官法 渠琛玲 梁义涛 梁少华 梁瑞华 梁醒培 彭进 蒋华伟
蒋宇扬 蒋军洲 蒋笃君 蒋敏敏 韩小贤 韩阳 韩建军 韩萍 惠延波 惠明 喻新安
程大友 程云喜 程印学 程国平 程炜 程振凯 傅洪亮 焦丹 鲁玉杰 鲁选民 曾长女
温纪平 富笑男 谢文磊 谢岩黎 靳小波 靳义亭 楚晖娟 赖少娟 甄彤 雷廷宙 雷兵
雷新超 訾鹏 鲍成莲 廉飞宇 福全 慕运动 蔡正银 蔡永灿 蔡静平 裴少峰 管军军
管爱红 漆随平 谭玉波 谭波 谭晓荣 翟书斌 熊晓莉 樊志琴 樊超 樊慧玲 颜士明
穆中杰 穆健康 戴本良 魏安池 魏宏亮 魏灵朝 魏明侠 魏蔚 魏翠凤

表 6-6 2018 年获河南省优秀硕士学位论文名单

序号	论文题目	作者	导师	专业
1	加工对 β-conglycinin 抗原性的影响及 Gly m Bd 60K 破坏表位的定位	贺梦雪	席俊	0832 食品科学与工程
2	全干式楼盖建筑结构数值分析方法与动力行为研究	赵婉	庞瑞	0814 土木工程
3	麦胚球蛋白组学分析及其对肠道微生物区系的影响研究	纪小国	黄继红	0710 生物学
4	汽轮机叶片钢早期疲劳损伤非线性超声检测及信号处理研究	赵俊杰	汤宝平	085201 机械工程
5	真空浸渍改善采后杨梅和枇杷品质特性的研究	李雅娴	陈复生	0832 食品科学与工程
6	绿色发展背景下环境责任对公司财务绩效的影响研究	刘赟	奚宾	0202 应用经济学

表 6-7 2018 年在校全日制研究生人数统计

学院	硕士研究生	博士研究生	合计
粮油食品学院	409	27	436
生物工程学院	97	0	97
化学化工学院	104	4	108

续表 6-7

学院	硕士研究生	博士研究生	合计
土木建筑学院	164	4	168
机电工程学院	108	4	112
电气工程学院	49	0	49
信息科学与工程学院	104	7	111
管理学院	194	4	198
经济贸易学院	87	4	91
马克思主义学院	46	0	46
理学院	17	0	17
材料科学与工程学院	31	0	31
外语学院	32	0	32
设计艺术学院	37	0	37
新闻与传播学院	30	0	30
法学院	12	0	12
合计	1521	54	1575

表 6-8 第七届"良师益友"名单

姓名	学院	姓名	学院
汪来喜	经济贸易学院	耿　铁	机电工程学院
杨铁军	信息科学与工程学院	许元栋	化学化工与环境学院
雷　兵	管理学院	庞　瑞	土木建筑学院
闫丽俐	外语学院	何保山	粮油食品学院
侯永改	材料科学与工程学院	李晓云	新闻与传播学院

体育教育

【概况】 体育学院下设党政办公室、教学科研办公室、第一教研室、第二教研室、女生教研室、体质健康监测与指导中心、场地器材管理中心。学院现有教职工 52 人,其中,教辅人员 3 名,专任教师 49 名;专任教师中教授 4 人,副教授 24 人,讲师 16 人,助教 5 人。

【党建与思想政治工作】 学习习近平新时代中国特色社会主义思想、党的十九大精神、党章党规党纪和全国教育大会精神,对标"以本为本、四个回归"、本科教学审核评估和精神文明建设工作,改革创新,提升教师教书育人能力,推动学院各项工作的开展。开展"两学一做"学习教育活动,规范管理、加强思想建设、组织建设、作风建设、制度建设、党风廉政建设。执行"三会一课"制度,落实组织生活和民主生活。开展"两学一做"学习教育。以党支部为单位开展党日主题教育活动。利用校园网、校报、微博、微信等媒体平台宣传党的十九大会议精神,党的教育政策方针,党的建设以及体育教育、教学改革、体育竞赛等内容,传播正能量,弘扬主旋律。全年审发稿件 65 篇。学院获宣传报道先进单位,吕化被评为优秀教工通讯员，王放、孟泓州撰稿的《省第十三届运动会大学生组乒乓球比赛落幕 我校夺金》被评为“好新闻”作品。

组织教职工深入学习宣传贯彻党的十九大，十九大二中、三中全会，全国教育大会精神。组织学院中层以上干部参加学校安排的专题辅导和培训班。组织全体教职工观看影片《厉害了，我的国》，廉政片《第一大案》《绝不姑息》，组织科级以上干部学习河南省教育系统集中开展以案促改工作警示教育材料等，增强学院教职工的民族意识和爱国精神，坚定党员干部廉洁自律、坚守底线、廉洁从政的信念。

【师资队伍建设】 学院6名教师被评为“我心目中最优秀的教师”，在河南省教育系统教学技能竞赛中二等奖1个，在学校“论专业说课程”竞赛中获三等奖1个，获学校“校长教学质量奖”1个。派出教师交流、培训、学习50人次；1人加拿大访问学习完成。

【教学工作】 教学管理 学院教学工作指导委员会设置体能基础、篮球、排足、乒乓球羽毛球网球、武术、啦啦操体育舞蹈、体育俱乐部、团体操、在线课程、素质提高班等6个必修课课程组和4个校级公选课课程组。印发《河南工业大学体育学院课程组设置及课程组负责人岗位职责》（院政教〔2018〕5号）文件，明确课程组岗位职责，建立健全经常性教学工作会议制度和教学检查制度。教学工作建立学院、教研室、课程组管理模式，创新和完善学院教学管理机制，严格执行各项教学管理规章制度，提升教学管理效率。女生教研室获评校级优秀基层教学组织，第二教研室获批校级优秀基层教学组织建设项目；女生教研室与第二教研室获省级合格基层教学组织备案。

教学模式 学院形成课内必修课+课外阳光健康跑，校级公选课+课外训练的“2+2”多元化课程体系。建立了课内夯实基础，课外巩固提高，课内与课外互为补充的大体育课程教学模式。修订完成《2018版教学大纲和课程教案》；修订《阳光健康跑完成标准》，从2018—2019学年第一学期开始，学生每学期跑步目标男生80公里、女生60公里，莲花街校区阳光健康跑注册人数达29 319人。

教学研究 开展“改革教学范式、提升课程质量”教学研讨活动，开展教研活动76次，派出教师培训、学习、交流50人次，邀请全国高校体育教学指导委员林克明教授来学院讲学。

教学工作成绩 学院建成在线课程3门，2项校级教改项目获批立项，其中招标项目1项、专项项目1项，院级教改项目立项7项，2项省级大学生创新创业训练项目结项验收。学校组织27 947名本科生参加体质健康测试，参与率99.38%、合格率99.33%、及格率96.56%、良好率23.17%、优秀率1.31%。

【评建工作】 学院成立评估领导小组，抽调骨干教师组成体育学院评建工作办公室，学习《河南工业大学审核评估自评报告》《河南工业大学审核评估数据分析报告》《2017—2018本科教学质量报告》《河南工业大学审核评估宣传手册》和《体育学院审核评估自评报告》等报告和手册，学院在暑期通过维修改造体育设施，利用更新宣传栏内容、网站、微信等网络手段，强化教风学风建设，创造良好评估环境。学校审核评估期间，教育部专家刘法贵教授通过调阅材料、听课看课、走访考察、深度访谈等方式对学校体育工作给予充分肯定。

【对外合作与交流】 援外武术培训班学员在第十二届中国郑州国际少林武术节中摘得奖牌215枚，其中少林武术班获得22枚金牌，44枚银牌，48枚铜牌；太极班获得20枚金牌，25枚银牌，56枚铜牌；团体赛中，少林班获得1项集体一等奖，2项集体二等奖，3项集体三等奖；太极拳班获得1项集体一等奖，4项集体三等奖。

举办2018年“民体杯”全国射弩比赛暨裁判员培训班，来自内蒙古、吉林、浙江、福建、湖北、贵州、河南等7个省（自治区）代表队的100余名运动员、裁判员、教练员参赛。

学校派出9名留学生参加由教育部主办、中国大学生体育协会承办的第三届“留动中国——在华留学生阳光运动文化之旅”活动。在河南赛区获得篮球亚军、定向越野第五名、武术第八名、团体第三名；在西北大区赛获得篮球亚军、定向越野第五名、团体第四名。

【科研工作】 学院科研到账经费3.1万元，2项校级教改项目获批立项，其中招标项目1项、专项项目1项，院级教改项目立项7项，2

项省级大学生创新创业训练项目结项验收,河南省软科学计划课题结项 1 项,发表论文 12 篇,中文核心 1 篇、CSSCI(扩展)收录 2 篇、EI 收录 1 篇。

【群体竞赛活动】 校内阳光体育运动　围绕“阳光体育与全民健身同行”主题,组织举办校田径运动会、新生达标运动会、篮球、足球、排球、羽毛球、乒乓球、跆拳道等学生群体竞赛活动。协助校工会开展教职工篮球、乒乓球等群体竞赛活动。

表 6-9　2018 年度校内群体竞赛活动统计表(学生)

项目	时间	地点	比赛名称	备注
田径运动会	4 月	田径场	河南工业大学第十二届田径运动会	2684 人
篮球	5 月	塑胶篮球场	“华光”体育运动河南工业大学第十四届篮球联赛	540 人
	5 月	体育训练中心	台湾中原大学海峡两岸体育文化交流活动	300 人
	11 月	塑胶篮球场	河南工业大学第十四届“扬帆杯”篮球联赛	900 人
排球	10 月	塑胶排球场	河南工业大学 2018 年学生排球比赛	312 人
羽毛球	11 月	体育训练中心	河南工业大学“扬帆杯”羽毛球比赛	120 人
乒乓球	11 月	体育训练中心	河南工业大学 2018 乒乓球锦标赛	100 人
足球	全年	足球场	河南工业大学 2017—2018“青春杯”足球联赛	400 余人
跆拳道	12 月	跆拳道馆	河南省学生跆拳道协会晋级考试(河南工业大学站)暨河南工业大学晋级赛	100 人

表 6-10　校内群体竞赛活动统计表(教职工)

项目	时间	地点	比赛名称	备注
田径运动会	4 月	田径场	河南工业大学第十二届田径运动会	教职工 1671 人 破 5 项校记录
篮球	5 月	塑胶篮球场	河南工业大学“土建杯”第九届教职工男子篮球比赛	教职工 312 人
乒乓球	11 月	体育训练中心	河南工业大学第八届暨“管理学院 MBA 杯”教职工乒乓球比赛	21 个基层工会组队参赛

校外各级体育竞赛学校体育代表队获全国冠军 2 项、亚军 5 项、一等奖 3 项,3 人获全国比赛优秀教练员;省级冠军 17 项、亚军 5 项、7 人获省级比赛优秀教练员;3 次获体育道德风尚奖。

表 6-11　2018 年度校外体育竞赛统计表

项目	时间	地点	比赛名称	教练员	获奖情况	备注
乒乓球	5 月 21 日至 27 日	安阳工学院	河南省第十三届运动会大学生组乒乓球比赛暨河南省大学生“华光”体育活动第十四届乒乓球锦标赛	孟泓州 卜爱云	女团冠军 女单亚军 男团第四名 女单第四名 男单第五名 女双第六名 体育道德风尚奖	全省 71 所院校的 510 名运动员参赛；学校 8 人参赛
跆拳道	6 月 29 日至 7 月 4 日	河北省迁安市	2018 年中国大学生跆拳道（品势）锦标赛	吕　化 王苏辉	女子级位第一名 女子个人第二名 男团第三名 女团第三名 混双第三名 男子级位第三名 跆拳舞第三名 男子个人第五名 女子一段第五名 女子二段第五名 女子高度击破第五名 女子高度击破第五名 女子团体总分第二名 男子团体总分第三名 体育道德风尚奖	全国 49 所高校的近 500 名运动员参赛
啦啦操	7 月 4 日至 7 日	郑州师范学院	2018 年全国啦啦操联赛（郑州站）	郑国英	自由舞第一名 自选街舞第三名	全国 92 支代表队，近 3000 名运动员参赛
健美操 啦啦操	7 月 8 日至 14 日	郑州师范学院	河南省第十三届运动会学生组健美操、啦啦操比赛	郑国英	自选轻器械第一名 自由舞第一名 自选街舞第四名 体育道德风尚奖	健美操 91 支代表队，1800 名运动员参赛；啦啦操 69 支代表队，近 1500 名运动员参赛

续表 6–11

项目	时间	地点	比赛名称	教练员	获奖情况	备注
武术	7 月 10 日至 14 日	华北水利水电大学	河南省第十三届运动会学生组武术比赛暨河南省大学生“华光”体育活动第十四届武术锦标赛	殷　翔 任津锋	男子 24 式太极拳第二名 男子初级枪术第三名 女子太极长器械第三名 男子 24 式太极拳第四名 男子初级棍术第四名 男子太极长器械第四名 男子陈氏太极拳第六名 男子太极长器械第七名 女子太极长器械第七名 女子初级棍术第七名 男子初级剑术第八名 男子团体第四名 团体总分第七名	全省 58 所高校的 719 名学生运动员参赛；学校 13 人参赛
篮球	7 月 14 日	郑州工商学院	河南省第十三届运动会学生组篮球比赛暨河南省大学生“华光”体育活动第 26 届篮球锦标赛	闫多多	本科甲组第五名	全省高校 1000 名运动员参赛;学校 14 名队员参赛
田径	7 月 15 日至 20 日	郑州大学	河南省第十三届运动会学生组田径比赛暨河南省大学生“华光”体育活动第 20 届田径锦标赛	姬效磊 帅贞瑜	男 400 米第一名 女 400 米栏第一名 男子 4×400 接力第三名 男子 4×100 接力第四名 女 400 米第四名 女子 4×100 接力第四名 女子 4×400 接力第五名 女 100 米第六名 男子铅球第七名 女 200 米第八名 男子团体总分第八名 女子团体总分第八名	全省 98 所高校的 1753 名运动员参赛;学校 10 名队员参赛
足球	8 月 1 日至 8 日	河南财政金融学院	河南省第十三届运动会学生组足球比赛暨河南省大学生第十七届足球锦标赛	周　洋 毕　涛	本科甲组第一名	全省 56 支高校代表队，1000 余名运动员参赛;学校 18 名队员参赛

续表 6-11

项目	时间	地点	比赛名称	教练员	获奖情况	备注
健身气功	8月14日至18日	内蒙古满洲里	2018年全国高等院校（普通院校组）健身气功比赛	赵　蕾	六字诀普及功法集体项目一等奖 八段锦普及功法集体项目二等奖 六字诀普及功法个人项目第二名 易筋经普及功法个人项目第六名	全国79所高校，89支代表队，近600人参赛
跆拳道	8月21日至25日	商丘工学院	河南省第十三届运动会学生组跆拳道比赛暨河南省大学生第七届跆拳道锦标赛	吕　化 王苏辉	男子团体第一名 女子团体第一名 混双第一名 男子个人第一名 女子个人第一名 女子一段第一名 女子二段第一名 男子级位第一名 女子级位第一名 跆拳舞第一名 男子个人第二名 混双第二名 女子一段第二名 女子个人第三名 女子级位第三名 男子63公斤第五名 团体总分第一名	全省36所584名运动员参赛； 学校13名队员参赛
健美操	10月22日至27日	深圳	2018第七届全国全民健身操舞大赛总决赛	郑国英	徒手自选动作一等奖 自选表演轻器械一等奖	全国332所院校超过6000名运动员参赛

表 6-12　第十二届田径运动会成绩

学生组成绩公告									
姓　名	单　位	成　绩	名次	备注	姓　名	单　位	成　绩	名次	备注
学生 女子 4×400m 成绩					学生 男子 4×400m 成绩				
	粮油食品学院	4′39″91	1			电气工程学院	3′42″83	1	
学生　女子铅球成绩					学生 男子铅球成绩				
葛珍珍	职业技术学院	8.94m	1		束张昊	材料科学与工程学院	11.03m	1	
学生 男子 100m 成绩					学生 女子 100m 成绩				
莫世康	经济贸易学院	11″34	1		刘莉文	中英国际学院	13″81	1	
学生　男子 800m 成绩					学生 女子 800m 成绩				
王　潜	粮油食品学院	2′08″91	1		卢朝银	粮油食品学院	2′45″21	1	
学生 女子 100m 栏成绩					学生 男子 110m 栏成绩				
蔡晓文	国际教育学院	18″20	1		易方韬	材料科学与工程学院	17″43	1	
学生 女子跳远成绩					学生 男子跳远成绩				
刘　倩	国际教育学院	4.46m	1		唐明政	信息科学与工程学院	6.45m	1	
学生 男子 4×100 成绩					学生 女子 4×100 成绩				
	信息科学与工程学院	45″87	1			粮油食品学院	0′56″71	1	
学生 女子 1500m 成绩					学生 男子 1500m 成绩				
王　茜	粮油食品学院	5′53″63	1		李志洋	国际教育学院	4′35″39	1	
学生 女子跳高成绩					学生 男子跳高成绩				
书　雨	管理学院	1.31m	1		张国栋	土木建筑学院	1.72m	1	
学生男子 400m 成绩					学生女子 400m 成绩				
谢启涛	电气工程学院	0′52″71	1		齐静静	粮油食品学院	1′06″60	1	
学生火炬接力					学生 30m 抱球跑成绩				
	粮油食品学院	11′09″93	1			经济贸易学院	1′49″07	1	
学生　男子 5000m 成绩					学生 女子 3000m 成绩				
白　玺	经济贸易学院	17′36″68	1		段必倩	经济贸易学院	12′30″28	1	
学生 男子 200m 成绩					学生 女子 200m 成绩				
白佳兴	经济贸易学院	23″12	1		熊　蕾	信息科学与工程学院	28″83	1	
学生男子三级跳					学生男子　1 分钟跳绳成绩				
张　旺	信息科学与工程学院	12.91m	1		乔亚涛	粮油食品学院	128	1	
学生跳大绳					学生女子　1 分钟跳绳成绩				
	中英国际学院	790	1		刘佳斐	机电工程学院	114	1	
学生拔河									
	机电工程学院		1						
教工组成绩公告									
教工青年男子 100m 成绩					教工中年女子 100m 成绩				
程　凯	土木建筑学院	12″34	1		翟雪琴	机电工程学院	15″74	1	
教工中年男子 100m 成绩					教工青年女子 100m 成绩				
魏　涛	理学院	12″35	1	破纪录	郭歆莹	信息科学与工程学院	15″85	1	

续表 6-12

教工组成绩公告									
姓　名	单　位	成　绩	名次	备注	姓　名	单　位	成　绩	名次	备注
侯志伟	理学院	12″47	2	破纪录					
教工中年女子 800m 成绩					教工青年女子 800m 成绩				
曹庆娟	图书馆	3′17″15	1	破纪录	丁晶晶	机电工程学院	3′02″79	1	破纪录
教工青年男子 1500m 成绩					教工中年男子 1500m 成绩				
史　晛	后勤集团公司	5′31″24	1		江　山	理学院	5′48″55	1	
教工青年男子 4×100 成绩					教工中年男子 4×100 成绩				
	土木建筑学院	0′54″21	1			理学院	0′54″90	1	
教工青年女子 4×100 成绩					教工中年女子 4×100m 成绩				
	经济贸易学院	1′09″34	1			经济贸易学院	01′09″09	1	
教工青年女子跳远成绩					教工青年男子跳远成绩				
张　雪	国际教育学院	4.00m	1		魏　杰	法学院	5.13m	1	
教工中年女子跳远成绩					教工中年男子跳远成绩				
翟雪琴	机电工程学院	4.16m	1	破纪录	魏　涛	理学院	5.23m	1	
一分钟定点投篮					教工男子飞盘掷远				
	后勤集团公司		1		蒋笃君	机电工程学院	37.16m	1	
教工中年女子铅球成绩					教工青年男子铅球成绩				
李　凡	后勤集团学院	8.29m	1		董　斌	后勤集团公司	9.443m	1	
教工青年女子铅球成绩					教工男子 1 分钟跳绳				
张　雪	国际教育学院	7.34m	1		宋　威	化学化工与环境学院	74	1	
					教工女子 1 分钟跳绳				
					魏王月	后勤集团公司	72	1	
教工中年男子铅球					教工女子飞盘掷远				
韩　涛	管理学院	9.27m	1		徐　荟	机电工程学院	20.49 m	1	
学生组、教工组团体项目排名									
学生组拔河比赛前三名					教工组拔河比赛前三名				
	机电工程学院		1			后勤集团公司		1	
	信息学与工程学院		2			机电工程学院		2	
	中英国际学院		3			校直		3	
学生跳大绳					教工跳大绳				
	中英国际学院		1			后勤集团公司		1	
	化学化工与环境学院		2			信息科学与工程学院		2	
	经济贸易学院		3			理学院		3	
学生火炬接力					一分钟踢毽球				
	粮油食品学院	11′09″93	1			机电工程学院		1	
	信息科学与工程学院	11′17″73	2			理学院		2	
	国际教育学院	11′18″97	3			后勤集团公司		3	

续表 6-12

学生组、教工组团体总分排名							
学生组团体总分前三名				教工组团体总分前三名			
粮油食品学院		1		后勤集团公司		1	
科学与工程学院		2		理学院		2	
土木建筑学院信息		3		机电工程学院		3	

继续教育

【概况】 学院作为学校的二级办学机构和管理机构,实行一级管理模式,有 5 个科室,在编教职工 13 人,聘用职工 11 人。

学院深入实施“互联网+继续教育”转型发展,围绕“倾心做有温度的专业老师,努力办有质量的继续教育”这一主线,“持续转型,优化结构,全面发展,做大做强”这一总体思路开展各项工作,进一步探索“互联网+继续教育”下的人才培养模式改革实践,实施“互联网+学历、非学历”并重的转型,努力办有质量、有担当、有责任、有效益的职业与继续教育。学院各类继续教育在籍总人数6633 人,职业技术学院专科学生 410 人,全年收入1066.1554万元。

学院践行办有质量的继续教育新模式,首次转型取得丰硕成果,入选“国家教学成果奖”候选名单;作为地方高校继续教育学院代表单位参加教育部举办的高校继续教育转型发展高级研修班;当选河南成人高等教育研究会副会长单位,当选“成人高等教育在线开放课程建设委员会”主任委员,并作为“成人高等教育在线开放课程建设委员会”主任委员单位,组织验收 2016 年全省成人高等教育学历精品在线开放课程的评审验收工作;代表河南省撰写《2017 年河南省高校继续教育年度发展报告》,并参加教育部《2018 年高校继续教育年度发展报告》研讨会。学院集全校资源优势,申办成功第八批国家级专业技术人员继续教育基地。学院学生工作“明德书屋”活动被授予 2018 年度“河南省高等学校思想政治工作优秀品牌”。

【教学管理】 成人教育 修订人才培养方案,实施私人定制式学习;课程名称实行统一化命名,按大类培养;优化网络化教学,制定学习支持服务管理办法,建设学术性和非学术性助学、导学、督学队伍,探索课程网络视频直播辅导;构建在线考试与传统考核相结合的综合考核评价运行机制,形成制度化的管理体系,确保网络教学改革质量。撰写《2017 年度河南工业大学继续教育发展年度报告》《2017 年度河南省高校继续教育发展年度报告》,积极推进河南省成人高等教育构建数字化教育资源共商共建共享,与省专业技术培训平台、中国继续工程教育协会对接,建立和完善培训信息服务体系,助推全民学习、终身学习,为河南省成人高等教育转型发展献言献策。

完成省学位办下达的“2018 年成人学士学位外语水平考试”考务组织工作,有 1200 人参加考试。2018 年函授新生注册人数 2566 人;毕业生 1237 人,其中专升本 304 人,专科 876 人,高起本 57 人,222 人获学士学位。

职业教育学院 认真执行学校相关教学管理规定,教学秩序规范。学院细化和完善质量监控运行机制,进一步创新培养方式、强化过程管理,以“学历+技能+素养”为人才培养目标,突出“校企合作、工学结合、顶岗实习、订单培养”的职业技能教育人才培养模式,落实“实习+就业”计划,进一步修改完善学生顶岗实习方案,制定各项规章制度,启动双师型队伍建设,聘请有实践经验的行业专家和工程师授课和担任导师,与河南黄河旋风股份有限公司、广东创汇实业有限公司等 18 家企业建立合作关系,积极探索培育学院示范性顶岗实习基地,努力实现“师徒制”职业教育新方式。

自学考试 现有电子商务、工商管理、财务会计与审计、电脑艺术设计 4 个自学考试本科专业。

2018年完成各专业教材重新选定与汇总工作；组织9门课程37套试卷的命题与审核；完成两次评卷质检工作；安排两次毕业论文指导，共计指导64人次，组织两次实践课考试，共计179科次；上报实践环节数据302条；2018年432人取得自考本科毕业证书。组织自学考试学生学位论文审核与指导，239人获学士学位。

【资源建设工作】 学院深入推进在线资源建设管理，形成《资源中心制度汇编》，对资源建设规划、标准、课程管理、录播室管理、人员、岗位等进行规范化、制度化管理。考察和借鉴重点大学资源建设经验，不断提升在线课程的质量，探索在线课程建设优化方案及建设新思路；建设完成2017年省成人高等教育在线开放课程“机械制造技术基础”“工程测量”；积极推进全省资源联盟建设，推进河南省成人高等教育在线开放课程建设与应用工作，不断完善联盟相关文件，制定省精品课程评审标准，完成2016年全省成人高等教育学历精品在线开放课程的评审验收工作，共54门课程的评审。起草文件《2018河南省成人高等教育在线开放课程建设工作》，为在线课程资源建设的共建、共享提供理论和实践探索。

【招生与合作办学工作】 召开第七次函授工作会议，围绕招生、教学、学生管理等方面的工作进行研讨和交流，进一步规范函授站建设与管理工作。按照“一地一站”基本原则落实函授站布局规划。今年录取本科人数首次高于专科人数，提高了生源层次，实现了学历招生的年度目标。2019级成人高考录取人数为6175人，河南省占6038人，其中函授生：专升本2841人，高起本543人，专科2253人；脱产生401人。

积极探索与企业单位的“订单式”培养，深入河南省超硬材料与磨料磨具行业与企业开展合作交流，建立企业生源基地，培育磨料磨具工业职工大学的专业特色与品牌，持续打造产学相结合的磨料磨具、超硬材料职业技术培训项目。与郑州云时代教育信息服务有限公司合作培训人数达1030余人。举办成招在线辅导班，组织成招考前培训直播，为考生做好各项精准服务。

【学生工作】 学院党委坚持党建带团建，积极开展团日活动和主题教育活动，通过开展校园文化活动、大学生社会实践活动和志愿者服务活动，提升大学生综合素养。实施“立德树人”工程，加强对入党积极分子和学生党员的培养，利用新媒体开展学生思想教育工作，弘扬社会主义核心价值观。及时发布就业简报和就业信息，为学生提供全方位的服务。召开毕业生就业招聘会，确保就业率达标，完成2016级职院学生“顶岗实习+就业”工作。2018评选出国家奖学金1人、国家励志奖学金8人、校级优秀奖学金20人、国家助学金40人。

【党建与思想政治工作】 学院党委认真履行党风廉政建设工作责任制、意识形态工作责任制，坚持党委会、党政联席会、院务会、职工大会、教学与学生联席会；中心组学习及教职工月学习制度等。认真加强师生的思想政治教育工作，落实“三会一课”制度。深入学习贯彻习近平新时代中国特色社会主义思想和党的十九大精神，积极落实全国教育大会精神；组织开展《中国共产党廉洁自律准则》《中国共产党纪律处分条例》《中国共产党问责条例》的学习；严格落实中央八项规定精神；深化运用监督执纪“四种形态”，扎实推进标本兼治以案促改工作。认真做好巡视整改落实工作，制定《远程与继续教育学院贯彻落实巡视整改工作方案》，开展以案促改常态化工作、严查政治纪律和政治规矩整治“帮圈文化”专项排查，廉政风险防范排查；召开党员民主生活会，开展批评和自我批评，切实加强自身建设，自觉接受群众监督。

表 6-13　成人高等教育 2018 年招生专业(函授 招生代码 383)

层次	专业	学制(年)
专升本	机械设计制造及其自动化 电气工程及其自动化 计算机科学与技术 土木工程 食品科学与工程 金融学 工程管理 工商管理 会计学 市场营销 人力资源管理 电子商务 法学	2.5
高起本	工商管理 电子商务 计算机科学与技术	5
专科	会计 计算机信息管理 机械制造与自动化 机电一体化技术 食品营养与检测 电子信息工程技术 软件技术 汽车营销与服务 工程造价 材料工程技术	2.5

表 6-14　磨料磨具工业职工大学 2018 年成人高等教育招生专业(脱产招生代码 337)

层次	专业	学制(年)
专科	材料工程技术 计算机应用技术	2

· 学科建设 ·

【概况】 根据学校制定的目标任务总体要求，研究生处凝练学科方向，汇聚学科队伍，搭建学科平台，营造学科氛围，积极推进一流学科和特色学科群建设，科学规划，精心组织，获批博士授权单位和3个博士一级学位授权点，服务国家特殊需求国家粮食安全（产后）博士人才培养项目通过验收，高质量完成学位授权点合格评估工作和专项评估工作，持续推进学科内涵建设，全面提升学校整体水平和综合实力。

【学科建设经费管理】 按照“分层建设、重点投入”的原则，在学校财力紧张、建设任务繁重的情况下，优先保障博士授权单位和博士学位授权点、服务国家特殊需求国家粮食安全（产后）博士人才培养项目、国家级学位点评估、省级特色学科群建设项目、省级重点学科建设项目等工作的资金投入，突出了重心。

【博士授权单位和3个博士学位授权点申报】 5月，根据国务院学位委员会文件，学校获批博士学位授予单位和3个博士学位授权点。根据国务院学位办的要求，研究生处制定博士单位建设方案，补短板，强弱项，提高学校办学水平和研究生培养能力。9月通过国务院学位办的核查，获准从2019年起开始招生和学位授予工作，标志着学校博士申报工作圆满完成。博士学位授予单位的获批，实现了几代工大人的夙愿，提升了办学层次，为建设高水平大学奠定了坚实基础。

【服务国家特殊需求国家粮食安全（产后）博士人才培养项目验收评估】 服务国家特殊需求国家粮食安全（产后）博士人才培养项目验收评估是对该项目实施5年来的一次全面总结和重要检验。研究生处制定工作方案，多次组织校内外专家研讨和论证，召开特需项目指导委员会第三次会议，完成验收评估材料的准备工作。项目通过国务院学位办组织的验收评估。

【学位点的评估】 学位点评估事关学校高层次人才培养质量、学位点布局和社会声誉。研究生处科学规划、周密部署，聘请校内外专家多次论证，完成全校29个硕士学位点的合格评估和3个硕士专业学位点的专项评估工作，“艺术”“新闻”“会计”3个硕士专业学位授权点通过教育部组织的专项评估。

【学科内涵建设】 组织制定食品科学与工程、土木工程、机械工程博士学位点三年建设规划，完善培养方案，确保博士研究生培养质量。启动博士学位点培育建设工作，遴选7个培育学科，为下一轮博士点申报奠定基础。在第九批省级重点学科申报中，17个一级学科全部获得批准。

【河南省优势特色学科建设工程一期项目建设】 组织专家对2018年度“粮食产后安全及加工”省级特色学科群建设任务的可行性，项目安排的必要性，预算布局的合理性等方面进行了评审论证，并向河南省财政厅和教育厅提交了论证报告和《河南工业大学2018年特色学科群建设项目计划表》，为申报河南省优势特色学科二期工程做好充分准备。

表 7-1　研究生学位授予学科专业一览表

(1)博士研究生

博士学位授权点

序号	学科代码	学科(专业、类别、领域)名称	类型	所属学院	授予学位类别
1	0832	食品科学与工程	博士一级	001 粮油食品学院	工学
2	0814	土木工程	博士一级	004 土木建筑学院	工学
3	0802	机械工程	博士一级	005 机电工程学院	工学

服务国家特殊需求国家粮食安全(产后)博士人才培养项目

序号	学科代码	学科(专业、类别、领域)名称	类型	所属学院	授予学位类别
1	0832	食品科学与工程	博士一级	001 粮油食品学院	工学

(2)硕士研究生

序号	学科代码	学科(专业、类别、领域)名称	类型	所属学院	授予学位类别
1	0832	食品科学与工程	硕士一级	001 粮油食品学院	工学
2	0710	生物学	硕士一级	002 生物工程学院	理学
3	1007	药学	硕士一级	002 生物工程学院	药学
4	0703	化学	硕士一级	003 化学化工与环境学院	理学
5	0817	化学工程与技术	硕士一级	003 化学化工与环境学院	工学
6	0801	力学	硕士一级	004 土木建筑学院	工学
7	0813	建筑学	硕士一级	004 土木建筑学院	工学
8	0814	土木工程	硕士一级	004 土木建筑学院	工学
9	0802	机械工程	硕士一级	005 机电工程学院	工学
10	0811	控制科学与工程	硕士一级	006 电气工程学院	工学
11	0812	计算机科学与技术	硕士一级	007 信息科学与工程学院	工学
12	1201	管理科学与工程	硕士一级	008 管理学院	管理学
13	1202	工商管理	硕士一级	008 管理学院	管理学
14	0201	理论经济学	硕士一级	009 经济贸易学院	经济学
15	0202	应用经济学	硕士一级	009 经济贸易学院	经济学
16	0305	马克思主义理论	硕士一级	010 马克思主义学院	法学
17	0701	数学	硕士一级	011 理学院	理学
18	0805	材料科学与工程	硕士一级	012 材料科学与工程	工学

续表 7-1

序号	学科代码	学科（专业、类别、领域）名称	类型	所属学院	授予学位类别
19	0502	外国语言文学	硕士一级	013 外语学院	文学
20	0503	新闻传播学	硕士一级	016 新闻与传播学院	文学
21	090402	农业昆虫与害虫防治	硕士二级	001 粮油食品学院	农学
22	082203	发酵工程	硕士二级	002 生物工程学院	工学
23	090502	动物营养与饲料科学	硕士二级	002 生物工程学院	农学
24	083002	环境工程	硕士二级	003 化学化工与环境学院	工学
25	081002	信号与信息处理	硕士二级	007 信息科学与工程学院	工学
26	070205	凝聚态物理	硕士二级	011 理学院	理学

表 7-2 硕士专业学位授权点清单

序号	学科代码	学科（专业、类别、领域）名称	类型	所属学院	授予学位类别
1	085231	食品工程	专业学位	001 粮油食品学院	工程硕士
	085216	化学工程	专业学位	003 化学化工与环境学院	工程硕士
	085229	环境工程	专业学位	003 化学化工与环境学院	工程硕士
	085213	建筑与土木工程	专业学位	004 土木建筑学院	工程硕士
	085201	机械工程	专业学位	005 机电工程学院	工程硕士
	085210	控制工程	专业学位	006 电气工程学院	工程硕士
	085211	计算机技术	专业学位	007 信息科学与工程学院	工程硕士
	085240	物流工程	专业学位	008 管理学院	工程硕士
2	095132	资源利用与植物保护	专业学位	002 生物工程学院	农业硕士
	095135	食品加工与安全	专业学位	002 生物工程学院	农业硕士
	095137	农业管理	专业学位	009 经济贸易学院	农业硕士
	095138	农村发展	专业学位	009 经济贸易学院	农业硕士
3	1251	工商管理硕士	专业学位	008 管理学院	工商管理硕士
4	1253	会计硕士	专业学位	008 管理学院	会计硕士
5	1351	艺术硕士	专业学位	015 设计艺术学院	艺术硕士
6	0552	新闻与传播硕士	专业学位	016 新闻与传播学院	新闻与传播硕士
7	0351	法律硕士	专业学位	014 法学院	法律硕士

粮食加工工程中心

【概况】 学校设置“国家工程实验室”“国粮局工程技术中心”和“河南省重点实验室”,组建科研学术机构,校内简称“粮食加工工程中心”。粮食加工工程中心(以下简称中心)负责“小麦和玉米深加工国家重点工程实验室”“国家粮食局粮油食品工程技术研究中心”和“谷物资源转化与利用河南省重点实验室”3 个平台基地的建设和管理工作。中心有 18 名人员,其中常务副主任 1 名、副主任 1 名、综合管理人员 2 名、专职教学科研人员 4 名、实验室管理人员 10 名。

【中心平台建设】 中心平台负责运行小角-X 射线散射仪、场发射环境扫描电镜、透射电子显微镜、全数字化超导核磁共振谱仪、原子力显微镜等 66 台大型仪器设备 100% 实现开放共享。

组织团队申报国家十三五重点研发计划项目、省科技攻关项目等 9 项,与企业开展横向科研项目 4 项。完成 2016 年度 3 个科研平台 16 项开放课题的验收工作;2018 年度 3 个科研平台的 29 项开放课题立项和开题工作,并对 2017 年度科研平台 28 项开放课题进行中期检查工作。

国家粮食和物资储备局组织有关专家对学校承担建设运行的“国家粮食局粮油食品工程技术研究中心”进行评估。评估专家组一致同意通过评估,等级为优秀。根据国家粮食和物资储备局关于《国家粮食技术创新中心管理办法(试行)》通知精神,该中心已经符合国家粮食技术创新中心体系的各项要求,建议将该中心纳入国家粮食技术创新中心体系,可变更为“国家粮油食品工程技术创新中心 ”。

2018 年度在实验室开展科研工作的师生 6600 多人次,接待省部级领导、专家、兄弟院校领导、科研院所专家、国外专家、培训班学员 900 多人次,完成作为学校对外宣传国字号窗口的合作交流任务。

【科学研究】 中心完成科研经费 290 万元,申请国家发明专利 6 项,组织申报国家级、省部级等各类项目 13 项,获批国家级项目 1 项,省部级 2 项,横向科研项目 7 项,申请发明专利 5 项,学术论文 15 篇,其中 SCI 收录 2 篇。

【交流与合作】 2018 年国家工程实验室接待国家粮食局高层次人员培训班、发展中国家培训班及全国省市粮食培训班学员的学习参观交流共计 300 余人。

由农业农村工作部乡村产业发展司、河南省农业厅指导,河南工业大学、小麦和玉米深加工国家工程实验室等单位主办,河南亿谷坊实业有限公司、粮食加工杂志社等单位承办的“2018 中国粮食加工产业年会暨面制主食产业发展论坛”在郑州市举行。来自全国各地的知名高校、科研院所、企业界的 300 余名行业领导、专家学者、企业精英参加此次盛会。会议期间,国内多家与粮食加工产业相关的企业进行产品、设备等新成果的展示与推介。本次年会主要围绕国内外面制主食产业发展现状与趋势、粮食供给侧结构改革与产业升级、全谷物食品营养与安全、面粉行业工艺和加工技术等问题进行了深度和广度的探讨。

粮食储运工程中心

【概况】 粮食储运工程中心是学校常设科研支撑单位,负责粮食储运国家工程实验室(小麦)、粮食储藏与安全教育部工程研究中心、国家“2011 计划”河南粮食作物协同创新中心绿色储藏与加工创新平台、粮食储藏安全河南省协同创新中心、粮食产后减损河南省工程技术研究中心和全国粮油标准化技术委员会粮油储藏及流通分技术委员会建设与管理的有关工作。中心现有专职工程技术与研究人员 7 人,其中主任 1 人,设有办公室和粮油标准办公室 2 个科室。

【具体工作】 平台建设　中心完成 2 个国家级和 1 个省级平台的验收工作。粮食储藏与安全教育部工程研究中心通过教育部验收。粮食储运国家工程实验室小麦储运技术工程平台通过国家粮食局验收。国家“2011 计划”首批 14 家之一的河南粮食作物协同创新中心粮食作物绿色储藏与加工技术创新平台通过教育部验收。面向多个学院多个国家级项目开放的高大模拟试验仓用粮完成粮食进仓,累计进仓实验用粮240.06吨。

学术交流　组织举办有 4 个国家 16 个单位的 80 余位专家学者

参加的第八届中加生态储粮研究中心暨粮食储运国家工程实验室工作学术研讨会。组织举办有4个国家16个单位的90余位专家学者和业界人士参加的国内首次粮食加工场所害虫综合治理国际学术研讨会。2人赴德国参加第十二届国际储藏物保护大会。

人才培养　培养在读博士2人;学术型硕士11人,其中毕业3人。邀请加拿大农业与农业食品部Paul Fields博士、加拿大曼尼托巴大学Fuji Jian教授来校开展学术交流并指导研究生和青年教师工作。

面向中储粮、国家和多个地方粮食系统、相关企业等开展讲座培训和服务等。

科学研究与技术开发　中心主任王殿轩教授承担"十三五"国家重点研发计划项目4项,担任"食品腐败变质以及霉变环境影响因素的智能化实时监测预警技术研究"项目首席科学家。获批行业标准制订项目3项,完成河南省科研项目结项1项,现代农业产业技术体系岗位科学家项目1项,2015粮食公益行业科研专项1项。新增横向科研项目6项。各类项目累计到账科研经费590.0999万元。申请专利7项,授权专利4项,取得软件著作权2项。发表论文15篇。

粮食储藏及流通标准化工作　全国粮油标准化技术委员会粮油储藏及流通分技术委员会申报获得立项行业标准29项,另有4项国家标准上报国标委进入立项申请程序;完成国家标准报批13项,发布行业标准15项。主办2018年度国家标准审定会。

粮食信息工程中心

【概况】　粮食信息工程中心依托粮食信息处理与控制教育部重点实验室、河南省粮食信息与检测技术工程技术研究中心、河南省粮食光电探测与控制重点实验室、河南省粮食大数据分析与应用工程研究中心组建而成的科研机构。粮食信息工程中心现有副主任2名,办公室人员1名,专职教师1名。

【实验室建设工作】　中心以提升平台核心竞争力为目标,在教育部重点实验室建设验收经验的基础上,从实验室定位、研究方向凝练、团队建设、实验条件建设、学术交流、人才培养、运行机制等方面深入调研,着力培育建设粮堆电磁波探测与分析、粮油品质光谱检测与分析和粮库信息化技术应用3个研究团队,获河南省教育厅学术带头人称号1人。河南省粮食光电探测与控制重点实验室通过验收。

【科研工作】　中心承担"十三五"国家重点研发计划项目的1个课题和2个任务,重点开展新型粮情测控技术研究与装备开发、危险粮情预测预警、粮情监测监管关键技术等方面的研究;承担省厅级项目7项,累计科研经费821万元;申请国家发明专利2项、授权国家发明专利3项,发表学术论文4篇,其中EI检索2篇。

【行业服务】　中心组织完成国粮局粮食信息化"十三五"发展规划中期评估报告,组织完成国粮局"粮库信息化培训课件制作"项目,选派骨干参与国家粮食与物质储备局"金储工程"规划,多次参与河南省工信厅信息化发展咨询项目。

学校作为中国粮油学会信息与自动化分会的会长单位,中心负责分会秘书处的日常工作。中心负责组织召开中国粮油学会信息与自动化分会第三次全国代表大会暨2018年学术年会。启动《2018—2019中国粮油学会信息与自动化学科专题发展报告》的编撰工作。

【对外合作交流】　中心设立教育部重点实验室开放基金11个,通过开放课题的设置,有效汇聚国内外重点高校、科研院所及行业领军企业参与项目的合作。中心积极组织学术交流活动。先后主办和承办国内学术会议4次,参加国内外学术会议交流40余人次,举办各类讲座8次,扩大了学校在粮食信息技术领域的学术影响力。组织承办的中国粮油学会信息与自动化分会学术年会参会人员150余人,成为粮食信息化领域学术界、产业界广泛深度交流的一次盛会。

国际粮食研究中心

【概况】　国际粮食研究中心(以下简称"中心")是负责学校与国际粮油食品协会、院校和科研机构进行交流、合作,并从事相关科学研究的学术机构。中心现有主任1名、副主任1名、办公室人员2名。

【国际交流与合作】 中心积极拓展国际交流渠道,提升合作层次,组织承办高水平国际粮食研讨会,增强国际影响力。

中心主任王凤成作为国际谷物科技协会(ICC)管理委员会主席、执行委员会及技术委员会委员,组织及参与ICC各项活动,组织成立了全谷物国际定义中国工作组,成立一带一路国际磨粉技术培训工作组;代表ICC和学校协办"第十届食品科学国际年会",并做专题技术报告,加强学校与国际间的交流与合作,提升学校的国际影响力和知名度。

【粮油食品科技合作与交流】 联合承办"第五届全谷物食品与健康国际研讨会"。中心主任王凤成做大会报告,来自国内外全谷物领域的专家、企业家及科技人员200余名代表,围绕国内外全谷物食品的发展现状与趋势、营养与健康作用机理、质量与安全、新产品开发,进行了广泛交流。

协办"2018年(第十届)中国小麦和面粉产业年会"。大会以新时代、新征程、新作为、新突破为主题,围绕"高质量发展"和"一带一路"两个专题,探讨全行业面临的机遇与肩负的使命,来自全国各地的粮食行业专家、企业家和科研人员400余人出席会议,中心主任王凤成在大会中做了专题报告。

参加"2018年中加杂豆项目合作与技术交流会"。由中国粮油学会和加拿大杂豆协会共同举办的"2018年中加杂豆项目合作与技术交流会"在北京举行,中心主任王凤成受邀参会并做专题报告。

参加日本2018年国际食品工业展。中心副主任周显青参加日本国际食品工业展,这是学校自2006年以来连续第12次获邀参展,加强了国际学术交流与合作。

【科研工作】 中心人员积极承担教学与科研工作,共指导10名硕士研究生,1名留学生。主持在研十三五国家重点研发项目课题任务3项,主持在研国际合作项目课题1项,主持校企横向科研项目立项2项,参与申报十三五国家重点研发项目课题1项,主持制定国家标准2项、粮食行业标准2项,主持完成国家十二五支撑计划课题1项,参与完成国家自然基金面上项目1项,获河南省科技进步二等奖1项,发表论文18篇,其中SCI收录2篇、EI收录2篇。代表学校组织申报国家科技进步奖1项,通过国家粮食局评审提名。组织"2018年度中原千人计划——中原学者"申报。完成科研业绩2450分,实现到账经费187万元。

· 科学研究与产业开发 ·

科学研究

1 自然科学研究

【概况】 科技处负责学校自然科研项目申报、科研项目过程管理、科研成果的管理、科研成果的技术推广、科研的统计工作等。下设办公室、计划管理科、成果管理科、科技平台科4个科室,有专职工作人员10人。

【科技工作新亮点】 实现国家重点研发计划项目牵头主持零的突破 在2018年科技部“现代食品加工及粮食收储运技术与装备”重点专项申报中,共获批3个项目,总经费突破6000万元。卞科教授牵头主持的“大宗面制品适度加工关键技术装备研发与示范”项目,获批经费1983万元;陈复生教授牵头主持的“特色油料适度加工与综合利用技术及智能装备研发与示范”项目,获批经费1953万元。王殿轩教授牵头主持的“食品腐败变质以及腐变环境影响因素的智能化实时监测预警技术研究”项目,获批经费2202万元。

科技平台建设 依托学校申报的“国家小麦加工技术研发专业中心”,由国家农业和农村部批准成立。依托学校申报的“河南省超硬磨料磨削装备重点实验室”获批立项建设。依托学校建设的“河南省粮食光电探测与控制重点实验室”和“河南省粮油仓储建筑与安全重点实验室”,通过河南省科技厅组织的建设项目验收,正式挂牌运行。学校建设的“国家粮食局粮油食品工程技术研究中心”通过国家粮食和物资储备局组织的验收,等级为优秀。

科研经费稳定保持亿元 学校自然科学纵、横向科研项目合同经费额为10 867.02万元,到账经费为10 075.04万元,学校到账科研经费实现连续6年稳定保持亿元大关,为提升学校科学研究实力和水平提供了重要支持。

校地结对帮扶 “校地结对帮扶”是全省脱贫攻坚工作的一项重要部署,全省校地结对帮扶工作动员会决定学校与信阳市光山县结对帮扶。与光山对接8次,提供决策咨询服务10余次;签订五大类落地扶贫合作项目8个;选派10个科技服务团,50余名专家开展科技帮扶;指导帮助打造特色产业项目2个;面向党员干部开展培训100余人次,面向群众开展技能培训、职业技术、农业实用技术培训5人次;采购农副产品共292 520元;举办情系光山脱贫攻坚暨光山羽绒制品及农特产品展示展销活动,展示展销活动期间,销售额90余万元。

【科技管理】 科研项目立项及奖励 学校自科领域获批纵向国家级、省部级和地厅级项目240项。其中国家级项目45项,省部级项目130项,地厅级项目65项,合同经费5009.534万元。

国家级项目 学校共获得国家级自科项目45项。其中,主持国家自然基金项目29项(面上项目6项、青年科学基金15项、联合基金项目4项,应急管理项目4项),参与国家自然基金2项(面上项目1项,青年基金项目1项),科技部重点研发计划项目14项(重点研发计划课题主持5项,课题参与9项)。全部合同经费为3 893.534万元。

省部级项目 学校共获得省部级自科项目130项。其中省科技厅项目99项(产学研项目7项,科技攻关项目66项,开放合作项目1项,软科学研究项目11项,自然基金项目14项),标准修制订项目22项(国际标准项目1项,行业标准制定项目19项,行业标准修订项目2项)。国家粮食局项目3项(软科学项目2项,青年拔尖人才项目1项)。教育部协同育人项目1项,工信部工业和信息化部绿色制造系统集成项目1项,河南省现代农业产业技术体系建设专项1项,参与省重大专项项目1项,国家重点实验室开放课题项目2项。合同经费661万元。

地厅级项目　学校共获得地厅级自科项目 65 项。其中,河南省教育厅项目 48 项(高校科技创新团队 2 项,科技创新人才 2 项,普通项目 42 项,基础研究专项 2 项),河南省科协项目 7 项(青年人才托举工程 1 项,基地项目 1 项,智库调研课题 5 项),郑州市科技局项目 2 项,河南省知识产权局软科学研究项目 2 项,其他地厅级平台项目 6 项。合同金额 455 万元。

科技成果奖励　学校获得省部级科技奖 11 项,其中河南省科技进步奖 4 项,二等奖 3 项,三等奖 1 项;教育部高等学校科学研究优秀成果奖二等奖 1 项;河北省科技进步奖二等奖 1 项。获得河南省教育厅科技成果奖 8 项。获得国家一级学会奖 4 项,其中中国包装联合会科学技术奖二等奖 1 项、中国爆破行业协会科学技术发明奖一等奖 1 项、中国商业联合会科学技术奖一等奖 1 项、中国石油和化学工业联合会科技进步奖三等奖 1 项、中国轻工业联合会科技进步奖三等奖 1 项。

科研经费　学校自然科学纵、横向科研项目合同经费额合计 10 867.02 万元,到账经费合计 10 075.04万元。学校自然科学纵向科研项目经费到校额合计 5459.04万元,留校经费合计 4686 万元;横向科研项目合同金额 2247.49 万元,实际到款 1316 万元;技术服务收入 3300 万元。

项目鉴定(结项)　全校共完成校外自科项目结项(验收)239 项,其中,国家级项目 50 项,省部级项目 71 项,地厅级项目 118 项。全校科技成果评价共 22 项,国际先进水平 3 项。

学术论文　学校共发表自科学术论文 1 166 篇,其中北图核心论文 482 篇;被"四大检索"系统收录 389 篇,其中 SCI 收录 329 篇,EI 收录 54 篇。出版学术著作和教材 35 部。

专利授权　学校申请并获得受理专利 336 项,其中发明专利 255 项,实用新型专利 81 项。授权专利 166 项,其中发明专利 88 项;实用新型专利 77 项,外观专利授权 1 项。取得软件著作权计 108 项。

社会服务　学校与有关企业新组建产业技术创新战略联盟 4 个,其中河南现代特色农业产业技术创新战略联盟由学校牵头组建,由学校牵头和参与组建的产业技术创新战略联盟达到 39 个,联盟的建立有力地推动了企业的技术进步和行业技术水平的提升。

在做好产业技术创新战略联盟的同时,学校积极拓展对外合作渠道,多方位参与地方政府和企业的技术创新活动,先后参加了由农业部、教育部及有关省市区人民政府组织的科技成果转移转化对接会。与安徽燕庄油脂有限责任公司、鄂州市兴方磨具有限公司等签署 13 项科技合作或共建工程实验室协议。

学术交流　开展丰富多彩的学术活动。举办各类学术活动 130 多次。第八届中加生态储粮研究中心学术会议,曼尼托巴大学 Fuji Jian 教授、Stefan Cenkowski 博士、Jitendra Paliwal 博士,加拿大谷物委员会 Blain Timlick 博士,国家粮食局科学研究院张忠杰博士,河南工业大学鲁玉杰教授、白春启博士等 20 多位中外学者进行专题报告。粮食加工场所害虫综合治理国际学术研讨会,来自五得利面粉集团和益海嘉里集团等国内主要粮食加工企业、浙江农林大学等高等院校、国家粮食局科学研究院等科研院所的人员参加了研讨会。

表 8–1　自然科学科技成果省级奖获奖明细

序号	项目名称	奖励名称	奖励等级	获奖单位
1	三峡升船机铸造齿条大型试验装备开发及质量评定——齿条材料疲劳试验验证与评价	中国石油和化学工业联合会科技进步奖	三等奖	河南工业大学,郑州机械研究所有限公司

续表 8-1

序号	项目名称	奖励名称	奖励等级	获奖单位
2	酿酒辅料收储、预处理关键技术研发与应用	河北省科技进步奖	二等奖	河北衡水老白干酒业股份有限公司,河南工业大学
3	全装配式 RC 楼盖平面内受力性能与结构抗震设计方法	河南省科技进步奖	二等奖	河南工业大学,东南大学,上海市建筑科学研究院
4	基于无线传感网的智能交通信息系统关键技术与应用示范	河南省科技进步奖	二等奖	河南工业大学,生茂光电科技股份有限公司,河南宇通信息技术有限公司
5	基于嵌入式 Linux 的智能分布式防窃电管理系统	河南省科技进步奖	三等奖	河南工业大学,郑州瑞能电气有限公司
6	面制主食在线无菌包装技术与装备的研发	中国包装联合会科学技术奖	二等奖	河南工业大学
7	高卸荷槽复合切口爆破拆除冷却塔技术	中国爆破行业协会科学技术发明奖	一等奖	河南工业大学
8	富硒农产品的生物强化及其加工技术应用	教育部高等学校科学研究优秀成果奖(科学技术)	二等奖	南京财经大学,南京农业大学,河南工业大学,南京远望富硒农产品有限责任公司
9	传统面制主食的保鲜和品质调控关键技术研发及产业化应用	中国商业联合会科学技术奖	一等奖	江南大学,河南中鹤纯净粉业有限公司,安徽青松食品有限公司,河北今旭面业有限公司,厦门海嘉面粉有限公司,河南工业大学
10	人造板甲醛释放控制与污染治理关键技术	河南省科技进步奖	二等奖	河南农业大学,中南林业科技大学,吉首大学,河南省大信整体厨房科贸有限公司,桃江县宏森木业有限责任公司,湖南湘益竹木新材科技有限公司,河南工业大学
11	聚丙烯共混改性及其低成本轻量化模塑成型工艺及应用	中国轻工业联合会科技进步奖	三等奖	江苏科技大学,郑州大学,河南工业大学

表 8-2　自然科学项目立项明细

序号	项目名称	负责人	级别	项目来源
1	有限群的特征标与群结构	孟庆云	国家级	国家自然基金委-厦门大学
2	河南省现代农业产业技术体系专家-精深加工岗位专家	孙中叶	省部级	河南省农业厅
3	大豆甾醇 ω-3 型脂肪酸酯的合成工艺研究	陈竞男	省部级	河南省科技厅

续表 8-2

序号	项目名称	负责人	级别	项目来源
4	粮食储藏深层扦样方法及装备研究	王 星	省部级	河南省科技厅
5	新型面粉防虫抗虫包装材料的研发及应用技术研究	吕建华	省部级	河南省科技厅
6	基于近红外光谱的小麦硬度测定技术研究	王彩红	省部级	河南省科技厅
7	小麦磨粉机智能磨辊的研究开发	武文斌	省部级	河南省科技厅
8	传统面制主食在线保鲜包装关键技术与装备研究	徐雪萌	省部级	河南省科技厅
9	粮食副产物咖啡酸高效利用关键技术研究	孙尚德	省部级	河南省科技厅
10	基于 Boosting 集成方法的小麦芽变早期检测关键技术研究	蒋玉英	省部级	河南省科技厅
11	基于多源数据的中国粮食消费量预测关键技术研究	闫秋玲	省部级	河南省科技厅
12	智能化高效包粮装船机若干关键技术及装备研究	李永祥	省部级	河南省科技厅
13	超声波制备高乳化性花生蛋白关键技术研究	张丽芬	省部级	河南省科技厅
14	储粮象虫表面序列图像三维点云重构关键技术研究	阎 磊	省部级	河南省科技厅
15	大豆蛋白糖基化改性技术及应用研究	布冠好	省部级	河南省科技厅
16	快餐外卖型冷冻熟面品质控制技术开发	王远辉	省部级	河南省科技厅
17	功能性茶多酚生鲜面的关键加工技术研究	李 华	省部级	河南省科技厅
18	对氧气和二氧化碳选择渗透的蛋白质基生物聚合膜的技术研究	王新伟	省部级	河南省科技厅
19	新型氧化三甲胺全细胞传感器中的微生物电催化机制研究	翟丹丹	省部级	河南省科技厅
20	基于化学发光免疫分析的储粮真菌毒素检测技术研究	吴才章	省部级	河南省科技厅
21	食用油中多环芳烃石墨烯基吸附材料的制备及应用	纪俊敏	省部级	河南省科技厅
22	高效阻燃聚氨酯纳米复合泡沫的绿色制备与性能研究	王心超	省部级	河南省科技厅
23	基于互联网+的远程脊柱微创手术机器人控制系统研制	陈富安	省部级	河南省科技厅
24	粮食安全检测用磁性生物传感器开发与应用研究	王 莉	省部级	河南省科技厅
25	火灾后大跨钢结构连续倒塌机理与损伤评估方法研究	崔 璟	省部级	河南省科技厅
26	双药联疗硅质体纳米药物载体的应用研究	郭 涛	省部级	河南省科技厅
27	融合局部视觉信息的仓储害虫深度特征提取与识别研究	费 选	省部级	河南省科技厅
28	连铸用滑动水口功能耐火材料绿色制造技术研究	石 凯	省部级	河南省科技厅
29	面向农业环境监测的无线传感网络关键技术与应用	陈天飞	省部级	河南省科技厅
30	三相负荷不平衡自动调节装置	徐振方	省部级	河南省科技厅
31	智能化高效散粮卸船机若干关键技术及装备的研究开发	王明旭	省部级	河南省科技厅

续表 8-2

序号	项目名称	负责人	级别	项目来源
32	凝胶注模陶瓷结合剂超硬磨具的研究	何　方	省部级	河南省科技厅
33	基于 BIM 技术的建设工程施工进度预测研究	董润润	省部级	河南省科技厅
34	平房仓粮堆多场耦合规律和调控技术研究	陈桂香	省部级	河南省科技厅
35	云端数据访问控制及操作忠实性验证技术	刘宏月	省部级	河南省科技厅
36	微波法制备高性能 CBN 陶瓷磨具的关键技术研究	赵志伟	省部级	河南省科技厅
37	新型逆磁光纤基磁光电流传感器的研究	王　晖	省部级	河南省科技厅
38	面向低碳制造的电火花线切割加工工艺过程能耗建模及预测方法研究	张中伟	省部级	河南省科技厅
39	轻量化机械臂系统设计与柔性关节柔顺控制方法研究	张世杰	省部级	河南省科技厅
40	不锈钢衬底石墨烯的制备及其场电子发射研究	樊志琴	省部级	河南省科技厅
41	CD44 靶向纳米载药体系对乳腺癌增殖和侵袭影响的研究	王雪琴	省部级	河南省科技厅
42	高分子抗菌材料的分子设计与制备	王艳荣	省部级	河南省科技厅
43	基于精益排样与敏捷调度的粮食机械智能制造关键技术研究	武照云	省部级	河南省科技厅
44	钢筋混凝土本构模型及在拆除爆破中的应用研究	徐鹏飞	省部级	河南省科技厅
45	高导电性石墨烯气凝胶-金属纳米线复合材料的宏观制备及应用研究	李　波	省部级	河南省科技厅
46	药物多晶型膜结晶及晶型控制、开发与形成机理研究	刘文举	省部级	河南省科技厅
47	人防工程的三维可视化系统的设计	王星东	省部级	河南省科技厅
48	太极拳动作捕捉及运动轨迹比对系统研究及构建	史卫亚	省部级	河南省科技厅
49	内约束控形的高精度单层钎焊超硬磨料砂轮应用技术研究	赫青山	省部级	河南省科技厅
50	基于逐级靶向策略的纳米载药体系用于乳腺癌的精准治疗研究	张贝贝	省部级	河南省科技厅
51	抗肿瘤天然产物风车子抑素 A-4 的结构改造及生物活性研究	孙纲春	省部级	河南省科技厅
52	地黄 MAPK 信号应答连作胁迫的调控作用研究	杨艳会	省部级	河南省科技厅
53	食品复杂体系中美拉德反应产物代谢组学分析关键技术	赵文杰	省部级	河南省科技厅
54	蜂毒肽脂质纳米制剂及其抗炎研究	张　兰	省部级	河南省科技厅
55	无金属催化下醛糖还原酶抑制剂 3-芳基喹喔啉酮合成新方法研究	袁金伟	省部级	河南省科技厅
56	挤压膨化协同酶解改性大豆蛋白过敏原性研究	殷海成	省部级	河南省科技厅

续表 8-2

序号	项目名称	负责人	级别	项目来源
57	基于高阶分析仪器与多维数据分析技术相结合的中药品质评价与产地追溯研究	胡乐乾	省部级	河南省科技厅
58	玉米中三种真菌毒素的同时快速检测方法研究	黄亚伟	省部级	河南省科技厅
59	郑州地铁盾构隧道工程施工风险耦合模型及安全控制技术研究	张文萃	省部级	河南省科技厅
60	基于四维微波成像的建筑物沉降监测技术研究	任笑真	省部级	河南省科技厅
61	基于进化支持向量机位移反分析法的基坑工程土体力学参数识别与变形预测	刘克瑾	省部级	河南省科技厅
62	基于糠醛渣的吸附剂制备及用于处理含铬废水的研究	朱春山	省部级	河南省科技厅
63	河南地区大气灰霾中关键污染物形态及偏振辐射特性模拟研究	张学海	省部级	河南省科技厅
64	半导体集成电路的系统级三维堆栈封装键合技术研发	田　野	省部级	河南省科技厅
65	基于 Brauer 特征标的研究	陈晓友	省部级	河南省科技厅
66	基于 3D 打印技术微流体组合驱动执行器关键技术研究	关炎芳	省部级	河南省科技厅
67	多孔功能材料对生物乙醇和水的吸附与分离性能的高通量筛选	刘秀英	省部级	河南省科技厅
68	磺化聚苯并噻唑的分子设计、合成及其质子交换膜的性能研究	王　刚	省部级	河南省科技厅
69	河南省科技和金融结合的创新路径研究——以郑州为例	汪来喜	省部级	河南省科技厅
70	开放条件下国际粮食资源利用模式与政策选择研究	朱坤林	省部级	河南省科技厅
71	三产融合背景下河南省创意农业协同发展研究	王　琳	省部级	河南省科技厅
72	河南省女性科技人才成长的影响机制及其培育路径研究	李朝阳	省部级	河南省科技厅
73	“双创”背景下高校科技人员学术创业能力提升机制研究	郭少东	省部级	河南省科技厅
74	河南省建设全国重要文化高地的对策研究	孙晓燕	省部级	河南省科技厅
75	经济新常态下河南推进运动休闲特色小镇建设的政策研究	魏　涛	省部级	河南省科技厅
76	智慧旅游背景下中原旅游业突发事件应对机制与策略研究	乔光辉	省部级	河南省科技厅
77	河南传统民间家具文化特征的中原家居创意产业集群开发策略及应用研究	冯　雨	省部级	河南省科技厅

续表 8-2

序号	项目名称	负责人	级别	项目来源
78	河南特色小镇乡土景观的可持续发展研究	郭全生	省部级	河南省科技厅
79	新型农业经营模式背景下河南省农业现代化发展路径研究	徐晓鹏	省部级	河南省科技厅
80	卫星遥感灰霾准实时监测系统综合技术研究	李卫东	省部级	河南省科技厅
81	超声处理剩余污泥减量化工艺	刘永德	省部级	河南省科技厅
82	清华城 1 号院 BIM 技术咨询及现场服务	王　军	省部级	河南省科技厅
83	三元导电介质材料制备及在线检测技术产业化应用	刘自然	省部级	河南省科技厅
84	纯电动客车试验检测体系建设项目	张博强	省部级	河南省科技厅
85	传统酵子中酵母菌群在馒头面团发酵中的适应性研究	李志建	省部级	河南省科技厅
86	基于共生协作的粮堆生态及虫害测量与模拟范型研究	王　锋	省部级	河南省科技厅
87	基于蛋白质组学的脂肽 Surfactin 抑制禾谷镰刀菌分子机制	陈　亮	省部级	河南省科技厅
88	基于蛋白质组学与代谢组学的麦胚球蛋白家族免疫调节机理研究	黄继红	省部级	河南省科技厅
89	小 G 蛋白 Rab7 及其效应因子在调控禾谷镰刀菌(Fusariumgraminearum)DON 毒素生物合成中的分子机制研究	翟焕趁	省部级	河南省科技厅
90	基于分子结构不同的食源多酚与淀粉相互作用差异性研究及成因分析	任顺成	省部级	河南省科技厅
91	交通荷载下淤泥轻量土的多相耦合作用及变形机理研究	冯　永	省部级	河南省科技厅
92	基于探测数据调制特征和字典学习的城市地下管线定位技术研究	乔丽红	省部级	河南省科技厅
93	导热增强型复合相变材料的影响因素及传热机理研究	何　方	省部级	河南省科技厅
94	多孔氮掺杂碳球的可控制备及其构建核酸适配体传感界面的性能研究	卫　敏	省部级	河南省科技厅
95	表面等离子体双共振的光管理在改善聚合物太阳能电池中的应用研究	杨　武	省部级	河南省科技厅
96	迁移流形学习的航空发动机转子系统早期故障有效预示方法研究	刘自然	省部级	河南省科技厅
97	Si 纳米形貌复合层结构的热电输运研究	路朋献	省部级	河南省科技厅
98	基于散粒体阻塞的可控刚度连续体机器人研究	岳龙旺	省部级	河南省科技厅
99	工业化建筑构件吊装安装自动控制技术与系统研究-轨道沉降与偏移量实时监测预警与复校技术研究	陈武新	国家级	科技部-沈阳建筑大学

续表 8-2

序号	项目名称	负责人	级别	项目来源
100	我国粮食物流装备现状及对策专题研究	曹宪周	省部级	国家粮食局
101	“势科学”视角下打造我国高质量“五环”粮食产业链研究	汪来喜	省部级	国家粮食局
102	饲料机械 粉料高方筛	曹宪周	省部级	全国饲料机械标准化委员会
103	自组装核壳结构单向钙钛矿阴极的形成机制和催化机理	陈　静	省部级	华中科技大学材料成形与模具技术国家重点实验室
104	基于校企共建的嵌入式创新实践教学体系探索	石庆升	省部级	教育部高教司
105	粮食虫害及控制的智能化实时监测预警技术研究	王殿轩	国家级	科技部-江苏大学
106	油炸烧烤食品杂环胺类危害物的生成途径与阻断方法——油炸烧烤食品定向干预对品质和杂环胺的联动效应研究	席　俊	国家级	科技部-江南大学-南开大学
107	食品霉变环境影响因素的智能化实时监测预警技术研究——粮食霉变环境影响因素的智能化实时监测预警技术研究	陈　亮	国家级	科技部-江苏大学-天津科技大学
108	粮食质量安全调查扦样规范研究与典型区域污染物数据库构建——粮油食品供应链危害物识别与防控技术研究	周显青	国家级	科技部-合肥工业大学-南京财经大学
109	食品原料储藏霉菌及毒素阻控技术研究——粮食储藏期间霉菌危害在线监测与阻控	蔡静平	国家级	科技部-农产品加工研究所-农产品加工研究所
110	真菌毒素污染食品原料分选与处理技术研究——真菌毒素污染粮食的分选与处理技术与装备	胡继云	国家级	科技部-农产品加工研究所-浙江大学
111	具有非局部耗散梁(板)方程解的适定性及长时间动力学行为的研究	刘功伟	国家级	国家自然基金委
112	跳跃扩散随机常微分方程的线性多步法及其应用	任全伟	国家级	国家自然基金委
113	C1 协调三角形/四边形谱元方法及其应用	单炜琨	国家级	国家自然基金委
114	功能化环糊精树型超分子光捕获体系的构筑与性质研究	刘国星	国家级	国家自然基金委
115	鸟苷类超分子自愈性凝胶的愈合机理及性能调控	李晶晶	国家级	国家自然基金委
116	基于天然皂苷油水界面自组装的油脂凝胶结构化及其调控机理	陈小威	国家级	国家自然基金委
117	加热油脂体系中大豆甾醇酯的氧化稳定性与氧化机理研究	陈竞男	国家级	国家自然基金委
118	途径特异性转录因子 MPPR2 调控红曲色素组分转化的分子机制研究	陈　迪	国家级	国家自然基金委

续表 8–2

序号	项目名称	负责人	级别	项目来源
119	芝麻籽细胞壁多糖在焙炒过程中的解离机制	刘华敏	国家级	国家自然基金委
120	基于蛋白胶体颗粒和非氢化低饱和植物油的气–液–液体系构建与骨架成因机制研究	刘泽龙	国家级	国家自然基金委
121	赤霉病小麦中脱氧雪腐镰刀菌烯醇臭氧降解抑制因素及作用机理研究	李萌萌	国家级	国家自然基金委
122	苯醌在赤拟谷盗成灾和竞争中的生态作用机理研究	吕建华	国家级	国家自然基金委
123	超高压及热处理对 β–伴大豆球蛋白致敏性的影响机理研究	布冠好	国家级	国家自然基金委
124	小麦后熟期 Puroindoline 蛋白的生化特性与抗霉菌作用机制研究	胡元森	国家级	国家自然基金委
125	嗜虫书虱类胰岛素信号途径及其对生殖适应性的调控作用	鲁玉杰	国家级	国家自然基金委
126	细菌与金属氧化物纳米颗粒在多孔介质中的共迁移研究	白红娟	国家级	国家自然基金委
127	敏捷机动卫星用磁悬浮控制力矩陀螺主动振动控制方法与实验研究	张会娟	国家级	国家自然基金委
128	电渗析离子交换膜生物反应器(EDIMB)的构建及其去除地下水硝酸盐的研究	万东锦	国家级	国家自然基金委
129	具有运动约束的结构光大尺度测量机器人标定方法研究	陈天飞	国家级	国家自然基金委
130	基于石墨烯的太赫兹波调控器件研究	付麦霞	国家级	国家自然基金委
131	基于 CSI 的无线层析成像探测仓储粮食异常粮情的研究	朱春华	国家级	国家自然基金委
132	“北粮南运”散粮集装箱物流信息追溯技术与平台研发及示范	吴建军	国家级	科技部–郑州中粮科研设计院有限公司
133	玉米胚芽、葵花籽精准适度加工与油脂品质提升关键技术及装备研发与示范	陈复生	国家级	科技部–中粮佳悦(天津)有限公司
134	小麦、玉米产后减损绿色储藏关键技术集成与应用——河南多热少雨区小麦–玉米周年绿色丰产增效技术体系构建与规模化示范辐射及应用评价	陈　亮	国家级	科技部–河南省农业科学院–河南省农业科学院小麦研究所
135	小麦精深加工产品绿色设计平台及示范线建设项目	黄继红	省部级	工业和信息化部
136	小麦粉适度加工关键技术装备研究与示范	赵仁勇	国家级	科技部–克明面业股份有限公司
137	基于视觉的管制玻璃瓶在线检测关键技术研究	吴　翔	省部级	河南省科技厅
138	小麦胚芽肽开发及相关技术研究	黄继红	省部级	河南省科技厅

续表 8-2

序号	项目名称	负责人	级别	项目来源
139	锅炉尾气深度除尘技术研究	王天贵	省部级	河南省科技厅
140	《高粱 单宁含量的测定》国际标准研制	郑学玲	省部级	国家粮食局标准质量中心
141	黄河流域涉重企业集聚区农田重金属污染综合防治技术集成与示范——活化剂强化超累积植物修复重金属污染土壤技术与示范	邢维芹	国家级	科技部-中国科学院南京土壤研究所-河南农业大学
142	粉体与不规则固体食品智能包装设备研发	李永祥	国家级	科技部-华南理工大学
143	传统与新兴全麦食品加工关键技术研究与示范——全麦馒头加工关键技术研究与示范	关二旗	国家级	科技部-克明面业股份有限公司-江南大学
144	混合光力系统中的量子非线性及相干反馈调控的多体量子关联	李凌超	国家级	国家自然基金委
145	有界噪声激励下脉冲切换系统的随机稳定性研究	王喜英	国家级	国家自然基金委
146	Bc 介子非轻衰变的唯象研究	王　娜	国家级	国家自然基金委
147	硒化锡及其掺杂体系输运性质的理论研究	祁园园	国家级	国家自然基金委
148	亚临界水环境下木瓜中木质素-果胶复合体的解离机制	刘华敏	国家级	国家自然基金委
149	面向商品搜索的排序学习算法研究	靳小波	国家级	国家自然基金委
150	基于消息传递的概率数据关联式多运动平台协同导航方法研究	陈红梅	国家级	国家自然基金委
151	多干扰多观测平台配准及非合作目标鲁棒容差跟踪	冯肖亮	国家级	国家自然基金委
152	粮食出入库业务信息系统技术规范	李　智	省部级	国家粮食和物资储备局
153	粮食数据采集技术规范 政策性粮食收购	陈卫东	省部级	国家粮食和物资储备局
154	油莎豆	刘玉兰	省部级	国家粮食和物资储备局
155	花椒籽	魏安池	省部级	国家粮食和物资储备局
156	杏仁蛋白粉	刘玉兰	省部级	国家粮食和物资储备局
157	油莎豆饼粕	马宇翔	省部级	国家粮食和物资储备局
158	中国好粮油 花生	刘玉兰	省部级	国家粮食和物资储备局
159	芝麻蛋白粉	刘玉兰	省部级	国家粮食和物资储备局
160	粮油检验 玉米黄素的测定	马宇翔	省部级	国家粮食和物资储备局
161	冷榨芝麻油	刘玉兰	省部级	国家粮食和物资储备局
162	粮油检验 粮食感官检验辅助图谱 花生	王艳艳	省部级	国家粮食和物资储备局
163	食用级米糠	刘玉兰	省部级	国家粮食和物资储备局
164	粮食仓储数据元 氮气气调	阎　磊	省部级	国家粮食和物资储备局
165	粮食仓储数据元 粮情测控	甄　彤	省部级	国家粮食和物资储备局
166	花生储藏技术规范	刘玉兰	省部级	国家粮食和物资储备局

续表 8-2

序号	项目名称	负责人	级别	项目来源
167	地下粮食储仓设计技术规程	张　昊	省部级	国家粮食和物资储备局
168	粮油储藏 储粮内环流通风控制系统技术规范	吴建军	省部级	国家粮食和物资储备局
169	粮油储藏 大米、小麦粉储藏期间害虫防治技术规程	吕建华	省部级	国家粮食和物资储备局
170	基于信息隐藏的数字地图安全分发关键技术研究	李　滨	省部级	地理信息工程国家重点实验室
171	小麦的品系(质)特性对制曲微生物富集及麦曲质量的影响	惠　明	省部级	河南省食品工业科学研究所有限公司
172	全国粮食行业青年拔尖人才服务行业需求自主选题项目	刘昆仑	省部级	国家粮食和物资储备局
173	血氧饱和度多波长成像与实时监测方法研究	冯肖亮	国家级	国家自然基金委-佛山科学技术学院
174	亚麻木酚素	刘玉兰	省部级	国家粮食局标准质量中心
175	米糠粕	刘玉兰	省部级	国家粮食局标准质量中心

表 8-3　自然科学成果评价情况表

序号	鉴定批号	项目名称	承担单位	负责人
1	仪学鉴字[2018]第 034 号	碾米电耗在线计量与精益控制技术	粮油食品学院	林江涛
2	仪学鉴字[2018]第 032 号	基于工业互联网的面粉厂远程服务系统研究	电气工程学院	陈红梅
3	仪学鉴字[2018]第 033 号	制粉能耗管理系统精益控制关键技术研究	电气工程学院	张会娟
4	仪学鉴字[2018]第 035 号	大豆制油电耗在线计量与精益控制技术的研究	电气工程学院	王伟生
5	仪学鉴字[2018]第 036 号	智慧照明系统多网协同关键技术研究及应用	电气工程学院	吴　兰
6	豫恒博(评价)字[2018]第 0036 号	SMW 工法桩在沙土地区中的受力性能现场试验研究及数值分析	土木建筑学院	肖昭然
7	豫恒博(评价)字[2018]第 0037 号	地铁联络通道冻结施工温度场、渗流场和应力场三场耦合的数值模拟研究	土木建筑学院	肖昭然
8	中粮油(评价)字[2018]第 9 号	国家粮食储备规模预测模型研究	信息科学与工程学院	樊　超
9	中粮油(评价)字[2018]第 13 号	葵花籽油质量安全风险防范与控制关键技术研发应用	粮油食品学院	刘玉兰
10	仪学鉴字[2018]第 28 号	时空异构组合导航系统故障检测与容错滤波	电气工程学院	陈红梅
11	仪学鉴字[2018]第 29 号	基于仿生味觉传感的粮食品质检测与评价技术	电气工程学院	牛群峰
12	中粮油(评价)字[2018]第 8 号	基于扰动控制的粮食物流调度技术研究	信息科学与工程学院	许德刚

续表 8–3

序号	鉴定批号	项目名称	承担单位	负责人
13	中粮油(评价)[2018]第 12 号	自适应无线层析成像系统研究	信息科学与工程学院	朱春华
14	中粮油(评价)[2018]第 10 号	粮食消费量联合动态预测方法	信息科学与工程学院	朱春华
15	中粮油(评价)字[2018]第 11 号	指数平滑及差分处理粮食产量组合预测方法研究	信息科学与工程学院	傅洪亮
16	中国爆协(评价)字[2018]第 0054 号	高卸荷槽复合切口爆破拆除冷却塔技术	土木建筑学院	张英才
17	豫绿建科(评价)字[2018]第 0032 号	郑州市绿色公共建筑星级技术方案策略研究	土木建筑学院	刘　寅
18	豫食科会(评价)字[2018]第 003 号	混合全谷物馒头粉生产工艺研究	粮油食品学院	周海燕
19	豫食科会(评价)字[2018]第 002 号	全谷物馒头粉品质改良技术研究	粮油食品学院	刘跃进
20	豫食科会(评价)字[2018]第 001 号	全谷物小麦石磨调质制粉工艺研究	粮油食品学院	刘跃进
21	豫食科会(评价)字[2108]第 004 号	富含核黄素、烟酸馒头粉生产工艺研究	粮油食品学院	刘　威
22	豫恒博(评价)字[2018]第 0022 号	郑州地铁 5 号线桩基托换施工对原有桥梁结构及托换结构影响研究	土木建筑学院	王贺昆

表 8–4　自然科学项目结项明细

序号	成果名称	项目级别	项目类别	负责人
1	新生代农民工收入状况与消费行为实证研究	省部级	河南省科技厅自然科学项目	杨　茂
2	河南省新型城镇化投融资机制创新发展研究	省部级	河南省科技厅自然科学项目	谷秀娟
3	河南推进高新技术产业产学研协同创新问题研究	省部级	河南省科技厅自然科学项目	许　文
4	新形势下河南外语人才的教育与素质现状及其对策研究	省部级	河南省科技厅自然科学项目	武　娜
5	媒介融合背景下河南省广告传媒业发展策略研究	省部级	河南省科技厅自然科学项目	康初莹
6	新型高效半导体复合氢化 TiO2 纳米管阵列及其光电增强机制研究	省部级	河南省科技厅自然科学项目	刘世凯
7	超高压新型复合传压介质的研制	省部级	河南省科技厅自然科学项目	肖长江
8	高性能、环境友好型聚乳酸基复合材料的制备及关键技术研究	省部级	河南省科技厅自然科学项目	郑红娟

续表 8-4

序号	成果名称	项目级别	项目类别	负责人
9	导热增强型复合相变材料制备	省部级	河南省科技厅自然科学项目	何　方
10	高性能金属陶瓷复合材料的微波合成及应用关键技术研究	省部级	河南省科技厅自然科学项目	赵志伟
11	智能立体车库系统及关键技术研究	省部级	河南省科技厅自然科学项目	吴立辉
12	数控机床用高性能交流伺服驱动装置	省部级	河南省科技厅自然科学项目	张士雄
13	基于机器视觉的高速列车整车表面高密度数据采集技术研究	省部级	河南省科技厅自然科学项目	陈天飞
14	赤霉病麦粒中 DON 毒素的降解技术研究	省部级	河南省科技厅自然科学项目	卞　科
15	自定位破损零件三维表面重构及检测技术研究	省部级	河南省科技厅自然科学项目	吴　翔
16	鱼粉新鲜度检测电子舌的研发	省部级	河南省科技厅自然科学项目	赵红月
17	LED 蓝宝石衬底专用金刚石抛光磨盘的研究	省部级	河南省科技厅自然科学项目	夏绍灵
18	碳纤维双酶共固定化制备葡萄糖酸钠的研究	省部级	河南省科技厅自然科学项目	惠　明
19	纯电动汽车动力系统优化及其控制研究	省部级	河南省科技厅自然科学项目	徐振方
20	农村地下水处理用硝化-过滤集成型三维植物纤维的制备与应用	省部级	河南省科技厅自然科学项目	付慧坛
21	三氧化钼/导电聚合物新型锂电池复合电极材料的制备及应用技术研究	省部级	河南省科技厅自然科学项目	许元栋
22	基于核酸适配体和纳米金的牛奶中青霉素酶检测比色生物传感器研究	省部级	河南省科技厅自然科学项目	赵银丽
23	油料油脂加工过程多环芳烃控制及检测关键技术研究	省部级	河南省科技厅自然科学项目	刘玉兰
24	生物法清洁生产木糖醇关键技术研究	省部级	河南省科技厅自然科学项目	王　乐
25	微波快速烧结金属树脂复合基金刚石珩磨工具的制备技术	省部级	河南省科技厅自然科学项目	张琳琪
26	新型耐温抗盐油田稠油降粘剂的研制	省部级	河南省科技厅自然科学项目	何　娟
27	复杂地质条件下隧道软岩大变形预测与控制研究	省部级	河南省科技厅自然科学项目	肖昭然
28	基于新型趋近律的永磁同步电机无抖振滑模逆控制系统研究	省部级	河南省科技厅自然科学项目	邓淼磊
29	混合过程面筋蛋白质聚集变化的互作分子机制	省部级	河南省科技厅自然科学项目	吴立根
30	储粮真菌毒素早期监测预警基础	国家级	国家科技部项目	蔡静平
31	我国粮油加工业集聚及发展对策研究	国家级	国家科技部项目	屈凌波
32	基于液晶缺陷流动的微流体驱动与控制方法机理研究	国家级	国家自然基金项目	刘春波

续表 8-4

序号	成果名称	项目级别	项目类别	负责人
33	生物涂层材料添加制造中的界面力学和优化设计	国家级	国家自然基金项目	秦庆华
34	金属茂基单分子自旋极化输运性质的理论研究	国家级	国家自然基金项目	于景新
35	有限范围随机最优控制系统的数值方法与均场倒向随机系统的最优控制问题研究	国家级	国家自然基金项目	凃淑恒
36	压强下 AFB1 型黄曲霉毒素结构演化及毒性去除机理研究	国家级	国家自然基金项目	魏永凯
37	萃取过程大豆蛋白分子结构与功能特性关系变化规律及调控	国家级	国家自然基金项目	陈复生
38	功能化石墨烯-金属有机骨架纳米复合材料的制备及传感性能研究	国家级	国家自然基金项目	李　波
39	自掺杂聚合物储钠正极材料的电化学性能研究	国家级	国家自然基金项目	朱利敏
40	微波辅助原位聚合法制备聚乳酸生物质复合材料的反应动力学及机理研究	国家级	国家自然基金项目	郑红娟
41	限进介质-分子印迹分离介质的制备及对食品中真菌毒素特异性识别富集机制的研究	国家级	国家自然基金项目	何　娟
42	水-沉积物界面细菌种群协作规律及可培养性研究	国家级	国家自然基金项目	屈建航
43	基于界面分子的大豆蛋白乳状液酶解消化机理研究	国家级	国家自然基金项目	管军军
44	小麦储藏生理性变质的特性与机理研究	国家级	国家自然基金项目	胡元森
45	真空浸渍调控采后杏和樱桃质地中多糖空间网络演变机制	国家级	国家自然基金项目	杨宏顺
46	小麦受蛀蚀性害虫侵害后品质变化机理及危害度预测研究	国家级	国家自然基金项目	张玉荣
47	沉水植物与磷细菌的联合对水-沉积物间磷循环的作用规律研究	国家级	国家自然基金项目	李海峰
48	蜜蜂蜂毒糖蛋白组分析	国家级	国家自然基金项目	张　兰
49	荧光-磁双模态纳米载体装载 Survivin siRNA 对胶质瘤干细胞增殖的影响及作用机制研究	国家级	国家自然基金项目	王雪琴
50	赤霉病小麦籽粒中脱氧雪腐镰刀菌烯醇辐照降解机理及安全性评价	国家级	国家自然基金项目	关二旗
51	不同硬度小麦储藏期抗霉变特性差异与分子机理研究	国家级	国家自然基金项目	张帅兵
52	基于诱导细胞凋亡的低浓度芽孢杆菌脂肽抗真菌作用机制	国家级	国家自然基金项目	陈　亮

续表 8-4

序号	成果名称	项目级别	项目类别	负责人
53	SA 信号分子在拮抗酵母诱导樱桃番茄采后抗病性中的作用研究	国家级	国家自然基金项目	赵 妍
54	茶多酚与面筋蛋白相互作用对生鲜面贮藏过程品质影响机理研究	国家级	国家自然基金项目	李 华
55	米糠谷氨酸脱羧酶与钙调素结合方式的研究	国家级	国家自然基金项目	吕莹果
56	DNA 甲基化在 ABA 调控草莓休眠诱导中的作用机制研究	国家级	国家自然基金项目	张 莉
57	miR-15b/16-2 调控原发性痛经的分子机制研究	国家级	国家自然基金项目	范 沛
58	酸面团发酵过程中麦谷蛋白大聚体降解及调控机理研究	国家级	国家自然基金项目	王金水
59	城市再生水的自主定价模型与定价方法研究	国家级	国家自然基金项目	段 涛
60	注射导电高分子复合材料分层微观结构协同调控机制的研究	国家级	国家自然基金项目	吴海宏
61	多尺度光伏玻璃压延成型机理研究	国家级	国家自然基金项目	耿 铁
62	装配式落地粮食波纹钢板筒仓在粮食荷载作用下稳定性研究	国家级	国家自然基金项目	王振清
63	新型磺化聚苯并噻唑质子交换膜的合成和表征	国家级	国家自然基金项目	王 刚
64	面向大规模余料的二维不规则零件排样与切割优化方法	国家级	国家自然基金项目	武照云
65	变风量空调系统故障诊断及容错控制方法研究	国家级	国家自然基金项目	王海涛
66	多轴数控机床进给运动交叉耦合控制理论与方法研究	国家级	国家自然基金项目	张士雄
67	基于大涡模拟的风致超高层建筑复杂运动数值模拟方法研究	国家级	国家自然基金项目	郑德乾
68	基于粮食散体材料与仓壁相互作用的偏心卸料钢筒仓稳定性研究	国家级	国家自然基金项目	蒋敏敏
69	水电机组振动故障的非线性多尺度分析与不确定信息诊断研究	国家级	国家自然基金项目	张孝远
70	基于多源交通信息的混合动力车能量管理系统建模及优化控制	国家级	国家自然基金项目	石庆升
71	共享数字通讯网络系统的带宽调度与量化策略协同设计	国家级	国家自然基金项目	闫晶晶
72	基于动态合作博弈的多主并方并购策略研究	国家级	国家自然基金项目	穆庆榜
73	响应地黄连作的关键 lncRNAs 鉴定及作用研究	国家级	国家自然基金项目	杨艳会

续表 8-4

序号	成果名称	项目级别	项目类别	负责人
74	TGF-β 在肉鸡肠黏膜屏障损伤中的作用及其机制研究	国家级	国家自然基金项目	黄　进
75	颗粒损伤、分子降解及分子重缔合对小麦淀粉湿热改性的影响及机理研究	国家级	国家自然基金项目	刘　翀
76	硒-蛋白质相互作用对稻谷储藏期脂质氧化的抑制作用研究	国家级	国家自然基金项目	刘昆仑
77	微纳织构化黏附性超疏水表面的水润滑摩擦学性能及相关关系规律研究	国家级	国家自然基金项目	郭永刚
78	基于压缩感知的盲人图像触觉识别方法研究	国家级	国家自然基金项目	张庆辉
79	复杂环境下不确定瓶颈指派问题研究	国家级	国家自然基金项目	丁四波
80	河南省粮食产量预测模型研究及数字化平台开发	省部级	河南省科技厅自然科学项目	樊　超
81	高生育酚玉米油精炼工艺与煎炸应用研究	省部级	河南省科技厅自然科学项目	侯利霞
82	有机聚合物储钠正极材料的电化学性能研究	省部级	河南省科技厅自然科学项目	朱利敏
83	微波湿热处理制备抗性淀粉的工艺、特性及应用研究	省部级	河南省科技厅自然科学项目	谢岩黎
84	含铁氮掺杂介孔碳为催化剂的 NO-H2 燃料电池生成羟胺的机制性研究	省部级	河南省科技厅自然科学项目	盛　夏
85	发动机高精密零部件珩磨抛光工具的研究与应用	省部级	河南省科技厅自然科学项目	韩　平
86	面向板材余料的钣金零件数控切割智能 CAM 系统	省部级	河南省科技厅自然科学项目	武照云
87	超高速空间光调制器的驱动电路研制	省部级	河南省科技厅自然科学项目	吴　兰
88	纳豆激酶发酵新工艺和分离技术研究与开发	省部级	河南省科技厅自然科学项目	王卫国
89	粮食安全新战略视阈下我国粮食供给侧结构性失衡的校正机制与政策优化研究	省部级	国家粮食局项目	孙中叶
90	食源性富硒活性肽高效富集关键技术研究	省部级	河南省科技厅自然科学项目	刘昆仑
91	拮抗酵母结合热处理对果蔬采后保鲜技术的研究	省部级	河南省科技厅自然科学项目	赵　妍
92	河南省铅冶炼污染土壤安全利用技术集成与示范	省部级	河南省科技厅自然科学项目	邢维芹
93	粮食物流多目标路径优化算法研究	省部级	河南省科技厅自然科学项目	王春晓
94	河南科技金融发展模式创新与推进策略研究	省部级	河南省科技厅自然科学项目	穆庆榜
95	饲料机械 包装通用技术条件	省部级	标准修制订项目	王明旭
96	新型基于 MOFs 可见光催化剂的制备及其光催化性能研究	省部级	河南省科技厅自然科学项目	杨新丽
97	以 C2H2 型锌指结构域为元件的功能分子的研究	省部级	河南省科技厅自然科学项目	赵东欣
98	环脂肽 Surfactin 高效生物制造关键技术研究	省部级	河南省科技厅自然科学项目	陈　亮
99	大数据环境下的高性能长读段数据挖掘系统	省部级	河南省科技厅自然科学项目	张玉宏

续表 8-4

序号	成果名称	项目级别	项目类别	负责人
100	低蠕变长寿莫来石——堇青石窑具的研制	省部级	河南省科技厅自然科学项目	夏　熠
101	微波化学合成仪器的开发和锂电子电池材料的制备	省部级	河南省科技厅自然科学项目	苗保记
102	基于太赫兹波谱的粮食品质快速检测技术研究	省部级	河南省科技厅自然科学项目	廉飞宇
103	基于网格的分布式海量数据管理系统	省部级	河南省科技厅自然科学项目	刘　扬
104	芝麻油	省部级	标准修制订项目	刘玉兰
105	粮油机械 容积式配麦器	省部级	标准修制订项目	屈少敏
106	粮油机械 滚筒精选机	省部级	标准修制订项目	武文斌
107	粮油检验 小麦粉饺子皮加工品质评价	省部级	标准修制订项目	李雪琴
108	粮油检验 小麦粉多酚氧化酶活力的测定分光光度法	省部级	标准修制订项目	陈　洁
109	郑州航空港建设的金融支持研究	省部级	河南省科技厅自然科学项目	李文启
110	智慧旅游背景下中原旅游业突发事件应对机制与策略研究	省部级	河南省科技厅自然科学项目	乔光辉
111	新型城镇化建设中失地农民补偿安置与市民化研究	省部级	河南省科技厅自然科学项目	王晓刚
112	玉米胚	省部级	标准修制订项目	刘玉兰
113	粮食信息分类与编码 储粮病虫害分类与代码	省部级	标准修制订项目	王若兰
114	具有工件可拒绝以及工期分配的多目标排序问题研究	省部级	河南省科技厅自然科学项目	何　程
115	难磨金属材料 CBN 树脂磨具的研究	省部级	河南省科技厅自然科学项目	邹文俊
116	以玉米芯为原料生产低聚木糖新技术	省部级	河南省科技厅自然科学项目	王　乐
117	基于 G3 标准的新方式载波调制解调算法研究	省部级	河南省科技厅自然科学项目	吴　兰
118	清华城 1 号院 BIM 技术咨询及现场服务	省部级	河南省科技厅自然科学项目	王　军
119	盲人图像触觉识别技术与设备	省部级	河南省科技厅自然科学项目	张庆辉
120	粮食仓储数据元熏蒸	省部级	标准修制订项目	阎　磊
121	创新河南省高技能人才培养机制研究	省部级	河南省科技厅自然科学项目	沈国荣

表 8-5　出版学术明细

序号	著作名称	作者	出版单位
1	Photoshop CC 2018 从入门到精通	王　锋	北京大学出版社
2	蜂疗	张　兰	中原农民出版社
3	Oracle 从入门到精通	史卫亚	人民邮电出版社
4	中国居民食物营养小百科	张国治	中国轻工业出版社
5	3D 打印技术	吕　磊	机械工业出版社
7	数据结构	段爱玲	航空工业出版社

续表 8–5

序号	著作名称	作者	出版单位
8	Java9 编程参考官方大全(第 10 版)	李周芳	清华大学出版社
9	走向公民的社区	王祖远	淡江大学出版社
10	Python3 数据分析与机器学习实战	史卫亚	北京大学出版社
11	Java 从入门到精通	张玉宏	人民邮电出版社
12	C 语言从入门到精通(精粹版)	梁义涛	人民邮电出版社
13	工程制图(第三版)	何文平	高等教育出版社
14	基础生物化学实用手册	贾　峰	中国农业出版社
15	二型模糊集合与逻辑	赵　亮	清华大学出版社
16	全过程工程咨询概论	郭志涛	郑州大学出版社
17	HTML5 网页游戏设计从基础到开发	张锦歌	清华大学出版社
18	深度学习之美:AI 时代的数据处理与最佳实践	张玉宏	电子工业出版社
19	MATLAB 程序设计	费　选	机械工业出版社
20	粮油食品微生物学	蔡静平	科学出版社
21	杀虫微生物学	杨艳会	上海交通大学出版社
22	增进交往的住区公共空间环境设计	马　静	天津出版传媒集团
23	资产评估学	刘起霞	上海交通大学出版社
24	稻谷加工工艺与设备	刘　洁	中国轻工业出版社
25	制药工程专业实验教程	李瑞芳	科学出版社
26	壳聚糖澄清猕猴桃果汁的研究	王岸娜	金琅学术出版社
27	制药工程专业实验教程	张贝贝	科学出版社
28	Python 程序设计应用教程	张锦歌	中国铁道出版社
29	装配式混凝土结构设计	庞　瑞	黄河水利出版社
30	Flash ActionScript 3.0 游戏设计(Flash CS6 版)	张锦歌	清华大学出版社
31	建筑法规概论	李建平	东北林业大学出版社
32	工业机器人及其应用	袁夫彩	机械工业出版社
33	水力学	刘起霞	中国水利水电出版社
34	非承重自保温混凝土复合砌块墙体建筑构造	张东煌	黄河水利出版社
35	生物化学微传感器系统及应用	马海华	科学出版社

表 8-6 授权专利成果明细

序号	专利名称	发明人	专利类型
1	一种基于酚羟基苯甲酸酯类高分子抗菌材料的制备方法	王艳荣	发明专利
2	一种粮仓害虫监测捕集系统	李　慧	发明专利
3	一种插槽式内外均包钢板预制装配式圆形地下粮仓	王振清	发明专利
4	一种 2-磺酰基-1,4-二酚衍生物的制备方法	袁金伟	发明专利
5	一种长碳纤维增强热塑性复合材料及制备方法	吴海宏	发明专利
6	一种中继子帧的重配置方法及系统	王　珂	发明专利
7	一种微波加热合成 Ti_2SC 陶瓷方法	关春龙	发明专利
8	便于调节被磨物料精细度的磨粉机	张士雄	发明专利
9	一种大豆蛋白标签胶及其制备方法	李海旺	发明专利
10	粮食干燥清理一体机	王明旭	发明专利
11	一种产酸性 α-淀粉酶的勒克氏菌株的发酵产酶方法	屈建航	发明专利
12	一种热电制冷器	王　赞	发明专利
13	一种检测谷物新陈度的方法及装置	廉飞宇	发明专利
14	碳纤维增强热塑性复合材料单向带的制备方法	吴海宏	发明专利
15	无电压双膜渗析脱除水中盐分的方法和反应器	万东锦	发明专利
16	一种球磨制备低共熔溶剂的方法	刘　伟	发明专利
17	单层超硬磨料成形砂轮及其制造方法	赫青山	发明专利
18	梯度温控低温输送包装生产线的面制食品包装机	徐雪萌	发明专利
19	一种外包钢板预制装配式圆形地下粮仓	张　昊	发明专利
20	一种双层装配式地下粮仓	王振清	发明专利
21	一种内外均包钢板圆形预制装配式地下粮仓	王振清	发明专利
22	一种插槽式外包钢板预制装配式圆形地下粮仓	王振清	发明专利
23	棕榈果干法剎酵榨油工艺及装置	张永太	发明专利
24	基于磁纳米颗粒的新型双靶向基因输送体系及其制备方法	王雪琴	发明专利
25	一种连续法制备 CMC/GO 复合水凝胶微球的方法	魏宏亮	发明专利
26	针对 3D-HEVC 编码标准的快速深度图侦内模式判决方法	孙丽君	发明专利
27	基于液晶缺陷研究的显微镜电冷热台及其控制方法	邓鹏辉	发明专利
28	一种腈纶废丝水解制备超级吸水材料的方法	王天贵	发明专利
29	中长链脂肪酸油脂的制备方法	谢文磊	发明专利
30	一种三维集成电路堆栈集成方法及三维集成电路	田　野	发明专利
31	一种多功能模型试验桩	肖昭然	发明专利
32	一种环三磷腈固化酚醛树脂的制备方法	程文喜	发明专利

续表 8-6

序号	专利名称	发明人	专利类型
33	一种基于指数关系估计的粮仓重量检测方法及装置	张德贤	发明专利
34	一种环三磷腈改性酚醛树脂的制备方法	程文喜	发明专利
35	液晶微流动 Micro-PIV 系统	刘春波	发明专利
36	无线层析成像用网格像素衰减值确定方法	朱春华	发明专利
37	粮情检测多点去样矩阵式选通装置	邱　超	发明专利
38	双足行走推餐车式机器人	张永宇	发明专利
39	一种逆压电热整流器以及提高热整流效率的方法	王　赞	发明专利
40	磁性核-壳型离子液化固定化脂肪酶的制备方法及在食用油脂加工中的应用	谢文磊	发明专利
41	气相色谱法鉴定大米加工精度的方法	赵仁勇	发明专利
42	基于指数关系和支持向量回归的粮仓重量检测方法及装置	张德贤	发明专利
43	一种 SDN 环境中重要节点信息采集方法	李兴华	发明专利
44	仿人行走端餐盘式机器人	张永宇	发明专利
45	气-固两相流长距离气力输送螺旋增强系统	张永宇	发明专利
46	一种可伸缩式粮堆粮情探测系统	张永宇	发明专利
47	大豆主要过敏原 GlymBd28K 的 IgG 结合表位	席　俊	发明专利
48	基于纳米孔道和电化学传感定量检测端粒酶活性的方法	卫　敏	发明专利
49	一种用于微流体驱动的液晶引流生成及测试方法	刘春波	发明专利
50	一种新型微创手术机器人系统用微创手术工具	岳龙旺	发明专利
51	一种带预制嵌缝条的外包钢板装配式圆形地下粮仓	王录民	发明专利
52	一种适应 IEEE 802.15.4 标准的协议时钟系统	冯　咲	发明专利
53	一种插槽式内包塑料预制仓壁地下粮仓	张　昊	发明专利
54	一种内衬塑料阶梯状预制装配式地下粮仓	张　昊	发明专利
55	一种外包钢板阶梯状预制装配式圆形地下粮仓	张　昊	发明专利
56	一种内外包钢板阶梯状预制装配式矩形地下粮仓	张　昊	发明专利
57	一种带预制嵌缝条的双层钢板装配式圆形地下粮仓	王录民	发明专利
58	一种带预制嵌缝条的内包钢板装配式圆形地下粮仓	王录民	发明专利
59	一种内外包塑料预制装配式地下粮仓	王振清	发明专利
60	一种外包塑料预制装配式地下粮仓	王振清	发明专利
61	一种内外均包塑料阶梯状预制装配式地下粮仓	王振清	发明专利
62	一种内外均包钢板阶梯状预制装配式圆形地下粮仓	王振清	发明专利
63	一种外包钢板阶梯状预制装配式矩形地下粮仓	王振清	发明专利
64	一种合成 Ti_2SC 陶瓷的方法	关春龙	发明专利

续表 8-6

序号	专利名称	发明人	专利类型
65	一种无压烧结制备 Ti_2SC 陶瓷的方法	关春龙	发明专利
66	一种粮食消费量预测方法	樊　超	发明专利
67	一种小麦粉中过氧化钙含量的快速检测方法	张玉荣	发明专利
68	一种多功能粮库粮情智能巡检机器人	张永宇	发明专利
69	一种麸皮的湿热处理方法	马　森	发明专利
70	一种小麦新鲜度指标的快速检测方法	黄亚伟	发明专利
71	一种基于 Janssen 模型的支持向量回归粮仓重量检测方法及装置	张德贤	发明专利
72	基于多项式展开的粮仓储粮重量检测方法及装置	张德贤	发明专利
73	一种磁性羟基磷灰石固定化脂肪酶的制备方法及在食用油脂加工中的应用	谢文磊	发明专利
74	一种小麦赤霉病液体生防菌剂及其制备方法	陈　亮	发明专利
75	一种用于生物油多级分离的精炼方法	刘华敏	发明专利
76	一种适用于真菌毒素污染小麦分级清理的工艺	吴建章	发明专利
77	一种家用智能定量馒头复蒸装置	邱　超	发明专利
78	一种从冷榨芝麻饼中制备具有强抗氧化性的保健护肤芝麻油及其复配的护肤品	汪学德	发明专利
79	基于粮堆高度与底面压强关系的粮仓重量检测方法及装置	张德贤	发明专利
80	一种耐低温高产糖德尔布有孢圆酵母菌及其应用	李志建	发明专利
81	一种面向流媒体直播系统的云平台资源调度方	魏　蔚	发明专利
82	一种粮食直剪试验制样器及制样方法	曾长女	发明专利
83	基于多项式的支持向量回归粮仓储粮重量检测方法及装置	张德贤	发明专利
84	一种粮仓储粮状态的检测方法及其装置	张　苗	发明专利
85	一种粮仓底面压强检测方法及其采用的压力传感器	张　苗	发明专利
86	基于波导时延阵列的分布式光纤传感检测及其解调系统	孙崇峰	发明专利
87	一种联产多种抗菌脂肽和 γ-聚谷氨酸的芽孢杆菌菌株	陈　亮	发明专利
88	一种产酸性 α-淀粉酶的酵母菌株及其发酵产酶方法	屈建航	发明专利
89	高频长寿命交变电容	李彦涛	实用新型
90	新型自动分配空间的物品收发柜	梁　艳	实用新型
91	一种小麦面粉加工厂回粉器	高雪秦	实用新型
92	烛式过滤器滤芯组件安装结构	李彦涛	实用新型
93	模拟物料结拱的试验装置	冯　永	实用新型
94	模拟交通荷载作用下路基变形参数的测量装置及其试验箱	冯　永	实用新型
95	一种洗涤脱糖分离装置	莫重文	实用新型

续表 8-6

序号	专利名称	发明人	专利类型
96	一种喷射式搅拌洗涤脱糖装置	莫重文	实用新型
97	一种昆虫行为学及昆虫化学生态学研究的半开放风洞装置	张晨光	实用新型
98	一种昆虫卵收集装置	梅芝键	实用新型
99	大直径立筒仓通风降温系统	陈　雁	实用新型
100	一种陶瓷膜管坯体托架	李彦涛	实用新型
101	一种陶瓷膜管胚体干燥车	李彦涛	实用新型
102	一种移动式家畜采食量监测装置	杨丽彦	实用新型
103	一种用于器具气密性能测试的装置	张来林	实用新型
104	一种可防止露天溜管堵头处存水的结构	张来林	实用新型
105	一种风力发电机叶片检修用正压爬行器	崔伟华	实用新型
106	粮堆压缩变形和粮堆-仓壁界面压力测试装置	蒋敏敏	实用新型
107	散装粮堆多场耦合实验装置	陈桂香	实用新型
108	一种易拆卸智能家居灯	张　婷	实用新型
109	一种螺杆推压电导检测粮粒隐蔽害虫的装置	王殿轩	实用新型
110	一种新型地下大空间工程用 Y 型柱结构	王建声	实用新型
111	一种路面太阳辐射工作状态模拟装置	陈玉静	实用新型
112	硬质 PVC 结构泡沫用成型模具	王心超	实用新型
113	一种土木建筑用空心桩	李勇泉	实用新型
114	磁子联动型蒸馏助力装置	刘　洁	实用新型
115	一种高精度管道内径测量装置	崔伟华	实用新型
116	一种管道半径测量装置	崔伟华	实用新型
117	一种多功能式储粮仓	张　昊	实用新型
118	一种新型带设备夹层的半地下粮仓	张　昊	实用新型
119	一种新型多功能储藏仓	王振清	实用新型
120	一种粮库熏蒸用电子试虫笼装置	马宏琳	实用新型
121	一种便于移动和平稳放置的计算机机箱	魏　伟	实用新型
122	一种用于气体净化的光催化反应器	龚彦文	实用新型
123	高跷式健身鞋	金广锋	实用新型
124	一种粮食高效打碾刷筛组合机	王中营	实用新型
125	一种笔记本电脑散热器隔栅	麦欢欢	实用新型
126	一种电动自行车	李友才	实用新型
127	一种航空发动机机匣铸造过程物理模拟模型	徐　琴	实用新型

续表 8–6

序号	专利名称	发明人	专利类型
128	背包式伞	王彩红	实用新型
129	一种天然拱的模拟装置	师旭超	实用新型
130	低游离率锉磨机	王彦波	实用新型
131	一种多层液体监测装置	崔伟华	实用新型
132	一种在线激光照明水质监测装置	崔伟华	实用新型
133	可带压物料传输机构及棕榈鲜果剎酵装置	张永太	实用新型
134	一种回转式光纤预制棒磁流变抛光机	沙　杰	实用新型
135	一种回转式磁流变抛光装置	沙　杰	实用新型
136	一种带分仓的半地下粮食平仓房	张庆章	实用新型
137	一体式高速超精密定位二维平台	张璐凡	实用新型
138	一种储量害虫诱捕系统	王争艳	实用新型
139	一种新型粮食清理干燥一体化装置	王明旭	实用新型
140	一种高精度管道半径测量装置	崔伟华	实用新型
141	一种低脂食品生产冷冻干燥机	赵文红	实用新型
142	一种低脂食品烘焙装置	赵文红	实用新型
143	生活废水回收冲厕节水系统	郭永刚	实用新型
144	风力手摇两用便携发电机	郭永刚	实用新型
145	自动化晃油锅机组	吴伟中	实用新型
146	一种低精度人员定位系统	孙福艳	实用新型
147	一种陶瓷膜管密封结构	李彦涛	实用新型
148	一种陶瓷膜管泡点检测夹具	李彦涛	实用新型
149	一种陶瓷膜管泡点检测设备	李彦涛	实用新型
150	一种陶瓷膜管多功能检验装置	李彦涛	实用新型
151	一种新型鱼缸定时换水控制装置	吕宗旺	实用新型
152	近壁热源用节能除尘装置	陈　曦	实用新型
153	LED 交通警告标志牌	金广锋	实用新型
154	一种用于灭火小麦胚芽中植物凝集素的设备	李　力	实用新型
155	一种磨粉机自动控制系统	刘楠嶓	实用新型
156	一种用于佩戴人体健康监测装置的新型袖带	肖昭然	实用新型
157	散粮卸船机	王明旭	实用新型
158	干式连接箱型板楼盖结构体系	庞　瑞	实用新型
159	一种轴向通风花生果干燥仓	王殿轩	实用新型

续表 8-6

序号	专利名称	发明人	专利类型
160	一种径向温风花生果干燥仓	王殿轩	实用新型
161	一种拖链式洗涤脱糖装置	莫重文	实用新型
162	一种安全输液支架和一种安全输液装置	刘　刚	实用新型
163	一种外语教学荧光展示板	史　伟	实用新型
164	进出仓扒谷机	王明旭	实用新型
165	一种光传感器	吴　翔	实用新型

2　社会科学研究

【概况】 社会科学处是负责学校人文科研项目申报、项目过程管理、科研成果的管理、科研统计工作的职能部门。设有计划管理科、成果管理科和办公室,有专职人员5人。

【中心工作】 加强与学院交流　随着目标管理重心下移工作的推进,加强与学院工作的交流与沟通,以走访、调研、座谈、电话等形式进行沟通;推进重点工作。

科研项目立项　2018年学校共获批纵向国家级、省部级和地厅级项目156项。其中,国家社科基金项目8项,省部级项目35项。地厅级项目113项。

纵、横向项目经费　学校人文社科纵横向项目合同经费623.84万元,到账经费605.89万元,都是去年的1.6倍。其中纵向科研项目合同经费额329万元,到账经费312.8万元;横向科研项目合同经费294.84万元,到账经费293.09万元。

科研项目获奖　获河南省社科成果奖14项,其中二等奖10项,三等奖4项。获厅级科研成果奖43项,其中省教育厅人文社会科学研究成果奖30项(一等奖6项,二等奖11项,三等奖13项);郑州市社会科学优秀成果奖11项(一等奖3项,二等奖4项,三等奖4项);河南省人力资源社会保障科研成果奖一等奖1项;筑巢奖一等奖1项。另获学会奖1项,协会奖2项。

科研团队与人才建设　"大数据与管理决策"团队获河南省高等学校哲学社会科学创新团队立项。靳义亭获河南省高等学校哲学社会科学研究优秀学者。郭力获河南省高校科技创新人才项目。

论文与著作　发表学术论文570多篇,其中北图核心论文51篇;被CSSCI收录50篇(其中核心版32篇、扩展版18篇);被SCI收录的论文12篇;被SSCI收录的论文1篇;被EI(JA)收录1篇;被ISTP收录1篇;被人大复印资料转载1篇。出版学术著作23部。

学术交流　文科学院开展多个冠名学术活动,如"艺述讲堂""传之梦"论坛、"政法论坛""经贸论坛"等,显示出学校人文社科研究丰富多彩、浓厚氛围。据不完全统计,本年度开展的各级各类学术交流活动达57次。

【常规工作】 项目结项及中期检查　全年结项各级各类项目129项,国家社科基金项目2项,省部级项目35项(其中教育部项目1项,省社科规划项目10项,省政府决策招标项目23项,中国法学会项目1项),地厅级项目92项(其中省教育厅项目11项,省社科联项目72项,市社科联项目8项,河南省金融学会项目1项)。此外,完成国家社科基金项目年度检查7项。

省属高校科研基本业务费的立项组织完成2018年度"省属高校科研基本业务费"项目立项工作,共立项31项。同时启动2019年度"省属高校科研基本业务费"项目的申报工作。

高层次人才基金项目管理按照年度的工作计划和学校的统一部署,对学校的高层次人才基金项目进行了年度检查和验收工作。高层次人才基金项目全年共立项12项。

数据统计完成人文社会科学各类信息的收集、整理、统计、保存以及上报工作和各级各类文件、档案的整理、归档工作,其中包括上报教育厅、教育部的数据统计、数据录入等一系列工作。与各文科学院配合完成2018年度的普通层次科研成果的数据统计验收登记与核对工作，以及高层次科研成果的奖励工作。

配合全校性工作，配合本科教学工作审核评估，协助学校有关部门做好本科生参与科研工作的统计等工作；全力配合研究生处年度的硕士生、博士生导师遴选工作；多次参加学校安排的光山县的深入考察，参与从扶贫攻坚工作座谈会，参与与各学院深度合作对接等各个环节；配合省委巡视组工作，严格按照巡视组和学校要求6次提交人文社科方面有关材料，如《河南工业大学关于服务河南省“国家粮食生产核心区”等重大战略的科研情况》《河南工业大学科研服务“三区一群”等经济战略部署与成果情况报告》等；参与学校职称评审、高层次科研奖励等有关文件的修订工作。

表8–7 人文社科项目立项明细表(省级及以上)

序号	项目名称	负责人	项目类别	承担单位
1	中国当代广告艺术形态流变研究(1978—2018)	吴文瀚	国家社会科学基金项目	新闻与传播学院
2	道清铁路与豫北社会变迁(1898—1937)	马义平	国家社会科学基金项目	马克思主义学院
3	人民满意的服务型政府话语路径转换与绩效研究	李文启	国家社会科学基金项目	经济贸易学院
4	农业新业态变革机理及发展方略研究	梁瑞华	国家社会科学基金项目	经济贸易学院
5	绿色金融有效供给研究	奚　宾	国家社会科学基金项目	经济贸易学院
6	弱势群体获得感的理论内涵、测量指标与提升策略研究	贾留战	国家社会科学基金项目	管理学院
7	农村电商生态系统中农产品上行的阻滞与疏通机制研究	雷　兵	国家社会科学基金项目	管理学院
8	互联网金融风险的协同监管研究	魏明侠	国家社会科学基金项目	管理学院
9	中国社会化媒体正能量传播的激励政策研究	于建华	教育部人文社会科学项目	新闻与传播学院
10	《说文解字》饮食词语语义网络研究	乔俊杰	河南省哲学社会科学规划项目	新闻与传播学院
11	习近平民营经济思想研究	李海涛	河南省哲学社会科学规划项目	马克思主义学院
12	中国特色社会主义公民生态教育问题研究	蒋笃君	河南省哲学社会科学规划项目	马克思主义学院
13	河南省农业转移家庭城市融入的成本分担与协同发展研究	王晓刚	河南省哲学社会科学规划项目	管理学院
14	近代河南城乡融合进程及其驱动因素探究	马义平	河南省哲学社会科学规划项目	马克思主义学院
15	河南经济低碳发展的动力机制与实现路径研究	宋　博	河南省哲学社会科学规划项目	经济贸易学院
16	新时代儒家文化创新路径研究	钱同舟	河南省哲学社会科学规划项目	马克思主义学院

续表 8–7

序号	项目名称	负责人	项目类别	承担单位
17	基于创新驱动的河南制造业集群质量升级的路径研究	樊慧玲	河南省哲学社会科学规划项目	经济贸易学院
18	叙事学视域下的新闻翻译研究	沈国荣	河南省哲学社会科学规划项目	外语学院
19	原型–模型理论驱动下的英汉标记性构式认知对比研究	成汹涌	河南省哲学社会科学规划项目	外语学院
20	案例数据驱动的乡村振兴发展模式推荐机制研究	李永海	河南省哲学社会科学规划项目	管理学院
21	网上舆论场的形成机理及其情景式导控策略研究	张玉亮	河南省哲学社会科学规划项目	管理学院
22	加强对返乡、下乡人员创业引导扶持的对策建议	赵排风	河南省哲学社会科学规划项目	马克思主义学院
23	推进河南中小企业创新发展的对策建议	李文江	河南省哲学社会科学规划项目	法学院
24	“郑洛新国家自主创新示范区”建设中存在的问题与对策	王笑歌	河南省政府决策研究招标课题	财务处
25	新时代河南省绿色发展研究	杨卫军	河南省政府决策研究招标课题	马克思主义学院
26	促进河南省民营经济高质量发展研究	靳义亭	河南省政府决策研究招标课题	马克思主义学院
27	河南数字经济发展研究	樊慧玲	河南省政府决策研究招标课题	经济贸易学院
28	河南省乡村振兴产业动能培育及政策精准支持研究	关浩杰	河南省政府决策研究招标课题	经济贸易学院
29	乡村振兴战略背景下河南传承提升农村优秀传统文化的制度保障	张　静	河南省政府决策研究招标课题	法学院
30	新时期河南农村一二三产业融合发展研究	吴成浩	河南省政府决策研究招标课题	经济贸易学院
31	新时期河南农村一二三产业融合发展研究	李进霞	河南省政府决策研究招标课题	经济贸易学院
32	乡村振兴战略背景下的河南绿色农业发展研究	刘清娟	河南省政府决策研究招标课题	经济贸易学院
33	基于“产业协同—空间协调”二维视角的中原城市群空间布局优化路径研究	张　艳	河南省政府决策研究招标课题	管理学院

续表 8–7

序号	项目名称	负责人	项目类别	承担单位
34	新时期河南城市品位提升机制与品牌延伸研究	陈高雅	河南省政府决策研究招标课题	设计艺术学院
35	河南新生代农民工职业技能培训问题研究	蒋笃君	河南省政府决策研究招标课题	马克思主义学院
36	河南省金融扶贫模式构建、推进路径与对策研究	汪来喜	河南省政府决策研究招标课题	经济贸易学院
37	趋同背景下河南省高等教育分类发展的制度建构研究	孙占利	河南省政府决策研究招标课题	中英国际学院（软件学院）
38	河南省应用型高校建设与发展研究	李国仓	河南省政府决策研究招标课题	马克思主义学院
39	郑州航空港经济综合实验区融入“一带一路”建设所需涉外人才供给侧结构性改革研究	成汹涌	河南省政府决策研究招标课题	外语学院
40	中原文化传播途经研究	赵　鹏	河南省政府决策研究招标课题	马克思主义学院
41	建立地方税收体系难点及对策研究（财政专项）	李小珍	河南省政府决策研究招标课题	经济贸易学院
42	戊戌前后的国家治理转型与法秩序重构（1895—1900）	李耀跃	中国法学会部级课题	法学院
43	深化党和国家机构改革涉及的立法问题研究	谭　波	中国法学会部级课题	法学院

表 8–8　人文社科获奖成果明细表（省级及学会奖）

序号	成果名称	获奖等级	奖励名称	获奖级别	负责人	所属单位
1	社会学与社会趋势论	二等奖	2017 年度省社会科学优秀成果奖	省级奖	赵　鑫	设计艺术学院
2	重建人类正义理想：阿马蒂亚·森正义理论综评	二等奖	2017 年度省社会科学优秀成果奖	省级奖	张宝强	马克思主义学院
3	主产区粮食产能建设与利益补偿政策研究	二等奖	2017 年度省社会科学优秀成果奖	省级奖	赵予新	经济贸易学院
4	中国制造业与物流业联动关系区域差异研究	二等奖	2017 年度省社会科学优秀成果奖	省级奖	张　艳	管理学院
5	不完全信息条件下双主并方动态合作的并购策略研究	二等奖	2017 年度省社会科学优秀成果奖	省级奖	穆庆榜	管理学院

续表 8-8

序号	成果名称	获奖等级	奖励名称	获奖级别	负责人	所属单位
6	粮食应急供应网络:模型、仿真及优化	二等奖	2017 年度省社会科学优秀成果奖	省级奖	王　琳	管理学院
7	大学英语教师信息化教学能力发展现状与发展策略研究	二等奖	2017 年度省社会科学优秀成果奖	省级奖	沈国荣	外语学院
8	口译教育研究:理论与实证	二等奖	2017 年度省社会科学优秀成果奖	省级奖	焦　丹	外语学院
9	论微信社群的社会责任	二等奖	2017 年度省社会科学优秀成果奖	省级奖	于建华	新闻与传播学院
10	新媒体艺术的四重边际辨析	二等奖	2017 年度省社会科学优秀成果奖	省级奖	吴文瀚	新闻与传播学院
11	国外专利权限制及我国适用研究	三等奖	2017 年度省社会科学优秀成果奖	省级奖	李文江	法学院
12	基于农业本质的农业供给侧改革推进方略	三等奖	2017 年度省社会科学优秀成果奖	省级奖	汪来喜	经济贸易学院
13	基于商品分类属性的网购商品包装一体化设计	三等奖	2017 年度省社会科学优秀成果奖	省级奖	马　蕾	设计艺术学院
14	基于 4R 危机管理理论的政府网络舆情危机应对手段研究	三等奖	2017 年度省社会科学优秀成果奖	省级奖	张玉亮	管理学院
15	V28 前摇摆倒三轮电动车关键技术开发与整车系统设计	三等奖	好设计	学会奖	曹志鹏	设计艺术学院

表 8-9　人文社科出版学术著作明细表

序号	著作名称	作者	出版单位
1	央地财权、事权匹配的宪法保障机制研究	谭　波	社会科学文献出版社
2	农村自然资源保护法	谭　波	国家开放大学出版社
3	刑法案例与规范	黄延峰	中国法制出版社
4	农村扶贫战略与农业转移人口市民化研究	张　瑾(外)　王晓刚	广东旅游出版社
5	现代企业管理	高海晨	机械工业出版社
6	创新驱动与产业转型升级联动耦合研究——河南的探索与实践	孙中叶　郭　力	科学出版社

续表 8-9

序号	著作名称	作者	出版单位
7	中国粮食加工产业经济研究	丁　华　吴建勋　吴宜阳(外)　王　理	郑州大学出版社
8	中国“三农”发展规律与战略目标研究——基于中国六千年历史演进逻辑与国际比较视野的宏观考察	李进霞	中国财政经济出版社
9	“一带一路”倡议下农业资源利用及对外合作战略研究	朱坤林	湖南师范大学出版社
10	中国粮食市场结构研究	丁　华　吴建勋　吴宜阳(外)	郑州大学出版社
11	信用评级原理 The Principle of Credit Rating	张　瑜(外)　杨文哲　马莹莹(外)	天津社会科学出版社
12	图案设计应用与研究	邓　喆	九州出版社
13	钧瓷文化与设计	王庆斌　孙晓燕　等	河南美术出版社
14	如何读懂符号——思索触类旁通的标志意义	张文硕	辽宁科技出版社
15	大学英语博雅阅读 1(修订版)	邱能生(外)　黄颖思(外)　郜肇丹	上海交通大学出版社
16	新经典英语散文导读	黄辉辉　陈　蕾	商务印书馆
17	大学英语翻译:教与学	许江梅　王灿阳(外)　程锋萍(外)	吉林大学出版社
18	英语教学与思维创新研究	刘希瑞	吉林教育出版社
19	大学英语教学法	王　勉(外)　刘　琨	中国商务出版社
20	英语语言学教学理论研究	叶立刚	东北师范大学出版社
21	建设国家中心城市发展战略研究——以郑州市为例	常战军(外)　金香爱(外)　李艳艳	郑州大学出版社
22	外国电影史	赵志洋	华中科技大学出版社
23	中国与“一带一路”沿线我国周边国家的经贸合作及策略研究	张　丽	四川大学出版社

产业开发

【概况】 资产与产业管理处下设工程训练中心一个副处级单位,办公室和企业管理科两个科级部门,与师生公寓管理中心合署办公。有事业编制职工 58 人,在职集体工 10 人,同等待遇合同制职工 5 人,编外合同制职工 4 人。所属全资校办企业有郑州第二机床厂、郑州工程学院机械厂、河南工业大学大学科技园公司、河南工大房屋租赁部、河南工业大学劳动服务公司 5 家;控股企业有河南大公置业有限公司 1 家;参股企业有郑州四维生物科技有限公司、河南华荣环保科技有限公司、河南惠尔纳米科技有限公司3家。

【校办企业规范化建设和改革】 2017年设立河南工大资产经营有限公司，对校属企业河南工大设计研究院、河南大公置业公司、郑州第二机床厂、郑州工程学院机械厂4个全资及控股企业进行了清产核资专项审计、净资产项目评估工作。

为贯彻落实《国务院办公厅关于高等学校所属企业体制改革的指导意见》(国办发〔2018〕42号)文件精神，按照河南省教育厅的要求对学校所属企业情况进行全面摸底调查，初步分类，完成《河南工业大学校属企业摸底调查情况报告》。

【经营性资产管理】 规范管理，提升服务　对全部出租房屋进行建立台账分类，制定标准化合同范本，使合同签订及管理更加规范。相关工作人员定期走访检查，发现违规行为坚决予以制止和纠正，同时加强交流，倾听承租户意见，及时了解承租户诉求，帮助承租户解决实际困难。通过改善营商环境提高房屋的出租率和竞争力。

准确把握市场变化，实现经济利益最大化　在2018年房屋租赁市场低迷，租赁价格普遍回落，房屋空置率高的背景下，为尽快将空置房屋以合理价格出租，资产处对周边市场及同类市场进行深入调查，准确把握市场变化，及时将租赁价格适时调整到合理区间，基本实现空置房源全部出租，确保国有资产保值增值。

2018年经营性资产收入达到4668.7万元，较2017年增长13.9%。

【"学府三园"管理】 完善制度　针对园区建设不断发展和园区面貌的不断变化，结合园区管理的实际状况，重新修定《物业监管考评办法》，督促物业公司完善多项管理制度。

基础设施　完善"学府三园"基础设施10余项，加装单元门禁系统2200余套，升级并启用园区机动车号牌识别系统，安装园区地下车库车位牌1900个，增加园区道路的减速带、反光镜等十几处，提高园区车辆行驶安全。完成63户地下室的暖气阀门外迁改造修缮工程；修复教职工住房及地下室渗漏水百余户共计200多处。

园区环境　补种苗木，绿化、美化生活区环境；修复园区公共区域、路面、台阶踏步及楼宇外立面墙砖3000平方米、地下车库透光平台60余个。

园区安全　对于园区安全重点部位，如配电中心，消防泵站、消防水箱等重点电力和消防设施设备月月集中检查，日常的巡查或抽查中重点检查楼道、楼顶、地下室和地下车库，发现问题及时处理。坚决清理违规租房及群租房。支持物业公司对于群租房、仓储及快递用房等可能给园区带来安全隐患或扰民的住户进行清理，今年清理四户违规用房。

对物业公司监管加强　对物业公司的监管，严格按服务标准对物业公司的服务质量进行考核，督促物业公司完善制度，严格按标准对物业公司的服务质量进行考核，对物业公司未及时整改的问题按考核细则标准扣减物业费，督促物业公司人员素质和服务能力的提高。

解决住户关心的热点问题　在供暖的准备工作上，强化热交换站及园区管网等设施设备的检测、调试和管网的冲洗，为1535家住户开通了暖气。为切实提高供暖服务效率，在生活园区内设立暖气维修服务站，及时处理住户家中暖气使用的故障，及时为住户排忧解难。因冬季供暖的施工协调及供暖效果不好等问题，管理中心主动上门与热力公司沟通协调10余次，时时把维护住户权益放在首位。

【校属企业】 对郑州第二机床厂及粮油机械厂实行目标管理，本着开源节流，保运转的主导思想，与两个企业的负责人签订目标责任书，全年实现250万元营业性收入。

【科技园平台建设】 推进师生科技成果转化，为师生在产学研项目上牵线搭桥，在园企业转化效益达到5%以上。河南省大学科技园总资产415 503 100.9元，学校股东权益35 506 668.93元。学校在河南省大学科技园的跨越式发展过程中，给予了全方位支持，做出了重要贡献。在河南省大学科技园成立十五周年之际，刘永霞获"河南省大学科技园特殊贡献奖"。

【集体所有制职工管理和服务】 关心集体所有制职工的工作生活，尽职尽责为集体所有制职工提供养老统筹等服务工作；配合学校把相关补贴、福利待遇等温暖和关怀传递给职工。重视集体职工的生活诉求，全年接待职工来访12次，耐心倾听，主动做好协调安抚工作，维护了和谐稳定。

· 国际及港澳台交流与合作 ·

【概况】 国际交流与合作处暨港澳台办公室是学校对外交流工作的归口管理的职能部门。主要职责是:执行国家涉外政策,建立和保持河南工业大学与国外大学、教育机构和有关单位的联系与合作;协调全校外事活动;负责相关国际合作与交流项目和专项基金的申请、审核和管理:各类合作办学的联络、审核和报批和管理;负责长短期外国专家的聘请、报批和管理;办理校内人员因公长、短期出国(出境)手续、审核自费出国(出境)手续;负责外国留学生和港澳台学生的招生与管理和日常管理。负责对港澳台地区的交流、合作活动的审批、联系和管理。下设外事管理、对外联络和涉外教育3个科室。

【引智和培训工作】 在EIE全外教英语教学体系持续运行的基础上,引入另一个欧洲外教派遣渠道,以保障外教的足额聘用,聘请外籍语言专家31人次,专业外教72人次,主要保障相关教师需求。出台《河南工业大学外国专家管理规定(试行)》,对外国专家公寓管理、中方助理、听课及教学管理方面进行全方位的标准化要求。

【国家援外项目】 承担商务部、国家国际合作发展署发展中国家人力资源培训项目8期,为30个受援国家培训政府官员、技术人员、教练员、运动员311人,工作语言涉及英语、法语、西班牙语、蒙古语。其中,首次承办交通类培训1期,首次承办双边项目3期。

【来华留学】 学校共有来华留学生和援外培训学员658人,其中援外培训学员311人,其他来华学习留学生347人,位居河南省高校第二名。留学生来自巴基斯坦、孟加拉国等国,由汉语短期学生、短期专业进修生、本科学历生、硕士研究生、博士研究生几个层次构成。首次招收留学博士生1人。本科、研究生学历生在粮油食品学院、信息科学与工程学院和土木工程学院英文授课项目的基础上,再开设了机械工程学院、经贸学院的英文授课本科生项目。留学专业涉及13个学院的24个专业,各学院积极保障来华留学生的培养质量,不断推动教学方式的改革和教学质量的提升。

【因公出国管理】 进一步修订《河南工业大学外事接待管理办法》和《河南工业大学外事礼品管理暂行规定》。在规范相关手续办理流程的同时,明确目标,积极稳妥地推进学校因公出国(境)团组计划实施。共完成厅级出国(境)团组6批次报批工作,实际执行3批次14人次;完成县处级出国(境)团组40批次报批工作,实际执行20批次46人次,其中双跨团组1批次。

【国际及港澳台校际合作与交流】

学校对外交流学生262人。其中,物联网专业64名学生赴台湾中原大学学习。出台《河南工业大学国际及港澳台交换生学习学分认定办法(试行)河工大政教〔2018〕29号》,放宽了学分认定自主权,为学生更便捷地享有国外教育资源创造条件。与"一带一路"国家建立实质性合作关系。与南非林波波省签署教育合作备忘录,计划与该省的大学建立联合学院。与马来西亚管理与科学大学签署协议,合作设立"食品工业学院",共同举办学历教育。组织接待柬埔寨财经部国务秘书翁赛维索代表团和南非林波波省省长查普·马萨巴萨代表团两次部长级以上团组,接待美国柯林斯堡市市长,英国诺森比亚大学,美国雪兰多大学,台湾中原大学、文化大学,英国亚伯大学,日本东京工业大学,马来西亚管理科学大学,美国欧道明大学等国(境)外访问团组22个200余人次。

表 9-1　国(境)外教师基本情况表

序号	姓	名	国籍	性别	学历
1	Wheaton	John James	美国	男	学士
2	Lewis	Mark Keven	美国	男	硕士
3	Africa	Lavinia Cleo	南非	女	硕士
4	Ray	Lawrence Alexander	美国	男	学士
5	Madden	MichaelL	美国	男	硕士
6	Chudyk	Carl James	美国	男	学士
7	Baird	Caroline Elisabeth	英国	女	学士
8	Penaflor	Edna	加拿大	女	硕士
9	Weck	Donald Richard	美国	男	学士
10	Proshechkin	Vitaliy	俄罗斯	男	学士
11	Jarnagin	Jeremy Joel	美国	男	学士
12	Rozanska	Anna Maria	波兰	女	硕士
13	Osinska	Beata Katarzyna	波兰	女	硕士
14	Raszkowska	Beata Kryspina	波兰	女	博士
15	Guzowska	Marzena Beata	波兰	女	学士
16	Selvaraj	Gurudeeban	印度	男	博士
17	Kaliamurthi	Satyavani	印度	女	博士
18	Marley	Andrew	澳大利亚	男	学士
19	Cummings	Clarke Allen	美国	男	学士
20	Roy	Monika Anna Maria	加拿大	女	博士
21	Lee	Mija	韩国	女	硕士
22	Mackay	Alasdair	英国	男	学士
23	Mardirossian	Daron	加拿大	男	学士
24	Thorsten	Egelkraut	德国	男	博士
25	Marie	Jones	英国	女	硕士
26	Thomas	Alexy	美国	男	硕士
27	Murray	Smart	新西兰	男	硕士
28	Cynthia	Fortin	加拿大	女	博士
29	Peter	Rumble	英国	男	硕士
30	Linda	Watson	新西兰	女	学士
31	Anthony	Smith	英国	男	硕士
32	Joerg	Wild	瑞士	男	博士

续表 9-1

序号	姓	名	国籍	性别	学历
33	Oliver	De Jong	荷兰	男	硕士
34	Keshavan	Niranjan	英国	男	博士
35	Shelini	Surendran	英国	女	博士
36	Francis	Jones	加拿大	男	博士
37	Dmytro	Bushuiev	乌克兰	男	硕士
38	Kumari	Rathnayake	斯里兰卡	男	博士
39	Lee	Lai Ping	中国(香港)	女	硕士

表 9-2 国家留学基金委公派出国留学项目基本情况

项目名称	申报身份	申报人数	录取人数	录取率
国家汉办汉语教师志愿者	在校教师	1	1	100%
地方合作项目(含行政管理干部出国研修项目)	在校教师	6	4	66%
青年骨干教师项目(含行政管理干部出国研修项目)	在校教师	4	3	75%

· 管理工作 ·

校办工作

【概况】 校长办公室是学校党委、行政的重要助手，是学校行政的综合办事机构，职能为参谋辅助、法政咨询；组织协调、督查督办；公文处理、印信管理；信息沟通、综合统计；对外联络、信访接待；车辆管理、综合服务。设有文秘科、行政科、接待科3个科室，下属小车队有驾驶员13人。校友工作办公室、法律咨询办公室与校长办公室合署办公。校友工作办公室下设综合科。

【重点工作】 学习贯彻十九大精神 校长办公室领导班子严格按照校（处）中心组学习安排，通过个人自学、集体学习、参与专家辅导、校内外调研交流等方式，带领全体党员，学习十九大精神辅导报告8次，协助党委办公室、组织部组织全校领导干部参加6次党的十九大辅导报告，认真落实习近平总书记对高等教育发展提出的新理念、新思想。

二届四次教代会 校办在学习调研，在广泛征求学校领导、各部门意见基础上，经过多次修改、完善，完成题为《突出内涵质量 全面深化改革 为建成特色鲜明的高水平工业大学而努力奋斗》的校长工作报告，确立学校今后一个时期的工作思路，安排部署2018年行政工作。会议期间，完成《学校提案工作报告》《校长工作报告决议草案》《大会公报》等会议文字材料的撰写、核定工作；协同校工会等单位，做好大会会议联络、材料印发、会场布置、证件制作等各项服务保障工作；配合宣传部等有关部门，做好“双代会”会议精神学习、交流和贯彻落实工作；协调有关部门，落实7项教代会代表提案，切实维护广大教职员工的合法权益。

本科教学评估 7月学校进行本科教学工作诊断评估，11月学校进行10年一次的教育部本科教学工作审核评估，校办重点参与评估全过程。两次本科教学评估前期，校办协同评建办多次到各单位、各学院走访、调研、检查，督促本科教学单位迎评工作的准备，多次组织召开迎评动员会；完成评估期间领导欢迎词、主持词、本科教学工作补充报告等各类材料的撰写工作，统筹专家调阅材料，编写诊断性评估整改报告等；完成专家进校后各项接待和服务工作，包括食宿、车辆、会务保障等，布置专家碰头会、见面会、反馈会等各类会议23次；协同评建办、教务处，按照学校“以评促建、以评促改、评建结合、重在建设”方针，扎实推进整改，确保全部落实到位、整改到位。

巡视整改 按照学校部署，协调各部门、各学院认真落实巡视工作要求。在省委第六巡视组进驻学校期间，负责协助巡视组的后勤保障工作，落实巡视组食宿标准，保证巡视出行车辆，接送巡视各项材料和每日报纸等；协同党办、组织部、纪委等相关部门按照省委要求，对全校各部门、各学院进行检查，对工作纪律、办公用房检查中反馈的问题，立行立改，督促各单位认真整改。

脱贫攻坚 自河南省“校地结对帮扶”精准扶贫行动启动后，学校和光山县双方领导多次进行对接、互访和调研。校办陪同校领导多次到光山县进行走访调研，协同校扶贫办与光山县领导沟通、磋商，同校内各相关单位进行统筹协调，制定光山县扶贫工作方案；协调学校各专项工作组与光山县相关单位分别签订“大米加工精度控制与品质提升”技术开发协议、“鸡公潭糍粑产品开发技术”合作协议、“砖桥月饼新产品开发”协议、“农产品加工技能培训”服务协议、“校地结对帮扶”食用油产销合作协议、“电商培训、电商发展规划”技术服务协议、“美丽乡村建设规划”技术服务协议和“农特名品”包装系统整合与提升设计协议等，把教育帮扶、产业帮扶等向深层次推进。

校友工作　校友工作志愿者协会加入全国高校校友工作志愿者联盟；完善优化"河南工业大学校友会"官方微信功能模块和发布内容，新增校友云卡功能，实现学校校友注册功能；完成学校校友会和发展基金会注册的材料撰写和准备工作；积极提升校友来校服务质量，全年接待校友50余批次，3800余人，新增有效通讯录2500余条，解决校友各项问题180余件，受捐实物或资金计100余万元人民币。

【日常工作】　文秘工作　全年起草领导讲话稿、各类报告、总结、汇报、主持词或交流材料等综合文字材料100余份，约16余万字；完成11个文号的校发公文起草、修改、校对、排版、印发及归档工作，共计385份，约60余万字；完成《河南教育年鉴》《河南工业大学年鉴》材料供稿以及学校教育事业数据统计、学校教育信息上报等工作；全年共收发、传阅各级各类文件452份，送阅2400多人次，办结率100%，确保各项工作没有出现差错。

会务及综合行政　组织召开校长办公会14次，涉及人才引进、高层次队伍建设、科研经费管理、校企管理体制改革、校园基础能力建设、后勤服务保障等65项重点工作，每次会议都认真做到会前征集议题、提前通知，会前提醒，会后编发纪要，协调落实会议决议。协同学校有关部门，认真做好部门工作会议、来访交流会、报告会、总结会、评审检查会等各类会议的场地安排、人员通知、协调服务，发挥了校长办公室应有的会务服务职能。

法律咨询与维权　按照建立现代大学制度、实施依法治校的工作要求，发挥法律咨询服务职能，协同有关部门，做好学校的涉法维权工作，协调处理劳动纠纷、学生作弊、学生意外伤害等涉法案件20余件，审核合同草本50余件；接受各种形式的师生法律咨询160余次；参加纪委、学生、人事、教务、后勤等部门的涉法会议，提出相关的法律意见；与法学院联合举办3·15法制维权、12·4法制宣传日等宣传教育。

司机班　按照上级和学校关于公务用车管理办法，创新学校公务用车管理模式、进一步规范管理、提升服务质量和效率，对学校各种用车严格做到出车及时、行车安全，服务周到，节能减排，全年安全行车约51万公里，未出现任何交通、安全责任事故，圆满完成各项出车任务。

其他　校办认真履行岗位职责，强化综合协调服务职能，高校信息化发展水平评估、全国粮食科技活动周、各类专业认证、校园信息公开、教育脱贫攻坚、中原区人大代表选举、安全稳定大检查、田径运动会、新生报到、开学典礼、毕业典礼、教师节慰问表彰、节假日安排等全校性重大活动，承担了大量的沟通协调任务，有力地配合支援了兄弟单位开展工作。

发展规划

【概况】　发展规划处是学校发展战略研究、规划制定和决策信息咨询机构。主要职责包括学校总体发展战略研究，为学校提供建设性的研究报告和决策咨询；调研、编制、论证和评估学校中、长期总体发展规划和阶段性规划，并跟踪规划的执行；跟踪高等教育改革发展动向；为学校领导和有关部门提供决策信息；参与学校重大项目的论证和评估等。发展规划处下设规划科和综合科。

【推进规划执行】　总结学校"十三五"规划执行情况，完成《河南工业大学"十三五"发展规划2017年度执行总结报告》，提出推进规划目标完成的建议。持续跟踪推进ESI学科等引领性发展目标，邀请科睿唯安沈嘵嘵做题为《利用WOS/ESI/JCR助力科学研究》的学术报告。2018年1月，学校农业科学学科首次进入ESI全球前1%，并连续6次进入，标志着学校农业科学学科初步迈进世界高水平学科行列。学校工程学、化学学科门槛值分别达到0.97和0.78。

【战略研究】　参加"高等院校领导干部学习全国教育大会精神专题研讨会""大学之道·上海论坛"等会议，跟踪国内外高等教育发展动态；开展第三方评价研究，对比分析目标院校，形成《2018河南工业大学发展情况的比较分析——基于软科中国最好大学排名数据》《河南工业大学发展情况的比较分析——基于武书连2018年大学排行榜数据》及《2018软科中国最好学科排名·河南高校上榜名单》等研究报告。编撰《基于ESI的河南工业大学学科发展分析》《河南省进入 ESI 前 1% 高校、学科及排名变化情况》《河南工业大学 ESI 学科分析(2018 年 6 月)》《ESI 河南工业大学被引情况表》《河南工业大学 ESI 学科发展现状及建议》《河南工业大学 ESI 学科分析(2018 年 10 月)》《河南工业大学学科发展现状》及《河南工业大学 ESI 工程学学科发展现状分析》等报告;印发《河南工业大学 ESI 潜力学科期刊名录(2018 年 5 月)》《ESI 收录期刊名录(2018 年 9 月)》等。积极寻求促进学校可持续发展的内在动力机制。

【本科教学评估】 全程参与本科教学工作审核评估,撰写《河南工业大学本科教学工作审核评估自评报告》中"办学定位""培养目标"和"特色项目"等章节内容,特别是《构建粮食产后全产业链学科专业群,服务粮食产业经济发展》特色项目的提炼和撰写,为学校评建工作贡献了智慧。全程参与学校《自评报告》的通稿、审稿及修改工作。完成诊断评估、正式评估 6 位专家的走访接待工作。完成《河南工业大学 2016—2018 年涉粮毕业设计(论文)情况分析》等评估基础资料的整理分析工作。

【决策信息咨询】 搜集高等教育改革与发展的方针、政策及发展动向,以网站和《决策参考》为平台,发布高校在管理机制、学科建设等方面的发展动态、工作经验和规划信息。围绕"两会"高教、本科审核评估、学位点合格评估、一流本科、全国教育大会等内容编印《决策参考》6 期,共约 40 余万字。

【其他工作】 完成中西部高校基础能力建设工程二期项目"河南工业大学粮食科创实验中心建设实施方案"优化工作;配合财务处完成中央"支持地方高校改革发展资金"发展改革类资金 2018—2020 年支出规划等。

人事管理

【概况】 人事处是负责学校人才招聘、师资培养、人事管理、劳资管理、人员聘任等的职能部门,下设办公室、人事科、师资科、劳资科、人才交流中心 5 个科室。处长 1 名,副处长 3 名。

【教职工队伍状况】 学校现有教职工 2147 人,其中专任教师 1647 人,具有硕士、博士学位者 1456 人,具有高级职称者 933 人,省级特聘教授、享受国务院政府特殊津贴专家、全国优秀教师、教学名师、优秀专家、学术骨干、创新人才、学科带头人、学术技术带头人 281 人。

本年度学校增员 98 人,其中博士 95 人;属于接收毕业生 77 人,调入 8 人,回国录用 11 人,军转干部 2 人。减员 51 人,其中退休 40 人,调出 4 人,辞职 5 人,其他 2 人。

按教学和科研人员、实验技术人员、党政管理及其他专业技术人员、工勤人员进行了分类年度考核。有 2109 人参加考核,其中优秀 423 人,合格 1686 人。

【人才培训】 学校一贯注重对师资队伍人才的培养,参加各类进修培训 560 余人。依据国家、河南省出国留学基金相关政策,选派 12 人赴海外著名大学进修深造,选派教育部骨干教师访问学者及其他国内进修访问学者 3 人,留学基金委出国英语培训 8 人,6 人入选国家留学基金委青年骨干教师研修项目,8 人入选国家留学基金委地方合作项目,8 人入选国家留学基金委高等教育教学法出国研修项目,1 人参加高等学校新入职教师国培示范性项目,12 人参加高等学校新入职教师省培示范性项目,另有 4 人参加全国粮食行业专业技术人员高级研修班及各行业协会举办的研修课程,参加精品课程培训、双语教学英语培训 180 余人次,77 人参加教师资格认定。

学校鼓励青年教师不断提高学历层次。5 人考取国内博士研究生,在职或委培攻读博士的人数达到 46 人。暑期完成攻读博士学位人员的汇报总结工作,聘请专家赴各个学院听取他们学习科研情况汇报,对学习进展情况进行跟踪登记备案。94 名教师参加新教工岗前培训。

【社会保险】 医疗保险月参保人数(含退休人员,不含离休人员)3332 人。养老保险月参保人数在编 1969 人,全民合同制 320 人。失业保险月参保人数 2112 人。

【工资管理】 职工工资总额 30 657万元,人均年收入 12.86 万元。年初实有离退休人员 945 人,年底实有离退休人员 991 人;年平均离退休人员 967 人。发放离退休生活费 1430 万元。

表 10-1 教职工性别及岗位情况一览表

人员及分布	数量(人)	比例
在职总人数	2147	
其中:女性	904	42.1%
专业技术	1792	83.5%
管理	142	6.6%
工勤	213	9.9%

表 10-2 人员分布一览表

总数	教学科研	实验技术	工程技术	图书资料	出版印刷	财会	医护	中小幼教	工勤	其他
2147	1621	48	98	52	9	33	14	7	213	52

表 10-3 专任教师学位情况一览表

学位状况	人数(1647)	比例
博士	774	47.0%
硕士	682	41.4%
学士及以下	191	11.6%

表 10-4 享受政府特殊津贴专家情况一览表

序号	姓　名	获奖名称	授奖单位	获奖时间
1	董企铭 *	政府特殊津贴	国务院	1991
2	周瑞宝 *	政府特殊津贴	国务院	1991
3	艾宏韬 *	政府特殊津贴	国务院	1992
4	李本善 *	政府特殊津贴	国务院	1992
5	殷尉申 *	政府特殊津贴	国务院	1992
6	张根旺 *	政府特殊津贴	国务院	1993
7	周乃如 *	政府特殊津贴	国务院	1993
8	周展明 *	政府特殊津贴	国务院	1993
9	陈大昭 *	政府特殊津贴	国务院	1993
10	李凤云 *	政府特殊津贴	国务院	1995
11	李豫洲	政府特殊津贴	国务院	1996
12	卞　科	政府特殊津贴	国务院	1997
13	张　元	政府特殊津贴	国务院	1998
14	陈肇铗 *	政府特殊津贴	国务院	1999

续表 10-4

序号	姓　名	获奖名称	授奖单位	获奖时间
15	王广国#	政府特殊津贴	国务院	1999
16	王录民*	政府特殊津贴	国务院	2005
17	屈凌波#	政府特殊津贴	国务院	2001
18	梁醒培*	政府特殊津贴	国务院	2001
19	谷秀娟	政府特殊津贴	国务院	2008
20	陈复生	政府特殊津贴	国务院	2008
21	戚世钧	政府特殊津贴	国务院	2010
22	王振清	政府特殊津贴	国务院	2013
23	陆启玉	政府特殊津贴	国务院	2014
24	谷克仁	政府特殊津贴	国务院	2016
25	谢文磊	政府特殊津贴	国务院	2018
26	谢文磊	政府特殊津贴	河南省政府	2015
27	郑学玲	政府特殊津贴	河南省政府	2016

注:标*者为已退休人员,标#者为调出人员

财务管理

【概况】 财务处负责全校财务管理工作,是学校财务管理与会计核算机构,依据国家财经法规和财务会计制度,统一管理学校财经工作。有财务人员 18 人,其中硕士研究生学历 4 人,大专以上学历 14 人,高级职称 5 人,中级职称 13 人;按业务性质分类设立了财务科、会计核算科、基建财务科和校园卡管理中心 4 个科室。

【财务收支概况】 上年结转(余) 232 476 635.96 元,2018 年总收入 1 098 807 915.41 元,其中:财政拨款 687 088 500 元,总支出 971 008 795.76 元,财政支出 599 474 472.58元,本年结转(余) 360 274 693.91元。

【财务专题分析】

表 10-5　2018 年收入支出与预算对比分析表

序号	科目名称	预算金额	去年结转	本年收入	本年支出	预决算收入差额
1	博士后日常经费	0	60 000	0	60 000	0
2	兵役征集	515 000	47 175.98	515 000	562 175.98	0
3	高等教育	630 543 000	227 237 270.38	961 447 615.41	838 930 191.88	-330 904 615.41
4	其他普通教育	0	0	460 000	460 000	-460 000
5	其他基础研究	460 000	0	460 000	460 000	0
6	社会公益研究	6 620 000	591 126	8 700 000	7 291 126	-2 080 000
7	应用技术研究与开发	1 500 000	3 141 001.90	1 000 000	4 141 001.90	500 000

续表 10-5

序号	科目名称	预算金额	去年结转	本年收入	本年支出	预决算收入差额
8	科普活动	170 000	0	170 000	170 000	0
9	其他科技交流与合作	640 000	0	640 000	640 000	0
10	其他科学技术	20 000	0	20 000	20 000	0
11	其他人力资源和社会保障管理事务支出	0	255 000	0	255 000	0
12	事业单位离退休	8 991 000	0	9 066 000	9 066 000	-75 000
13	机关事业单位基本养老保险缴费支出	33 120 000	0	48 571 800	48 571 800	-15 451 800
14	求职创业补贴	0	0	1 123 500	1 123 500	-1 123 500
15	事业单位医疗	31 320 000	0	31 320 000	31 320 000	0
16	其他污染减排	0	0	2 520 000	0	-2 520 000
16	其他农业支出	0	800 000	900 000	1 700 000	-800 000
17	住房公积金	25 920 000	0	25 920 000	25 920 000	0
18	其他粮油事务	0	0	6 000 000	0	-6 000 000
19	其他支出	0	0	200 000	200 000	-200 000

收入支出与预算对比差异较大的原因，主要原因一为2017年度结转资金23 247.56万元不在2018年预算范围内，但计算在本年收入内；二为2050205高等教育科目中“事业收入”“其他收入”存在较大差异，具体为“科研事业收入”“其他收入（含联合办学收入、利息收入、捐赠收入等）”等年初预算估算不足，其中“科研事业收入”实际比预算多6063.95万元；“其他收入”实际比预算多10 883.89万元。

收入支出结构分析　2018年度总收入1 098 807 915.41元，总支出971 008 795.76元，其组成情况见下表（单位：元）

表 10-6　收支结构表

项　目	金　额	比例（%）
收　入　总　计	1 098 807 915.41	100
一、财政拨款收入	687 088 500.00	62.53
其中：1. 教育经费拨款	608 188 700.00	55.35
2. 省级科研经费拨款	11 224 000.00	1.02
3. 离退休经费	3 137 000.00	0.29
4. 医疗经费	1 467 000.00	0.13

续表 10-6

项目	金额	比例(%)
5. 住房公积金拨款	17 620 000.00	1.60
6. 机关事业单位养老保险费	45 451 800.00	4.14
二、学校自筹收入	411 719 415.41	37.47
其中:1. 预算外收入	242 240 999.97	22.05
2. 科研事业收入(含其他科研拨款)	60 639 546.66	5.52
3. 其他收入	108 838 868.78	9.91
支出总计	971 008 795.76	100
1. 工资福利支出	475 150 199.80	48.93
2. 商品服务支出	240 511 458.06	24.77
3. 对个人及家庭补助支出	99 024 358.94	10.20
4. 资本性支出	116 065 614.84	11.95
5. 债务利息支出	40 257 164.12	4.15

支出按经济分类科目分析

2018 年学校严格执行“约法三章”之规定,完成了“约法三章”中“三公”经费只减不增的要求。其他对部门影响较大的支出情况:办公费支出 1581.25 万元;水电气暖及物业管理费支出 2445.06 万元;专用材料费支出 3752.18 万元;委托业务费支出 3794.58 万元;劳务费支出 1642.51 万元;奖助学金支出 5574.11 万元;基本建设支出 1722.12万元,其中房屋建筑物购建支出1718.60万元;其他资本性支出9884.44万元,其中设备购置支出8222.60万元。

财政拨款收入、支出分析

2018 年学校财政拨款共计 68 708.85 万元、财政拨款支出 59 947.45万元。财政拨款收入相比2017 年略有增加,主要原因为财政对高等教育事业发展专业增加了投入。

财政拨款收入中财政教育拨款 60 818.87 万元,财政其他拨款 7 889.98万元,具体构成见表 10-7:

表 10-7 财政拨款收入表

序号	收入名称	金额
1	财政补助收入	687 088 500.00
1-1	财政教育拨款	608 188 700.00
1-1-1	一般人员经费	169 382 600.00
1-1-2	公用经费	84 155 000.00
1-1-3	工会经费	3 311 000.00
1-1-4	职工福利费	4 138 000.00
1-1-5	专项经费	330 387 100.00
1-1-6	其他社保缴费	2 815 000.00

续表 10-7

序　号	收入名称	金　额
1-1-7	其他教育经费拨款	14 000 000.00
1-2	财政科研拨款	11 224 000.00
1-3	财政其他拨款	67 675 800.00
1-3-1	离退休经费	3 137 000.00
1-3-2	住房改革经费	17 620 000.00
1-3-3	事业单位医疗费	1 467 000.00
1-3-4	机关事业单位养老保险费	45 451 800.00

财政拨款支出中基本支出 37 821.45 万元，项目支出 22 126.00 万元，具体构成见表 10-8：

表 10-8　财政拨款收入表

项目	栏次	科目	金额
基本支出	人员经费	工资福利支出	236 736 400.00
		对个人和家庭补助支出	48 827 100.00
	日常公用经费	商品服务支出	92 651 000.00
项目支出	基本建设类项目	基本建设支出	17 221 220.42
	行政事业类项目	商品服务支出	123 695 990.50
		其他资本性支出	80 342 761.66

生均收入支出对比分析　2018 年财政拨款收入 68 708.85 万元，学校全日制研究生和本专科学生共 35 689 人，生均拨款收入 19 252.11 元，比 2017 年提高 2591.66元。其中，学生资助拨款 4561.36 万元，生均资助拨款 1278.09元；公用经费拨款9265.10 万元，生均拨款收入 2596.07 元。

2018 年财政拨款支出 59 947.45 万元，生均拨款支出 16 797.18元。其中，学生助学金支出4561.36万元，生均支出 1278.09 元；商品服务支出 21 634.70 万元，生均支出 6062.01 元。

年末结转和结余情况　具体见表 10-9：

表 10-9　2018 年资金收支结转(余)表

项目	财政拨款	纳入预算管理	专户核拨	其他(含科研)	合计
年初结余	45 300 902.10			187 175 733.86	232 476 635.96
本年收入	673 088 500.00	14 000 000.00	242 240 999.97	169 478 415.44	1 098 807 915.41
本年支出	585 474 472.58	14 000 000.00	242 240 999.97	129 293 323.21	971 008 795.76
其中：房屋建筑物支出	17 186 030.42				

续表 10–9

项目	财政拨款	纳入预算管理	专户核拨	其他(含科研)	合计
上年收回	1061.70				1061.70
本年结余	87 614 027.42				127 799 119.65
年末结转(余)	132 913 867.82			227 360 826.09	360 274 693.91
其中:事业结余					
本年专项结转(余)	132 913 867.82			227 360 826.09	360 274 693.91
上年专项结转(余)					

资产负债情况分析　2018 年年末资产总额495 615.67万元,比 2017 年年末增加35 854.79万元,增幅7.80%,变动原因主要为固定资产、无形资产和银行存款的增加; 2018 年年末负债总额106 662.97万元,比 2017 年年末减少10 923.04万元,减幅9.29%,变动原因主要为流动负债中其他应付款以及长期借款的减少。资产负债结构情况 2018 年年末"流动资产"比 2017 年年末增加了1720.14万元,主要原因为流动资产中货币资金增加了13 565.20万元,应收账款减少了9722.89万元,其他应收款减少了2122.17万元。"应收账款"科目反映的主要是在建工程中尚未形成非流动资产基金的基建贷款。"固定资产"2018 年年末比 2017 年年末增加了83 936.67万元,主要是在建工程竣工验收以及通用和专用设备的增加。"在建工程"2018 年年末比 2017 年年末减少了51 037.87 万元,是为在建工程竣工决算后转固定资产。其他应收款主要反映的是各金融机构贷款保证金、校区建设中尚未结转的自筹基建往来款和其他因公业务的暂借款。2018 年学校加强了对财政资金的管理和支付以及对暂借款的管理和清收,并取得了一定的成效。"长期借款"2018 年年末比 2017 年年末相应减少了10 918.36万元。"其他应付款"主要反映的是各类押金、保证金、质保金和待查(转)款等。"其他流动负债"主要是各类代管款项。

【日常工作】　工作重点和亮点　狠抓收入管理,增强财务保障能力。新增博士学位授予单位建设,对学校经费收入提出了很高的要求,财务处一方面充分挖掘内部增收潜力,加大组织收入的工作力度,确保学校自身各项收入应收尽收,及时、足额到账。另一方面,准确把握政策动向,抢抓各种机遇,主动对接,积极跟进,加强沟通汇报,前瞻性做好各类专项资金申报及后续管理工作,加大争取资金工作力度,争取更多的专项资金支持。

构建收入可持续增长的长效机制　一是建议政府相关部门建立科学合理的学费标准动态调整机制。二是建立激励机制,鼓励学院优化在校生结构,增加学费收入。制定了《河南工业大学新增中外合作办学项目收入分配办法》,新增中外合作办学项目增加的收入,按学校和承办学院 5 ∶ 5 的比例进行分配,学院分配的收入作为院级财力,由学院统筹用于项目发展、提高职工工资福利待遇等,充分调动各学院新增中外合作办学项目的积极性,鼓励学院增加高收费学生的规模。在财政拨款不增加的情况下,一方面着力优化支出结构,预算安排严格控制日常运行经费,调减了水电暖、班车运行等经费,另一方面集中统筹其他财力用于人员经费,确保了调资政策的全面落实,让广大教职工享有更多的幸福感和获得感。

资金使用提质增效　一是按照"先定中期财政规划后编年度预算""先有项目后安排预算"的原则,以项目库建设为切入点和突破口,提前做好编制中期财政规划的各项准备工作,着力细化中期财政规划内容,加强年度预算与中期财政规划的有机衔接。二是着力构建"未经评审不纳入项目库、未纳入项目库不安排预算"的项目支出预算管理新机制,推进预算评审前置化,实现预算评审制度化、机制化。

债务风险防控　2018年,财务处统筹自身财力和举借新债,落实偿债资金,将还本付息资金纳入预算管理,保证了到期债务的按期归还和利息费用的及时支付,维持学校资金的正常运转。同时,加大资金统筹力度,保证在建项目工程进度款和二期工程的尾款的及时支付,根据学校财力情况,科学化解存量债务,归还了资金成本相对较高的保理借款9 400万元,以后每年可节约利息支出900多万元。

审计工作

【概况】 审计处是学校内部审计工作的职能部门,接受上级主管部门的业务指导与监督,依照国家、教育行政管理部门、审计行政管理部门制定的法律、法规、政策、规章、制度及学校有关规定,对本校有关经济活动实施内部监督和评价。专职审计人员由4人增加到5人。下设财务审计科、工程审计科两个科室。

【重点工作】 经济责任审计督查整改　协调、配合学校相关部门完成河南省审计厅对学校经济责任审计整改督查的整改工作。从2015年5月省审计厅派出审计组对学校书记校长履行经济责任情况审计,到2016年的审计整改、2017年的审计整改督查、2018年的审计整改督查整改,4个重要阶段的经济责任审计工作圆满完成,组织撰写整改报告5份。通过整改收回科研经费19.5万元、土地置换款78.54万元,补交财政专户资金2436.97万元,补交各种税款18.7万元,党内警告、行政记过1人次,出台和修订各种规章制度30项。对加强学校规范管理、完善治理结构起到明显的促进作用。

省教育厅检查审计整改工作　省教育厅派出检查组对学校审计整改工作检查指导。审计处配合检查组从学校整改领导小组建设、小组运行情况、整改方案制定、整改方案落实、制度建设、审计决定书执行情况、自查自纠情况、审计处理意见和审计建议采纳情况、结果和运用以及结果公开等14个方面对学校审计整改情况进行检查。

【财务审计】 制定《河南工业大学货币资金管理情况审计工作方案》。通过包括抽查会计记录、实地盘点、发放调查表、询问等必要的审计程序对学校2018年1—9月货币资金管理情况进行审计。涉及资金量269.9亿元,编制审计工作底稿17份,出具审计报告1份,提出审计建议3条。

制定《河南工业大学补交党费使用管理情况审计工作方案》。通过查看有关会议记录和档案资料、查看党费账目和票据凭证、个人走访或电话抽查等必要的审计程序对学校补交党费使用管理情况进行审计。涉及资金量327万元,编制审计工作底稿4份,出具审计报告1份,提出审计建议2条。

配合学校实施政府会计改革,对学校往来款进行调研,起草《河南工业大学往来款清理工作方案》(征求意见稿)。

完成各类合同审核223份,提出审计意见和建议101条。其中物资采购类合同154份,提出审计意见和建议50条,涉及资金总额8607万元。加强对科研经费结项审签工作,本年度审签5项,审签金额172万元。

【工程审计】 完成工程类等合同69份,提出审计意见和建议51条。参加基建处、后勤管理处、后勤集团公司、实验室管理处、各学院等组织的工程竣工、设备验收等45次。完成工程结算审核项目32项,送审金额约1449万元,审定金额1371.5万元,审减金额约77.5万元。其中43号学生公寓消防设备购置与安装工程送省财政厅评审,送审金额438万元,审定金额413.8万元,审减金额24.2万元。

【其他工作】 制定《河南工业大学内部审计发现问题整改工作暂行办法》《审计处经费管理暂行办法》,修订《河南工业大学建设工程项目审计办法》和《河南工业大学科研经费审计办法》等规章制度。参加省审计学会、省教育审计学会组织的内部审计业务培训4人次。

实验室管理

【概况】 实验室管理处(分析测试中心)是学校实验室和仪器设备的统一归口管理部门。主要职责包括负责本(专)科实验室规划、建设、使用管理;负责实验室设备的购置、建设、使用管理;负责实验教学资产的统计及账目管理;参与重点实验室申报;负责实验室安全管理;负责实验分析中心建设和运行。设处长(分析测试中心主任)1人,副处长2人,下设办公室、设备采购科、设备管理科、分析测试中心办公室,有专职人员9人。

【实验室建设】 公共教学设施及基础实验室建设　完成多媒体教室更新项目,包括集中改造4号教学楼多媒体教室113间;更新8、31、32号楼所有投影仪、计算机;充分利用老旧设备,迁移多媒体40套;新装多媒体教室窗帘600套;理顺管理关系,协助教室管理中心建立快速响应机制。

虚拟仿真实验教学项目建设　搭建校级公共虚拟实验平台、引导学院建设虚拟实验教学资源,稳步推进虚拟仿真实验教学项目建设。“LTE阵列天线与传播模型创新设计虚拟仿真实验”“冲压磨具拆装及结构分析虚拟实验”“粮食仓储物流园区建造虚拟仿真实验”“粮油工程虚拟仿真实验教学项目”4个项目获批河南省第一批示范性虚拟仿真实验教学项目,其中后3个项目被推荐参加国家级评审。

中央财政支持地方高校发展资金项目建设　获批中央财政支持地方高校改革发展资金本科教学实验平台类项目4项,环境实训中心建设项目410万元、“智慧工厂”建设项目410万元,语言实训中心建设项目450万元、电气自动化实验室建设项目270万元,总金额1540万元。各项目均完成调研、建设方案形成和专家论证工作。

【财政支付申报、备案】 严格按照省财政厅要求,进行财政支付项目申报、审批、采购、网上备案。申报各类项目237项,申报金额11 861万元,学院申报教学设备类项目5270万元,后勤管理处和后勤集团公司申报2783万元,图书馆申报971万元,保卫处申报316万元,基建处申报212万元,党政管理部门申报1201万元,其余部门申报1108万元。

【招标采购】 依法依规进行招标采购工作,所有项目均为政府招标采购。2018年签订教学科研设备供货合同190份,合同总额6152万元,公开招标101份、金额5705万元;网上商城采购89份、金额447万元;已支付教学科研设备款项1953万元。

【仪器设备固定资产管理】 仪器设备固定资产验收、入账、调拨　2018年验收、入账仪器设备4132台件,总金额6777万元,调拨资产394台件,涉及金额346万元。

仪器设备固定资产清查　对2017年12月31日之前入账的仪器设备类固定资产共46 591台(件),总计62 295万元进行逐件清查核实。对2016年已申请报废的4135件、价值3306万元的仪器设备进行详细数据的梳理、报送和核查。

仪器设备固定资产计提折旧　根据省财政厅、教育厅“关于2018年年终决算工作和2019年政府会计制度改革”工作安排,参加学校固定资产计提折旧集中攻关活动,对在账的5万余台、总金额69 000万元的设备完成计提折旧工作。

大型仪器设备验收、共享及技术服务　组织大型仪器验收,严格验收手续,2018年验收仪器仪表类、机电类等大型仪器设备47台(件),总金额1 945万元;引导大型仪器入网,指导教师使用共享平台,提供转账服务,转账16批次,涉及资金80万元;按照教育厅、财政厅的相关文件精神,推进50万元以上的科学仪器中心、大型科学装置、科学仪器服务单元和单台设备向社会共享,50万元以上大型设备信息全部在河南省大型仪器设备共享平台发布。

【实验室安全】 危险化学品管理　稳步推进危险化学品规范化管理:加入“全国易制毒化学品管理信息系统”“河南省易制爆危险化学品流向管理信息系统”,严格管制类化学品的采购,执行审批、备案制度;对所有化学试剂报账进行审核;完善危险化学品储存场所及相应安全设施,为所有危险化学品储存室安装监控设备、更换安全门、配备安全柜。

实验室安全教育与安全准入　编印《河南工业大学实验室安全手册》,向2018级新生发放并组织学习;组织各学院依据学科特点对新生进行实验室安全知识教育培训;统一组织2018级17个专业的新生进行化学实验安全准入考试。

实验室安全检查　按照省《河南省教育厅关于2018年度高校教学实验室安全检查工作的通知》(教高〔2018〕467号)文件要求,对实验室安全全面检查中出现的问题,要求单位认真整改;根据二级学院提交的整改报告，进行实验室安全抽查；河南省教育厅对学校进行实验室安全抽查，郑州市公安局对学校进行管制类危险化学品专项检查，针对检查中出现的问题，发布检查通报、制定整改方案，要求严格自查、自纠、整改；针对前期检查相关问题，对各学院整改情况进行抽查。

【实验室危险废物管理】 中原路校区遗留危险化学品处置 经过现场考察、研究对策、制定方案、分拣实施、暂存管理及安排转运，共转移处置中原路校区历史遗留的剧毒危险品黄磷、不明化学试剂、废化学试剂共478千克。

危险废物日常管理 统一配备收集容器、完善危废标签，规范危废收集；为产废学院配备物联网设备，实时监测危废出入库，确保产废量准确；全年处置危废11.4吨。

【分析测试中心建设】 项目资金 获批“河南省粮食质检体系建设项目”资金600万元。依据国家粮食局指导意见，按照政府招标采购程序要求，组织设备论证，完成项目招标。

计量认证能力认证 参与省质量技术监督局的“水中溶解性总固体、氯化物、铜和镉检测能力验证计划”，中心能力验证结果符合要求。

中心管理体系转版 根据国家认证认可监督管理委员2018年5月1日实施的《检验检测机构资质认定能力评价 检验检测机构通用要求》（RB/T 214－2017），完成中心的管理体系文件转版工作。

【其他工作】 受教育厅委托，完成河南省2018/2019年度高校实验室信息统计数据工作，完成河南省高校实验室安全检查及上报工作；参与本科教学审核性评估各项工作；配合完成“环境工程”“化学工程与工艺”“过程装备与控制工程”专业的工程专业认证工作；联系公司进行设备免费维修；提供购置设备的信息、建议及帮助询价等服务工作；组织实验室工作交流活动。

后勤管理

【概况】 后勤管理处是负责学校后勤服务保障规划、质量监管的职能部门。设有办公室、校产管理科、工程管理科、计划管理科、计划生育与社区管理科5个科室，处长1名，副处长2名。

【履行工作情况】 教室和学生公寓保障 完成43号学生公寓4改6用床项目的招标采购与验收；31号楼多媒体教室的维修与改造；为多媒体教室配备学习椅500多把；对4号教学楼13个空教室进行维修改造并配备课桌椅近500套；为8号楼和31号楼24个公共教室配备空调37台，改善了学生的学习生活条件。

专项维修改造 在保证日常维修的基础上，利用节假日推进和落实后勤专项维修改造工作。完成6项500余万元的暑期维修改造计划；完成3号教学楼外墙维修项目，4、6号楼地下室防水及维修项目，9号教学楼门厅、广场及周边道路项目等13项1700余万元的立项维修工程；协助东校区完成“3、5、6号楼维修改造项目”和“东校区环境整治项目”。

节能减排 充分发挥节能监管平台的作用，采用合同能源管理模式，完成F区学生公寓直饮水项目和热水进公寓项目的建设工作。利用上级资金，对学校3号、4号、31号教学楼及部分学生宿舍进行用水终端节水改造，预计年总用水量降低35%左右，年节约水费40万元左右。

后勤管理信息化 完善房产信息化管理系统项目和综合资源地理信息系统，对管理系统进行升级和数据转换。启用网络版资产管理系统，对上年度未完善的信息继续进行补充。两大项目的建设提升了固定资产以及后勤信息化管理水平，提高了管理的准确性与响应速度以及资产的使用效率。

校园绿化建设 继续在建设花园式校园上下功夫，着力为师生员工创建舒适宜人的工作、学习和生活环境。强化与后勤集团公司在校园绿化规划方面的监督与沟通，研究制定切实有效的措施，巩固提高绿化成果，加强精细化管理，确保绿化建设水平不断提高。

计划生育 本年度认真贯彻相关政策与规定，全面落实国家和河南省实施全面二孩计划生育政策，全年共办理学生婚育手续、新教工入校登记及婚育手续、一孩二孩生育服务证审批手续、职工计生假手续、职工发放与停发独生子女费、生育保险报销手续、退休职工独生子女父母扶助奖励证明等370

余人次。完善700多名已婚育龄妇女及800多名18岁以下职工子女的信息。

老生活区管理工作　完善电子监控系统、机动车车牌识别系统,治理飞线充电行为,改善老生活区的公共服务设施条件。

防灾减灾工作　加强灾害风险排查治理,制定防灾减灾工作预案,明确目标任务及责任分工。

回收拆迁补偿款　根据合同,与政府有关部门积极沟通,地铁5号线拆迁补偿款到账财政资金2.2亿元。

【资产管理】　资产整合验收利用　全年资产验收260多笔、5000余件,合计490多万元;进行固定资产折旧数据的清理和核算,共计15 673条记录,172 403个数据;强化资产定期盘点制度,盘活各种老旧资源,提高使用效率。对各单位办公用房进行了整改和统计。

家具仓库和公房管理　对一些公房存在的疑难问题进行了解决,对教工的投诉及时进行意见反馈;对存在问题的仓库进行整修和规划,定期进行房屋清查,消除安全隐患。

荣誉与成绩　连续多年获"河南省省直高校节能减排先进单位";积极争取河南省教育厅和河南省发改委专项资金用于学校建设,申报获批建设项目4项,其中河南省高校基础条件建设项目2项、河南省发展和改革委员会批准绿色低碳示范工程项目2项,合计批准金额635万元。

离退休工作

【概况】　离退休工作处是学校离退休职工服务管理工作的职能部门,下设办公室、离退休职工活动中心、综合服务科3个科室,有在职职工10人,离退休职工987人(其中离休干部22人)。

【党建与思想政治工作】　离退休工作处有在职职工党员8名,设教工党支部1个;有离退休职工党员359名,设8个离退休党支部(离休一、二党支部,退休一、二、三、四、五、六党支部)。

教育引导离退休老同志树牢"四个意识"、坚定"四个自信",自觉做到"两个坚决维护",在思想上政治上行动上同以习近平同志为核心的党中央保持高度一致。开展"不忘初心、牢记使命"主题教育,组织支部书记、委员、教工党员到扶沟县吉鸿昌将军纪念馆、邓州编外雷锋团展览馆学习考察,接受教育。为增强党支部凝聚力、向心力,"七一"前夕,各离退休党支部深入家庭、医院看望慰问老党员和生活困难党员,把党的关怀和温暖送到老同志的心坎上。2018年6月,离退休工作处党委被中共河南省委高等学校工作委员会、中共河南省教育厅党组授予河南省高等学校"先进基层党组织"荣誉称号。

【关工委工作】　积极贯彻落实学校驻村帮扶工作要求,除对邓州市冠军村贫困户进行对口帮扶外,结合教育部办公厅《关于开展2018年"圆梦蒲公英"暑期主题活动的通知》精神,以"扶智""扶志"为抓手,开展"银发携手教育扶贫"活动。邀请6名冠军村生活困境学生到郑州进行参观学习,勉励他们自强不息、努力学习、掌握本领、快乐成长。冠军村小学校长侯志中代表冠军村向学校关工委员赠送"教育扶贫、大爱无疆"锦旗。邓州头条以"励志之行"进行了报道。学校关工委带领离退休党支部书记、委员专程到冠军村小学开展教育帮扶活动,受到当地媒体关注,赢得了社会赞誉。学校关工委获评为河南省教育系统"五好关工委"荣誉称号。

【各项活动】　以老年体协为依托,围绕"增添正能量·共筑中国梦——纪念改革开放40周年"主题,举办"走进新时代·唱响新生活"文艺汇演、"讴歌四十年·奋进新时代"老年书画摄影展、"坚定改革路·最美夕阳红"老年游艺活动等文体活动50余场,让离退休老同志在活动中凝聚正能量、释放正能量。在省直机关老年人广场健身操舞交流活动中,学校代表队获两项"金奖"和"优秀组织奖",展示了离退休老同志的风采和精神风貌。

东校区管理

【概况】　东校区管理委员会(以下简称"东校区管委会")是学校管理嵩山路校区和中原路校区的派出机构,按照学校统一领导和部署,对东校区各项工作进行管理、协调、督查和应急处置,保证东校区安全、稳定、有序运行;对东校区各项资源的使用和开发提出规划建议。东校区管委会下设管委会办公室,负责东校区管委会日常工作,工作人员 4 人,下设综合科。成立东校区教育教学组、安全保卫组、基建工作组、资产管理组、产业经营组、后勤服务组和综合工作组,在东校区管委会和相关职能部门领导下开展工作。

【住宿环境改善】 嵩山路校区学生宿舍楼住宿条件较差,学生反映较多,学校投资近 600 万元对学 3、5、6 号宿舍楼进行整体改造,将管线、门窗、卫生间等一次性整改到位,推进了空调、洗浴、直饮水进宿舍。

【国有资产保值增值】 东校区上交学校收入 9000 多万元,其中经营收入 3700 万元,较上年增入 500 万元,为改善办学条件提供了资金保障。一是对租赁商户规范管理,监督运营,改造后的大礼堂已营业,社会反映良好;二是对闲置资源积极开发、加快改造,中心实验楼改造电梯已安装,电气、消防、土建等项目招标已完成;三是对二级单位的资源使用费核算及时准确。

【东校区与政府部门的协调工作】

东校区在做好校内工作的同时,还存在与所在区办事处、市政、公安、消防、环保等政府部门的大量的协调配合工作,解决校区难事难题。本年度有 3 项重点工作:一是环保督察。中央环保督察组反馈学校 62 号雨水排水口有排污现象,并责令整改,东校区管委会办公室克服地下管网严重老化,排查难度大等困难,历经 3 个月,整改到位。二是创文检查。郑州市争创全国文明城市复检,学校省级文明单位复检,东校区积极配合相关部门,增加文明宣传栏和标语,规范电动车停放,增设无障碍通道,建造智能卫生间,美化周边环境。三是安全排查。东校区管委会办公室会同林山寨办事处、建设路公安分局进行安全大检查,开展消防演练,投入近 30 万元进行器材更换和监控更新,确保校区的安全稳定。

·教学科研服务设施·

图书馆

【概况】 图书馆有在编职工45人,合同制职工16人。在编职工中,副高职称12人,中级职称23人(中高级占78%)。硕士13人,本科21人,大专9人。图书馆拥有中外文纸质图书263万册,电子图书104万种。中外文期刊5700多种,可在线检索Elsevier、SCI、EBSCO、Springer、CNKI等中外文数据库。管理严格有序,服务快捷温馨,年度入馆超过304万人次,在2017年280万人次峰值基础上增加8.6%;文献信息综合服务能力进一步提升,获批河南省知识产权局专利信息服务中心河南工业大学分中心。全国专利文献服务网点揭牌。获评河南省高等学校图书情报工作委员会“河南省高校图书馆创新服务先进单位”“河南省高校阅读推广杰出单位”,河南省图书馆学会“2017年度全民阅读先进单位”。组织学生参加中国图书馆学会阅读推广委员会举办的全国大学生中华经典美文诵读大赛总决赛,获三等奖。组织学生参加河南省高等学校图书情报工作委员会举办的首届“知网杯”有奖竞赛,获唯一特等奖,同时获优秀组织奖。“悦己读书会”获校党委“第一届校园文化建设优秀品牌”及河南省高等学校图书情报工作委员会“河南省高校阅读推广活动优秀奖”。图书馆微信、微博双双获校党委十佳新媒体平台。

【重点工作】 读者决策采购制度 将50%购书经费按照学生数量和专业权重分配到各学院,专业图书主要由各学院挑选,同时,专家购书绿色通道继续开通;博雅类图书采购广泛征集学生意见,遴选学生参与图书的现场选购和书单圈选;分编入库新书9.26万册;订阅18个高水平中外文数据库。

文献信息综合服务 首次完成学校历史上两期自主编制的《ESI学科表现分析报告》,完成《河南工业大学全学科科研实力分析》《河南工业大学三个优势学科ESI个人贡献度分析》《2017年新增36所博士点院校科研实力及专利标准分析》等多个学科分析报告,以及学校论文入选ESI高被引论文的统计;拓展专利文献信息服务,对专利文献信息服务重新梳理,做出全面构建方案,完成学校历史上第一份自主编制的《专利分析报告》。

书香校园文化建设 紧紧围绕弘扬中国传统文化开展系列书香校园文化建设活动。围绕宣传推广“世界读书日”开展系列活动;集中开展毕业生图书捐赠、摄影展、帆布包制作等“毕业季”主题活动举办“执书我爱,闪耀青春”快闪阅读活动;举办“一纸相约,寄梦来年,MY GOAL 2018,‘00后’的目标墙”活动;举办“秋意虽渐浓,温暖过中秋”中秋节寄秋思活动;全年举办8期“博雅·悦”真人图书馆活动;“悦己读书会”快速发展,会员达到467人;常年免费开办影视欣赏活动。

借阅管理 日均8000多人次,单日最高1.3万人次读者入馆学习,书库借阅管理工作劳动量大,阅览座位预约管理工作需时时督察,借阅区多媒体展示屏、触控屏、检索机、电子资源查询机、打复印机、创意体验区各种自动化管理设施设备软硬件的维修维护工作全周、全天不停歇。

【文献资源建设】 文献资源采购 全年采购图书25 276种,73 005册;采购期刊920册,实洋179 854.8元;报纸95份,实洋33 085.2元;外文原版期刊42种,实洋1 141 641元;数据库采购实洋合计4 514 706元。

书刊编目加工 全年分编图书33 264种,92 626册,码洋5 488 530.74元;分编加工学位论文453种;分编光盘1822片;完成11个学院5759册新购图书的验收、数据下载、图书编目、粘贴条码书标及图书典藏、交送、上架。

特色资源建设　粮油食品与磨料磨具自建特色数据库不断完善；本校硕士毕业生学位论文数据库新增论文 439 篇。

【读者服务】　图书期刊借阅　各书库借还图书322 177册，其中借出图书160 858册，还回图书161 319册；阅览岗位现刊签到11 991份；过刊验收典藏6057册；通过汇文流通管理系统处理各类业务3000余件；管理书库和公共区面积3万余平方米，管理阅览座位5000个、灯光光源及空调开关3500多个、窗帘480个；有序开展新馆各楼层20万册图书的下架及各库室图书倒架、定位盘点等工作。通过微信扫码线上登记漂流图书的借还、捐赠，及时更新漂流室图书信息。

其他读者服务工作　包括新生入学教育，微信、微博服务推介、咨询解答，科技查新与论文查收查引，文献检索课教学，课题检索与跟踪，文献传递与馆际互借，服务与资源的宣传报导，网站、数据库管理，各种自动化管理设施设备的检查与维护等；举办读者座谈会，为“阅读之星”颁奖。

学生社团指导与培训　管理新媒体、真人图书馆等阅读推广学生团队。包括指导队员招募、选拔，学生骨干管理与学生团队建设；指导学生宣传图书馆各项专业服务、规章制度，及时发布图书馆最新资讯信息等；图书馆新媒体影响力始终位于学校前三。

管理志愿者团队　每天认真维护 3 个志愿者 QQ 群，尽力做到有问必答、快速回答，收集并反馈读者建议，了解读者真正需求。与各楼层志愿者组长保持每日联系，发布图书馆规章制度、设施设备使用方法等消息；制作图书馆志愿者宣传片，培训和提高新组长业务能力。

【各项活动】　高度重视，科学制定学习宣传贯彻党的十九大精神方案，并认真组织实施：总支与各科室、教工支部签订《意识形态责任书》；学习宣传贯彻《中国共产党章程》《中国共产党廉洁自律准则》和《中国共产党纪律处分条例》；开展“两学一做”学习教育活动，制作专题展板；组织馆员赴信阳市新县大别山红色党性教育培训基地，参观鄂豫皖苏区首府革命博物馆等；邀请马克思主义学院丁建波教授做“聚焦 2018 年全国两会，学习贯彻党的十九大精神”主题讲座；组织馆员集中收看中央电视台制作的《榜样 3》、纪念改革开放 40 周年大会直播；组织馆员集中学习教育部《新时代高校教师职业行为十项准则》和《关于高校教师师德失范行为处理的指导意见》。认真开展巡视整改党组织建设工作，建设完善“党员之家”，2 名馆员提交加入中国共产党书面申请，1 名入党积极分子参加党的知识学习班。

制定实施新的管理制度与办法。整顿工作作风，制定实施《图书馆考勤管理工作补充规定》，完善上下班考勤制度，加强考勤管理；严格门禁管理，解决暑假期间外校人员入馆占座位等不文明利用图书馆现象；制定《河南工业大学宗教类图书文献资源采购管理办法》，进一步规范宗教类图书的采购管理工作。

积极开展扶贫工作　多次赴邓州冠军村进行扶贫送温暖，发挥图书馆资源建设优势，对冠军村图书资料室进行编目分类，制定相关制度。

职工活动　看望离退休老同志；慰问婚丧嫁娶、生病职工；为 18 名职工举办“关爱教职工，生日送祝福”秋年集体生日慰问活动；举办图书馆趣味运动会；参加校工会组织的各项文体活动。在校第 12 届田径运动会中，获团体第九名；4 位馆员获校工会书香“三八”读书征文活动的三等奖、优秀奖。

网络教育管理中心

【概况】　中心设应用开发部、运行部、现代教育技术中心 3 个科室。在编在职人员共 10 人，合同制非事业编制职工 5 人。有主任 1 名，副主任 1 名，科级干部 2 人。主要职能是制定教育信息化的发展规划、实施方案、规章制度和工作计划，组织、督促、协调教育信息化建设中的各项工作；组织网络应用的研究开发、培训推广工作；负责网络的运行管理、安全、技术支持与服务工作；数据中心的运行维护、保障核心数据安全工作；网络资源的规划、建设工作，负责研究、推动现代教育技术在教育教学中的应用，创新教学模式，指导网络课程开发制作等工作。

【信息化公共服务平台建设】　优化服务门户系统建设和应用，增强了系统运行稳定性、场景设置科学性、用户访问便捷性、管理后台易用性,完成了统一身份认证的移动端迁移,实现了PC端应用的移动化部署和互联互通。流程服务平台上线,并基于该平台开发了电子校务系统,首批完成11个工作流程的开发,可实现跨部门协同办公,表单式传阅、会签、批阅。移动门户系统上线,建成河南工业大学微门户、手机APP二大类移动平台,与PC端服务门户帐号统一、数据同步、信息共享,实现了PC端应用的移动化部署。包括学校概况、通知公告、工大资讯、电子校务、教学服务、科研服务、资源中心、校园生活等信息服务功能。

【网络基础支撑能力建设】 对网络带宽进行扩容,学校网络出口总带宽由21.7G增加到42.1G,宿舍区和教学区均实现出口带宽倍增,其中教学区新增联通千兆链路、教育网链路由300兆提升到千兆,并优化调整网络结构和出口路由调度,提升了上网速度,解决了教学区出口带宽严重不足的问题。

完成办公楼A座、设计艺术学院楼、一餐厅、学生宿舍区无线网络建设、调试、开通,实现了学生宿舍区无线网络全覆盖,9月完成该项工程验收工作。对学生区网络进行提速降费,校园网学生用户网络使用时长由每月20元包360小时调整为不限时,单用户接入带宽由1M、4M、6M免费提升为4M、6M、10M。完成实验实训中心楼宇网络规划、建设、调试及开通工作。

继续完善数据中心建设,做好数据中心云平台的管理,资源规模达到计算436核,存储120T,内存968.5G。开设了45台虚拟机,包括linux、Windows等操作系统,支撑10多个基础平台、27个系统软件运行。调整数据中心网络结构,部署数据中心主备链路结构,提升数据访问使用可靠性。

【网络安全管理】 建设高性能出口防火墙系统有效防御非法IP入侵及阻断大量病毒端口通信;部署入侵防御系统(IPS)防御应用层网络攻击和违规操作;部署WEB应用防火墙(WAF)对站群系统、数据中心中所有WEB应用实施安全防护,防止WEB系统应用或数据被篡改。

健全运维管理类安全体系,完善运维安全审计系统(堡垒机)建设及数据,完成数据中心内大部分应用及其他校内重要应用40多项安全登录审计。部署日志审计系统,实现校内40多项重要应用的日志文件范式化输出和分析。升级校园网流控系统,从协议、应用、用户等多角度对校园网络流量进行优化。升级网络运维管理系统,新增运维管理服务系统和运维数据综合分析系统。升级上网行为管理系统软件版本。

做好常规网络安全事件处理,接上级安全部门警示并处理事件10余次,校内自查网络安全事件处理30多次。建立内部网络安全检查及通报机制,利用漏洞扫描,从操作系统层面和WEB应用层面对校内所有应用系统,进行每周一次漏洞扫描排查,对发现的问题及时督促系统负责人定期整改。

完成“学校门户网站群系统”等信息系统的安全等级保护测评和备案工作,取得了省公安厅下发的信息系统安全等级保护备案证书,根据相关规定并经专家认定,学校信息系统安全保护等级为二级。

上线数据容灾备份系统,实现数据中心数据一周一次完全备份,每天增量备份。

【网络应用推进】 深入推进“互联网+管理”,协调各单位信息化建设,统筹管理好教务、资产、财务、后勤、学工、图书、一卡通等各业务应用系统的运行,做好各个应用系统数据的维护和分析工作,完成新生电子迎新工作、毕业生电子离校工作,网络考试系统新增两门计算机课程。

推进下一代互联网IPV6部署和应用。12月实现学校门户网站及二级网站共82个站点全面支持IPV6访问;首次组织参加教育部下一代互联网IPV6创新大赛,共有3个项目参赛,1个项目入围全国决赛。

软件正版化系统建成上线,为师生提供微软正版操作系统以及办公软件,包含有Windows 7、Windows 8、Windows 10等操作系统和5种office办公软件。

【网络运行管理】 调整、更新、升级网络系统。新增校园网核心设备2台,更换、升级设备12台。3、8号楼更新网络汇聚交换设备。嵩山路校区3、5、6号宿舍楼网络改造新增汇聚交换机3台,接入交换机51台。网络机房标识系统规范化,完善校内弱电线井网络标识。

做好日常运行维护和技术服务。开通教工邮箱用户500余个,开通学生邮箱用户5000余个。维修交换机150多次,处理用户端故障8000多次,上门维修2600多次,更换用户端网络插口480余次。服务成人学位考试、四六级考试、高考改卷、招生录取、计算机等级考试、迎新晚会等。

做好校内专用网建设与管理,校内专网数量达到10个。完成审计厅在线实时审计专网接建设、实现数据联网上报。完成研究生考试专网建设,包括视频监考、考场管理等系统和服务器、采集终端等硬件支撑环境;完成129个考场编排,完成3797个考生信息录入及校对,更换前端编码器12台、电源30余个、工控机2台、摄像头3个,为研究生考试提供技术支持及网络保障。

【信息化教学环境建设】 新型信息化教学环境建设实现突破。完成4间高标准智慧教室建设,开展了骨干教师使用培训1次,协助教务处开展2次教研活动。完成2间自助微课室建设,能够满足教师自己教学微课的制作需求。完成1间200余平米多场景虚拟全媒体录播室建设,可用于优质教学资源拍摄制作。

做好教学课程资源拍摄和制作。完成18个学院23位教师的河南省教学技能竞赛教学视频拍摄与制作任务,10余位老师获得"教学技能竞赛"一等奖。完成1门省级在线开放课程摄制工作,为设计艺术学院赵鑫老师在线课程"中西方名家名作赏析"拍摄制作29节慕课视频,在"爱课程"平台上线开课。

开展"教育信息化2.0"系列培训,完成自助慕课制作技术及校园网络基础应用培训,完成PPT制作技巧等培训3次,参与200余人次。9月,开展网络安全宣传周活动,提升师生安全意识和安全知识。

【河南省高校信息化发展水平评估工作】 河南省教育厅派专家组一行5人,对学校进行信息化发展水平评估。专家组到节能监管平台、智慧教室、全媒体演播厅、自助微课室、计算中心、粮食博物馆、网络教育管理中心等场所进行了现场考察,并对相关支撑材料进行了查验。专家组组长高宏卿代表专家组进行了意见反馈,对学校信息化建设发展情况给予高度评价,并针对存在的不足提出了建议。为做好迎接评估工作,网络中心对照高校信息化发展水平评估指标体系和评价标准全面加强建设,并先后完成信息化水平指标自查、补充建设、评估报告撰写、支撑材料准备及完善工作,同时加强部门文化建设,优化、美化办公环境,制作标牌、展板,完善信息化建设管理制度,推进网络服务流程优化、细化、网络化,做好会务准备现场考察等一系列工作。

【业务交流和自身建设】 网络中心全体同志分别参加了中国教育科研网华中区年会等学术或工作交流活动。全年接待10多家兄弟高校或单位来校参观或调研。组织申报首次河南省教育信息化建设成果奖评选,全校共申报14项,获6项奖励。其中,网络中心申报的"基于大数据挖掘分析的高校综合治理系统"和"新型聚合应用校园卡系统"项目获得优秀成果奖一等奖。获得2018年河南省教育科研计算机网应用建设先进单位。

学报

【概况】 学报编辑部有编辑人员10人,其中正式在编人员9人,外聘人员1人。编辑队伍中有编审2人,教授2人,副编审4人,编辑1人。编辑部下设自然科学版编辑室、社会科学版编辑室、粮油科技(英文)编辑部。

2018年出版《河南工业大学学报(自然科学版)》6期,刊发文章131篇;《河南工业大学学报(社会科学版)》6期,刊发文章110篇;《粮油科技(英文)》4期,刊发文章28篇。

【办刊宗旨和特色】 《河南工业大学学报(社会科学版)》主要刊发哲学、人文和社会科学领域的最新研究论文和综述性文章,设置的主要栏目有:①粮农经济论坛,②法学研究,③经济学研究,④管理学研究,⑤新闻和图书情报研究,⑥语言和文学、艺术研究,⑦高等教育教学研究,⑧其他研究。

《河南工业大学学报》(自然科学版)是以刊登我国粮食、油料、食品、农产品精深加工等行业最新研究成果为主的学术期刊,同时刊登少量其他自然科学学科的优秀论文。设置有粮油食品研究、储粮昆虫调查与研究、综述等栏目。

《粮油科技(英文)》刊载粮油食品科技领域研究新进展、新技术、新成果,促进学术交流,提高我国在该领域的科研水平和学术影响力。

【办刊质量】 《河南工业大学学报(自然科学版)》 学报的学术水平和编辑质量在全国处于领先水平,清华大学中国学术期刊光盘版和中国科学文献计量评价研究中心公布的《2018 年中国学术期刊影响因子年报》中,自然科学版的复合影响因子 1.030,综合影响因子 0.784,突破历史记录,排在全省同类期刊第 1 名。基金论文比为 82%,高级职称作者论文、博士论文和基金论文的比例为 88%。差错率为 1.69/万。第 7 次入选全国中文核心期刊。在中国高校科技期刊研究会举办的“2018 年度中国高校杰出 · 百佳 · 优秀科技期刊遴选活动”中,自然科学版被评为“中国高校优秀科技期刊”。自然科学版为“中国期刊方阵入选期刊”和“中国科技期刊精品数据库入选期刊”。被美国《化学文摘》、俄罗斯《文摘杂志》、英国《食品科技文摘》等国际著名检索文献列为固定收录刊源。被中国期刊网、CEPS 中文电子期刊网、万方数据库和维普数据库全文收录。

《河南工业大学学报(社会科学版)》中国学术期刊光盘版和中国科学文献计量评价研究中心公布的《中国学术期刊影响因子年报(人文社会科学 · 2018 版)》显示:社会科学版的复合影响因子为 0.460;WEB 即年下载率首次突破 100,达到 103;期刊影响力指数和 WEB 即年下载率均位居全省同类高校社科学报第一。刊发稿件中,基金论文比为 63%,高级职称作者论文、博士论文和基金论文的比例为 82%。河南省期刊编辑质量检查初算的差错率为 3.87/万。社会科学版被中国人文社会科学引文数据库(CHSSCD)收录为入库期刊,被中国社会科学院中国社会科学研究院评为 A 刊扩展期刊。社会科学版为国家哲学社会科学学术期刊数据库源刊,是万方数据库、《中国期刊网》、中国学术期刊光盘版固定全文收录期刊,是中国学术期刊综合评价数据库来源期刊、中文科学技术期刊数据库固定收录期刊、中国核心期刊(遴选)数据库收录期刊、超星期刊域出版系统全文收录期刊和中国台湾 CEPS 数据资料库固定收录期刊。获评全国高校优秀社科期刊、河南省高校特色期刊和全国理工农医院校优秀社科学报,是 RCCSE 中国学术期刊评价报告准核心期刊。

《粮油科技(英文)》2018 年 1 月 23 日,召开《粮油科技(英文)》第一届编委会第一次会议,就《粮油科技(英文)》的发展定位、办刊思路,编委会的组成、工作职责,稿件的审核、约稿等进行研讨。在反复调研、讨论基础上,与科爱公司和爱思唯尔公司分别就排版服务和网络出版工作进行多轮次的谈判,在争取合作方案最优、得到服务最优和付出代价最小的基础上,签订了协议。就聘请查尔斯担任《粮油科技(英文)》国际副主编和聘请玛格丽特担任《粮油科技(英文)》语言编辑分别与查尔斯、玛格丽特展开工作协商和谈判,完成协议的签订。与中国知网(CNKI)和超星集团签订网络出版协议。

【科研工作】 学报编辑部职工获河南省教育厅社会科学成果奖二等奖 1 项、三等奖 1 项。发表学术论文 6 篇,其中被 CSSCI 收录 1 篇。在中国高校科技期刊研究会优秀论著遴选活动中,金铁成老师获“2018 年优秀论著银笔奖”。

【其他】 学报编辑部开展自我评估、自我总结,撰写工作报告,制作汇报 PPT,整理相关材料和文件。多次进行模拟性自我审核和练习,高质量完成专家现场审核评估工作。认真把好期刊政治关,切实处理好涉及意识形态、民族、宗教、极端思想和恐怖主义问题稿件。制定实施《河南工业大学学报政治审查制度和程序》。根据省委宣传部要求,学报编辑部自查“三审三校”制度执行情况,查出存在的一些问题,采取措施立行立改,制定实施《河南工业大学学报“三审三校”制度》,撰写相应材料并上报省委宣传部。派往省内外参加业务培训、研讨会的编辑人员达 24 人次(培训 17 次)。

《河南工业大学学报(社会科学版)》编委会名单

顾　问　白美清　朱长国　郄建伟　戚世钧

主　任　张　元

副主任　陈复生　王玉斌　牛彦绍

委　员　(以姓氏笔画为序)

于建华　马玉梅　毛彦琴　王　晏　王玉斌　王庆斌　牛彦绍　卢彦超　刘广明
朱立峰　陈复生　吴成福　李利英　李焕锋　李学雷　李铜山　杨六栓　杨艳萍
尚恒志　姜振颖　赵豫林　赵榴明　赵予新　戚世钧　程振凯　靳义亭　魏明侠

《河南工业大学学报(自然科学版)》编委会名单

顾　问　盖钧镒　吴子丹　张　元

主　任　卞　科

副主任　陈复生

委　员　(以姓氏笔画为序)

马传国　王凤成　王晓曦　王殿轩　王金水　卞　科　牛彦绍　田少君　刘亚伟
刘楠嶓　刘保国　张　元　张德贤　张宏伟　陈复生　陈桂香　李　琳　李永祥
吴成福　邹文俊　谷克仁　惠延波

《粮油科技(英文)》编委会

主　席　卞　科

副主席　陈复生

主　编　陈复生

副主编　牛彦绍

委　员　(以姓氏笔画为序)

丁永刚　马　森　马宇翔　王殿轩　王金水　王心超　王争艳　布冠好　田少君
成军虎　安红周　毕艳兰　刘华敏　刘昆仑　刘　伟　吕建华　吕莹果　孙尚德
何丽君　李瑞芳　李志建　闵伟红　吴娜娜　陈桂香　陈　洁　陈竞男　杨亮茹
杨铁军　杨宏顺　肖昭然　张德贤　张庆辉　郑学玲　周显青　胡元森　赵晓燕
赵仁勇　耿　铁　郭永刚　席　俊　章绍兵　程永强　鲁玉杰　谢文磊　蔡静平

档案馆

【概况】　档案馆有工作人员9人，其中在编人员8人。下设综合档案科和人事档案科。主要工作内容有综合档案(包括党群、行政、教学、科研、产品、设备、基建、财会、出版、外事十大类)的收集、保管、利用开发等;人事档案的接收、整理、保管、利用等;毕业生档案的接收、转递、保管、查询等;学校年鉴的组织编撰出版。馆藏档案由河南工业大学、郑州工程学院及郑州工业高等专科学校3个全宗构成，实行集中统一管理，采用人工与微机相结合的档案检索系统。

【重点工作】 河南省档案工作观摩活动 河南省档案局副局长李宝玲带队来到档案馆开展档案工作观摩活动,小组成员包含省档案局相关处室负责人和8所高校档案馆负责人。观摩组对学校档案馆在制度保障、统一管理、档案文化建设、信息化等方面给予了高度评价。

服务学校各项中心工作 档案馆连续第五年开展"微笑服务"活动,以服务学校中心工作为档案管理工作的出发点和落脚点,参加学校组织的本科教学审核评估各项准备工作会议;配合省委第六巡视组对学校的巡视工作和省委"选人用人"专项检查工作,提供干部人事档案222卷、文书档案、基建档案、财会凭证等各项材料200余卷件,充分发挥了档案的凭证作用。

国际档案日宣传 6月9日是第11个国际档案日,主题是"档案见证改革开放",档案馆根据馆藏材料,精心制作了8块展板,展出珍贵照片近80张,用档案讲述改革开放40年来学校各方面的发展,讲述历代工大人的励精图治和薪火传承。展板分别在学校钟楼广场、学校办公楼二楼、图书馆进行展出,吸引了众多师生员工观看,同时还在第一餐厅门口悬挂国际档案日宣传标语,并在学校微信公众号上同步进行宣传。

档案收集 基建处完成土木建筑学院楼房基建档案材料72卷(176件)的整理,及时移交给档案馆。新收集2004年以来毕业生合影照160张,并对833张合影集体照,全部进行翻拍和数字化扫描。同时接收整理了1997年以来各类录像带1456盒,编制档号,按要求存放于防磁柜中。通过下发通知、检索工作总结等多方渠道收集各项荣誉信息,编制出荣誉清单以备收集。

信息化建设 档案数字化外包项目,上海中信信息发展股份有限公司中标。此次档案数字加工历时4个月,完成了郑州工程学院、郑州工业高等专科学校2个全宗的档案、河南工业大学所有科研档案、设备档案等共计130万页扫描任务,馆藏档案数字化达到90%。为加强档案信息安全,购置新服务器,实现双服务器分区管理,保证档案管理系统与外网的隔离。

档案编研 及时召开各部门年鉴供稿人员会议,提要求讲办法,经过对各部门材料的收集,数次反复的核对、修改和多次电话沟通、求证,完成50万字的《河南工业大学年鉴(2018)》的组稿、编撰工作,多次与郑州大学出版社沟通,确保在12月底保质保量完成《河南工业大学年鉴(2018)》出版工作。

毕业生档案全面实现EMS寄发 为确保该工作的顺利开展,5月初档案馆便与高新区邮政局进行非常详细的寄发过程沟通,提出具体要求,同时提前印制档案袋、封条等必需的材料。召开面向各学院分管毕业生档案工作人员的会议,就毕业生档案整理、EMS寄发工作进行培训和布置。毕业生档案寄发时,档案馆派专人到学院配合高新区邮政局现场进行指导,寄发后及时收集寄发信息,上传至档案馆网页,方便毕业生查询。

【日常工作】 学习交流和培训 组织全馆人员认真学习丁薛祥同志、穆为民同志重要讲话,省委办公厅、省政府办公厅《关于加强和改进新形势下档案工作的实施意见》和全省档案工作会议精神,并将其贯彻于实际档案工作中;参加"新时代"高校档案工作担当与创新学术研讨、中南地区档案联盟第二次学术会议、河南省档案干部研讨培训班等。接待鹤壁汽车工程职业学院、河南工程学院、中原工学院、郑州铁路职业技术学院、河南建筑职业技术学院档案同仁到馆参观学习。开展综合档案、年鉴撰写、毕业生档案整理及寄发等集中培训会3次,进行业务指导,解决实际问题。

综合档案 完成党群、行政、教学、科研等10大类档案的收集、立卷归档工作,共计2627件,1845卷。其中党群、行政类,641件;科研类纵向、横向科研项目302卷,科研类文件42件,科研专利193项,科研奖励43项;教学类文件1389件,学籍类档案630卷;外事、出版、财会、基建等319件、913卷;声像类档案,照片160张,录像带1456盒。2018年为编史修志、工作查考、个人利用档案提供原始依据,接待查询档案2115人次,借阅档案295卷件,查阅3505卷件,复印资料5405页,拷贝文件866件,出具各类学历证明85份,核对英文成绩单83份、学历学位认证476份。

人事档案　完成新进教职工人事档案的接收工作，共计44卷，转出档案12卷。完成干部履历表、年度考核表等各种档案材料的接收及分类插卷整理工作，共计6707份。严格执行审批制度，全年借阅人事档案749卷，其中处、科级干部审核调阅420卷，省委巡视组调阅222卷；查阅人事档案535卷。档案馆配合组织部开展处、科级干部档案的审核工作，抽调2人参加，共调阅420卷档案。

毕业生档案　推进毕业生档案寄发改革，毕业生档案全部采用EMS邮政快递寄发。平时热情接待毕业生档案查询、电话咨询。

工程训练中心

【概况】　工程训练中心（以下简称“中心”）是校内实训基地，主要承担金工实习、电工电子实习、数控实习及专业实习教学任务，是校级实验教学示范中心建设单位、学校大学生机械创新实践基地，设有河南省人力资源和社会保障厅批准的国家职业技能鉴定所。

中心总建筑面积12 704平方米。有设备仪器389台（套），每天可接纳500名学生进行实习、实训。拥有教职工40人（其中非事业编制人员2人），其中教授1人，工程师和实验师8人，高级技师1人，技师22人。教师中具有博士学位1人，硕士1人，本科学历的7人，大专学历的22人。

现设有车工、铣工、刨工、磨工、钳工、钣金工、铸工、焊工、陶艺等常规训练项目；数控车床、数控铣床、数控线切割等现代制造技术训练项目；电工电子技术训练项目。可供全校各专业一、二年级学生进行体验性工程实践，供三年级学生进行专业性实践；可接纳各专业学生进行创新制作。

【教学工作】　2018年完成164个教学班级，4925人次，51 865人天的实习教学任务。

教学管理　对管理制度进行完善和修订。修订《年终工作量津贴分配方案》《年终考核量化方案（评优）》；聘任教学经验丰富、责任心强的教师担任兼职安全员，完善安全管理文件、补齐设备安全操作规程，建立健全实习教学安全保障体系，规范操作管理，明晰责任要求。阶段性聘用教学督导1名，组织学生评教，统计评教成绩及评教资料的归档工作，弥补中心管理人员严重缺乏问题。召开学生座谈会，广泛征求意见和建议，改进教学质量。通过不定期的听课发现教学过程中存在的问题，使实训指导教师的教学水平不断地提高。配合环境工程专业、过程控制专业做好工程教育认证工作，做好教学资料的收集、完善、检查、保管等，维护教学资料的完整性。

教学改革　铣工实习建设项目完成，在新设备投入使用后，每个学生的实操时间得到充分的保证，将分度头、回转工作台及时应用到教学中，新增螺旋槽铣削、圆弧槽铣削两项操作演示内容，使过去空洞的理论讲解变得更直观，丰富了教学内容，提高学生的实践能力。为铸造实习设计制作了造型实训操作台，将造型训练由“地面”搬到“台面”上进行，避免造型训练时学生肢体方面的磕碰现象，也避免型砂的流失，实习效果明显提高。

教师培训　安排中心教师参加学校举办的各种学术、培训讲座7场次，完成继续教育培训学时近500人时；通过“传、帮、带”使数名青工顺利上岗，组织4名实习教师参加河南省职业鉴定考评员培训，其中数控铣工1人、钳工1人，电工2人，取得资格证书。

专业认证　环境工程专业进行工程教育认证。过控专业工程教育专业认证专家组进校考察，金工实习作为上述专业实践性教学环节之一，严格按照相关学院要求，整理教学材料，搞好环境建设，做好认证前各项准备工作。

教学评估　中心本着以评促建的原则，狠抓硬件建设、文化建设及工程氛围建设，突出实践育人和创新教育功能，健全管理制度，规范教学管理，深化教学改革，不断提升实践教学质量。专家组对中心的实习教学氛围、学生培养等方面的成绩给予了充分肯定。

【基本建设】　条件建设　中央财政支持地方高校建设130万项目实施，购置的6台XK713型数控铣床、3台M7120型平面磨床及2台XA5032型立式铣床安装验收完成，在实习教学中发挥作用。（7台）数控车床升级改造及下料间建设项目（50万元）完成，数控教学硬件设施明显改善。铣工实习建设项目（87.9万元）实施，新增立式铣床2台、卧式铣床4台、分度头1个、回转工作台1个。铣工实习设备数量达18台(立铣8台、卧铣6台、万能铣床1台等),基本可以满足机械专业学生2人1机的要求。对实习车间北车间一层、二层,线切割实习车间、工程认识实习车间水泥地面涂刷板漆,涂刷面积近5000平方米,使中心的教学环境得到明显改善,整体面貌焕然一新。电工实习基本条件建设项目(135万元)招标结束,进入公示阶段。

布局调整　根据实习学生规模,重新规划铣工实训场地、数控铣削实训场地,对这两个工种的机床布局做了相应的调整,规范安装,统一布线,调整后的实习场地更规范合理,整齐、美观,便于教学的组织与管理,提升了实训教学效果。

设施完善　改善中心教学、办公条件,对有安全隐患的壁扇进行改造,保证实习学生安全;为电工实习场地及教室新装空调9台;完成中心实习车间内墙面及水泥柱子的粉刷工作,完成大门门脸的油漆涂刷工作,对实习车间墙体开裂处进行维修。对钳工、线切割实习用旧设备重新喷漆处理,更换实习车间窗纱,清洗门窗玻璃,清洗面积达935平方米,教学环境明显改善;为指导教师配齐办公桌、椅,为实习车间购置不锈钢拖把架,更新线切割实习用电脑,更换液晶显示器,教学条件得到明显提升。

【对外交流】　材料成型教学组、数控实训教学组部分指导教师到河南工程学院工程训练中心参观、学习;教学部2人参加中国石油大学举办的虚拟仿真应用研讨会,并参观了石油大学、青岛大学及青岛理工大学工程训练中心;到广东湛江参加2018年度中南五省金工研究会年会;郑州蓝天技工学校校长刘亚林到中心洽谈合作办学事宜;1人到河南鄢陵参加《河南省职业培训条例》培训学习。

【培训与鉴定】　中心面向校内外开展各种培训及职业技能鉴定工作。承担继续教育学院2017级材料工程专业65名学生的金工实习教学任务;职业技能鉴定所承接学生参加职业技能鉴定196人,完成报名、资料审核、申报、组织鉴定考试等工作。190多人获得职业资格证书。

【研究成果】　中心教师发表论文4篇。参与省部级科项目1项、地厅级科研项目1项。

中国粮食博物馆筹建办

【概况】　中国粮食博物馆筹建办公室(以下简称“筹建办”)有工作人员7名,主任1名,副主任1名,下设综合部。全体人员以政治要求和科学理论指导实践,围绕中国粮食博物馆筹建和博物馆藏、研、展三大职能开展工作。

【藏品收集与管理】　加大藏品征集力度,采用各种方式、利用各种渠道搜集粮食文物相关的来源信息,按照相关规定,申报政府采购项目,配合相关部门进行招标工作,组织历史、文物专业相关专家认真鉴定。一年来,共征集到粮食相关藏品2000余件。文物的编目、保管是博物馆的日常重要工作。组织人员将每种藏品的相关信息进行详细登记,并定期对展品进行除虫、防潮处理,对重点藏品进行特殊保护,保证藏品的安全和完整。

【粮食文化建设】　鉴于《中国粮食史图说》在国内的积极影响,立项翻译出版《中国粮食史图说》英文版,在世界范围传播粮食文化,展示中华民族优秀传统。在“5·18”国际博物馆日期间,筹建办策展特推出“粮证文书展”活动,展出历代粮证文书100余件,反映当时中国社会、经济、政治、文化变迁和更迭。由于在粮食文化建设领域显著的影响力,筹建办主任师高民教授作为特邀专家支持了湖北、福建、陕西等地粮食文化项目的建设,社会效益明显,促进和支持了全国粮食文化的传播普及和粮食文化项目的建设,同时奠定了学校成为全国粮食文化研究中心的地位。

【完善馆内设施】　中国粮食博物馆预博馆(以下简称“预博馆”)作为学校的特色文化交流中心和对外交流的重要窗口,担负着迎接各种检查、接受专业评估、迎接各地校友和国内外友人的任务。为更好地服务校园文化建设,筹建办组织人员设计图案、装饰预博馆门厅,营造文化氛围;粉刷大厅,使门厅焕然一新;完善预博馆功能设施和展陈内容,维护、维修多媒体、照明设备等设施,保证正常开馆;调换展品220件,充分研究展品背景和用途,更新展示内容。

【接待参观】 预博馆迎接各种视察、考察、评估、认证、参观团队100多个,观众数万人次:接待教育部本科教学评估考察团、中国招才引智院士团、专业认证考察组等重要团体,还接待了社会团队、中小学生、校友等。

【对外交流】 组织人员参加全国高校博物馆研讨活动。中国高校博物馆专业委员会11月26日在昆明召开常委会议,师高民教授当选中国高校博物馆专业委员会副主任委员,同时授牌北京大学、北京航天航空大学、吉林大学、武汉大学、河南工业大学、上海交通大学等10所高校为主任和副主任委员单位。

中国粮食培训学院筹建办

【概况】 筹建办专职人员5人,其中主任、副主任、综合办公室主任、培训部主任各1名,聘用合同制人员1名。临时工作人员7名。以全国粮食行业(郑州)教育培训基地为依托,承担粮食行业技术与管理培训任务;以商务部援外培训项目执行单位为依托,承担国家对发展中国家援外培训任务。

【粮食行业培训】 2018年筹建办举办培训项目21个,集中培训1173人。

入选国家级专业技术人员继续教育基地 国家人力与社会保障部启动第八批国家级专业技术人员继续教育基地申报工作,国家粮食局组织各相关高校参与申报工作,学校成立专项申报工作组。利用学校全国粮食行业(郑州)教育培训基地多年来积累的工作业绩和远程与继续教育学院线上教育培训的资源条件,联合开展申报工作,经国家粮食和物资储备局推荐和国家人社部组织专家评选,学校入选国家级专业技术人员继续教育基地,11月19日国家粮食和物资储备局规划建设司林风刚副司长和卞科校长共同为基地揭牌。国家级专业技术人员继续教育基地的建设,将极大地提升学校服务于行业和地方经济社会各类人才的教育、培训能力和影响力。

拓展粮食行业培训新领域 为配合做好国家粮食局粮食信息化推进工作,积极协调推进粮库信息化培训课程建设,多次与国家粮食和物资储备局粮食信息化推进办公室沟通,召开粮食行业信息化培训专题工作会议,组织相关老师参与编制粮库信息化培训课件,逐步推进各项工作。按时完成国家局下达的粮库信息化培训课件的编制工作,并受国家粮食和物资储备局委托在郑州举办"粮食行业信息化高级研讨班",91位来自于全国各省区粮食行政主管部门的主管局长和处长参加了培训,就粮食行业信息工作进行探讨交流。12月份"粮库信息化培训课件"通过了国家局专家组验收。

服务培训新需求 2018年国家部委机构调整,原国家粮食局更名为国家粮食和物资储备局,业务内容新增了物资储备管理板块。为配合做好相关工作,按照2018年国家局全行业深度融合的工作要求和培训对象的实际需求,在11月举行的行业高层次人才培训项目设计及内容安排上,兼顾原粮食与物资系统的特点,对课程设置、实践教学等方面精心安排,举办的"现代粮食物流发展高级研修班"主题培训项目使参训学员更新了理念,达到了融合和交流的目的。起始于学校的粮食行业高级技师(保管员)培训及鉴定工作受管理体制调整几经转折,于2018年年末又回到工大。为做好该项工作,充分发挥行业培训基地的作用,与国家粮食和物资储备局粮食研究培训中心沟通协调,精心布局、规范管理,培训鉴定满足行业培训新需求,得到主办单位和参训学员的一致好评。

满足社会培训新需求 在统一标准的基础上,在继续探索独立承办、合作承办和走出去承办三种模式的基础上,在方式和内容上进行尝试,满足社会培训新需求。与第三方机构合作开展行业培训,如漯河市粮食流通统计业务知识培训班。在大粮农层面拓展培训业务,合作举办新农村建设和农业创新人才培训,新型农业经营主体带头人培训班举办5期300人。结合学校定点扶贫帮扶工作,学员招生重点支持光山县,取得良好效果。

【国家援外培训】 2018年是援外培训承办项目数和人数最多的一年,全年承办培训班8期。其中,粮食主题班2期、武术主题班5期,高速公路主题1期,培训人数271人,实现四项新突破:年度培训项目数量历年新高;年度培训学员数突破两百人大关;培训类型增添新类别,首次承办4个双边培训班;培训专业增加新主题,首次承办高速公路培训班。

拓展武术品牌　学校的粮食主题培训再增加培训主题,扩展培训口径,在继续承办少林武术和陈式太极拳两个多边班的基础上,又增加了3个双边武术类培训班(蒙古少林武术与陈式太极拳培训班、塞拉利昂陈氏太极拳培训班、玻利维亚少林武术和陈式太极拳研修班)。项目组精心组织实施,聘请行业资深的专业教练授课,确保培训质量,2018年10月,由“2018年发展中国家少林武术培训班”和“2018年发展中国家陈氏太极拳培训班”组成的学校代表队参加第十二届中国郑州国际少林武术节,共获得42枚金牌、69枚银牌、104枚铜牌、2个集体一等奖、2个集体二等奖及7个集体三等奖。

打造粮食培训精品项目　学校10年来执行援外培训项目,累计完成粮食主题培训23期。在前6年项目积累经验的基础上,从项目设计、项目执行、项目总结3个阶段注重细节,提升受训者的体验优适度和主管部门的评价认可度。本年度2个粮食主题班,均以学员满意度90分以上的高分结业。

表11-1　承办国内粮食行业培训项目一览表

序号	举办日期	培训项目名称	人数
1	2018.3.19—23	广州市番禺粮食管理专题培训班(第一期)	47
2	2018.3.26—30	广州市番禺粮食管理专题培训班(第二期)	46
3	2018.4.16—21	邯郸市粮食系统政策性粮食监管干部培训班	83
4	2018.4.21—23	上海闵行区粮食仓储管理培训班	55
5	2018.4.22—26	杭州市粮油质量管控与检验培训班	43
6	2018.4.23—27	东莞粮食综合性业务培训班	42
7	2018.5.6—12	广安市粮食系统干部管理能力提升培训班	49
8	2018.5.13—19	滁州市粮食系统干部培训班	60
9	2018.5.6—27	2018年首期粮油保管员培训班	63
10	2018.7.1—7	南昌市粮食行业培训班	50
11	2018.10.8—20	新型农业经营主体带头人——大宗谷物加工培训班(第一期)	60
12	2018.10.14—21	兰州市粮食行政管理干部培训班	50
13	2018.10.22—26	2018年粮食行业信息化高级研讨班	91
14	2018.10.24—11.4	新型农业经营主体带头人——小宗谷物加工培训班(第二期)	44
15	2018.10.28—11.1	漯河市粮食流通统计业务知识培训班	40
16	2018.10.29—11.3	2018年秋季粮油保管员培训班	43
17	2018.11.9—21	新型农业经营主体带头人——第三期农副产品加工	61
18	2018.11.18—24	现代粮食物流发展高级研修班	70
19	2018.11.25—12.7	新型农业经营主体带头人第四期农产品互联网营销	68
20	2018.12.10—17	粮油保管员高级技师研修班	39
21	2018.12.9—21	新型农业经营主体带头人第五期新型农业综合体建设	69
合计			1173

表 11-2 承办商务部援外培训项目一览表

序号	举办日期	培训项目名称	人数
1	2018.6.1—28	2018 年塞拉利昂高速公路建设与运营管理培训班	28
2	2018.6.21—7.20	2018 年玻利维亚少林武术、陈式太极拳研修班	22
3	2018.6.18—9.15	2018 年塞拉利昂陈氏太极拳培训班	30
4	2018.7.2—10.29	2018 年发展中国家少林武术培训班	54
5	2018.7.2—10.29	2018 年发展中国家陈式太极拳培训班	42
6	2018.7.26—8.24	2018 年蒙古少林武术与陈式太极拳培训班	25
7	2018.8.7—8.27	2018 年发展中国家粮食安全研修班(法语)	47
8	2018.8.30—9.26	2018 年发展中国家粮油食品加工技术厂长经理培训班	23
合计			271

· 基建与后勤服务 ·

基本建设

【概况】 基建处（新校区建设办）下设综合管理、工程管理、工程造价、规划4个科室，有职工25人，其中，在编人员15名，编外聘用人员10名。

【日常工作】 制度化管理 修订《基本建设与修缮工程招投标管理办法》《河南工业大学施工阶段造价管理规程》《新校区建设招标代理库选定办法》和《新校区建设造价咨询库选定办法》，完善新校区建设招标代理机构库和新校区建设项目造价咨询库，充实新校区建设评标专家库。制定《河南工业大学基建信息公开实施方案》，建立按学校发展规划及校园建设总体规划安排基建项目的制度，健全了先立项审批、后设计招标的管理程序。认真学习和履行《新校区建设工程施工管理办法》《监理单位管理办法》《施工、监理单位考核办法》以及相关基建管理程序，规范管理流程，加强施工管理。健全了工地例会制度，建立施工单位项目责任人制，逐步完善设计变更、现场签证审批制度。

业务能力训练 分别赴南阳、洛阳参加省高校基建学会组织的工程招投标管理以及工程造价管理新政策和法规的学习，根据工作需要组织专业技术人员参加省教育厅组织的基建计划统计工作培训；邀请校档案馆对基建档案管理人员进行业务培训，不断提升基建管理人员业务管理水平。

党建与工会工作 认真落实统战工作“四个纳入”，切实贯彻党的民族宗教政策和国家法律法规。认真排查和上报本部门职工个人宗教信仰情况，如实上报并及时遏制可能存在的帮圈文化。加大日常办公经费、工会分会会费及党支部活动经费和重要办公及活动设备的采购管理，积极参与学校组织的羽毛球、校园竞走等比赛活动，加强分会小家建设；看望有病的职工及其家属，及时送上组织的关心和帮助。

廉政建设工作 对处领导班子、各科室负责人可能出现的问题线索反应、苗头性、倾向性问题，建立约谈、函询、诫勉等教育提醒制度，形成《基建处（新校区建设办）岗位风险责任清单》。起草《河南工业大学基建工程管理廉政风险点及防控措施》，完善《新校区建设廉政风险防控实施细则》。

基建工程招标 依照《招标投标法》和学校《招投标监督管理办法》，按照“公正、公开、公平”的原则，完成基础实验实训中心高层直联供暖设备、变频二次加压供水设备、空调系统设备、网络交换机等9个配套项目和新校区体育看台膜结构维修改造、嵩山路校区电力改造设计以及中心实验楼消防改造等11个政府采购项目招标，完成基础实验实训中心结算审核等造价咨询服务项目的招标；发布中西部高校基础能力建设工程河南工业大学粮食科创实验中心项目的设计招标公告。

巡视整改及教学评估工作 积极配合省委第六巡视组巡视，及时如实提供材料、认真做好基建项目情况说明，进一步完善基建制度，加强基建管理，规范基建行为。

【工作亮点】 基础实验实训中心投入使用 争取项目剩余全部省财政配套资金2740万元。完成项目供水供暖设备、视频监控设备、空调设备等主体工程配套设备采购与安装，完成了该项目周边室外道路管网施工，通过郑州市消防支队消防验收和五大责任主体竣工验收，2018年7月竣工交付使用。

粮食科创实验中心项目获批立项 通过招标选定项目可行性研究报告编制单位和招标代理机构，采用土地手续办理、初步方案设计与可研报告编制同步交叉进行的方式，该项目可行性研究报告一次性通过专家论证和省发改委审批立项，争取到中央财政预算资金1亿元。

新校区土地手续　协调郑州市土地局、郑州市规划局、高新区管委会等10多个部门，完成土地测绘、定界测量，完成新校区建设用地规划许可证、土地定界、新校区土地预审文件的办理。

校园配套基础设施　基本完成3兆瓦光伏（已完成2.9兆瓦）发电项目建设，争取到中央补贴资金1650万元。将新校区高压双回路供电电源接入市政变电站，实现新校区高压双回路高可靠性供电。完成新校区新建17号供电区域配建设，保障基础实验实训中心项目正常供电。实施嵩山路校区中心实验楼电梯、土建、电气、消防等改造项目招标及部分施工，实施嵩山路校区电力改造设计工作，逐步完善校园基础配套设施。

校园综合治理　完成校园内大谢小学周边驾校、汽车修理厂等50多家经营户及百余名闲杂居住人员的清理；完成校园西门一层平房和校园西北侧100余间临时彩板房的拆除；完成新校区西北侧临时出入口的封闭；同步完成新校区校园西北侧和原大谢小学周边垃圾清运、北侧场地平整，启动了新校区西北侧围墙砌筑，积极推进校园西北角沙场的清理。

工程造价与结算管理　完成新校区电力外网工程、43号学生公寓综合布线结算初审和新校区输水工程的结算工作；及时完成了43号高层学生公寓室外道路管网工程财政评审。持续跟踪并做好在建工程基础实验实训中心项目的造价管理、过程控制及结算资料的初审。及时完成了行政办公楼装修两个标段的结算核对，完成新校区粮油食品学院楼、景观工程二标段等项目的结算应诉和仲裁。配合财务处完成文科组团、材料电气学院楼、土木建筑学院楼、D区和E区学生公寓、艺术楼以及大学生活动中心等20个建筑单体和7项基础设施的竣工财务决算，决算金额7.04亿元。

后勤服务工作

【概况】　后勤集团公司设有5个管理部门和9个专业化服务中心，在岗正式员工160人，其中中级职称5人，高级技师1人，技师55人，高级工41人，中级工9人。设有6个党支部，党员70人。承担的主要任务有：学生就餐、住宿，日常维修、水电气暖供应、校园环境保洁、绿化养护，部分商业管理、教学楼、办公楼、收发室、固话、幼儿园、洗浴、开水等管理服务保障工作。

【中心工作及重大活动】　党建工作　深入推进“两学一做”常态化制度化、“以案促改”、意识形态教育等专项工作。开展专题书记党课3场次，现场党课3次，后勤讲堂2场次，实地体验式教育4次。发展预备党员4人，对8名生活困难党员进行帮扶。

餐饮服务　进一步强化食品安全责任制，积极参加高校联合采购，加强米面油的源头管理，确保食品安全；伙食价格基本稳定，未发生食品安全责任事故；完成莲花街校区第一餐厅二楼学生餐厅、三楼民族餐厅、三楼教工餐厅经营权招投标工作；“‘文明餐桌’爱粮节粮活动”被确定为2018年度第一届校园文化建设优秀品牌。

学生公寓　F区高层公寓所有楼层全部启用，入住人数达到5000人。送走毕业生8200人，调整搬迁6700人，迎接新生8600人，整体工作安全、稳定、有序。承办河南省高校后勤研究会宿教管理专业委员会2018年主任单位会议。

维修服务　负责教学楼、办公楼、会议中心等日常管理、设施维护和物业服务工作。对174间多媒体教室维修1600多次，保障各学院及学校大小会议830场次。完成计算机、英语四六级、成人学位英语、全国硕士研究生招生考试等全国性重点考试保障工作。完成两个校区日常维修任务4.1万项，完成立项维修项目10个。

水电气暖保障　负责59部电梯、5套中央空调系统、6台（共28吨）锅炉、14个区域配、3个热交换站的运行维护工作；完成莲花街校区锅炉低氮改造；水电暖供应正常稳定。

校园环境管理　完成34万平方米绿化养护、30万平方米的环境保洁、1.3万吨的垃圾清运以及三校区的环境秩序整顿任务。招标出售废弃自行车4000辆，引进并规范共享单车的管理。

商业管理　经过调研，上调莲花街校区所管辖的商业门面租赁价格，增幅为50%；校内商业网点证照资质齐全，经营规范有序。

后勤热线　24小时热线67756000全年受理咨询、建议类事务 1.3 万件，受理网上报修和电话报修 3.8 万件。

收发室　全年收发报刊、杂志、包裹、邮件 25 万份。

班车　上半年班车运行安全稳定，优质保障学校日常教学及重大活动需要。经校长办公会研究决定，自 2018 年 8 月 1 日起，学校通勤班车正式终止运行。

幼教　初步完成幼儿园法人制改革，在学校和后勤集团公司监管下相对独立运营，实行全成本核算，财务由后勤集团公司财务部直接负责，日常运营由后勤集团公司幼儿教育中心负责。

物料采供　针对卫生工具、洁具、水电维修材料、打印纸、吸顶扇等进行 8 次政府采购招标，招标金额 218 万元，全年采供物料 300 万元。采购主副食、食用油 228 万元。

【重点工作及亮点】　制度规范建设　按照“以案促改”工作要求，成立廉政风险点排查与防控工作小组，设计《廉政风险排查及防控单》，共摸排、分析和梳理出风险点 60 个，对应出台《关于进一步推进信息公示制度的规定》《关于进一步加强请示报告制度的规定》《编外用工考勤管理办法》等制度，并对原有制度进行系统性修订完善。

“双达标”创建　在河南省教育厅组织的标准化学生公寓和学生食堂创建中，学校获得标准化学生公寓 6 个、学生食堂 2 个，示范性学生食堂 5 个、学生公寓 11 个，通过标准化创建，学生宿舍、学生食堂的硬件软件条件进一步得到改善和提升。

教育扶贫　认真落实学校教育扶贫专项工作要求，与光山县四方植物油有限公司签订产销合作协议，采购该企业食用油 98 万元。

校医院

【概况】　校医院承担师生的医疗诊治、预防保健、传染病防控及各种医疗服务保障工作。校医院有院长 1 人，副院长 2 人。其中在编职工 18 人，合同制职工 25 人，临聘职工 12 人。其中副主任医师 4 人，主治医师 15 人，医师 3 人，副主任药师 1 人，主管药师 4 人，主管护师 4 人，护师（士）11 人，检验技师 4 人，其他工作人员 9 人。

【工作情况】　基本医疗服务保障　莲花街校区校医院实行 24 小时值班制度，设有内科、外科、预防保健科等门诊，接诊病人总数55 791 人次，较2017 年增加20 791 人次，增长率 59.4%；门诊收入 3 233 920.46 元，较 2017 年增加 1 979 850.46元，增长率157.87%；静脉输液6984人次、肌注860人次，外科换药1822人次；化验18 496人次，心电图检查1355人次，彩超检查1533人次，胸透10 403人次，拍片856人次。医保处方41 271张，自费处方7280张。完成学校各类运动会、教职工及学生体育比赛、新生军训、高考阅卷等医疗保障服务工作 104 次。制订周密细致的医疗保障工作预案，选调医德医风好、技术精湛的医护人员 24 小时值班，完成省委第六巡视组和教学评估专家的医疗保障服务工作。

预防保健和传染病防控　2018 年发现及上报传染病 267 例，包括水痘 32 例，腮腺炎 31 例，细菌性痢疾 6 例，感染性腹泻 170 例，艾滋病 1 例，确诊肺结核 22 例。无聚集性病例，无突发公共卫生事件发生。全年结核菌素试验共筛查 866 人，胸片检查 577 人。消毒房间 527 间。其中喷洒过氧乙酸消毒液喷洒教室 175 间，宿舍 300 间；紫外线灯照射宿舍 53 间，共照射11 130 小时。

开展 HIV 免费咨询检测工作。投放安全套发放机一台，发放安全套9560 个，人类免疫缺陷病毒抗体口腔黏膜渗出液检测试剂 76 盒。开展传染病相关知识宣传活动 23 次。招募学生志愿者 310 人，对志愿者进行急救知识、艾滋病、结核病相关知识的培训学习。获批中国性病艾滋病防治协会高校艾滋病防控基金项目 6000 元；获批郑州市疾病预防控制中心高校艾滋病防控基金项目 19 600 元。

健康体检　对入校新生进行入学体检。对在职及离退休女工进行妇女病普查工作，为因故未能按时体检的女教工另行安排了补检。新进教工入职体检 140 人次，学生入职体检 42 人次，外籍培训班学员体检 93 人次，学生参加各种比赛体检 772 人次，毕业生体检 6760 人次。

医保管理　为 8164 名学生办理医保，参保率达到 91%。参保学生的门诊参保比例和医疗待遇比例在郑州市高校处于较高水平。为教职工共申报门诊重症慢性病 82 人次，异地教职工的慢性病医药费报销、异地急诊住院备案及异地医药费报销工作办理22人次。

内涵建设　制定《关于外带药品转方输液及注射的规定》《退药退费规定》《河南工业大学医院考勤管理实施细则》制度，进一步完善各项规章制度。

优质服务月活动　积极推行“五优”服务；为教职员工开展甲状腺疾病彩超普查活动，检出异常情况164例，及时到上一级医院进行检查治疗；活动中评选出内、外科、皮肤科、护理、药房、检验科、预防保健科为“文明服务窗口”，充分发挥示范引领作用；开展以“文明服务我出彩，师生满意在窗口”为主题的征文演讲比赛，22位医务人员参加比赛，评出一等奖2名，二等奖3名，三等奖5名。

职工继续教育　校医院护理部开展“5.12国际护士节护理技能比武比赛”。加强内部学习交流，选派两名内科医生利用业余时间到郑州市中心医院彩超室、急诊科学习，业务能力得到提高。

宣传　通过官方网站进行工作宣传，利用新媒体微信公众号“健康工大”在师生中进行医保及传染病防治知识宣传，开展线上线下活动，推送一系列校园生活健康知识。

党建　深入学习贯彻习近平新时代中国特色社会主义思想和党的十九大精神，坚持带头学、带头抓、带头改，形成良好的学习风气。持续推进“两学一做”学习教育，严格落实“三会一课”制度。根据相关文件，制定《河南工业大学医院贯彻落实中央巡视河南省反馈意见整改工作方案》，成立医院领导小组，召开专题会议，明确整改目标、整改任务。针对问题制定出专项整改措施，并落实到位。到八路军驻洛阳办事处纪念馆参观学习，重温入党誓词；结合纪念建党97周年，组织党员赴淮海战役烈士纪念馆开展“不忘初心、牢记使命”为主题的党日活动；组织党员赴平顶山汝州市桃花谷爱国主义教育基地、郏县广阔天地大有作为纪念馆、郏县八路军豫西曹沟抗日纪念馆开展主题党日活动。

校医院党总支两次赴郑州市张村镇冠军村服务中心开展义诊送药活动，为村民群众提供内、外科诊疗服务，深入贫困户家中进行慰问并送上慰问品和慰问金。

· 党建与思想政治工作 ·

党委办公室工作

【概况】 党委办公室是校党委的综合办事机构。有工作人员6名，下设综合秘书科、信息机要科。

【重要工作】 深入学习贯彻习近平新时代中国特色社会主义思想 会同组织、宣传等部门举办十九大精神、全国教育大会精神专题培训班等系列学习活动10余场，参与党委理论中心组学习16次，牢固树立“四个意识”，增强“四个自信”，践行“两个维护”。

落实中央巡视河南反馈意见整改工作 协助学校党委构建“1+6”整改工作格局，着力推进标本兼治、综合治理，省高工委督查组3次专项督查均给予高度肯定。

配合省委第六巡视组做好巡视工作 协助党委成立领导小组，召开10余次党委会或专题会，制定《自查自纠工作方案》《配合省委巡视工作方案》，起草党委自查自纠报告、党委工作报告、巡视整改专项工作报告等重要材料，整理提交相关材料100余份，共计60余万字。

参与本科教学审核评估工作 作为评建办副主任单位和评估项目组、报告撰写组两个专项组的组长单位，充分发挥综合协调职能，统筹推进各项评建工作的落实；历经15稿，完成8万余字的自评报告和教学质量报告的撰写工作。

协助党委履行全面从严治党主体责任 落实教育部党建工作重点任务20条，协助党委研究部署党建工作，制定学校2018年度《全面从严治党工作要点》《落实全面从严治党主体责任清单》《党建工作重点任务分解方案》，会同有关部门修订学校《党委会议事规则》《校长办公会议事规则》等制度，进一步强化全面从严治党的制度保障。

筹备学校第三次党代会 协助学校党委召开改革发展专题务虚会，谋划高水平大学建设方略；精心撰写党代会报告和有关材料，积极协调有关部门扎实推进各项筹备工作。

推进以案促改制度化常态化 会同纪委，通过制定工作方案、召开动员推进会、开展警示教育、健全完善规章制度等措施，确保以案促改制度化常态化取得实效，营造风清气正的工作氛围。

做好教育扶贫工作 制定《教育扶贫专项实施方案》，成立专项扶贫工作组，充分发挥学校人才、科技、智力、管理等方面的优势，会同组织部等单位，大力推进与光山县结对帮扶工作。

【日常工作】 当好参谋助手 坚持高质量以文辅政、调查研究和制度建设，起草学校年度工作要点、重要讲话和各种总结报告等综合材料150余份；起草、审核、印发党委文件和党办文件65份；审核、发布各类电子公告300余条；起草、印发与高水平大学建设相适应规章制度，提升服务质量和水平。

搞好统筹协调 协调学习宣传贯彻党的十九大精神和习近平新时代中国特色社会主义思想、高校基层党组织专项评估、博士授权单位基本条件审核、中央巡视整改、省委巡视、本科教学工作审核评估、“两学一做”学习教育常态化制度化、“以案促改”等重大工作的组织实施；统筹协调推进学校综合改革、目标管理改革、中央八项规定实施细则落实等重要工作的有效落实；参与二届四次教代会、从严治党工作会议、七一表彰、教师节表彰等10余场大型会议，均完成任务，取得了较好效果。

做好督促检查 将督查督办与目标管理、综合协调、基层调研相结合，综合运用专项督查、抽样督查、跟踪督查等方式，对党代会决策部署、年度工作要点、学校发展规划等进行督查督办，推动党委决策部署的落地生根。

抓好服务保障 坚持高标准、

严要求，不断规范程序、流程和细节，不断增强把握大局、服务中心的意识、能力，切实完成好校党委会各项准备及会议决策的落实，履行好为党委、部门、基层和群众服务的职责。

做好机要工作　按照上级有关部门要求，全力做好国家安全和机要保密等专项工作。领取机要文件150余次，运转文件超过2000余人次。完成保密工作自查自评，通过全省普通密码安全保密专项检查。全年安全无失泄密事件，得到市国安局和省委保密办的好评。

做好维稳工作　作为学校维稳办，组织协调有关部门认真做好抵御和防范邪教向校园渗透以及涉外、宗教、民族维稳工作，先后开展不稳定因素排查化解、重点人员情况梳理排查等工作，切实保障学校的安全稳定。认真做好信访工作，按照"首办负责制"的原则和以人为本的理念，切实做到"事事有回音，件件有着落"，并协调各部门做好矛盾纠纷排查化解工作。本年度接受、处理来信来访20余件，都按照相关程序办理完毕。

组织工作

【概况】　党委组织部与党校、机关第一党总支合署办公。其基本职能负责中层领导班子建设、干部队伍建设、人才队伍建设、基层组织建设、党员队伍建设和党校建设等，是校党委联系党员、干部和人才的桥梁，是学校的党员之家、干部之家、人才之家。为学校的改革发展和人才培养发挥组织保证作用。组织部下设干部科、组织科、党校办公室，共有工作人员6名。

学校共设置基层党组织27个，其中基层党委21个、党总支6个。党支部213个，其中教工党支部129个，离退休党支部8个，学生党支部76个。党员总数3940名，其中在职教工党员1339名，占教职工总数的57.5%；学生党员2251名，占学生总数的9.8%；离退休党员350名，占离退休人员总数的36.8%。

设置处级机构54个，其中党政管理机构25个，教学机构20个，科研学术机构3个，教学辅助机构4个，后勤服务机构2个。科级机构208个，其中党政管理部门87个，群团组织8个，教学单位83个，科研学术机构3个，教辅科研12个，后勤服务15个。

有校级领导干部8人，其中正高职称8人；博士学位4人，硕士学位2人，学士学位2人；平均年龄56.1岁。党委正副书记4人（含校长兼党委副书记1人，党委副书记兼纪委书记1人），正副校长5人。有处级干部201人，其中正处级干部77人，副处级干部124人；女干部44人，占21.89%；中共党员175人，占87.06%；平均年龄49.1岁。有科级干部215人，其中正科级干部190人，副科级干部25人。

【党建工作】　党员发展　坚持"控制总量、优化结构、提高质量、发挥作用"的总要求，细化党员发展细则，强化党员发展公示制、责任制，严把党员发展入口关，严格党员发展程序，把好计划关、入口关、培养关、审查关、公示关，确保党员发展质量。2018年发展新党员996人，预备党员转正1026人，党员转接手续2010人次。

实施党员队伍素质提升工程　成立学生党员素质提升工程工作小组，每一组确定组长一名，负责2～4个学院学生党员发展、党务信息系统维护管理的检查、交流、督促、指导等工作，形成基层党支部为基础、基层党委组织实施、工作小组检查指导、组织部协调推进的学生党员素质提升工作机制。

基层党组织书记述党建　按照上级要求，结合学校实际，制定《河南工业大学2018年度基层党委、党总支书记抓党建工作述职评议考核工作方案》，认真做好自查自评、书面述职、会议述职等工作。

【巡视工作】　省委巡视　11月份，省委第六巡视组入驻学校开展巡视工作。作为联络部门，全程参与省委巡视及选人用人专项巡视。一是认真自查、立行立改，形成专项汇报。二是密切配合巡视组工作，组织人员集中谈话和个别询问170余人次，及时与校内有关方面联络协调，保障信息畅通。三是及时、认真、高质量提交有关材料，前期规定材料17项，共500余页，巡视期间提供查证材料60余次，总计10余万字，有效证实了有关事项合理合法性。四是及时了解巡视组发现的有关问题，提供翔实资料，主动交流沟通，以适当方式解释说明，征得理解。

落实中央巡视整改　围绕"带病提拔""三超两乱""选人用人不

正之风”“代表委员”“基层党建”“组织部门自身问题”六个专项，认真核查，组织有关人员深入学习相关政策文件，提高认识，防微杜渐。重点围绕“干部档案再审核”“干部违规兼职”等开展整改工作。一是扎实开展干部档案再审核工作，审核处级、科级干部档案418份，完成信息认定、材料补充及归档工作。二是认真做好干部违规兼职问题专项整改。7名省管干部、56名处级干部重新履行企业(社团)兼职审批手续，5名省管干部辞去企业、社团兼职16个，10名处级干部辞去企业、社团兼职。

【干部工作】 干部培训　围绕“学习贯彻十九大”，开展处级干部十九大精神集中培训班，通过领导报告、专家辅导、视频教学、分组研讨等多种方式进行。依托上级培训机构，选派12名校、处级以上干部到国家教育行政学院、省委党校、省高校干训中心、大别山干部学院学习培训。组织3名干部参加国家留学基金委行政管理人员出国研修班。

干部管理　按照上级要求，认真开展干部个人事项报告、干部人事档案专项审核、因私出国(境)证件专项治理、领导干部兼职等干部管理工作。

干部挂职　选派董庸昌同志挂任邓州市委常委、副市长，挂职时间2年。

【党校工作】 举办十九大专题培训班、学生支部书记和党务工作者专题培训班、党员发展对象培训班、入党积极分子培训班等，全年培训入党积极分子3162名、发展对象1047名、学生支部书记和党务工作者219名、处科级干部418名。

【其他工作】 驻村帮扶　通过宣传、报名、协调、考察，选派李磊、曹坤、王景政3名同志为驻村工作队员，协助第一书记杜鹏开展驻村帮扶工作，充实驻村工作力量；通过领导慰问指导、设立扶贫专项经费、组织基层党组织结对帮扶、捐助钱物、技术服务等，做好帮扶后盾。本年度完成村“两委”换届；实现脱贫8户，20人；村庄人居环境得到了整治；集体经济试点项目顺利实施。

博士服务团　协助完成2017年度选派博士团成员服务期满的总结鉴定工作，选派张书海赴许昌国家健康养老示范区建设指挥部开展服务。

宣传工作

【概况】 党委宣传部、新闻中心包括宣传部办公室、新闻中心办公室、思想政治工作科、精神文明建设科、校报编辑部(挂靠)5个科室，工作人员8人。日常主要工作包括意识形态、思想政治、新闻宣传、新媒体、校园文化建设、精神文明建设、校报。

【意识形态工作】 签订《意识形态(含网络意识形态)工作责任书》　书记校长与副职校领导签订《意识形态(含网络意识形态)工作责任书》，各位校领导与分管二级单位负责人签订责任书，强化对二级单位意识形态工作检查考核与监督。全校基层党委(党总支)与所属系室、党支部、教研室负责人签订责任书。

落实意识形态工作规章制度　制定《网络意识形态工作责任制实施细则》《基层党委(党总支)意识形态工作责任制考核办法》等文件。严格执行意识形态(含网络意识形态)工作季度研判暨联席会议制度。对全校各基层党委(党总支)开展意识形态工作调研和督查。严格履行和落实意识形态工作的“四种责任”“八项任务”“三项制度”，不断完善意识形态工作的运行机制。

【思想政治工作】 强化理论武装　校党委中心组集中学习16次，理论宣讲团深入基层宣讲30余场。开展“庆祝改革开放40周年”“我与中原共出彩”等主题活动，进一步坚定“四个自信”。做好省委巡视中的思想政治工作督查。

深化思想政治工作　牵头制定学校《思想政治工作质量提升工程实施方案》等文件。党委宣传部报送的《“三位一体”文化铸校育人工程》获评“全省高校思想政治工作精品项目”；党委学工部报送的“绿色成长”服务队、经济贸易学院报送的“小树苗”志愿服务育人工程、继续教育学院报送的“明德书屋”等3个项目，被授予2018年度“河南省高等学校思想政治工作优秀品牌”荣誉称号。编印《春风化雨——河南工业大学思想政治工作优秀品牌展示》。

【新闻宣传】 提升内宣质量　全年接受投稿电子邮件近4000封，审阅稿件数300多万字，编辑发布校园网各类新闻近2000条。及时更新笃行网、本科教学审核评估专题网站等专题网站新闻近500条。开展2018年十大新闻和2018年度人物评选工作。编印《身边的榜样——河南工业大学二〇一七年度人物先进事迹》。

初步构建外宣工作格局　遴选84名教师成立“外宣专家团”，《光明日报》《中国教育报》《河南日报》、河南电视台等媒体先后重点报道学校新闻近千条。在“2018年度河南教育豫军总评榜”评选活动中，学校获评“改革开放40周年具有国际影响力河南十大高校”。

新闻宣传工作队伍建设　邀请《中国科学报》《东方今报》等社会媒体的资深记者开展专题培训。指导和帮助二级单位建好网站，不断提升新闻宣传的能力和水平。

【校报】　编辑发行工作　2018年出版报纸17期，40多万字。在2017年度河南省高校新闻奖评选中，获一等奖3项，二等奖6项，三等奖4项。在2017年度“中国高校校报好新闻”评选中，获一等奖1项，三等奖3项。编印《工大好声音——河南工业大学好新闻获奖作品选编》。做好校报的年度核验工作。

精品栏目建设　开设《庆祝改革开放四十周年》《本科教学工作审核评估》《年度人物》《学生年度十佳标兵》等特色栏目，受到广大读者的欢迎和喜爱。

学生记者队伍建设　重视校报学生记者的选拔招聘、业务培养、评先表彰工作。编辑出版大学生记者团第十五部作品集《自白》；支持大学生记者团举办“庆祝第19个记者节暨第七届‘放飞青春’征文大赛颁奖晚会”。

【新媒体】　发挥新媒体联盟作用　围绕省委高校工委和学校的重大宣传任务，组织校内新媒体联盟成员单位及时联动，共同发声，完成上级安排的各项网络转发、网络评论、网络斗争任务。评选学校网络名师。开展十佳新媒体平台、教师优秀新媒体工作者、学生新媒体工作先进个人的评选表彰工作。加大对校院（处）两级新媒体平台的审核、备案和监管力度。每月发布学校新媒体影响力排行榜。购买河南省教育网舆情监控系统，构建全天候的舆情收集报告及处置机制。

加强工作队伍培训交流　通过新媒体联盟对全校新媒体指导教师、校院（处）两级新媒体学生编辑开展校内培训。分批次安排新媒体工作指导教师参加全国、全省培训。3名师生被评为2018年“河南高校好网民”。给全校新媒体工作指导教师发放《习近平新闻思想讲义》等学习资料。

提升平台影响力　官方微信获评“河南省高校十佳微信平台”，官方微博入选“本科类高校优秀政务微博”和“2017—2018年河南高校最具创新价值高校官方微博”。在2017年度河南省高校好新闻奖评选中，学校新媒体中心作品获1项一等奖，2项二等奖；在中国高校校报协会2017年度好新闻评选中，官方微信作品《我好像不会写 zài jiē zài lì 了……》获全国一等奖。

【校园文化建设】　评选校园文化建设优秀品牌　评选悦己读书会、校园阳光健康跑等10项校园文化活动，为学校第一届校园文化建设优秀品牌，并进行集中展演活动。编印《润物无声：河南工业大学校园文化建设优秀品牌展示》。申报并获批河南省网络文化建设试点高校。

成立校园文化环境督查组　定期对校内各单位的宣传栏、橱窗、电子屏、文化墙等各类宣传文化阵地进行监督检查。及时将校内各单位宣传阵地存在的问题反馈给各有关单位，并要求限期整改到位。

全省高校校园文化优秀成果评选活动　学校推荐上报的《国防铸魂引领成长 家国情怀广育英才》获一等奖，《科技文化艺术节——第二课堂立德树人的有效载体》获二等奖。

【精神文明建设】　思想道德建设　成立师德建设委员会，出台《健全师德建设长效机制实施意见》。编印《明德惟馨——河南工业大学十佳师德标兵先进事迹（第一辑）》。开展3期“道德讲堂”活动，发布4期善行义举榜。《光明日报》以“实施‘榜样引领工程’建设良好师德师风”为题，报道学校师德师风建设情况。

文明创建活动　通过2018年度省级文明单位复查。开展“我们的节日”活动。蒲公英支教团被授予“河南省教育系统学雷锋活动先进集体”。王萌、张宾、池良丹（学生）被授予“河南省教育系统学雷锋活动先进个人”荣誉称号。应用化学1701班、工程管理1502班获评“河南省2018年度文明班级”;C区01座N305宿舍、A区01座N207宿舍获评“河南省2018年度文明宿舍”;刘昆仑、杨丽获评“河南省2018年度文明教师”;姜欢龙等5名同学获评“河南省2018年度文明学生”。

志愿服务和帮扶工作 成立青年教职工志愿服务队和青年党员志愿服务队,配合郑州市和中原区文明办开展文明城市创建工作和志愿者服务社区活动。深入桐柏路街道清城美苑社区开展慰问活动、暑期小学生第二课堂等活动。为中牟县韩寺镇潘店胡村制作村史文化墙,向村委会捐赠2台空调、10套办公桌椅,向村小学捐赠5套图书和164套学习文具。

统战工作

【概况】 党委统战部下设办公室和党派科2个科室,工作人员3名。主要负责宣传、贯彻党的统战工作方针、政策;联系民主党派和无党派人士;协同相关部门做好党外代表人士培养选拔和安排使用工作;开展党的民族、宗教政策的宣传、教育;协同相关部门开展港澳台和海外统战工作;组织开展统战宣传、信息和统战政策理论研究工作;与上级有关部门、各民主党派省委进行工作联系和情况交流等。

【党对统战工作的领导】 统一思想 深入贯彻学习党的十九大精神和习近平新时代中国特色社会主义思想,举办统一战线“同心讲堂”4期。

健全机制 走访10多个学院、部门,进一步夯实统战工作网格布局。调整学校统一战线工作领导小组和民族宗教工作领导小组成员,建立统战信息员队伍,统战部充分发挥牵头抓总作用,建立各相关职能部门联动工作机制,明确了各部门职责。

完善制度 统一战线和宗教工作纳入校院两级领导班子和领导干部考核内容,纳入学校党建和思想政治工作测评体系以及学校治安综合治理考评体系,纳入各党校团校、干部培训教学大纲和考核内容,纳入辅导员考核测评体系;完善工作配套制度,出台《河南工业大学委员会关于加强新形势下统一战线工作的意见》《河南工业大学关于加强和改进新形势下宗教工作的实施意见》(试行),制定《河南工业大学宗教工作任务分解方案》。

凝聚力建设 举办3期统一战线“同心沙龙”,1期“同心杯”系列健身活动。在省委高校工委、省教育厅举办的纪念中共中央发布“五一口号”70周年系列活动中,有3名统战成员获得书画奖和征文奖,学校获得优秀组织奖。在全省统一战线诗歌朗诵会活动中获得二等奖。

网络宣传 在校园网主页登载新闻消息14篇,活动通知公告10余篇。向省委高校工委、省教育厅上报工作做法和经验17条。

理论研究 推荐3人参加省马克思主义民族宗教理论专题讲授和研究学者队伍。

【党外知识分子工作】 参政议政 召开党外人士建言献策座谈会3期,各党派团体10余项提案被国家部委、省里采用。李利英副校长当选政协第十二届河南省委员会常务委员。

服务社会 赴商丘柘城县、夏邑县参加“助力商丘转型发展”定向服务。6名专家学者为柘城县金刚石企业技术人员做了6场报告会。对夏邑县酿酒企业问诊把脉,就提升酒的品质提出多条可行性建议。九三学社陕豫合作计划3项、与柘城县政府合作计划1项;与固始1家企业及商丘2家企业签署合作计划各1项;与九三商丘市委、九三信阳市委和九三郑州市委建立结对子关系等。

培训学习 支持、组织党外知识分子参加各级各类培训31人次,推荐1人参加省党外代表人士挂职锻炼。组织党外代表人士赴驻马店新蔡、商丘柘城、夏邑、开封兰考等地参观学习,赴河南大学、河南财经政法大学交流工作。

【民族宗教工作】 继续深入开展“五个一”建设,在全校开展以“中华民族一家亲,同心共筑中国梦”为主题的“民族团结宣传教育月”活动,评选出优秀组织一等奖2名,二等奖3名,三等奖5名。

修订10余项制度文件,制作发放宗教知识读本9500余册,宗教政策明白卡1.3万张,组织8000余名新生参加省宗教知识竞赛。举办2场新修订《宗教事务条例》学习研讨会。开展2轮信教师生底数调研和2轮甄别摸排,教育引导谈话谈心20余人次;安排部署宗教主题班会235次、师生专题培训15 503人;利用电子屏、展板进行宗教法规和反邪教宣传;成立宗教工作研究队伍,推进马克思主义宗教观课堂教育。与市、区统战、安保部门联系5次,构建协同工作机制。配合处理1起校园周边非法宗教聚会活动。

通过省统战工作专项督查和省委宗教工作督查整改。获评首批"高校统战工作示范单位"称号。

九三学社河南工业大学第三届委员会委员名单

荣誉主委　谷克仁
主　　委　栗正新
常务副主委　鲁玉杰
副 主 委　王国庆　苗保记　陈锡建　闫丽俐

中国民主同盟河南工业大学第三届委员会委员名单

主　　委　郑学玲
副 主 委　马晓录　刘来亭　李立平
秘 书 长　杨国龙
副秘书长　万福良　高美玲　吴国年　张玉宏

中国国民党革命委员会河南工业大学第一届委员会委员名单

主　　委　杨艳萍
副 主 委　黄跃武

中国民主促进会河南工业大学支部委员名单

主　　委　孙丽君
副 主 委　裴少峰

河南工业大学党外知识分子联谊会第二届领导班子成员名单

名誉会长　李利英　王　晏
会　　长　于亦文
副 会 长　刘保国　原　方　张国治　李晓云
秘 书 长　张国治(兼)

纪委监察工作

【概况】 纪委(监察处)设纪委办公室,纪委办公室下设综合科和宣传教育科,处工作人员共5人。以习近平新时代中国特色社会主义思想为指导,坚持稳中求进工作方针,认真落实全面从严治党要求,聚焦监督执纪问责,切实履行监督责任,在监督执纪、教育预防、查办案件、队伍建设等方面取得了较好成效,为学校教育事业改革发展提供了有力保障。

【夯实管党治党责任】 召开全面从严治党工作大会,逐级签订责任书,做到了年初有部署、年中有检查、年末有考核。起草纪委工作报告,积极做好第三次党代会筹备工作。印发《巡察工作暂行办法》,探索校内巡察工作。

【作风建设】 综合运用抓重要节点、抓具体问题、抓执纪监督、抓通报曝光等有效手段,加大监督查处力度。认真开展违反中央八项规定精神问题专项整治、"帮圈文化"专项排查、机关工作作风专项整治等专项治理工作。

【廉政建设】 编印《党风廉政建设制度汇编》和《纪检监察制度选编》。紧盯重点领域和关键环节,开展岗位廉政风险排查专项活动,不断健全完善廉政风险防控体系。开展廉政主题教育、廉洁教育优秀案例评选、廉政文化作品征集、廉政文化征文等活动,获各类奖项6个。开通"清风工大"微信公众号,获批2018年省高校纪工委廉政专题研究重点项目1项、指导项目1项。

【信访办案】 修订完善《监督执纪工作实施细则》等规章制度,受理信访举报12件,其中立案1件(给予党内严重警告、行政警告处分1人),初步核实2件,谈话函询3件、了结1件、责成二级单位办理3件,全部按照规范程序进行了调查核实和处理查办。

【业务培训】 参加省高校纪工委组织的学习"两法"培训班,获得"两法"测试优秀组织奖和个人二等奖。通过专题培训、实践锻炼等多种方式,先后选派7人次参加纪检监察工作业务培训、省纪委案件查办等工作。

【以案促改制度化常态化】 召开纪检监察干部以案促改、推进以案促改制度化常态化工作的动员会和推进会,编印《典型案例汇编》,认真查摆问题,剖析原因50余条,深入排查廉政风险点100余个,制定防控措施50余项。

【省委巡视相关工作】 认真做好纪检监察工作专项汇报、信访案件汇报、资料整理报送等相关工作。在省委巡视组巡视期间,完成61件信访举报件的核查工作,其他43件信访举报件正在按照计划有序推进。

保卫工作

【概况】 党委保卫部、保卫处合署办公,是学校党委和校行政直属职能部门,下设办公室(含户籍管理室)、治安科(校卫队)、消防科、政治保卫科4个科室。保卫处分布在两个校区、21个执勤点。现有管理人员9人,校卫队员25人,劳动合同制人员1人,聘用88名保安。共有正式职工34人,其中党员17人,副高职称2人,本科学历7人。

【重点工作】 安全稳定 坚持保卫干部24小时值班带班制度处理当班期间突发事件,发挥保卫干部表率和监督作用。坚持校卫队"110"报警24小时值班制度。落实校卫队员接警、记录报警内容、及时出警,及时妥善处置。接到师生报警、求助电话210人次,抓获盗窃嫌疑人1名。坚持保安24小时巡逻制度。坚持视频、消防监控室24小时值班制度。

交通秩序 针对来访车辆、教职工私家车、电动车、校园商户运营车、外卖快递车等逐年增加,在安装交通限速禁停标识和交通专项治理的基础上,采取以下措施:一是禁止营运性新能源车进入校园。二是限制外卖电动车在校园内行驶时速不得超过20公里。三是开展校园无证摩托车专项整治行动。四是规划新的停车位。五是对校园长期停放无人认领的"僵尸车"进行清理。有效维护校园交通秩序,降低交通事故发生。

火灾防控 全力做好学校消防设施设备及自动报警系统的检查维护,确保消防设施设备的完好性。全年维修消防管道20多米;更换维修应急灯、安全出口灯2000多具;购置张贴消防标识3000张;配备、审验灭火器6500多具。

隐患排查　开展治安、消防安全隐患大排查4次(每学期2次)。针对安全制度、安全责任是否落实,防火设施设备是否齐全,安全用火、用电、用气是否符合安全要求,隐患整改是否到位等问题进行检查。拆除泡沫彩板房3间70平米,查出超市等行业安全隐患102处并全部落实整改,检查校二级单位安全隐患351处,下达整改通知书25份大部落实整改。

校园和谐　建立信息员网络,全面掌握师生员工的思想动态,建立少数民族新生及国外留学生、外教信息档案。密切关注国家重大节日和重大事件敏感期的政治稳定,积极配合有关部门做好重点人员的防控工作,收集、整理各类信息100多条。开展"三项排查"工作,积极预防和妥善处理各类不安定事端,切实维护校园的政治稳定。通过信息员抓获2起非法传教活动5名非法人员,并移交公安机关处置。

安全意识　开展以"全民参与、防治火灾"为主题的消防安全月活动、"平安校园建设"宣传月活动、"安全教育进课堂"新生入学安全教育活动;制作安全宣传展板,悬挂安全宣传条幅,发放安全宣传材料、法律汇编,举办"消防安全知识讲座"25场次,发放"大学生防盗防诈骗"宣传册3000多份,开展安全教育进课堂活动23场次;开展灭火实战演练25次,参加师生12 000余人,岗位练兵、反恐演习10余次;联合高新区消防大队开展高层灭火紧急疏散实战演习;与高新区在商场组织灭火紧急疏散演练。

【日常工作】　落实安全责任制　坚持"谁主管,谁负责""管业务必须管安全"的原则,与55个二级机构签定《治安综合治理责任书》《消防安全目标责任书》,明确主体责任、监管责任,全面落实安全责任制。

校园综合治理　开展景观湖区周边安全专项治理行动。24小时不间断对湖区及周边进行巡查。开展校园违规用电专项整治行动。对学生宿舍使用违章电器和电动车违规充电问题开展专项整治行动12次,查处隐患85起,排除火情隐患63起。收缴电磁炉、电暖气等违章电器60件,对存在违规用电的单位要求限期整改。开展扫黑除恶专项斗争宣传教育。对非法"校园贷"等十类校园涉黑情况进行重点排查。开展校园"三乱"现象清理整治行动。配合高新区管委会和城市管理执法队,对学校无证摊点进行清理。

窗口管理服务　为师生、新生儿办理户口迁入、迁出603人,办理其他业务借户口手续165人次,因办理户照、港澳通行证、身份证、购房等出借个人户口178人次;解答师生有关户口方面的来人来电咨询600余人次。

安保任务　"全国青少年艺术大赛""河南省测绘学术年会""柬埔寨财经部代表团到校参观考察"等30多场次学校承办的大型活动的安保及秩序维持任务,做到零事故发生。

【亮点工作】　创建学校消防安全管理示范单位(学校医院),强力推进学校消防安全制度化、规范化管理。

工会工作

【概况】　学校工会负责主持教代会和工会的日常工作,指导二级教代会和基层工会工作,下设办公室、组织宣传部、文体部、女工部和综合工作部。现有工会主席1人,副主席1人,副主席兼女工委主任1人。有34个基层工会,12个教工文体协会。

【教代会工作】　召开第二届教职工代表大会第四次会议。会议听取审议校长卞科的《突出内涵质量,全面深化改革,为建成特色鲜明的高水平工业大学而努力奋斗》的工作报告和副校长李利英的《关于2017年财务运行及2018年财务预算的报告》,听取常务副校长赵豫林的《关于河南工业大学第二届教职工代表大会第三次会议提案处理情况的报告》,表决通过《河南工业大学第二届教职工代表大会第四次会议决议》。

【教学技能竞赛】　学校23名教师参加由河南省教育厅、河南省教育工会举办的高等院校文科、理科、工科、思想政治4个科目的河南省教育系统教学技能竞赛。何保山等5位教师获一等奖并被授予"河南省教学标兵"称号,赵鹏等12位教师获二等奖,蒋军洲等6位教师获三等奖。

【组织宣传工作】　"教工之家"建设　扎实推进"党政工共建一个

家”,宣传“建家就是建校”的理念。继续投入专项经费17.8万元用于各基层工会“教工小家”建设,收缴会费39万元,下拨活动经费46.5万元支持基层工会开展文体活动。对各基层工会工作进行考核验收。开展年度先进集体先进个人评选活动,评选出工会工作先进集体8个,先进文体协会2个,优秀工会之友12名、优秀工会干部34名、工会工作先进个人57名、优秀工会信息员6名。

宣传工作　学校新闻网、工会网、宣传展板、新媒体等宣传阵地,宣传各级工会组织的重要活动,发表新闻稿件23篇。全面、翔实地宣传报道工会工作,编发宣传学校工会工作的特色与亮点的简报10期。持续开展家庭文明建设活动,引导教职工“注重家庭、注重家教、注重家风”,提升教职工文明素质。开展年度“文明家庭”评选活动,评选出曹建莉等10户家庭。

【文体工作】　教工文体协会活动　持续对教职工文体协会给予大力支持和帮助。篮球协会、羽毛球协会、书法摄影协会、乒乓球协会、足球协会、瑜伽协会、排球协会常年活动交流不断。举办学习十九大精神、纪念毛主席诞辰、迎新年书画展暨迎新年送春联等活动。通过优化教职工艺术团、合唱团的环境,定期排练激发教工合唱团的活力,丰富教职工艺术团的内涵。棋牌协会组队参加全国高校教职工围棋邀请赛。篮球协会组队参加郑州高新区第一届全民运动会篮球比赛获冠军。

职工文体活动　坚持开展群众性体育活动,为教职工提供锻炼身体、增强凝聚力的平台。举办第九届教职工篮球赛、第八届教职工乒乓球赛、田径及趣味运动会等传统的群众性体育项目。举办“致敬改革四十载,携手健步赢未来”环校健步走活动,34个基层工会,近1600名教职工参加此次活动。全年累计参加校内体育活动的有3000多人次,参加大众竞技项目的有1500人次,达到丰富文化生活,全民参与健身的目的。

【女职工工作】　女工委继续实施“女职工建功立业工程”,夯实女职工工作品牌,促进女教职工身心健康。开展女职工建功立业先进集体及个人的评选活动,评选出先进集体5个,先进个人10名;开展“三八”节送温暖送快乐活动;开展“引领女性阅读·建设文明家庭”书香三八读书活动和“培育好家风——女职工在行动”主题活动;进行“我与新时代共芳华”主题征文和书香“三八”读书征文,评选出一等奖3名、二等奖4名、三等奖8名;关注女性身心和谐发展,为女职工做妇科检查和咨询;组织开展瑜伽、健身操,促进女职工参加体育锻炼的积极性;开展女职工在教学科研生活等方面情况的调研;工会讲堂围绕“三八节送快乐”系列活动,集中举办烘培、插花、形象设计及心肺复苏术等四方面的讲座,有240余人参加培训;关心单身女教职工个人问题,完善单身、困难女职工档案,利用“豫工惠”APP平台提供婚恋交友服务,与中国大唐集团科学技术研究院有限公司联办单身教职工联谊活动;通过微信等新媒体,宣传建功立业典型,推送女性关怀、女性维权等资讯。

【职工生活福利工作】　职工集体福利　通过学校集中采办与基层自主采办相结合的形式为职工办福利。年初下拨福利费67.3万元,通过市场调研和招标对比完成上半年、下半年、年终3次7个品种总计378万元的福利品采办发放。联合校医院开展教职工“甲状腺专项彩超检查”。联系中国邮政储蓄银行来校,为400余名教职工办理免费ETC受理、安装服务。

职工帮扶慰问　开展扶贫济困送温暖活动,关怀经济比较困难的职工45人,送去总计2.1万元的温暖;关心看望因病住院的教职工,帮助2位重病职工申请省级帮扶1.2万元;帮助8位子女升大学的困难职工,得到河南省教育工会“金秋助学”资助。为满30、40、50、55、60岁的374位职工送去生日慰问,为结婚的11位、生子的53位职工送去相关祝贺与慰问;教职工本人或直系亲属去世,工会及时地给予慰问;“护士节”慰问校医院全体护士;暑期走访慰问招生工作人员。

职工子女入学　接洽高新区教育局以及附近中小学,协调教职工直系子女就近入学问题。组织在职教职工适龄子女报名兴华中学、高新区外国语中学42人,录取22人;报名伊河路小学、高新区外国语小学、荣邦城小学101人,协调成功89人。

公寓分配工作　配合学校师生公寓建设指挥部,做好学府嘉园、学府欣园的剩余停车位选售和引进人才的师生公寓选房、挑车位工作。协调财务处和师生公寓管理中心，为103位教职工办理第二停车位的选售，14名符合条件的引进国(境)外博士选房、挑车位。

【脱贫攻坚工作】 深入贫困地区开展多种形式的脱贫助力工作。帮助邓州张村镇冠军村党支部建立党建宣传栏、脱贫攻坚文化墙。联合校医院组建医疗服务队到邓州张村镇冠军村，开展测量血压、内外科诊疗等服务，凭处方免费发放日常健康药品，讲解日常预防疾病与健康用药知识。活动接待200余人次，发放药品价值8000多元，缓解“因病致贫、因病返贫”问题。联合党委宣传部组织志愿服务队赴中牟县韩寺镇潘店湖村，向潘店胡小学的5个班级164名小学生，捐赠图书和学习文具，助力贫困村教育扶贫。配合学校“情系光山购销活动”，按每位会员100元的标准下拨专用经费22万元给基层工会，用于“情系光山”职工福利集中采购。

河南工业大学第二届工会委员会委员名单

主　席　李学雷

副主席　王恒胜　胡　捷

委　员　马武刚　王恒胜　孙占利　孙志明　李学雷　何文高　张　石　张兴振　周志强　胡　捷　段慧子　蒋笃君　魏朝举

河南工业大学第二届工会女工委员会

主　任　胡　捷

副主任　王　影　晏玉珍

委　员　丁继侠　王　影　胡　捷　钟月双　晏玉珍　郭　瑞　焦　丹

河南工业大学第二届教职工代表大会提案工作委员会

主　任　李焕锋

副主任　王恒胜

委　员　丁达安　王恒胜　刘亚伟　李焕锋　杨六栓　宋　伟　张冬生　郭晓旻

河南工业大学第二届教职工代表大会暨第二届工会会员代表大会代表资格审查委员会

主　任　胡　捷

副主任　刘会生

委　员　刘　勇　刘会生　吴国清　胡　捷　韩　玉　韩永刚

学生工作

【概况】 学生工作部(处)是负责全校学生思想教育、学生日常管理、为学生成长成才服务的职能部门,并与学生资助管理中心、就业指导服务中心、学生发展教育中心、学生心理健康教育中心、武装部合署办公。总体职能有:确保学生安全稳定工作;学生思想教育与管理;学生心理健康教育与辅导;毕业生就业服务与指导;学生奖学金、助学金的评选、发放与国家助学贷款管理工作;学生勤工助学的审批与管理;学生发展教育;学生国防教育及拥军拥属工作。领导班子5名,其中部(处)长1名,副部(处)长2名,就业指导服务中心副主任1名,副处级组织员1名。工作人员20名,其中科级干部9名。

【思想政治教育】 出台《河南工业大学"青春筑梦"立德树人工程实施方案》。开展"学习新思想千万师生同上一堂课——习近平总书记重要讲话精神讲师团"巡讲活动。组织全体辅导员奔赴南街村,在学工干部中开展学习南街村精神征文活动。举行"党的创新理论万场宣讲进高校"优秀辅导员报告会,吴春阳等5名辅导员做了报告。组织辅导员参加全国高校辅导员学习十九大精神网络培训示范班,开展"我与'两个一百年'"主题征文活动。获2018年度河南省"大美学工"十佳优秀学生工作先进单位。

【学生管理工作】 出台《河南工业大学"勤奋诚信"学风建设工程实施方案》《关于开展"学风建设年"活动的通知》。陆续举行"学风建设年"活动推进会、"学风建设宣讲团"报告会、"校园基础文明养成教育强化月"、学生学风督察团查课通报、学工部领导带队看课听课等活动。通过"学生安全联防队""意识形态安全信息员"等学生组织,建立安全稳定工作信息网络组织,构建自下而上的学生动态监控和预警体系。根据社会热点,进行"校园贷"排查,坚持"意识形态安全"零报告制度。通过QQ、微信等新媒体,加强法制教育、反邪教教育、防范传销教育、安全教育和校纪校规教育,提高学生安全意识。

【心理健康教育工作】 完成示范性二级心理辅导站的评选工作。举办河南省高校第六届"心语杯"手语大赛、首届拓展培训师认证培训班和第三届"心灵之旅"心理素质拓展竞技运动会。启用心理咨询微信预约功能,完成2018级新生心理健康网络测评。开展"心灵驿站"及"朋辈心理辅导站"活动16次。被中国心理卫生协会大学生心理咨询专业委员会授予"2015—2018年度大学生心理教育工作先进集体"荣誉称号,耿俊杰老师被评为"2015—2018年度大学生心理教育工作优秀工作者"、陈晶晶老师被评为"2015—2018年度大学生心理教育工作优秀青年工作者"。马永瑞、刘增喜及陈侣涵3位心理委员获评"全国百佳心理委员"荣誉称号。

【大学生资助管理工作】 完善多元互补的资助育人体系。学校精准认定家庭经济困难学生12 261人,办理国家助学贷款8965人,总金额5165万元。评审发放各类奖助学金33 424人次,奖励资助总金额4982万元。设置学生助理岗位3688个,为1900名新生办理绿色通道。继续保持贷款毕业生零违约。张宝强同志获教育部全国学生资助工作"推荐学习个人"。

【就业指导服务工作】 2017级学生全部实现创新教育网络授课。举办职业生涯规划专场培训。修订、编写《大学生职业发展与就业指导》《大学生创新创业实务教程》。组织第十届大学生职业规划大赛。继续实施就业市场开拓计划,举办校园招聘会487场,其中专场招聘会464场,综合招聘会23场,进校招聘单位1506家。组织嘉兴市、杭州市、徐州市人才中心等8家地市级人才中心在校进行小型综合招聘会。依托省教育厅"百校千企"系列网络视频双选活动开展2次网络综合招聘会。继续推行在校生"预就业模式",与和润集团、广州市粮食集团等26家企业合作,累计选拔200余名大三"预就业"学生到企业顶岗实习。新增上线手机APP客户端,实现了信息网、微博、微信、APP线上全覆盖。毕业生一次性就业率92.47%,居河南省高校前列。考研率19.60%,较2017年提高1.16个百分点。

【创业指导帮扶工作】 在第四届中国"互联网+"创新创业大赛中斩获3项铜奖,实现了在全国最高赛事上的历史性突破。组织创业项目参加河南省首届“新时代·新梦想”创新创业大赛,上报6项,获一等奖1项、二等奖2项、三等奖3项,获奖励资金32万元,获奖项目数居河南省首位,奖励金额位居全省前列。在“正大杯”双创营销大赛中,学校代表队获东中南十省区季军。创业培训全面铺开,全年GYB培训3000余人、SYB培训90人。持续做好创业园项目动态管理,对在孵项目考核2次,园区项目更新率达50%。有749名毕业生申报求职补贴,全部获得求职补贴资助,资助金额为112.35万元。

【国防教育工作】 获评2017年全国“国防教育特色学校”“河南省征兵工作突出单位”。向部队输送98名优秀大学生。组建退役军人联谊会,由国防预备役连和退役军人联谊会组建的军训教官团完成大学新生的军事理论和军事技能训练工作。联合中原区武装部组织国防预备役连进行实弹射击。组建10支社会实践团队分赴延安、井冈山等10省几十地,以“红心向党青春足迹·热血筑梦红色之旅”为主题,开展革命遗址学习调研、革命老兵寻访关怀、红色精神弘扬传承等系列活动。获河南省第二届普通高等学校校园文化建设优秀成果一等奖,学校第一届校园文化建设优秀品牌一等奖。

【队伍建设】 辅导员许森在全国第七届辅导员素质能力大赛中获二等奖。在河南省第七届高校辅导员素质能力大赛中,许森获大赛特等奖第2名,辅导员张佳晨获特等奖第4名,以全省总分第1名的成绩获“优秀组织奖”。认真做好辅导员外出访学、攻读博士、考取职业认证资格等工作。辅导员王鹏获河南省第四届辅导员年度人物提名奖。

河南工业大学“学生工作十件大事”

1. 学生工作实现新突破,学校获河南省“大美学工”十佳学生工作先进单位。
2. 创新创业跃上新台阶,学校在全国“创青春”“互联网+”创新创业大赛中成绩优异。
3. 志愿服务有了新进展,学校获全国“优秀高校项目办”荣誉称号。
4. 社会实践呈现新特点,学校获全国“暑期‘三下乡’社会实践活动优秀单位”。
5. 国防教育创造新业绩,学校获“全国国防教育特色学校”。
6. 心理育人迈出新步伐,学校获“全国大学生心理健康教育工作先进集体”。
7. 队伍建设得到新加强,学校在全国辅导员素质能力大赛中获二等奖。
8. 资助育人取得新成效,学校获全省“诚信校园行”资助知识竞赛总冠军。
9. 学风建设激发新活力,学校2018届毕业生考研率创历史新高达到19.60%。
10. 校园文化打造新亮点,工大讲坛突破200期。

河南工业大学“学生十大年度人物”(按姓氏笔画排序)

1. 马锦涛 土木建筑学院道桥1501班
2. 王 涵 材料科学与工程学院无机F1602班
3. 叶 亮 经济贸易学院国贸F1602班
4. 刘 晓 国际教育学院会计1704班
5. 孙宇晴 外语学院翻译1602班
6. 李 娜 粮油食品学院食品工程与安全F1607班
7. 杨 晶 法学院法学1603班
8. 张 倩 管理学院电商1501班
9. 孟 萌 设计艺术学院交通工具设计工作室
10. 胡 蝶 理学院数学F1501班

共青团工作

【概况】 校团委机关有 8 名工作人员,分设组织部、宣传部、社团部(大学生科技创新部)、艺术活动指导中心 4 个部门。校团委充分发挥共青团组织优势,切实为青年的成长成才服务,团结和带领广大团员青年为振兴中华建功立业,贡献青春、智慧和力量,在实践中锻炼成为社会主义事业的建设者和接班人。

【思想政治教育】 以纪念改革开放 40 周年为主题,开展五四集中主题团日、"我与改革开放共成长"等活动。以"工大讲坛""大学生论坛"为平台,以动员会、交流会等多种形式,深入学习党的最新理论、最新成果,举办"与信仰对话"主题报告会 200 余场。以校团委"新媒体运营中心"为枢纽,巩固完善各级团学组织微信、微博、网站等团学新媒体工作矩阵。着眼优化内容供给,实施内容产品化战略,继承、创作"一周团学动态""花 young 青年说"等原创网络文化产品,通过直播、VR、短视频、微电影、街拍等青年人喜闻乐见的形式做好网络思想引领。

【组织建设】 继续完善党委领导下的"一心双环"团学组织格局,加强对学生会和社团的思想政治教育工作。全年培养校青马学员 200 名,依托团课中级班和基础班,培训学生骨干近 4000 人,学校当选省高校"青年马克思主义者培养工程"工作联盟单位;在全国高校"活力团支部"评选活动中,食品科学与工程 1501 班团支部、广播电视学专业 1601 班团支部获全国高校"活力团支部"称号;在河南省"基层团干部微团课大赛"活动中,许森老师获得特等奖;在河南省大中专学校百优十佳"活力团支部"评选活动中,无机 F1602 班团支部荣获十佳"活力团支部",学校获优秀组织奖;在省"五四表彰"中,刘洋获评"河南省优秀共青团员";在省高校开展的"新时代青马者说"主题沙龙活动中获评"优秀组织单位"。

【创新创业】 规范三级创新创业竞赛平台,以"年级—学院—学校"层层递进式发动学生参与创新创业工作。联合学工部、教务处、科技处和社科处,鼓励学生新参加省级以上学科竞赛 31 项,在国际大学生数学建模竞赛中获奖 10 项。举办第十二届大学生创新大赛与第九届大学生创业大赛。在"创青春"浙大双创杯全国大学生创业大赛中,学校代表队获得铜奖 3 项,在"创青春"全国大学生创业大赛 MBA 专项赛中,获得 1 项铜奖。在"创青春"河南省大学生创业大赛中,学校有 22 项作品获得优异成绩,其中 4 项作品获得特等奖、6 项作品获得一等奖,学校也喜捧"优胜杯"。在第四届中国"互联网+"大学生创新创业大赛中,学校获得 3 项铜奖,第四届中国"互联网+"大学生创新创业大赛河南赛区选拔赛中,获得一等奖 3 项、二等奖 3 项、三等奖 5 项。

【志愿服务】 2018 年志愿服务工作实现突破,荣获中国青年志愿服务项目大赛最高奖(金奖)1 项;中国大学生社会公益奖"专项特别奖"1 项;2 名团干、1 名志愿者获"河南省教育系统学雷锋活动先进个人";在省志愿服务项目大赛中获得特等奖 1 项、银奖 2 项、铜奖 1 项和"优秀组织奖"。招募 32 名西部计划志愿者,数量全省第一,获团中央表彰。作为省唯一参会高校参加西部计划新疆项目 15 周年座谈会,学校鞠润康作为 2018 年全国服务新疆项目志愿者代表在座谈会上发言。6 位往届西部计划志愿者荣获"全国西部计划优秀志愿者"称号。

【社会实践】 按照职业发展教育课教学实践环节要求,组织学生参加暑期社会实践。坚持"全员化参与、基地化建设、项目化管理、社会化运作、精品化推进"的工作思路,加强前期培训,强化过程管理。以"青春大学习,奋斗新时代"为主题开展暑期社会实践,组建实践团队近千支,捐赠物品及资金 2.48 万元,开展宣讲 113 场、文艺演出 23 场。承担省教育厅"脱贫攻坚社会实践专项"1 项。6 个团队入选团中央"互联网+教育"社会实践专项,4 个项目分获团中央"镜头中的三下乡"评选"优秀报道奖""优秀视频奖""优秀摄影奖"和"全国百强传播力团队"。"乡村稼穑情·振兴中国梦"专项获银铜奖各 1 项。在团中央社会实践传播力评选活动中,学校入选全国 50 个优秀新闻宣传单位,2 支实践团队入围全国百强传播力团队,学校获团中央"社会实践优秀单位"和全国 50 个社会实践优秀宣传单位。

【新媒体建设】 学校作为唯一高校代表当选“河南省青少年新媒体协会”副理事长单位，校团委新媒体中心获评“十佳豫青新媒体工作室”；微信推文《“工大红人丁建波”||不想做诗人的居家型段子手不是好老师?》获河南省第三届大学生新媒体原创作品大赛三等奖。

【文体活动】 开展“高雅艺术进校园”“夏日奏鸣曲”钢琴音乐会、“飞得更高”主题毕业晚会等品牌文艺活动。在河南省第十六届大学生科技文化艺术节中，获一等奖 17 项、二等奖 13 项、三等奖 18 项，王天贵、张猛等 9 位老师获优秀指导教师奖，学校获优秀组织奖。在河南省第二届“打击传销 净化校园”文化作品征集大赛中，朱文旭等同学的作品《拾心》获视频类比赛二等奖，吕田田、屈少颖同学的作品《守卫》获漫画类比赛二等奖，张家乐、张苗苗等同学的作品获三等奖，丁思源等同学获优秀奖，张攀武等同学获创新奖；范新爰、赵玮玮两位老师获优秀指导教师奖，学校获优秀组织奖。

表 13-1 “创青春”浙大双创杯全国大学生创业大赛

序号	作品名称	作　者	获奖等级	指导老师	所在学院
1	平米信息科技有限公司	王　凯　陈　卓　张恒轩　等	国家级综合竞赛铜奖	鲁玉杰 李永海	粮油食品学院
2	云鲜生——让生鲜交易简单到极致	尚明举　霍洪鑫　杨建雄　等	国家级综合竞赛铜奖	刘红军 张　莉	国际教育学院
3	“公益+”旅游——留守儿童支教帮扶新路径	叶　亮　陈东川　安　荣　等	国家级综合竞赛铜奖	梁瑞华 吴　鹏	经济贸易学院

表 13-2 河南省“创青春”大学生创业大赛

序号	作品名称	作　者	获奖等级	指导老师	所在学院
1	云鲜生——让生鲜交易简单到极致	尚明举　朱梦晗　刘　畅　等	特等奖	刘红军	国际教育学院
2	郑州奥莉卡生物科技有限公司	王瑞虎　孟　楠　司马雅婷　等	特等奖	毕艳兰 孙　腾	粮油食品学院
3	平米信息科技有限公司	王　凯　陈　卓　张恒轩　等	特等奖	鲁玉杰	粮油食品学院
4	益留服务社——新时代“爱苗助长”公益项目	叶　亮　陈东川　安　荣　等	特等奖	梁瑞华 吴　鹏	经济贸易学院
5	堇青石氮化铝电子封装陶瓷基片	段梦飞　冀金豪　曹文波　等	一等奖	夏　熠	材料科学与工程学院
6	南阳农家康养服务有限公司	宋孟韩　任东鹤　张红静　等	一等奖	康涌泉	经济贸易学院

续表 13-2

序号	作品名称	作　者	获奖等级	指导老师	所在学院
7	郑州索腾乐器有限公司	肖　国　刘　赛　王　恩　等	一等奖	韩　江	管理学院
8	河南吉是达新材料科技有限公司	刘金达　冯佳音　李茹雪　等	一等奖	卫红伟	材料科学与工程学院
9	不朽计划——基于 BIM 的古建保护	方中义　薛雅沛　何佳栋　等	一等奖	黄海荣 王祖远	土木建筑学院
10	灯下影、戏中人——皮影小屋	刘　洋　李　娜　牛梦遥　等	一等奖	孙　腾	粮油食品学院
11	河南嵩旗科技有限公司——科技产品价格的颠覆者	崔高阳　李培宇　梁盼盼　等	二等奖	孙占利	中英国际学院
12	未完网络 MCN　文化类短视频专业内容生产机构	黄　欢　杨　皖　张文宁　等	二等奖	段慧子	新闻与传播学院
13	银酱食品有限公司	徐韬滔　文　媛　宋亚培　等	二等奖	翟书斌	经济贸易学院
14	河南森影文化传媒有限公司	祝绵森　付朝伟　王婧文　等	二等奖	魏　杰	法学院
15	飞出凉山的梦想图	宋天伦　何鹏飞　王　爽　等	二等奖	李晓莉	信息科学与工程学院
16	美康谷物科技有限公司	杨　辉　曹鑫哲　刘之沛　等	三等奖	陈志成	粮油食品学院
17	智能指纹柜	李　林　焦若锴　何佳月　等	三等奖	吕宗旺	信息科学与工程学院
18	郑州超细硬质合金有限责任公司	霍少华　张晨阳　白雪薇　等	三等奖	赵志伟	材料科学与工程学院
19	郑州蓝月亮教育咨询有限公司	李京都　马铭扬　李俊亨　等	三等奖	王晓刚	管理学院
20	郑州铅灰朔蓝文化传媒有限公司	刘　坤　李进凯　毕经川　等	三等奖	魏　涛 黄泽峰	理学院
21	郑州六号线电子商务有限公司	刘　杨　杨敏捷　匡　雯　等	三等奖	王　萌	土木建筑学院
22	郑州黑龙驹旅游咨询服务有限公司	李小鹏　陈光辉　李孟杰	三等奖	王　萌	土木建筑学院

表 13-3 其他科技创新国赛获奖

序号	竞赛名称	作品名称	作者	获奖等级	指导教师	所在学院
1	中国大学生机械工程创新创意大赛——第九届全国大学生过程装备实践与创新大赛	高效自动化吨包物料装车装置	宋泽 陆凯凡 翁丽敏 陈晓玉 孟坤鹏	国家级单项竞赛二等奖	晏丽 王明旭	机电工程学院
2	中国大学生机械工程创新创意大赛——第九届全国大学生过程装备实践与创新大赛	智能化高效管链式输送机	符记 高偌霖 靳航嘉 李阳 史子麟	国家级单项竞赛三等奖	王明旭 王星	机电工程学院
3	时报金犊奖	一生挚爱	李晴佳 白帆帆 李雅茜	国家级单项竞赛优秀奖	许俊义	新闻与传播学院
4	时报金犊奖	爱你,独一无二	唐钰琪 杨欣萌 闫敏 陈光辉 陈汉儒	国家级单项竞赛优秀奖	许俊义	新闻与传播学院
5	时报金犊奖	常回家看看	孔世杰 姚瑞丹 张伟 潘雪梅 张富坤	国家级单项竞赛优秀奖	许俊义	新闻与传播学院
6	时报金犊奖	俊男美女的“链”接	孔世杰 姚瑞丹 张伟 潘雪梅 张富坤 杨令武	国家级单项竞赛优秀奖	许俊义	新闻与传播学院
7	时报金犊奖	趁一切来得及	景晓彧 阎建鸽 刘胜杰 蔡雅欣	国家级单项竞赛优秀奖	许俊义	新闻与传播学院
8	时报金犊奖	有陌陌,不怕生	杨田梦 张晓晓 唐歌 王茜	国家级单项竞赛优秀奖	许俊义	新闻与传播学院
9	时报金犊奖	我是自然堂冰肌水	杨田梦 张晓晓 唐歌 王茜	国家级单项竞赛优秀奖	许俊义	新闻与传播学院
10	时报金犊奖	西游记——取得真经	刘啸宇 杨粲 刘瑞 付远远 张俊洋	国家级单项竞赛优秀奖	许俊义	新闻与传播学院
11	时报金犊奖	导演,超正耶!	张心月 冯桂源 秦泽宇 汪心月 方慧	国家级单项竞赛优秀奖	许俊义	新闻与传播学院
12	时报金犊奖	改变,从“小”开始	张心月 汪乐萌 方慧 冯桂源 秦泽宇	国家级单项竞赛优秀奖	许俊义	新闻与传播学院
13	时报金犊奖	阿妈的香水	张心月 汪乐萌 方慧 冯桂源 秦泽宇	国家级单项竞赛优秀奖	许俊义	新闻与传播学院
14	时报金犊奖	遇见你真好,永和豆浆	张心月 汪乐萌 方慧 冯桂源 秦泽宇 林志佳	国家级单项竞赛优秀奖	许俊义 刘燕美	新闻与传播学院
15	时报金犊奖	陌生人给你力量	张松 卫思远 彭卫国 刘艳 陈婧	国家级单项竞赛优秀奖	许俊义	新闻与传播学院

续表 13-3

序号	竞赛名称	作品名称	作　者	获奖等级	指导教师	所在学院
16	时报金犊奖	多彩掌阅,爱上阅读	胡俊雅　郑美晨　樊家晨　王亚宁	国家级单项竞赛优秀奖	许俊义	新闻与传播学院
17	时报金犊奖	掌阅,悦享百态人生	舒　敏　刘玉莹　田新宇　张　萌	国家级单项竞赛优秀奖	许俊义	新闻与传播学院
18	时报金犊奖	我们想知道	马梦珂　唐千月　李慧杰　符艳荷　王芷君	国家级单项竞赛优秀奖	许俊义	新闻与传播学院
19	时报金犊奖	旺旺老翁大口爽爽喉茶——《再累也要好好过生活》	罗　盏　谢　炜　王晶晶　张俊静　王敬云	国家级单项竞赛优秀奖	许俊义	新闻与传播学院
20	时报金犊奖	给你想要的阅读	李春光　李芳逸　张　迪	国家级单项竞赛优秀奖	许俊义	新闻与传播学院
21	时报金犊奖	掌阅,带你走进书的殿堂	韩　梦　司　宇	国家级单项竞赛优秀奖	许俊义	新闻与传播学院
22	时报金犊奖	我想"铸"在你身边	彭美娟	国家级单项竞赛优秀奖	许俊义	新闻与传播学院
23	时报金犊奖	鲜榨冰川水,让肌肤趁热喝	杨永慧　张景立　于　洁	国家级单项竞赛优秀奖	许俊义	新闻与传播学院
24	时报金犊奖	Yes,I do	何振可　刘宓鑫　李　磊　毛倩颖　石路恒	国家级单项竞赛优秀奖	许俊义	新闻与传播学院
25	时报金犊奖	聚光灯外的童年	何振可　刘宓鑫　李　磊　毛倩颖　石路恒	国家级单项竞赛优秀奖	许俊义	新闻与传播学院
26	时报金犊奖	当你的计算机没有启动键(系列篇)	何振可　刘宓鑫　李　磊　毛倩颖　石路恒	国家级单项竞赛优秀奖	许俊义	新闻与传播学院
27	时报金犊奖	铁豆三项	张文宁　赫婉琳　牛梦琦　乔荣岩　王　旭	国家级单项竞赛优秀奖	许俊义	新闻与传播学院
28	时报金犊奖	掌阅,在美好思想前停留	杨海涛　韩林园　王保杰　魏雪颖	国家级单项竞赛佳作奖	潘跃华	新闻与传播学院
29	时报金犊奖	学富五百车、才高八百斗	荣　莹　吕可勤　颜　珺	国家级单项竞赛优选奖	许俊义	新闻与传播学院
30	时报金犊奖	夏朵陪你,温暖随行	张景立　杨永慧	国家级单项竞赛佳作奖	许俊义	新闻与传播学院

续表 13-3

序号	竞赛名称	作品名称	作者	获奖等级	指导教师	所在学院
31	全国大学生数学竞赛全国决赛	非数学类竞赛	苏行松	国家二等奖	慕运动	理学院
32	全国大学生数学竞赛全国决赛	数学类竞赛	陈 意	国际三等奖	韦雷雷	理学院
33	美国大学生数学建模竞赛	Mathematical Contest In Modeling Certificate of Achievement	袁鹏飞 李方伟 刘嘉威	国家级单项竞赛二等奖	曹建莉	电气工程学院
34	美国大学生数学建模竞赛	Problem B：How Many Languages?	霍少华 白雪薇 张晨阳	国家级单项竞赛二等奖	曹建莉	材料科学与工程学院
35	美国大学生数学建模竞赛	How does climate change influence regional instability	胡景琨 程 泽 班胜楠	国际二等奖	王俊岭 韦雷雷	理学院
36	美国大学生数学建模竞赛	Planning for international offices selection and languages selection	胡 蝶 郭修斌 闫自力	国际二等奖	肖留超 程 涛	理学院
37	美国大学生数学建模竞赛	Mathematical ModelAnalysis of Energy in the Four South American States	杨美钰 蔡思榆 宗欣怡	国际三等奖	王玉雷 全 然	理学院
38	美国大学生数学建模竞赛	Mathematical Model Analysis of Energy in the Four South American States	王 军 李朝柱 赵继舜	国际三等奖	曹建莉 李明浩	理学院
39	第一届安琪酵母杯大学生创新食品竞赛	发芽糙米蛋糕	庞锦玥 陆 应 白复笑 王海杰 刘远晓	国家级单项竞赛三等奖	任传顺	粮油食品学院

续表 13-3

序号	竞赛名称	作品名称	作 者	获奖等级	指导教师	所在学院
40	第四届中国“互联网+”大学生创新创业大赛	预感应式电弧传感器——为机械制造保驾护航	崔高阳 李培宇 梁盼盼	国家级综合竞赛三等奖	孙占利 沙 杰	中英国际学院
41	第四届中国“互联网+”大学生创新创业大赛	中原地区羊肚菌高产栽培技术推广	李 谦 胡华栋 周道锐 焦沛尧 魏子昱 束张昊 欧阳平	国家级综合竞赛三等奖	李建锋 魏雪芹	经济贸易学院
42	第四届全国高校 BIM 全国设计大赛	基于 BIM 的技术标编制赛项	谢雁杰 王利源 秦振涛 周亚中 马 颖	国家级行业协会特等奖	陈桂香 黄海荣	土木建筑学院
43	第四届全国高校 BIM 全国设计大赛	基于 BIM 的招标控制文件编制赛项	谢雁杰 王利源 秦振涛 周亚中 马 颖	国家级行业协会二等奖	陈桂香 黄海荣	土木建筑学院
44	第四届河南省“互联网+”大学生创新创业大赛	平米信息科技有限公司	王 凯 陈 卓 吴 雪 李建中 吴环宇 张恒轩 任泓瑾 胡陈琪	国家级综合竞赛三等奖	鲁玉杰	粮油食品学院
45	第四届“互联网+”大学生创新创业大赛	叠加自疏水纤维混凝土添加剂——做永不更换的防水	宋伯森 范旭辉 冯佳音 刘金达 郭 闪 夏 天 李茹雪 周纯一	国家级综合竞赛三等奖	卫红伟	材料科学与工程学院
46	第四届“互联网+”大学生创新创业大赛	红色筑梦——创新羊肚菌“6+1”栽培模式助力精准扶贫	李 谦 周道锐 焦沛尧 胡华栋 魏子昱 束张昊 欧阳平	国家级综合竞赛三等奖	魏雪芹 李建锋 马武刚	材料科学与工程学院
47	第十一届“高教杯”全国大学生先进成图技术与产品信息建模创新大赛	产品数字化设计与 3D 打印技术大赛	曹江涛 林禹辛	国家级行业协会三等奖	何文平 牛红宾 尚拴军 杨丽彦	机电工程学院
48	第十一届“高教杯”全国大学生先进成图技术与产品信息建模创新大赛	机械类、建模	曹江涛	国家级行业协会三等奖	何文平 牛红宾 尚拴军 杨丽彦	机电工程学院
49	第十届全国大学生广告艺术大赛	爱华仕——生活即旅行	何振可 李 磊 石路恒 毛倩颖 刘宓鑫	国家级单项二等奖	许俊义	新闻与传播学院
50	第十届全国大学生广告艺术大赛	带你去旅行	荣 莹 吕可勤 司 宇 韩 梦 颜 珺	国家级单项二等奖	许俊义	新闻与传播学院

续表 13-3

序号	竞赛名称	作品名称	作　者	获奖等级	指导教师	所在学院
51	第十届全国大学生广告艺术大赛	人生专列	冯鹏鹏　王保杰　赵　凯	国家级单项三等奖	许俊义	新闻与传播学院
52	第十届全国大学生广告艺术大赛	善心善言善行——家庭篇	何振可　李　磊　石路恒　毛倩颖　刘宓鑫	国家级单项竞赛优秀奖	许俊义	新闻与传播学院
53	第十届全国大学生广告艺术大赛	汝乃吾意中人	王晶晶　张俊静　王敬云　谢炜　罗　盏	国家级单项竞赛优秀奖	许俊义	新闻与传播学院
54	第十届全国大学生广告艺术大赛	爱华仕——装下你的每一次	王晓慧	国家级单项竞赛优秀奖	许俊义	新闻与传播学院
55	第十届全国大学生广告艺术大赛	生活酷旅行,装起全世界	陈高昂　潘　旺　黄　欢　王凯生　龙　瑶	国家级单项竞赛优秀奖	许俊义	新闻与传播学院
56	第十届全国大学生广告艺术大赛	多一点善意,让世界更美好	何振可　李　磊　石路恒　毛倩颖　刘宓鑫	国家级单项竞赛优秀奖	许俊义	新闻与传播学院
57	第十届全国大学生广告艺术大赛	藤娇,能量无限	荣　莹　吕可勤　司　宇　韩　梦　颜　珺	国家级单项竞赛优秀奖	许俊义	新闻与传播学院
58	第十届全国大学生广告艺术大赛	恋爱三重奏	冯鹏鹏　赵　凯	国家级单项竞赛优秀奖	许俊义	新闻与传播学院
59	第十届全国大学生广告艺术大赛	勇敢做自己	王保杰　冯鹏鹏　赵　凯　宛莹莹　杨林弦子	国家级单项竞赛优秀奖	许俊义	新闻与传播学院
60	第十届全国大学生广告艺术大赛	善言如同动听的音符	薛孟杰　崔　浩	国家级单项竞赛优秀奖	皇甫风平	新闻与传播学院
61	第十届全国大学生广告艺术大赛	关爱失独老人	杨海涛　靳盼盼　谢雨凡　王艺文　王保杰	国家级单项竞赛优秀奖	皇甫风平	新闻与传播学院
62	第十届全国大学生广告艺术大赛	爱如空气	吴晓丽　周佳佳　刘冰倩　朱兑娥　朱会霞	国家级单项竞赛优秀奖	皇甫风平	新闻与传播学院
63	第十届全国大学生广告艺术大赛	藤椒牛肉面给她触电般心动的感觉	赵思阳　吴雅稳　郑美晨　信秀文	国家级单项竞赛优秀奖	皇甫风平	新闻与传播学院
64	第十届全国大学生广告艺术大赛	藤娇——心动不说假话	秦　莹　徐厚强　张　琳　李　慧　宋慧芸	国家级单项竞赛优秀奖	夏　颖　皇甫风平	新闻与传播学院
65	第十届全国大学生广告艺术大赛	娃哈哈天生可爱	刘海燕　刘莹莹　张冰洋　张庭红　魏雪颖	国家级单项竞赛优秀奖	皇甫风平	新闻与传播学院
66	第十届全国大学生广告艺术大赛	求生欲大考验	李莉莉　陈子欣　郑建鹏	国家级单项竞赛优秀奖	皇甫风平	新闻与传播学院

续表 13-3

序号	竞赛名称	作品名称	作　者	获奖等级	指导教师	所在学院
67	第十届全国大学生广告艺术大赛	萌出真我	陈仕奇　王靖鑫　马红月　朱文强	国家级单项竞赛优秀奖	皇甫风平	新闻与传播学院
68	第十届全国大学生广告艺术大赛	元气 Max	刘梦幸　陈宝仁　于　源　张文　刘　洋	国家级单项竞赛优秀奖	皇甫风平	新闻与传播学院
69	第三届全国高校智能交通创新与创业大赛	智能交通科技	谷世锋　阳成伟　张　妍　徐世鑫　薛云洲	国家级单项竞赛三等奖	李　辉　程　立	信息科学与工程学院
70	第三届全国高校智能交通创新与创业大赛	基于道路状态相关性的路径规划研究	阳成伟　薛云洲　张　妍　谷世锋　许世鑫	国家级单项竞赛三等奖	李　辉　段宇洲	土木建筑学院
71	第七届全国大学生 GIS 应用技能大赛	GIS 应用技能	林　远　张清源　范欣华　李赛伟	国家级单项竞赛一等奖	李　滨	信息科学与工程学院
72	第九届蓝桥杯全国软件和信息技术专业人才大赛全国总决赛	C/C++程序设计大学 B 组	陈丁山	国家级行业协会一等奖	杨卫东	信息科学与工程学院
73	第九届蓝桥杯全国软件和信息技术专业人才大赛全国总决赛	单片机设计与开发组	周　瑞	国家级行业协会二等奖	吕宗旺	信息科学与工程学院
74	第九届蓝桥杯全国软件和信息技术专业人才大赛全国总决赛	单片机设计与开发组	王旭博	国家级行业协会二等奖	吕宗旺	信息科学与工程学院
75	第九届蓝桥杯全国软件和信息技术专业人才大赛全国总决赛	C/C++程序设计大学 B 组	秦睿阳	国家级行业协会二等奖	程　立	信息科学与工程学院
76	第九届蓝桥杯全国软件和信息技术专业人才大赛全国总决赛	C/C++程序设计大学 B 组	张　宇	国家级行业协会二等奖	程　立	信息科学与工程学院
77	第九届蓝桥杯全国软件和信息技术专业人才大赛全国总决赛	C/C++程序设计大学 B 组	鱼　坤	国家级行业协会二等奖	程　立	信息科学与工程学院
78	第九届蓝桥杯全国软件和信息技术专业人才大赛全国总决赛	C/C++程序设计大学 B 组	徐向阳	国家级行业协会二等奖	王　珂	信息科学与工程学院
79	第九届蓝桥杯全国软件和信息技术专业人才大赛全国总决赛	单片机设计与开发组	任殷林	国家级行业协会二等奖	金广锋	信息科学与工程学院

续表 13–3

序号	竞赛名称	作品名称	作 者	获奖等级	指导教师	所在学院
80	第九届蓝桥杯全国软件和信息技术专业人才大赛全国总决赛	C/C++程序设计大学 B 组	徐光辉	国家级行业协会三等奖	程 立	信息科学与工程学院
81	第九届蓝桥杯全国软件和信息技术专业人才大赛全国总决赛	C/C++程序设计大学 B 组	高 天	国家级行业协会三等奖	徐振强	信息科学与工程学院
82	第九届蓝桥杯全国软件和信息技术专业人才大赛全国总决赛	C/C++程序设计大学 B 组	袁珂晨	国家级行业协会三等奖	王 珂	信息科学与工程学院
83	第九届蓝桥杯全国软件和信息技术专业人才大赛全国总决赛	单片机设计与开发组	肖春阳	国家级行业协会三等奖	吕宗旺	信息科学与工程学院
84	第九届蓝桥杯全国软件和信息技术专业人才大赛全国总决赛	单片机设计与开发组	陈 磊	国家级行业协会三等奖	王彩虹	信息科学与工程学院
85	第二十七届时报金犊奖	掌阅,悦享你的百态人生	舒 敏 刘玉莹 田新宇 张 萌	国家级单项竞赛优秀奖	许俊义	设计艺术学院
86	第二十七届时报金犊奖	尽享你的阅读时光	刘 漪	国家级单项竞赛优秀奖	高雅真	设计艺术学院
87	第二十七届时报金犊奖	Mo 路相逢,熟知……	尹诗佳	国家级单项竞赛优秀奖		设计艺术学院
88	第二十七届时报金犊奖	畅游书海,掌中玩阅	郑芙蓉	国家级单项竞赛优秀奖	高雅真	设计艺术学院
89	第二十七届时报金犊奖	以爱为名,相守一生	郑芙蓉	国家级单项竞赛优秀奖	高雅真	设计艺术学院
90	第二十七届时报金犊奖	书馆里的书,都在掌阅 APP 里	潘显芳	国家级单项竞赛优秀奖	高雅真	设计艺术学院
91	第二十七届时报金犊奖	陌陌,让陌陌不再陌陌	陈国蕊	国家级单项竞赛优秀奖	李 芳	设计艺术学院
92	第八届全国电子商务“创新、创意及创业”挑战赛	如愿哄趴平台	刘 唐 吴京啸 张 倩 陶 丹 邝志超	国家级行业协会一等奖	钟 镇	管理学院
93	第八届全国大学生机械创新设计大赛慧鱼组	组合式多功能双层泊车架	李 宾 支雄辉 刘 涛 晏迎结 张 博	国家级单项竞赛一等奖	雷 辉 丁晶晶	机电工程学院

续表 13-3

序号	竞赛名称	作品名称	作　者	获奖等级	指导教师	所在学院
94	第八届全国大学生机械创新设计大赛慧鱼组	便携式菠萝摘取机	张洛斌　刘　涛　罗钟毅　张　博　张衡	国家级单项竞赛二等奖	雷　辉　武照云	机电工程学院
95	第八届全国大学生机械创新设计大赛慧鱼组	自动探果无伤扭转式采摘机械爪	罗钟毅　李　宾　张洛斌　支雄辉　张　衡	国家级单项竞赛三等奖	雷　辉　武照云	机电工程学院
96	第八届全国大学生机械创新设计大赛慧鱼组	小型双层停车架	张　衡　张　博　晏迎结　刘　涛	国家级单项竞赛三等奖	雷　辉　丁晶晶	机电工程学院
97	第 43 届 ACM－ICPC 亚洲赛区(南京站)	ACM－ICPC 亚洲赛区	张　宇　陈丁山　袁珂晨	国家级单项竞赛二等奖	程　立	信息科学与工程学院
98	第 42 届 ACM－ICPC 亚洲赛区(上海站)	ACM－ICPC 亚洲赛区	张　宇　陈丁山　袁珂晨	国家级单项竞赛三等奖	程　立	信息科学与工程学院
99	IF 设计大赛(IF、STUDENT、DESIGN、AWARD)	spiderdrone	孟　萌	国家级单项竞赛一等奖(全球TOP62)	侯小桥	设计艺术学院
100	2018 中国机器人大赛	武术擂台赛——轻量组项目	林斯和　许　健	国家级单项竞赛二等奖	张　杰　尚庆松	电气工程学院
101	2018 中国机器人大赛	机器人旅游——循线越野游项目	曾沛昆　张一夫	国家级单项竞赛三等奖	张　杰　尚庆松	电气工程学院
102	2018 中国机器人大赛	机器人旅游——循线越野游项目	杨嘉鹏　李鹏飞	国家级单项竞赛三等奖	张　杰　尚庆松	电气工程学院
103	2018 中国传感器创新创业大赛创新应用组	基于 psd 位移传感器的桥梁沉降监测仪	卓美玲　刘忠业　贾忠杰　李龙龙　田景宏	国家级单项竞赛二等奖	徐回忆	电气工程学院
104	2018 世界机器人大赛	无差别轮椅式机器人 1v1——大学组	杨永胜　孟洲辉　郑岚岚　陈瑞芳	国家级行业协会一等奖	张　杰　尚庆松	电气工程学院
105	2018 世界机器人大赛	无差别轮椅式机器人 1v1——大学组	朱文超　葛宝航　段帅朋　申思琦	国家级行业协会二等奖	张　杰　尚庆松	电气工程学院

续表 13–3

序号	竞赛名称	作品名称	作者	获奖等级	指导教师	所在学院
106	2018 年全国高等院校 BIM 应用技能比赛	BIM 施工项目管理	陈梁	国家级单项竞赛三等奖	黄海荣 董润润	土木建筑学院
107	2018 年全国高等院校 BIM 应用技能比赛	BIM 施工项目管理	陈龙留	国家级单项竞赛三等奖	黄海荣 董润润	土木建筑学院
108	2018 年全国高等院校 BIM 应用技能比赛	BIM 施工项目管理	许嘉循	国家级行业协会三等奖	黄海荣 董润润	土木建筑学院
109	2018 年全国高等院校 BIM 应用技能比赛	BIM 造价赛项	程琳	国家级行业协会一等奖	黄海荣 董润润	土木建筑学院
110	2018 年全国高等院校 BIM 应用技能比赛	BIM 造价赛项	何乐云	国家级行业协会一等奖	董润润	土木建筑学院
111	2018 年全国高等院校 BIM 应用技能比赛	BIM 造价赛项	何佳栋	国家级行业协会一等奖	黄海荣	土木建筑学院
112	2018 年全国高等院校 BIM 应用技能比赛	BIM 造价赛项	黄世豪	国家级行业协会二等奖	黄海荣	土木建筑学院
113	2018 年全国高等院校 BIM 应用技能比赛	BIM 造价赛项	龙腾	国家级行业协会二等奖	黄海荣	土木建筑学院
114	2018 年全国高等院校 BIM 应用技能比赛	BIM 造价赛项	汪颖	国家级行业协会二等奖	黄海荣	土木建筑学院
115	2018 年“互联网+”全国大学生创新创业大赛	预感应电弧传感器——为机械制造保驾护航	朱月松 简洋洋 高东恩 李端 韩胜强 陈梅	国家级综合竞赛一等奖	孙占利	管理学院
116	2018 年“互联网+”大学生创新创业大赛	智供有机时代	于森 李家熠 李梦琪 路会	国家级综合竞赛二等奖	李广平 王伟	管理学院
117	2018 年“互联网+”大学生创新创业大赛	政治倾果倾诚电子商务有限公司	赵宇轩 王恩 赵凯鑫等	国家级综合竞赛二等奖	张宝强 魏朝举	管理学院
118	2018“外研社杯”全国英语演讲大赛	The stone	李倩	国家级单项竞赛二等奖（省级单项竞赛二等奖）	曹阳	外语学院
119	2017 年全国大学生电工技术基础知识与创新竞赛	电工技术基础知识与创新竞赛	段帅朋	国家级单项竞赛二等奖	张晓辉 郑维	电气工程学院

续表 13-3

序号	竞赛名称	作品名称	作　者	获奖等级	指导教师	所在学院
120	2017 年全国大学生电工技术基础知识与创新竞赛	电工技术基础知识与创新竞赛	陈帅印	国家级单项竞赛三等奖	张晓辉 郑　维	电气工程学院
121	“杭州未来科技城杯”第八届全国大学生机械创新设计大赛	跨垄式草莓采摘机	孙　瑜　马伯臻　刘景达 李晓婷　李映莹	国家级单项竞赛二等奖	马晓录 郭永刚	机电工程学院

·人　　物·

省级特聘教授简介

殷丽君　教授

殷丽君,女,1971 年 8 月生,中国农业大学教授,博士,中国农业工程学会农产品加工分会理事,中国食品科学技术学会大豆食品分会理事。主要研究方向为生物技术在农产品加工中的应用,生物分离工程,植物有效成分提取及检测,农产品的加工技术以及功能性食品。主持国家自然科学基金项目 2 项,留学回国人员科研基金 1 项等。著有专业著作 3 部,代表性专著《大豆加工与利用》(副主编,主笔 16 万字)。发表近 70 篇论文,其中 33 篇 SCI、EI 收录。2013 年 4 月 25 日受聘为河南工业大学省级特聘教授。

魏冬青　教授

魏冬青,男,河南驻马店人,博士,上海交通大学教授,博士生导师。主要研究方向为生物信息学、生物物理学。目前担任 Springer 期刊《交叉科学——计算生命科学》主编、国际交叉科学家联合会主席、中国交叉科学学会副理事长、《原子分子物理学报》《高压物理学报》等 12 家期刊编委,2014 年被推荐为加拿大皇家科学院院士候选人,至今发表 SCI 论文 200 多篇,主编专著 5 部,主持完成国家 863 项目 1 项,完成 6 个国家自然科学基金项目以及 2 个省部级重点项目,获得日立化学"横山亮次奖"一等奖,授权软件著作权 13 项。2014 年 5 月 28 日受聘为河南工业大学省级特聘教授。

Dennis R. Salahub　教授

Dennis Salahub,男,1946 年生,博士,加拿大卡尔加里大学教授,加拿大皇家学会院士,美国科学促进会会员,曾获得 J. C. Polanyi 奖,卡尔加里大学授予基拉姆研究领袖奖,是目前最常见的量子力学的数值模拟方法——DFT 理论的建立先驱,发表论文 250 余篇、出版书籍 4 部、国际演讲报告 300 余篇,在量子化学及其应用等领域做出了杰出的贡献。2015 年 4 月 24 日受聘为河南工业大学省级特聘教授。

李兴华　教授

李兴华,男,1978 年生,博士,西安电子科技大学教授,博士生导师。近年来在国内外重要学术期刊和国际会议发表学术论文 30 余篇,其中 SCI 检索 7 篇,EI 检索 20 余篇,获得授权专利 10 项。先后主持国家自然科学基金 3 项,华为基金 2 项,南京大学计算机软件新技术国家重点实验室等开放课题 4 项。先后获得中国通信标准化协会科学技术奖二等奖,陕西省科学技术一等奖,陕西省科技进步二等奖,陕西高等学校科学技术奖一等奖。代表华为公司参加 IEEE 802. 11ai 国际标准的制定。2015 年 4 月 24 日受聘为河南工业大学省级特聘教授。

郑学玲　教授

郑学玲,女,1972 年生,河南工业大学教授,博士生导师,主要从事谷物化学与品质、谷物资源综合利用等方面的教学和研究工作。获得国家、省部以及学会等科技进步奖 8 项;获得授权发明专利 3 项;制修订国家及农业部标准 4 项;编写著作 5 部,发表文章 50 余篇,其中 7 篇为 SCI 收录,1 篇 EI 收录。近年来主持教育部新世纪优秀人才项目 1 项、国家自然科学基金项目 2 项、国家科技支撑计划项目子课题 2 项等国家和省部级项目 10 余项。2015 年 4 月 24 日受聘为河南工业大学省级特聘教授。

袁文桥　教授

袁文桥,男,1973 年生,博士,美国北卡罗来纳州立大学终身教授、校长讲席教授,从事生物能源、生物制品和现代农业等领域的研究和教学工作。发表 SCI 论文 80 余篇,参与撰写专著 4 部。获得美国国家科学基金杰出青年基金,主持多项美国科学基金面上项目。德国洪堡基金会"洪堡资深学者"。2018 年 8 月 16 日受聘为河南工业大学省级特聘教授。

教授名录

安宏周　白海燕　白丽媛　白旭光　毕晓勤　毕艳兰

卞　科　蔡静平　曹建莉　曹宪周　曹晓雨　曹　毅

曾长女　陈复生　陈富安　陈桂香　陈　洁　陈金身

陈雪琳　陈志成　成泅涌　程　炜　程云喜　程振凯

丁　华　丁永刚　杜明芳　段爱玲　段汉明　樊志琴

范　璐　范艳峰　冯亚明　傅洪亮　富笑男　高海辰

高美玲　葛春先　耿　铁　谷克仁　谷秀娟　管军军

郭兴凤　郭秀兰　韩　萍　韩　阳　何　方　何　娟

何丽君　何伟春　何文平　侯惠芳　侯永改　呼青英

胡继云　胡元森　华　勇　黄建水　惠　明　惠延波

江秀明　姜振颖　蒋笃君　蒋华伟　焦素敏　焦万堂

金华丽　靳义亭　康涌泉　邝金丽　李　琴　李道荣

李焕锋　李立平　李利英　李瑞芳　李铜山　李秀娟

李学雷　李雪琴　李　颖　李永祥　李长春　栗正新

梁瑞华　梁少华　梁义涛　刘保国　刘广明　刘国勤

刘克非　刘来亭　刘　娜　刘楠嶓　刘亚伟　刘於勋

刘玉兰　刘增学　刘长虹　刘志敏　刘钟栋　刘自然

鲁玉杰　陆启玉　吕建华　吕玉花　马传国　马宏丽

马晓录　马兴科　马玉梅　毛广卿　毛　璞　毛彦琴

慕运动　穆健康　穆中杰　宁　祎　牛进平　牛彦绍

彭　进　戚世钧　钱同舟　钱向明　乔发东　乔俊杰

秦海敏　任顺成　阮竞兰　沙　杰　尚恒志　邵　兴

申建勇　申小刚　师高民　师旭超　石　凯　宋伟强

孙国俊　孙会霞　孙丽君　孙中叶　田少君　田　勇

汪学德　王岸娜　王　斌　王春华　王殿轩　王凤成

王改民　王高平　王　辉　王金荣　王金水　王　军

王　莉　王庆斌　王若兰　王天贵　王　薇　王卫国

王卫国　王晓曦　王　晏　王燕平　王有安　王玉斌

王志山　王志涛　魏宏亮　魏明侠　温纪平　吴才章

吴海宏　吴建勋　吴　兰　吴文瀚　吴兴泉　伍　毅

武文斌　向国强　肖咏梅　肖昭然　谢文磊　谢岩黎

熊新民　徐三魁　徐卫河　闫丽俐　杨国龙　杨红卫

杨　丽　杨亮茹　杨六栓　杨　茂　杨铁军　杨卫东

杨卫军　杨晓轼　杨艳萍　于建华　余传杰　袁夫彩

袁金伟　袁秀珍　原　方　翟书斌　张宝强　张德贤

张公信　张国治　张浩军　张红梅　张宏伟　张慧档

张慧茹　张　猛　张庆辉　张同斌　张雪萍　张应奇

张玉军　张玉荣　张　元　章绍兵　赵俊廷　赵排风

赵仁勇　赵永亮　赵豫林　赵豫新　赵志伟　甄　彤

郑学玲　周显青　朱春山　朱　耕　朱　靖　朱立峰

邹凤羽　邹文俊　左宏森

· 2018 年党发、校发文件目录 ·

表 15-1　2018 年党发文件目录

文　号	题　名
校党发〔2018〕1 号	关于 2017 年度作风建设暨反腐倡廉建设和党风廉政建设责任制工作自查自评情况的报告
校党发〔2018〕2 号	河南工业大学 2017 年度党员领导干部民主生活会情况报告(给高工委)
校党发〔2018〕3 号	河南工业大学 2017 年度党员领导干部民主生活会情况报告(给组织部)
校党发〔2018〕4 号	关于董企铭同志因私赴台的请示
校党发〔2018〕5 号	河南工业大学关于推荐卞科同志为中国粮油学会第八届理事会副理事长拟任人选的请示
校党发〔2018〕6 号	关于公布 2017 年度处级干部考核结果的通知
校党发〔2018〕7 号	关于处级单位任期目标管理责任制 2017 年度考核结果的通知
校党发〔2018〕8 号	河南工业大学关于巡视整改和自查自纠工作情况的报告
校党发〔2018〕9 号	关于加强驻村第一书记工作的通知
校党发〔2018〕10 号	关于做好增选朱文学同志为学校第二届教职工代表大会代表工作的通知
校党发〔2018〕11 号	关于印发《河南工业大学二〇一八年工作要点》的通知
校党发〔2018〕12 号	河南工业大学本科教学工作审核评估工作方案
校党发〔2018〕13 号	关于免去伍毅同志职务的通知
校党发〔2018〕14 号	关于免去赵予新同志职务的通知
校党发〔2018〕15 号	关于印发《河南工业大学 2018 年度党风廉政建设和反腐败工作责任目标及任务分解书》的通知
校党发〔2018〕16 号	河南工业大学关于推荐卞科同志为中国粮油学会第八届理事会副理事长拟任人选的通知
校党发〔2018〕17 号	关于张小麟同志退休的通知
校党发〔2018〕18 号	关于做好委管高校优秀共产党员、优秀党务工作者、先进基层党组织评选推荐工作的通知
校党发〔2018〕19 号	关于"学校周转房分配不合理"问题的报告
校党发〔2018〕20 号	关于《河南工业大学报》2017 年度自检情况的报告
校党发〔2018〕21 号	关于印发《2018 年河南工业大学全面从严治党工作要点》的通知
校党发〔2018〕22 号	关于印发《河南工业大学 2018 年落实全面从严治党主体责任清单》的通知
校党发〔2018〕23 号	河南工业大学关于有关人选推荐情况的报告
校党发〔2018〕24 号	关于举办处级领导干部学习贯彻党的十九大精神专题培训班的通知
校党发〔2018〕25 号	关于成立河南工业大学师德建设委员会的通知
校党发〔2018〕26 号	关于对"2018 年度河南省中原教学名师(高等学校)"候选人人选张浩军教授的考核意见
校党发〔2018〕27 号	关于变更河南工业大学国家安全小组的通知
校党发〔2018〕28 号	河南工业大学安全稳定大检查工作总结报告
校党发〔2018〕29 号	关于集中审批学校领导班子成员兼任企业、社会团体职务的请示

续表 15-1

文　号	题　名
校党发〔2018〕30 号	河南工业大学本科教学工作诊断评估迎评工作方案
校党发〔2018〕31 号	关于印发《河南工业大学党政主要领导干部履行经济责任主要风险自查自纠工作实施方案》的通知
校党发〔2018〕32 号	河南工业大学 2018 年上半年落实主体责任情况报告
校党发〔2018〕33 号	关于 2017 年度王玉斌等 9 名同志考核等次推荐意见的报告
校党发〔2018〕34 号	关于认真学习宣传贯彻省委十届六次全会暨省委工作会议精神的通知
校党发〔2018〕35 号	河南工业大学本科教学工作诊断评估整改工作安排
校党发〔2018〕36 号	河南工业大学党政主要领导干部履行经济责任主要风险提示清单自查自纠工作报告
校党发〔2018〕37 号	关于“2018 年青年拔尖人才支持计划”候选人人选吴兰教授的情况报告
校党发〔2018〕38 号	关于成立河南工业大学贯彻落实中央巡视河南反馈意见相关整改工作领导小组的通知
校党发〔2018〕39 号	关于印发《河南工业大学贯彻落实中央第一巡视组巡视河南反馈意见相关整改落实工作方案》的通知
校党发〔2018〕40 号	关于印发《中共河南工业大学委员会议事规则》的通知
校党发〔2018〕41 号	关于印发《河南工业大学校长办公会议事规则》的通知
校党发〔2018〕42 号	关于印发《河南工业大学教学单位党政联席会议议事规则(试行)》的通知
校党发〔2018〕43 号	关于印发《河南工业大学教学单位党委、党总支委员会议事规则(试行)》的通知
校党发〔2018〕44 号	关于杨六栓同志任职的请示
校党发〔2018〕45 号	关于杨六栓同志职务任免的通知
校党发〔2018〕46 号	关于做好庆祝 2018 年教师节有关工作的通知
校党发〔2018〕47 号	关于严肃工作纪律改进工作作风的通知
校党发〔2018〕48 号	河南工业大学领导班子巡视整改专题民主生活会情况报告
校党发〔2018〕49 号	中共河南工业大学委员会关于落实中央巡视反馈意见整改工作报告(以此为准)
校党发〔2018〕50 号	河南工业大学关于集中审批学校领导班子成员兼任企业、社会团体职务的请示
校党发〔2018〕51 号	关于延期召开第三次党代会的请示
校党发〔2018〕52 号	中共河南工业大学委员会关于落实党建工作重点任务的报告
校党发〔2018〕53 号	河南工业大学推进以案促改制度化常态化工作方案
校党发〔2018〕54 号	河南工业大学宗教工作自查报告
校党发〔2018〕55 号	关于免去肖昭然同志职务的通知
校党发〔2018〕56 号	中共河南工业大学委员会关于认真学习贯彻全国教育大会精神的通知
校党发〔2018〕57 号	关于调整中共河南工业大学委员会统一战线工作领导小组的通知
校党发〔2018〕58 号	关于印发《河南工业大学扫黑除恶重点整治和长效机制建设方案》的通知
校党发〔2018〕59 号	关于推荐焦丹同志为公选处级外交官人选的报告
校党发〔2018〕60 号	关于葛运法同志因私赴英探亲的请示
校党发〔2018〕61 号	关于推荐朱文学同志兼任社会团体职务的请示
校党发〔2018〕62 号	关于印发《开展省委巡视自查自纠工作实施方案》的通知
校党发〔2018〕63 号	关于张元等 10 位同志正常晋升薪级工资的请示
校党发〔2018〕64 号	关于召开中国共产党河南工业大学第三次代表大会的请示
校党发〔2018〕65 号	关于印发《河南工业大学新闻信息发布“三审三校”制度》的通知
校党发〔2018〕66 号	关于印发《河南工业大学新闻信息发布“三审三校”制度》的通知

续表 15-1

文　号	题　名
校党发〔2018〕67 号	关于吴建明同志退休的通知
校党发〔2018〕68 号	中共河南工业大学委员会关于省委宗教工作督查的整改报告
校党发〔2018〕69 号	关于印发代毅君同志《在省委第六巡视组巡视河南工业大学工作动员会上的讲话》的通知
校党发〔2018〕70 号	关于印发郭佑安同志《在省委第六巡视组巡视河南工业大学工作动员会上的讲话》的通知
校党发〔2018〕71 号	关于印发张元同志《在省委第六巡视组巡视河南工业大学工作动员会上的讲话》的通知
校党发〔2018〕72 号	关于印发《河南工业大学网络意识形态工作责任制实施细则(试行)》的通知(机密,保密光盘)
校党发〔2018〕73 号	关于印发《河南工业大学思想政治工作质量提升工程实施方案》的通知
校党发〔2018〕74 号	关于印发《关于加强马克思主义学院建设的意见》的通知
校党发〔2018〕75 号	关于张元等 7 名同志在社团兼职的请示
校党发〔2018〕76 号	河南工业大学 2018 年以案促改工作总结
校党发〔2018〕77 号	关于推荐 2018 年度“长江学者奖励计划”特聘教授、青年学者候选人的报告
校党发〔2018〕78 号	关于推荐 2018 年度“长江学者奖励计划”特聘教授、青年学者项目候选人人选的考核意见
校党发〔2018〕79 号	关于深入贯彻中办发电〔2018〕39 号通报精神的专题民主生活会情况报告
校党发〔2018〕80 号	关于印发《河南工业大学校园治安综合治理工作考核办法》的通知
校党发〔2018〕81 号	关于做好我校 2018 年度基层党委、党总支书记抓基层党建述职评议考核工作的通知
校党发〔2018〕82 号	关于印发《河南工业大学辅导员队伍建设实施办法》的通知
校党发〔2018〕83 号	关于落实省委宗教工作督查反馈意见整改工作报告(机密)
校党发〔2018〕84 号	关于学习宣传贯彻习近平总书记在庆祝改革开放 40 周年大会上重要讲话精神的通知
校党发〔2018〕85 号	关于认真贯彻落实《中国共产党支部工作条例(试行)》的通知
校党发〔2018〕86 号	关于做好处级干部 2018 年度考核工作的通知
校党发〔2018〕87 号	关于成立河南工业大学马克思主义学院建设领导小组的通知
校党发〔2018〕88 号	关于朱文学同志正常晋升薪级工资的请示
校党发〔2018〕89 号	关于调整河南工业大学职称改革领导小组的通知
校党发〔2018〕90 号	关于印发《中共河南工业大学委员会巡察工作暂行办法》的通知
校党发〔2018〕91 号	河南工业大学 2018 年落实党风廉政建设主体责任情况报告

表 15-2　2018 年校政发文件目录

文　号	题　名
校政发〔2018〕1 号	关于印发《河南工业大学校长教学质量奖评选办法(试行)》的通知
校政发〔2018〕2 号	《远程与继续教育学院和中英国际学院(软件学院)经费管理及核算办法》印发通知
校政发〔2018〕3 号	关于印发校长卞科同志在学校二届四次教代会上所作学校工作报告的通知
校政发〔2018〕4 号	河南工业大学关于贯彻落实省局共建协议有关情况的报告
校政发〔2018〕5 号	河南工业大学 2018 年度“校园开放日”活动实施方案
校政发〔2018〕6 号	河南工业大学关于经济责任审计督查整改情况的报告
校政发〔2018〕7 号	关于通过举办课程引进项目促进我校博士学位授予单位建设的请示
校政发〔2018〕8 号	河南工业大学关于协调解决博士授权单位建设有关问题的请示

续表 15-2

文　号	题　名
校政发〔2018〕9 号	关于印发《河南工业大学专业技术人员离岗创业管理暂行办法》的通知
校政发〔2018〕10 号	河南工业大学关于申报设立“河南省援外培训中心”的请示
校政发〔2018〕11 号	关于申请博士学位授予单位建设核查的请示
校政发〔2018〕12 号	河南工业大学关于协调解决博士授权单位建设资金的请示
校政发〔2018〕13 号	河南工业大学关于“第九批河南省重点学科立项申报书”材料造假问题的报告
校政发〔2018〕14 号	关于印发《河南工业大学“校地结对帮扶”精准扶贫工作方案》的通知
校政发〔2018〕15 号	河南工业大学教育脱贫攻坚整改落实情况“回头看”专项行动自查报告
校政发〔2018〕16 号	关于报请审批《事业单位河南工业大学公务用车制度改革实施方案》的请示
校政发〔2018〕17 号	河南工业大学关于建设河南省工业设计研究院(综合类)的请示
校政发〔2018〕18 号	关于印发《河南工业大学维修工程管理办法(试行)》的通知
校政发〔2018〕19 号	关于邀请有关领导出席“本科教学工作审核评估专家意见反馈会”的请示
校政发〔2018〕20 号	关于进一步对全校行政办公用房开展专项清理整改工作的通知
校政发〔2018〕21 号	关于印发《河南工业大学行政办公用房清理整改实施方案》的通知
校政发〔2018〕22 号	关于对部分单位和工作人员违反考勤制度及工作纪律问题的处理决定

· 表彰与奖励 ·

2018 年评先评优名单

2018 年“创青春”浙大双创杯全国大学生创业大赛

铜奖

尚明举　霍洪鑫　杨建雄　刘　畅　任泓瑾　吴　茂
花　玥　程珍珍　张孟媛　李建中　叶　亮　陈东川
安　荣　王　凯　陈　卓　张恒轩　吴环宇　吴　雪
胡陈琪　徐　珽

2018 年“创青春”河南省大学生创业计划大赛

特等奖

尚明举　朱梦晗　刘　畅　霍洪鑫　杨建雄　穆安阳
李乐峰　李伟峰　贾林州　王瑞虎　孟　楠　万文彬
杨　文　李　凡　周　涛　杨楷文　程亚鹏　王　凯
陈　卓　张恒轩　吴环宇　吴　雪　胡陈琪　任泓瑾
李建中　叶　亮　陈东川　安　荣　徐　珽　吴　茂
花　玥　程珍珍　张孟媛　司马雅婷

一等奖

段梦飞　冀金豪　曹文波　李明哲　刘梦静　杨晓淋
宋孟韩　任东鹤　张红静　王晓雅　范诚诚　王家祺
尹振霖　詹毅飞　肖　国　刘　赛　王　恩　吕　芳
崔　蕊　樊卓昊　赵帅琦　张心悦　刘金达　冯佳音
李茹雪　周纯一　夏　天　宋伯森　范旭辉　郭　闪
窦志强　方中义　薛雅沛　何佳栋　李雪连　史培伯
王苏杭　史晨翔　王镇斌　田　旭　刘　洋　李　娜
牛梦遥　兰　钢　揭嘉颖　宋玉婷

二等奖

崔高阳　李培宇　梁盼盼　肖　栋　朱月松　曾嘉豪
卢红杰　熊桥梁　朱福兴　景旭东　黄　欢　杨皖玉
张文宁　任　鑫　张泽坤　吕孙伟　王金柯　张云兵
朱文强　梁剑文　徐韬滔　文　媛　宋亚培　李佳雨
王浩森　江文茜　姚洁琼　祝绵森　付朝伟　王婧文
王启明　权体蕊　刘志远　冯广源　李肖帅　任益达
赵宏旭　宋天伦　何鹏飞　王　爽　潘　芳　汤晓祥
杜靓祥

三等奖

杨　辉　曹鑫哲　刘之沛　彭东启　侯梦丽　张翀雯
祝会霞　李小鹏　陈光辉　李孟杰　李　林　焦若锴
何佳月　刘忠源　陈希琳　杨梦雨　李　阳　卢春江
牛连生　王旭博　霍少华　张晨阳　白雪薇　孙丽艳
石昆鹏　赵晨羽　郑丹阳　冯向阳　李京都　马铭扬
李俊亨　韩岱林　余长河　赵凯鑫　胡千姿　彭远超
刘　坤　李进凯　毕经川　刘奇虎　张　鑫　魏田田
刘文贺　张　童　马美洲　张冰清　刘　杨　杨敏捷
匡　雯　刘佳明　傅逸尘　董宸宇

2018 年度河南省先进班集体(35 个)

材料科学与工程学院高材 1502 班
材料科学与工程学院材料 16EIE 班
电气工程学院轨道 1502 班
电气工程学院自动化 1605 班
电气工程学院自动化 1702 班
法学院法学 1501 班
管理学院工商 1503 班
管理学院电商 16EIE 班
国际教育学院会计 1503 班

国际教育学院食科 1506 班
国际教育学院食科 1504 班
化学化工与环境学院应化 16EIE 班
化学化工与环境学院化工 16EIE 班
机电工程学院过控 16EIE 班
机电工程学院车辆 1502 班
经济贸易学院财政 F15EIE 班
经济贸易学院经济 F1602 班
理学院数学 1601 班
粮油食品学院食品科学与工程 F1504 班
粮油食品学院粮食工程 15EIE 班
设计艺术学院交通工具设计工作室
生物工程学院生工 15EIE 班
生物工程学院制药 15EIE 班
土木建筑学院土木工程 F1504 班
土木建筑学院工程管理 1502 班
土木建筑学院建筑学 1602 班
外语学院英语 F1505 班
新闻与传播学院广播电视学 1501 班
新闻与传播学院网络与新媒体 1501 班
信息科学与工程学院计算机科学与技术 F1503 班
信息科学与工程学院软件工程 1505 班
信息科学与工程学院电子信息工程 16EIE 班
中英国际学院汽车营销与服务 1602 班
中英国际学院证券与期货 1605 班
中英国际学院软件技术 1704 班

2018 年河南省优秀学生干部(35 人)

闫大强	王　成	刘华强	孙俊伟	方可可	张　悦
张苏杭	李京运	于　皓	王为举	刘大帅	韩佳静
田松林	陈艳雷	陆俊霖	王长春	李西龙	承朋飞
梁　洁	崔屹巍	曹鑫哲	王德华	汪明龙	杨乾奎
马锦涛	沙德豪	张肖肖	朱文强	姜珂璟	李浩田
张翔宇	李光鑫	邢洋洋	张凯雯	陈佳乐	

2017 年河南省三好学生(106 人)

蒋明辉	宋青青	马丽君	裴人杰	冯钟升	李晓红
田明明	孙雅琪	胡　良	石莹莹	马文刚	曹春雨
李梦凡	程晓青	翟玲玉	刘艺琳	路　媛	王郑龙
孙丽燕	于　淼	蔡楚歆	况媛媛	娄梦圆	路　会
李超楠	张怡馨	邢晨阳	杜安琪	胡陈琪	秦　超
霍世森	王雅琼	李金怡	史晨翔	于亚楠	吴发亮
李　宁	张伟凡	魏奇佳	关俊豪	盛　洁	周　研
郝熠宇	刘永航	初虎波	徐威威	任　旺	李京徽
赵夷光	刘艺航	马文隆	孙英男	张　宁	苏行松
胡　蝶	蔡梦新	李　斐	郭潇瑾	章天婵	余晓宇
熊忠满	李燕妮	韩天洋	汪　桢	张顺治	任金辉
张　乾	翟天齐	樊靖远	王　军	刘　辉	牛朝阳
程　琳	马致远	史培伯	王晓刚	吴　琳	袁江帆
张　航	张　楠	高亚飞	李　赟	任　意	黄　欢
杨皖玉	陈东川	白占楠	宋纪龙	丁康康	彭亚斌
冯婧涛	秦　鹏	朱伟男	李倩影	石浩东	范欣华
吴　旭	米增玉	王东雅	房晓环	崔楚楚	马传冰
王　硕	展　羽	杜欣凤	田壮壮		

2018 年上级团组织表彰名单

2017 年全国高校“活力团支部”：粮油食品学院食品科学与工程 1501 班团支部、新闻与传播学院广播电视学专业 1601 班团支部

2018 年河南省大中专学校百优十佳“活力团支部”：材料科学与工程学院无机 f1602 班团支部

2018 年全省高校“信·新时代青马者说”主题沙龙活动：学校获评优秀组织单位；校青马班学员马锦涛、崔屹巍的文章分别获一等奖和三等奖

2018 河南省“基层团干部微团课大赛”：信息科学与工程学院许森老师获特等奖

2018 年度河南省优秀共青团员：粮油食品学院学生刘洋

2018 年河南省高校“青年马克思主义者培养工程”工作联盟单位：河南工业大学

获河南省学业奖学金人员名单

博士河南省学业奖学金

管理学院

豆丹丹　邵开丽　申　聪

化学化工与环境学院

吴立根　侯丽芬

机电工程学院

刘彦旭　张军顺　申长璞

经济贸易学院

孙红霞　李璐洋

粮油食品学院

岳清华　刘远方　张　浩　李明菲　王香玉　闫慧丽
张丽丽　杜　艳　刘远晓　苗世远　孙晓洋　田萍萍
张耀磊　白　歌　陈　雨　刘　晨　尚加英　许艳华

土木建筑学院

李学森　段君峰

信息科学与工程学院

叶　金　巩跃洪　段珊珊　周　颖　包　晖

硕士河南省学业奖学金

材料科学与工程学院

窦志强　王作尧　杨岚涛　郑　娟　侯志强　齐振涛
苏　凯　周淑慧　简亚溜　王　语　吴　琼　杨亚楠
余　威

电气工程学院

孟　蒙　杨紫阳　马　涛　师凌云　苏社艳　余志程
赵自广　周　潼　郭梦诗　钱　进　孙道辉　王文博
张瑞星　周季冬　韩晓磊　侯义飞　宋晓东　姚艳艳
赵旭燕　高　天　闫　铭

法学院

许玉楼　许小凡　林　帅　赵　智　陈婉钰

管理学院

曹晶飞　张雅鸽　赵　艳　郜钰格　葛　孟　常知刚
王慧敏　王巧霞　尹　璐　刘　小　柴亚茹　常冷雪
陈　卓　李　欣　任迎迎　尚明利　孙昊楠　王若男
韦若曦　杨秋爽　张会青　张梦莹　祝瑞彦　范颖浩
范玉琪　焦帅然　李春航　刘　海　刘瑞玲　柳雪茹
沈贝贝　孙浩森　王林鑫　王　萌　王　优　徐子雅
闫　鑫　严　瑾　姚莹莹　张　晓　屈非凡　王一斐
赵亚青

化学化工与环境学院

陈银玲　韩佳静　梁雨涛　芮超凡　王　赫　张朋杰
李丹青　宁可可　王　磊　王　龙　王　蕊　委旭宁
杨　振　丁国春　冯　宇　符林娜　刘子君　王鹤达
王慧格　徐向新　张云霞　李　闯　王金双　徐　克
周怡芳　鲍泽华　杨俊杰　毛正鑫　殷滕伦　李　琦
汪亚楠　吴来荣　陈　瑶　陈兆辉　刘　杨　王慧慧
王　昆　卫雅伟　杨　豪　陈项项　郭　提　殷晓倩
杜小玉　史乃元

机电工程学院

李永喆　王婼楠　李世超　靳航嘉　李冲冲　李　聪
王豪东　朱月松　黄奇鹏　孙百川　庄召鹏　柴志豪
陈万初　高杨杨　惠俊霞　王震民　王志鹏　席伟伟
张　鹏　郭亚铭　简洋洋　李君帅　毛铁柱　孟坤鹏
孟　乐　王仕琪　宣德坤　张金星　张毓兰　张　正
陈俊豪　房凯文　郭永亮　李富龙　梁警威　齐钢潮
任俊飞　张金纳　赵莺慧　艾俊锋　高东恩　李　阳
秦立祥　王　雷　王志敏　魏　垒　杨明超

经济贸易学院

贺　宁　张梦蝶　王小华　陈旻贤　高江涛　李延军
刘　金　王晨璐　王　惠　王梦佳　叶丽丽　袁霄飞
郑竟放　周　康　郭锦瑞　胡晓洁　黄艳平　荆莹莹
李　春　李　娟　李珂艳　李　溱　彭孟子　司炜炜
唐停停　王培旭　闫　鹏　杨　傲　尹伊君　张梦仙
张世卿　王亚冉　殷笑晗　李　洁　李新颖　荆慧敏
刘　科　石梦杰

理学院

马甜甜　支勤勤　朱威峰　张　炎　王丹丹　张　瑶
赵　齐

粮油食品学院

郭　续　冀　乐　张瑞杰　张育濮　何梦婷　侯居东
黄依林　李霁瀛　凌冬冬　孙奂一　古成才　刘鑫宇
王随随　王文芳　肖惠惠　杨兴钧　赵艳艳　陈会会
陈珍妮　邓家汶　胡文轩　刘　宁　刘玉洁　舒　垚
王欣怡　徐安民　徐小青　袁添璠　岳　爽　张颜颜
张莹莹　赵　曼　刘瑞莉　陈　晨　炊宁玉　董效泽
付鲜丽　贺　星　黄会娜　黄美琳　姜少磊　李　晨
李翠翠　李　明　李婷婷　李颖颖　李泽泽　刘静静
刘　康　刘怡真　吕丁阳　罗　杰　宁梦鸽　潘润森
庞锦玥　钱晓洁　邵　珂　宋梦锟　万梦飞　魏秋瑞
徐咏宁　杨思齐　于小帅　元世昌　袁天天　张春雨
张飞鸿　张家枫　张家豪　张　雨　赵晓琳　周龙正
安　迪　白复笑　曹　莼　陈聪聪　陈高伟　程亚鹏
崔晚晚　冯春露　耿宪洲　胡晓利　康丹辉　康媛解
李慧芳　李婕妤　李柯柯　李　璞　李雁飞　梁彦伟
刘露露　马　葱　马靖轩　马瑞杰　孟晓美　孟燕楠
苗攀登　任　芳　任真真　宋娟娟　孙　粮　王楠楠
王　培　王阳阳　魏　倩　闫洒洒　杨　婷　于文秀
余晓宇　悦燕飞　詹　静　张梦涵　张　文　张文洋
张晓旭　张元薇　蔡文雅　曹　涵　曹　悦　陈　阳
程习闯　丁利杰　范亭亭　冯　婕　冯丽然　冯梦迪
甘欢华　高泽汝　桂　俊　胡海洋　胡培泓　胡起华
胡　思　蒋雨珊　寇含笑　雷梦续　李妲汨　李堂昊
梁秀俊　刘德果　刘　芳　刘　慧　刘健飞　刘亚丽
吕亭亭　孟雨东　宁梦茹　宁雪莹　牛瑞浩　孙国昊
万立昊　王莉芬　王树堃　王晓萍　王新颖　卫　娟
卫攀杰　辛灵坤　熊小青　徐　兵　徐　倩　许　柠
许紫嫣　杨　帆　杨亚鸽　姚利利　叶新悦　尹　萌
张　浩　张娇娇　张梦迪　张　敏　张盼盼　张　强
张瑞迪　张　晓　张　岩　张　毅　赵玲丽　赵天培
郑奥泽　宗　蕾

马克思主义学院

柴淑婉　崔　璨　罗洒洒　马方超　杨　杨　赵　晖
赵　雅　冯颂颂　高金蕊　李秀秀　钱德森　谢　丹
袁　苑　赵雅丽　蔡东伶　杜　朦　冯海峡　刘亚欧
刘　阳　申丹丹　王　玉

设计艺术学院

蔡明明　李　爽　李婉丽　米俊俏　杨嘉怡　张凯歌
郑绍丹　高黎辉　王贝贝　杨　丹　赵雪芳　朱婉雪

生物工程学院

王　瑞　李林儒　王佳奇　李国辉　杨　强　靳宏伟
吕　行　白静静　付苗苗　刘效谦　吕　昂　孟　瑶
耿瑞蝶　赵　祎　朱冰洁　郭　莹　胡岩卓　马莉敏
孙彦鹤　张　威　郑明辉　朱　浩　牛小伟　史艳楠
王苑力　郑丽博　朱丽红　林　鑫　王翱宇　袁为玲
张明丹　常俊朋　黄　巍　位启先　沙　宇　石微妮
赵佳瑞　朱嫚嫚　李丹丹　祁安东　孙朋雪

土木建筑学院

程彬彬　王　彪　原振华　刘晓娜　刘志远　闫泽文
吴立阳　邹　昕　姜学佳　李康宗　李　萌　李明月
李倩倩　李晓一　南少伟　庞照昆　士贺飞　陶元庆
薛雅琪　张宏伟　张　健　边　浩　杜　乾　房超凡
李　想　梁新亚　刘丹丽　刘海林　刘　杰　刘　军
孙　蕾　孙运德　田栓柱　王　萌　王　珍　朱东东
晁宇昂　丁书苏　段锦茹　谷　贺　郭　忻　纪明欣
金南南　李雪统　刘婷婷　吕阳阳　马　萌　毛紫薇
逮永新　王艳林　徐　铸　杨清晨　张祥祥　张　越
张志静　周诗雨　张　洋　林万青　张钰渲　郭兆翔
丁　明　郝友超　李东桥　徐　晨　徐中原　张丰尧
李　莹　王俊伟　王子嘉　原子然　张岚波

外语学院

王雨薇　吴亚乐　张瑛莹　程　彬　郜铮铮　王聪聪
谢碧云　杨春雨　樊梦鹤　高梦琦　李　睿　卢　静

新闻与传播学院

王士焕　刘　洋　钱奕李　刘　帅　鲁　烁　孟雅婧
王　越　夏怀城　李中正　林　瑶　刘心仪　冉　迪

信息科学与工程学院

孟凡谦　汪俊峰　赵晨曦　程胜月　金会芳　邢　征
张　磊　张　潇　周杨玥　董立晔　樊亚锋　冯鸿超
刘东丽　王启明　王少航　张　鑫　郭浩然　胡鹏明
姜明伟　李培灵　理金龙　吴展开　徐路路　张文帅
余　今　张津源　周同星　姚文凤　田稼科　程金凤
郭亚菲　李亚飞　宋季锟　万　静　焦亚杰　雷沛之
王姣姣

2018年获国家奖学金人员名单

博士国家奖学金

机电工程学院

程敏

硕士国家奖学金

材料科学与工程学院

王丽晶

电气工程学院

陶平平

管理学院

李　柳　贠　策

化学化工与环境学院

马　帅　樊欢欢

机电工程学院

陈留记　盛　洁

经济贸易学院

王长春　张　迪

粮油食品学院

陈　卓　闫小孩　韩　雯　刘　颖　王　晨　王　芳
赵璐玲

马克思主义学院

任金辉

设计艺术学院

刘　沛

生物工程学院

唐　静　石妍妍

土木建筑学院

刘超赛　张盼盼　霍承鼎

外语学院

徐　勤

信息科学与工程学院

陈　岳　万晨霞

本科国家奖学金

粮油食品学院

宋　博　杨　文　罗梦瑶　李　斐　夏欣雨

机电工程学院

贾　伟　杨　轩　赵帅涛　王　欢　初虎波　李文奇

土木建筑学院

杨启航　谢云飞　冯梅瑾　张蓬博　胡浩晨　王　力

信息科学与工程学院

冯婧涛　王思琦　张　妍　任殷林　陈　帅　彭亚斌
高　天

化学化工与环境学院

殷缓缓　李　宁　王英杰　徐南豪

生物工程学院

詹　萍　张玉雪　陈姝彤

材料科学与工程学院

马丽君　刘玉明　李华清

电气工程学院

刘　莲　陈梦茹　周亚帅　张亚东

管理学院

李春荷　韩丽婷　刘迎澳　李梦杰

经济贸易学院

李慧慧　孙冰梅　侯亚敏　赵钰琳

理学院

张新瑜　王玉燕

外语学院

王家昕　刘静静

法学院

汪亚枫

新闻与传播学院

陈东川　杨皖玉　何振可

设计艺术学院

张佳佳　汪明龙

国际教育学院

李雪连　李超楠　高　洁　姚洁琼　刘博源

专科国家奖学金名单

中英国际学院

陈　炎　房晓环　邢洋洋

职业技术学院

赵叶娜

2017—2018 学年度国家励志奖学金获奖学生名单

粮油食品学院(75 人)

高富强　陈启飞　魏　勃　刘佩冶　张宇奇　苏　婷
程子航　汤莹莹　李　凡　王庆春　付　敏　商君威
赵　杰　郑　巧　吴明慧　秦洁茹　袁晴晴　张　娜
刘月月　尚阿晨　高　晴　李凤元　李玉洁　王梦韦
闫乙鑫　黄梦瑞　蒋脱贫　胥婷婷　郭　琼　张　昀
韩梦晴　刘闽楠　郑　雁　贾静茹　侯　杰　姜思琦
王珊珊　杨玉姣　范璐阳　穆云娟　张冬梅　胡韶华
张金阳　赵渊沅　孔玖娜　谭　凤　周亚迪　张　欢
邓雅欣　孟　楠　田　田　王芳敏　袁洪闯　赵帅兵
齐利娜　张长喜　张宇宵　周　瑜　李小萌　潘佳静
王　昕　任晶晶　葛丹阳　何　悦　刘亚楠　张新雪
杨晨晨　纪晨雪　赵汇媛　柯莹莹　孙梦鸽　刘彦君
张　琛　李亚鸽　牛鑫鑫

机电工程学院(95 人)

吕家玉　李　娜　闫　浩　陈雨晴　卫梦圆　万　霞
王　菲　秦亚芳　魏　昊　汪　强　翁丽敏　陈晓玉
张双双　马慧欣　姜锦熳　丁乐乐　贺文斌　郭志洋
张　腾　张　震　魏　鹏　薛耀东　高　正　王银富
李世钦　李振涛　曹　杨　陈国军　冯军伟　何　伟
田　亮　王　佳　毕素涛　孔彬彬　张　帅　张振南
郝勇涛　张保保　谈重阳　刘先明　张朝平　郝肖华
史子麟　艾政卓　胡松涛　李晓婷　梁高帅　刘　洋
宋世光　陈　俊　丁永新　郝　建　凌　琳　黄家福
李　政　连漫漫　信紫婷　于祥云　侯趁意　李亚平
康帅威　徐照宁　杨永瑞　曾嘉豪　彭柯瑞　秦　升
黄家旭　蒲　玲　李　艺　刘彦胜　王玲军　杨志强
张　玲　方安舒　李喜乐　张强威　周宗山　郭锐阳
胡田睿　刘美娜　赵前程　宗文波　郝明辉　吴刘坤
范明杨　侯宇鑫　李　昂　高士亳　董　威　牛甜甜
彭新航　章　昊　左全奇　李一治　李艺凡

土木建筑学院(90 人)

马传奎　宋战炯　刘文海　王　松　朱　贺　王明杰
王中原　郑　攀　赵鹏鹏　梁　翼　李　云　汇王阔
殷怡萍　陈胜超　吴　琳　付立欣　侯婧祎　袁江帆
刘梦梦　孟思琪　李　冉　程东亮　陈　梁　纪伟伟
吴玲珑　侯泽宇　童小青　李苗鑫　贾　冬　张迎宾
冯意坤　马晨宇　赵春晓　王丽娜　王禹东　张　晴
周　彦　高慧芳　李玉晴　辛鹏宇　张梦歌　樊玉辉
祁锦兵　李小娜　吴志鹏　王焕焕　王　珍　郝旌潮
赵玉晗　谢　刚　徐凯凯　梁　瑞　冯园园　宋垚兵
史晨翔　叶美帆　刘杉杉　王壮壮　邵　娜　薛云洲
阳成伟　娄二龙　王曙光　潘龙江　余　帆　蔡　衡
高　衡　刘永帅　杨承志　罗丽亚　任　通　闵冠华
郑彬彬　郭玉洁　郑博文　术晴晴　贾志远　申瑞芳
孙佳康　张梦雅　郭东冉　张　鑫　刘学鹏　胡玉莲
杨玉强　周瑞娇　王　娟　吴建新　马汉林　李家乐

信息科学与工程学院(108 人)

豆晨晨　慕方方　苏　杰　王春燕　刘东旭　孙冬哲
李文瑞　刘忠源　黄愉彬　范诚诚　刘雪雅　李　林
李方伟　马玉振　王旭博　许海彬　赵文明　侯万杉
李　梦　王梦哲　田佳慧　郭青云　刘　悦　何贺贺
卢梦晨　李　凤　陶柳媛　袁梦姣　丁梦迪　刘　坤
陈小央　张　艳　周　游　樊　燚　宋亚茹　黄琳琳
王美华　李　军　吴淑萍　郭　萌　胡志明　卢京源
郭倩倩　赵千龙　龚云鹏　冯雅倩　韩云霞　王仲元

陈　岩　项兆坤　于好贤　张　铮　李　杰　吴　云
王舒琴　张俊波　石浩东　陈建生　张琳琳　熊孝民
白文超　张明淳　王芳芳　王海廷　白　鑫　闫明洋
章曼霞　范欣华　王凌阁　朱可莹　熊宝玉　李　良
王　博　马亚卿　张方园　张　淼　杜　阳　苏紫鹏
杨梦珂　肖郑磊　漆　娜　王琳柯　赵晨言　王付荣
钱万芳　费晶茹　朱　瑞　刘子博　张梦凡　刘清宇
史玉飞　经哲涵　杨梦瑶　姜　欢　段培培　张星娜
姚东阳　李　晨　刘丹雨　苏美佳　杨静雯　程鹏悦
马　慧　成　刚　霍梦诺　苏　灏　薛佳丽　闫紫滕

化学化工与环境学院(60 人)

罗桂芳　王秋红　李汪洋　乔晓红　肖　静　高　敏
位艳艳　吴浩茹　单方涧　刘心怡　邹森崖　陈　苗
潘天瑶　王志豪　史记彩　彭　莹　谢智红　李燕子
于亚楠　董晓阁　孙艺格　李冉尹　少　杰　赵爱勤
郭　浪　陈田田　陶虹燃　胡承志　杨　鑫　郭余瑶
苗　盛　马永红　曹晨星　曹　薇　王敬一　王　静
张雯琇　刘梦思　原康玲　杨启悦　付艳宁　盛天颖
魏德胜　张　旭　何　静　任　佳　刘大帅　刘奕晴
钟　媛　黄　杰　李　娜　梁　振　巴凯凯　孙　悦
杜茜茜　孙秋阳　王　冰　崔燚晗　郭佳兴　丁彩云

生物工程学院(50 人)

聂俊玲　徐欢欢　刘俊浩　王　峰　刘佳琪　邵会敏
郭祥月　刘　洋　王童瑶　高　歌　姬　祥　李子依
崔慧敏　何玥颖　杨玉洁　马晓云　鲍军秀　勾琛琛
潘培培　刘春雨　王　旋　孙　靓　刘双玉　汪雨格
韩娇娇　李盈颖　孙梦月　刘晓婷　刘思雨　宋　爽
王　哲　史雯雯　王　爽　陈玉梅　李阿芳　刘亚南
罗　利　夏文韬　苗青沛　张　豫　朱秋美　李晨月
吴嘉莎　郜文硕　贺晓佳　杨青青　黄少泽　张致畅
刘文凯　张聪聪

材料科学与工程学院(52 人)

朱正权　朱艳琳　王久福　陈贞睿　郭文倩　洪鲁枭
霍少华　边　钦　李梦麒　任玉洁　凡莉花　孙绪绪
操淑琴　冯佳音　黄丽君　张迎华　郑泓雁　朱田豪
黄飞龙　庄彦贺　黄保贵　杜铭琰　胡　杰　孙　飞
张营营　臧　钰　李艳婷　辛　静　马　曦　王诗语
赵　晓　蔡金凤　刘　莹　吉贝贝　邓秋霞　翟孟雷
韩秋数　何　山　梅鹏欣　韩晓源　王　煜　裴人杰
张　博　沈凯月　杜福凯　李高远　王文博　张　硕
董浩永　董　欣　李梦茹　徐　勇

电气工程学院(73 人)

卓美玲　韩家祯　贾科琼　李　珂　胡　良　屈银松
赵永玻　刘忠璞　田乐乐　祝瑞璞　潘晓彤　翟晨凯
丁永昌　张静静　周　赟　管东东　傅瑜晨　段帅朋
曹春雨　黄诗琪　李媛媛　李　航　李亚菲　薛礼敢
孙桐妍　徐志恒　冯　雪　叶佳南　张国振　赵利达
胡义真　赵彦杰　郑岚岚　谷莹莹　郭唯一　胡芳俊
师方方　苏旨音　孙圆圆　王　鸽　薛涵冰　朱梦瑞
陈红杰　刘军超　杨永胜　李璐璐　王萌萌　李肖婷
周敬珍　郭园园　王伟杰　董昌昊　马二腾　孟宇飞
腾　龙　寿鸿雨　李佳佳　张　畅　朱文超　李小雨
周江龙　崔莹雪　宋明明　张雨婷　石启伟　王子馨
杨　柳　钟文文　石世猛　韩　雨　郑刘帅　邹高远
孙谷羽

管理学院(63 人)

李怡婷　季静飞　路　媛　户　召　刘倩倩　杨金玲
马文博　缪文静　甄梦梦　陈　珍　张　倩　张致铖
程　傲　付芳源　刘艺琳　崔闻迪　郭凤君　田俊丽
韩　倩　周　星　尹　雨　冯瑞平　李佳莉　刘佳琦
朱亚洁　方可可　王郑龙　龚亚娟　杨　灿　郭妮诗
彭雨蒙　汪　月　周静想　李雨婷　王小娟　张　敏
闫雨晴　郅　倩　蘧浪浪　翁志灵　冯　瑶　邓汝思
侯勇勇　王　雪　温　晴　张雪晴　陈微笑　郭　旭
常陆雨　王　博　陈玉莹　卢燕莉　孙丽燕　陈蒙蒙
李俊亨　柳晔珍　台宁宁　杨馨梅　王警智　张　犇
游倩倩　王艺铭　于秀敏

经济贸易学院(68 人)

曹婷婷　杨金娇　李宪坤　宋振楠　张冬冬　黄佳楠
尚凡晰　尹玉翠　赵一涵　李　倩　王山峰　付文佳
高永伟　魏不凡　董晓雪　曾广梅　杨金华　程珍珍
陈希琳　潘盼盼　高晓茹　刘群菲　吴永梅　陈笑音
王雯倩　陈亚茹　何　宁　牛晓飞　魏春莹　周　悦
佳　静　赵夷光　朱方方　陶　柯　康　苗　张　宁
李西龙　刘　慧　马文隆　王金楠　苏子超　孙英男
田聪莹　代佳莉　李源宗　张露露　张仲宁　宗美虹
张　昶　杨婉清　李美美　赵小慧　祝思琦　陈嘉宝
李浪茨　刘　焕　张盼盼　李　幸　丁文绢　高文唱

马晓翱　柴剑云　冯　永　任雪珂　张利娜　易红岚
何　琴　李婕妤

理学院(27 人)

范晶晶　李朝柱　任雨霞　王艳芳　罗若楠　马鑫丽
周新颖　郑飞芳　胡　蝶　袁利莹　梁俊超　马俊峰
梁　洁　周　雯　王紫怡　周梦欣　王小庆　李佩倩
尚晓倩　姚丽娜　郭必诞　苏行松　彭　娜　袁江勇
谷坤明　李腾飞　孙红亚

外语学院(25 人)

姚换杰　陈明玮　贾鑫怡　郑璐瑶　刘雨爽　高　君
杨小蝶　周宝莹　姜春杰　冯　扬　马　磊　邓园园
张香园　黄　曼　李建培　张　彤　李　源　张慧杰
段琳佳　张佳佳　单朝阳　常文雅　张夏楠　郭俊雅
胡振倩

法学院(18 人)

邓嘉琦　解文娟　张馨月　焦　蕾　刘芳如　汪　鑫
张会蒙　付超云　马婉茹　万金波　杨　晶　韩佳慧
黄　艳　郭　婕　黄　雲　惠　洁　徐　陶　严佳婧

新闻与传播学院(50 人)

王晨昉　付雨晴　芦　昭　王　明　朱安娴　韩瑞萌
冯桂源　宋雯雯　于　铭　陈宝仁　陈仕奇　王靖鑫
陈振强　朱会霞　邢圣爱　张海静　冯中乾　李　慧
杨佳玥　吕昊盈　田　旭　关莹莹　郭梦笛　赵甜甜
冯鹏鹏　李　磊　白占楠　毛倩颖　朱璐璐　曹　平
范赛华　曹金梦　刘　颖　罗　芳　胡静如　钟　艳
郭杨莹　王肖南　葛青青　刘盈杉　张曼宇　陈高昂
胡梦元　彭承越　岳慧军　付明妍　李慧芳　马晓静
鲍金鸽　孙高慧

设计艺术学院(36 人)

闪一静　许俊杰　张　乾　段佳宏　靳勇飞　秦　岩
孟　萌　王永帅　闫文放　魏孔超　张　萌　田大元
何梦月　侯晓妍　卢正廉　严敏华　刘郑欣　王金帅
肖　娜　刘安然　徐心茹　曹　沛　连邦卉　尹文清
刘傲君　樊靖远　康　露　李　薇　潘显芳　黄又梅
李淑乐　李　娜　王永乐　巴坤豪　张桦义　郑汪海

国际教育学院(82 人)

谢　旭　冯澄婧　闫淑敏　于跃洋　李晴晴　王瑞琼
陈亚晴　程　琳　程　玉　程韵颖　李　换　李佳慧
杨　依　宋明昕　唐晓昀　张子悦　汪冰倩　朱醒萌
刘梦月　王淑媛　李淑娜　李夏甘　赵　静　孟文凤
张怡馨　雷婵豪　牛圣博　陈　爽　张曼曼　张莹雪
张晏毓　栾鹏宇　马静薇　赵士岩　王乙迪　高榕泽
张　颖　顾泽玮　李佳薇　戚梦恺　王雅琼　张雪枫
李晓妍　王　倩　王明明　温　俊　谢思源　张静思
赵　雯　马步云　陈婷婷　张力凡　赵蕴璐　耿静静
郝梦莹　袁静怡　张一帆　张　宇　周靖宜　祝　溪
罗梦阳　王　彬　凌嘉虹　钟　丽　黄　瑞　段雨荆
李　垒　傅　倩　汪　琳　李佳一　焦梦琰　卜文涛
王　佳　徐菲菲　黄春艳　李京运　张瑞瑶　李雪连
李超楠　高　洁　姚洁琼　刘博源

中英国际学院(72 人)

杜欣凤　范　靖　李　斌　王言言　王　晴　魏　榛
王钰莹　李　伟　田　甜　周炳焱　马振宇　乔志存
何振凡　米增玉　刘　钰　张泽华　刘威猛　张　璐
李　想　李前程　葛夏夏　苑一笑　单子怡　范淑鑫
雷　蕾　吉　雪　任利丹　李　芬　冯　烁　陈金珠
张晓宁　康红阳　梁盼盼　马传冰　闫杨波　刘　港
郑张帅　王　乐　杨淑敏　张　笑　郑冬雨　张壮壮
朱山威林　石猛豪　张会娟　佟　帅　关　志　展　羽
孙　晓　吴新平　何天鑫　蒋良宇　王一迪　陈佳乐
潘诗瑞　齐　珂　王雪晴　张皓然　刘莉文　屈少颖
李醒醒　高　群　蒋新锐　刘晓雪　裴颖歌　刘乐乐
史星亮　吴　柯　宋格格　王默炎　代　佳　鲁　佳

职业技术学院(8 人)

池　宇　郭瑞楠　肖静怡　薛豫龙　李晨飞　李幸聪
金　笑　卢亚飞

河南辅读中等职业学校(联办)(7 人)

卜　雨　张鹏博　王文芳　陆鹏一　沈立博　王宝钢
杨玉婷

河南应用技术职业学院(联办)(8 人)

沈延晴　董　琳　赵向杰　王晓敏　侯帅霞　崔　璨
李可婷　周　涛

漯河工学院(联办)(6 人)

李艳鸽　宋安琪　王亚新　何永强　阮雪杰　蔡　微

· 2018 届毕业生信息 ·

2018 届硕士研究生授学位名单

表 17-1　2018 届硕士研究生授学位名单

序号	姓名	学科(专业)名称	论文题目	导师	类别
1	张　倩	食品科学与工程	反胶束萃取对大豆蛋白结构和特性影响机制研究	陈复生	全日制学术学位
2	赵　丹	食品科学与工程	冷榨油脂的营养分析与功能研究	汪学德	全日制学术学位
3	左颖昕	食品科学与工程	糖基化修饰对大豆蛋白功能特性的影响研究	布冠好	全日制学术学位
4	高　晴	食品科学与工程	杂粮熟化处理对面条品质及营养学特性影响	郑学玲	全日制学术学位
5	李慧娜	食品科学与工程	大豆分离蛋白和浓缩蛋白乳液稳定性的比较及改性研究	田少君	全日制学术学位
6	金郑阳	食品科学与工程	非恒温条件下涂膜处理对甜樱桃保鲜作用的研究	陈复生 辛　颖	全日制学术学位
7	杜耕安	食品科学与工程	基于碳纳米复合材料电化学快速检测硝基呋喃类代谢物残留研究	何保山	全日制学术学位
8	侯文珊	食品科学与工程	干燥对小麦品质的影响研究	张玉荣	全日制学术学位
9	谢庆方	食品科学与工程	红麻籽油的提取工艺及其氧化稳定性研究	张振山	全日制学术学位
10	刘　晨	食品科学与工程	鸟苷酸发酵工艺优化及肝保护功效研究	丁长河	全日制学术学位
11	殷晶晶	食品科学与工程	拮抗酵母结合热空气处理对水果采后保鲜效果的研究	王若兰 赵　妍	全日制学术学位
12	李　慧	食品科学与工程	玉米储藏中发热和霉变的临界点参数及品质变化研究	王若兰	全日制学术学位
13	郭莹莹	食品科学与工程	文冠果油神经酸富集及浓缩蛋白制取研究	刘玉兰	全日制学术学位
14	赵益菲	食品科学与工程	热处理及超高压对大豆抗原蛋白免疫活性的影响研究	布冠好	全日制学术学位
15	刘成龙	食品科学与工程	小麦麸皮阿拉伯木聚糖——乳清蛋白复合物乳化特性研究	殷丽君 陈复生	全日制学术学位
16	李雅娴	食品科学与工程	真空浸渍改善采后杨梅和枇杷品质特性的研究	陈复生 赖少娟	全日制学术学位
17	王亚丹	食品科学与工程	超声波改进玉米淀粉提取工艺的研究	刘　洁	全日制学术学位
18	孔彦玲	食品科学与工程	马铃薯生全粉的制备及其在馒头中的应用	赵仁勇 王新伟	全日制学术学位
19	胡惠影	食品科学与工程	乳杆菌(Lactobacillus sp.)JZ07 富集转化硒的特性研究	李志建	全日制学术学位

续表 17-1

序号	姓名	学科(专业)名称	论文题目	导师	类别
20	张贝贝	食品科学与工程	亚麻籽油前体脂质体的制备及其稳定性和释放性能研究	田少君	全日制学术学位
21	张　勤	食品科学与工程	挤压与酶法集成制备糙米乳关键工艺优化及应用研究	安红周	全日制学术学位
22	杨　明	食品科学与工程	中碳链甘三酯酯化合成及纯化工艺研究	梁少华	全日制学术学位
23	肖　遥	食品科学与工程	几种食源多酚对淀粉特性的影响研究	任顺成	全日制学术学位
24	朱梦云	食品科学与工程	甘一酯甘二酯及油脂精炼过程对 3-MCPDEs 和 GEs 影响的研究	魏安池	全日制学术学位
25	娄丽丽	食品科学与工程	吐温辅助水剂法同步制取芝麻油和蛋白质的研究	章绍兵	全日制学术学位
26	王小花	食品科学与工程	花生水剂法提油过程中蛋白质的回收及其功能性质研究	章绍兵	全日制学术学位
27	王香丽	食品科学与工程	玉米醇溶蛋白与羟丙基木薯淀粉复合物制备及其特性研究	刘亚伟	全日制学术学位
28	王海洋	食品科学与工程	辛烯基琥珀酸淀粉酯-玉米醇溶蛋白对裹粉特性的影响	刘亚伟	全日制学术学位
29	吕　宁	食品科学与工程	氧化与 Schiff 碱改性高直链玉米淀粉的制备及特性研究	刘亚伟	全日制学术学位
30	候雪贝	食品科学与工程	咖啡酸基低共熔溶剂对咖啡酸酯合成及反应规律的影响研究	孙尚德	全日制学术学位
31	柴梦阳	食品科学与工程	鱼皮和鸡皮复合明胶的改性机理研究	陈复生	全日制学术学位
32	李亚会	食品科学与工程	白芝麻与黑芝麻功能品质差异的研究	汪学德	全日制学术学位
33	李青叶	食品科学与工程	基于 Fe_3O_4 磁性纳米材料的传感器用于丙烯酰胺检测的研究	金华丽	全日制学术学位
34	李建飞	食品科学与工程	麻糬用糯米粉的品质评价及其加工适应性研究	周显青	全日制学术学位
35	薛晓程	食品科学与工程	谷朊粉原浆流变特性及制备组织化蛋白工艺和品质研究	安红周	全日制学术学位
36	李佳恒	食品科学与工程	菊粉对面团特性的影响及其在面条中的应用研究	李雪琴	全日制学术学位
37	王远洋	食品科学与工程	DNA 扩增技术对食品中的蜡样芽胞杆菌和溶血性链球菌的应用研究	刘钟栋	全日制学术学位
38	张鹏举	食品科学与工程	蒸谷米加工过程中镉含量变化及影响因素研究	周显青	全日制学术学位
39	张　曼	食品科学与工程	酸催化椰子油酯交换制备富含中碳链甘三酯产品的工艺研究	梁少华	全日制学术学位
40	郭正洋	食品科学与工程	食品中单增李斯特菌和金黄色葡萄球菌 RPA 检测方法的建立	刘钟栋	全日制学术学位
41	毛青兰	食品科学与工程	多酚对面团特性及馒头储藏品质影响的研究	王岸娜	全日制学术学位
42	尹惠双	食品科学与工程	玉米胚芽粕真菌毒素脱除及产物品质提升的研究	刘玉兰 刘华敏	全日制学术学位
43	贺梦雪	食品科学与工程	加工对 β-conglycinin 抗原性的影响及 Gly m Bd 60K 破坏表位的定位	席　俊	全日制学术学位
44	石　飞	食品科学与工程	米酒制作工艺对其发酵馒头品质影响研究	刘长虹	全日制学术学位
45	宋　斌	食品科学与工程	玉米发酵生产酒精过程中吸附剂对黄曲霉毒素 B_1 影响的研究	赵仁勇	全日制学术学位
46	申　倩	食品科学与工程	小麦原淀粉-脂类复合物对面条品质的影响研究	陆启玉	全日制学术学位

续表 17-1

序号	姓名	学科(专业)名称	论文题目	导师	类别
47	段菲菲	食品科学与工程	对甲氧基肉桂酸甘油酯及聚乙二醇酯的合成研究	刘　伟	全日制学术学位
48	李岚昕	食品科学与工程	猕猴桃糖蛋白性质研究	王岸娜	全日制学术学位
49	王璐阳	食品科学与工程	油脂精炼过程氯离子含量变化对 3-氯丙醇酯和缩水甘油酯形成影响的研究	刘玉兰 王动民	全日制学术学位
50	赵　爽	食品科学与工程	富硒糙米源抗氧化肽的构效关系及稳定性研究	陈复生 刘昆仑	全日制学术学位
51	崔文慧	食品科学与工程	猕猴桃糖蛋白与多种多酚的相互作用研究	王岸娜	全日制学术学位
52	魏茂林	食品科学与工程	氢化棉籽油的特性及在蜡烛中的应用研究	徐学兵	全日制学术学位
53	王录通	食品科学与工程	和面工艺对面团及馒头品质的影响研究	刘长虹	全日制学术学位
54	郭永生	食品科学与工程	美藤果油水包油型乳液的乳化稳定性及氧化稳定性的探究	马传国 刘　君	全日制学术学位
55	王莺颖	食品科学与工程	大豆分离蛋白-淀粉复合膜的制备及储藏稳定性研究	郭兴凤	全日制学术学位
56	王英丹	食品科学与工程	强碱和高温对 ZEN 的影响及碱炼和脱臭对玉米油中 ZEN 的脱除	马传国	全日制学术学位
57	闫好杰	食品科学与工程	基于核酸适配体传感器的赭曲霉毒素 A 检测方法的研究	卫　敏	全日制学术学位
58	路光辉	食品科学与工程	不饱和脂肪酸甲酯基五元环状碳酸酯的制备研究	刘　伟	全日制学术学位
59	彭　超	食品科学与工程	陈稻谷的品质特性及其加工适应性研究	周显青	全日制学术学位
60	孙　榈	食品科学与工程	黑木耳及其多糖对面条品质影响的研究	李　华 陆启玉	全日制学术学位
61	赵树南	食品科学与工程	超声波协同钙浸渍液调控草莓果实离子渗透及保鲜方法研究	陈复生 张丽芬	全日制学术学位
62	刘　超	食品科学与工程	小麦硬度指数测定仪关键部件的改进研究	赵仁勇	全日制学术学位
63	吴俊男	食品科学与工程	小麦籽粒后熟期间碳水化合物变化对小麦品质的影响和机理探究	王晓曦	全日制学术学位
64	韩亚飞	食品科学与工程	芝麻生长及加工过程对蛋白质水溶性的影响	郑永战	全日制学术学位
65	郭晓峰	食品科学与工程	δ-生育酚在精炼油脂中的抗氧化、热损耗及其转化产物的研究	毕艳兰	全日制学术学位
66	高森森	食品科学与工程	不同出粉率对小麦粉营养组分及其蒸煮特性的影响	卞　科	全日制学术学位
67	安柯静	食品科学与工程	油脂煎炸过程极性组分与甘油三酯聚合物及其它组分的关联性研究	刘玉兰	全日制学术学位
68	孔晨晨	食品科学与工程	优质籼稻自带微生物对黄变影响的研究	王若兰 宋永令	全日制学术学位
69	安　娟	食品科学与工程	离子液体基新型样品前处理技术在 AFs 检测中的应用研究	赵仁勇	全日制学术学位
70	仇记红	食品科学与工程	浸泡及萌芽处理对芝麻酱品质及风味影响的研究	侯利霞	全日制学术学位
71	陈佳丽	食品科学与工程	油脂中 BHA 的抗氧化效果及其协同抗氧化作用机理研究	毕艳兰	全日制学术学位
72	王　威	食品科学与工程	黄曲霉毒素 B_1 降解菌株的筛选及其有效活性成分的研究	谢岩黎	全日制学术学位

续表 17-1

序号	姓名	学科(专业)名称	论文题目	导师	类别
73	周锦芬	食品科学与工程	大豆胚芽甾醇的提取及热稳定性研究	毕艳兰 陈竞男	全日制学术学位
74	袁青丽	食品科学与工程	渍害处理对芝麻籽粒及制品品质的影响	苗红梅	全日制学术学位
75	石叹叹	食品科学与工程	棕榈油基油脂对搅打植脂奶油体系稳定性影响的研究	张　虹 毕艳兰	全日制学术学位
76	郑家宝	食品科学与工程	传统加工过程中大米主要矿质元素及蛋白质营养特性变化机制研究	陈复生 刘昆仑	全日制学术学位
77	左贯杰	食品科学与工程	玉米-小麦淀粉/玉米醇溶蛋白双层膜的研究与应用	陈复生	全日制学术学位
78	卫阿枝	食品科学与工程	青麦仁湿面条的制备工艺及品质研究	张国治	全日制学术学位
79	杨影影	食品科学与工程	低共熔溶剂中脂肪酶催化松籽油水解的研究	杨国龙	全日制学术学位
80	田贝贝	食品科学与工程	阿拉伯木聚糖的提取及功能特性研究	陈　洁	全日制学术学位
81	李晓晓	食品科学与工程	市售牛奶中脂肪和蛋白质近红外检测条件的优化研究	毕艳兰 彭　丹	全日制学术学位
82	孙　杰	食品科学与工程	稻谷、糙米、大米储藏及食用特性比较	张玉荣	全日制学术学位
83	王　奇	食品科学与工程	稳定同位素质谱联用技术在食醋真伪鉴别中的应用研究	刘钟栋	全日制学术学位
84	高雅君	食品科学与工程	低血糖指数馒头加工工艺及其功能特性研究	丁长河	全日制学术学位
85	高国祥	食品科学与工程	超微粉碎大豆蛋白制作木材胶粘剂的性能研究	卞　科 关二旗	全日制学术学位
86	檀　静	食品科学与工程	低脂芝麻酱的研制及感官风味评价的研究	汪学德	全日制学术学位
87	王梦园	食品科学与工程	蛋黄磷脂的提取及纯化研究	梁少华	全日制学术学位
88	杨玉玲	食品科学与工程	不同和面方式对面团流变特性和面条品质的影响	卞　科	全日制学术学位
89	焦婷婷	食品科学与工程	马铃薯全粉冷冻熟制烩面工艺研究	章绍兵	全日制学术学位
90	杨　龙	食品科学与工程	臭氧水协同超声波处理对小麦中呕吐毒素的降解效果研究	卞　科	全日制学术学位
91	胡玉兰	食品科学与工程	环境因子对优质稻黄变的影响研究	王若兰 黄亚伟	全日制学术学位
92	杜　娟	食品科学与工程	多菌种分步发酵玉米秸秆产乙醇工艺研究	丁长河	全日制学术学位
93	任我行	食品科学与工程	油脂精炼过程 3-MCPD 酯和缩水甘油酯的控制与脱除研究	刘玉兰	全日制学术学位
94	马榕灿	食品科学与工程	德尔布有孢圆酵母发酵面团特性及其在馒头制作中的应用研究	李志建	全日制学术学位
95	魏晓博	食品科学与工程	芝麻饼粕制备植物蛋白胶黏剂的研究	汪学德	全日制学术学位
96	刘紫鹏	食品科学与工程	冷冻熟面品质改良研究	陆启玉	全日制学术学位
97	吴　迪	食品科学与工程	辣木叶多酚类物质的提取、分离鉴定及抗氧化活性研究	陆启玉 赵贝贝	全日制学术学位
98	王　雪	食品科学与工程	增塑剂对玉米醇溶蛋白膜性能的影响及膜的初步应用研究	郭兴凤	全日制学术学位

续表 17-1

序号	姓名	学科(专业)名称	论文题目	导师	类别
99	李永恒	食品科学与工程	微波辅助酶解麦胚清蛋白制备多肽及其抗氧化性的研究	赵仁勇 田双起	全日制学术学位
100	李宇健	食品科学与工程	酶法同步分离花生油脂和蛋白与蛋白特性的研究	陈复生	全日制学术学位
101	王崇崇	食品科学与工程	粒度对小麦粉及面条品质特性的影响机理研究	王晓曦	全日制学术学位
102	薛　飞	食品科学与工程	稻谷储藏中发热和霉变的临界点参数及品质变化研究	王若兰	全日制学术学位
103	皮江一	食品科学与工程	β-conglycinin 抗体的制备及加工导致 β 亚基抗原性降低的亚分子结构定位	席　俊	全日制学术学位
104	陈　晖	食品科学与工程	麦麸阿魏酸糖酯抗氧化活性及其对美拉德反应的影响	谢岩黎 赵文红	全日制学术学位
105	王高尚	食品科学与工程	低共熔溶剂对大豆油甘油解规律的影响	孙尚德	全日制学术学位
106	孔慧广	食品科学与工程	亚麻籽饼粕中蛋白质的提取及其理化性质研究	田少君	全日制学术学位
107	霍鸣飞	农业昆虫与害虫防治	赤拟谷盗热适应性分子机制的研究	吕建华	全日制学术学位
108	马　彬	农业昆虫与害虫防治	储粮书虱在线监测技术的研究及预警模型的建立	鲁玉杰	全日制学术学位
109	刘　璐	农业昆虫与害虫防治	马六甲肉食螨生长发育及其捕食能力的研究	曹　阳 白春启	全日制学术学位
110	高　源	农业昆虫与害虫防治	不同条件下象虫对小麦和玉米的危害特性研究	王殿轩	全日制学术学位
111	周鸿达	农业昆虫与害虫防治	谷蠹及两种象虫发生特性数字化模拟研究	王殿轩	全日制学术学位
112	张凌芳	农业昆虫与害虫防治	挥发性物质对玉米象和米象交配及取食行为影响研究	鲁玉杰	全日制学术学位
113	马昀钊	农业昆虫与害虫防治	印度谷螟对主要谷物的危害特性研究	王殿轩	全日制学术学位
114	曾姝静	农业昆虫与害虫防治	小麦粉挥发物对赤拟谷盗趋向行为的作用研究	吕建华	全日制学术学位
115	彭华康	植物病理学	我国马铃薯 Y 病毒株系群体演化动态	吴兴泉	全日制学术学位
116	刘帅楠	药物化学	以芳香胺为芳基源喹啉衍生物和香豆素的芳基化研究	屈凌波	全日制学术学位
117	陈志强	细胞生物学	CD44 负调控血管内皮细胞自噬的作用及机理研究	张　璐	全日制学术学位
118	王丽洁	微生物与生化药学	药用扁豆分子遗传连锁图谱的构建及其主要农艺性状 QTL	赵永亮	全日制学术学位
119	王　岩	微生物与生化药学	Wheatwin1 蛋白的表达及对黄曲霉生长和产毒的抑制作用研究	胡元森	全日制学术学位
120	张瑞玲	药物化学	抗菌肽 CGA-N12 双重抗念珠菌特性研究	李瑞芳	全日制学术学位
121	刘政伟	微生物与生化药学	热带念珠菌 KRE9 重组表达及其与抗菌肽 CGA-N12 相互作用研究	李瑞芳	全日制学术学位
122	陈　菲	微生物学	一株蛋白酶产生菌的鉴定、酶性质研究和表达载体构建	胡元森	全日制学术学位
123	张璐洁	微生物学	群体感应信号物质对界面沉积物细菌多样性的影响	屈建航	全日制学术学位
124	张　滨	微生物学	植物乳酸菌 M616 酸面团发酵过程中麦谷蛋白大聚体的结构变化规律	王金水	全日制学术学位
125	纪小国	微生物学	麦胚球蛋白组学分析及其对肠道微生物区系的影响研究	黄继红	全日制学术学位
126	秦素雅	生物化学与分子生物学	芽孢杆菌脂肽高产菌株的选育及其抗真菌作用	陈　亮	全日制学术学位
127	马青松	动物营养与饲料科学	液体防霉剂对饲料生产质量及储藏特性的影响	王卫国	全日制学术学位

续表 17-1

序号	姓名	学科(专业)名称	论文题目	导师	类别
128	付笑飞	动物营养与饲料科学	大豆蛋白乳液体外模拟酶解消化机理研究	管军军	全日制学术学位
129	胡凯飞	动物营养与饲料科学	硬颗粒饲料生产控制关键技术研究及加工质量的评价	王金荣	全日制学术学位
130	李　明	动物营养与饲料科学	大豆磷脂和溶血磷脂的生物安全性测定及对肉鸡的影响	张慧茹	全日制学术学位
131	王依依	环境工程	地下水高氯酸盐和硝酸盐复合污染的硫自养净化机制	刘永德	全日制学术学位
132	李慧芳	环境工程	二氧化钛光催化技术治理室内甲醛的研究	李道荣	全日制学术学位
133	刘　辉	环境工程	重金属富集植物筛选及其富集特性研究	邢维芹	全日制学术学位
134	曹恩泽	环境工程	污染土壤重金属的稳定方法研究	李立平	全日制学术学位
135	李飞宏	环境工程	蔬菜对面条品质及硝酸盐含量变化的影响机理研究	刘永德	全日制学术学位
136	郭胜利	化学工程与技术	8-取代咖啡因和2-酰基噻唑衍生物的合成研究	李志成	全日制学术学位
137	余林达	化学工程与技术	沙丁胺醇成盐研究	刘文举	全日制学术学位
138	康世宗	化学工程与技术	蛋黄粉制备甘油磷脂酰胆碱的工艺研究	谷克仁	全日制学术学位
139	张　衡	化学	碳量子点的制备及其痕量元素分析应用	何丽君	全日制学术学位
140	郭鹏亮	化学	吸附-化学催化去除水中 ClO_4^- 的研究	陈　静	全日制学术学位
141	柳　欢	化学	复合改性纳米 TiO_2 可见光催化剂的制备及其性能研究	李道荣	全日制学术学位
142	万　飞	化学	金属-有机骨架固载型催化剂的制备及其催化大豆油酯交换制备	谢文磊	全日制学术学位
143	程少鹏	化学	固体酸催化剂催化果糖生成5-羟甲基糠醛的研究	张玉军	全日制学术学位
144	李　艳	化学	锂离子电池负极材料的制备及其电化学性能研究	张玉军	全日制学术学位
145	胡怡洁	化学	基于凝血酶和汞检测的固态电化学发光传感器的研制	展海军	全日制学术学位
146	崔文航	化学	离子液体基材料对合成色素萃取性能研究	何丽君	全日制学术学位
147	王泽华	化学	锂离子电池负极材料 ZnSe/C 复合物的合成及电化学性能研究	曹晓雨	全日制学术学位
148	吴妮妮	化学	BRCA1(846-871)867 位突变肽的合成及其与 RAD51 的相互作用	卢　奎	全日制学术学位
149	杨　琪	化学	NaV_3O_8 正极材料的制备改性及储钠性能研究	曹晓雨	全日制学术学位
150	安　振	化学	红外光谱法分析食用油脂肪酸组成	江秀明	全日制学术学位
151	席　达	土木工程	地下圆形粮仓中塑料板的焊接方法及焊缝抗水压研究	王振清	全日制学术学位
152	李佳伟	结构工程	考虑仓径影响的筒仓卸料压力 PFC 数值模拟研究	原　方	全日制学术学位
153	周　秀	土木工程	柱承式钢筋混凝土群仓动力响应有限元分析	丁永刚 许启铿	全日制学术学位
154	麻倬领	土木工程	BIM 技术在装饰工程中的应用研究	陈桂香	全日制学术学位
155	王世豪	土木工程	筒仓卸料流态及压力影响因素的细观机理研究	肖昭然	全日制学术学位
156	闫勇勇	土木工程	分布式连接全装配 RC 楼盖平面内刚度计算方法研究	庞　瑞	全日制学术学位
157	田栋杰	土木工程	二八灰土中地下钢筋混凝土圆形粮食筒仓浮力研究	王振清	全日制学术学位
158	冯先超	土木工程	环梁基础并联隔震储罐地震响应研究	孙建刚 许启铿	全日制学术学位
159	蒋　赛	土木工程	密肋房式粮仓复合墙体结构设计方法研究	丁永刚	全日制学术学位

续表 17-1

序号	姓名	学科(专业)名称	论文题目	导师	类别
160	谢飞亚	土木工程	筒仓卸粮成拱试验及模拟研究	冯　永	全日制学术学位
161	邹亚丽	土木工程	基于空间计量的区域口粮应急储备及建设研究	韩建军	全日制学术学位
162	廉晓敏	土木工程	基于供应链技术的住宅产业化成本及效益分析研究	陈桂香	全日制学术学位
163	赵　婉	土木工程	全干式楼盖建筑结构数值分析方法与动力行为研究	庞　瑞	全日制学术学位
164	刘　兵	力学	超轻复合材料及结构的热力学性能研究	王　辉	全日制学术学位
165	王　聪	建筑学	乌-昌-五城镇发展与绿洲环境脆弱化的涨落过程与反馈机制研究	段汉明	全日制学术学位
166	黄争明	建筑学	大型商场火灾损伤评估技术研究	韩　阳	全日制学术学位
167	管晓旭	建筑学	城中村回迁安置房居住体验提升设计策略——以郑州市欢河家园改造为例	王　薇	全日制学术学位
168	张静宜	建筑学	基于预信号的公交优先控制策略及仿真技术研究	张　旭	全日制学术学位
169	闵雅雯	建筑学	绿洲复合系统演化的临界性分析——以新疆乌-昌-五地区为例	段汉明	全日制学术学位
170	刘晓松	土木工程	SMW 工法桩在砂土地区中的受力性能现场试验研究及数值分析	蔡正银 咸庆军	全日制学术学位
171	刘素娟	农业机械化工程	新型聚焦超声雾培系统的研究	李　华	全日制学术学位
172	陈艳雷	机械工程	基于逆向工程的扫描点云数据预处理技术研究	惠延波	全日制学术学位
173	谷松涛	机械工程	TPU 结构泡沫夹芯板的制备及性能研究	吴海宏	全日制学术学位
174	陈雅福	机械工程	磁场变化引起的液晶微流动研究	刘春波	全日制学术学位
175	刘　杰	机械工程	回转体多工序磨削加工误差流建模分析	刘楠嶓	全日制学术学位
176	马建宇	机械工程	夹带式散粮卸船机提升段设计与研究	李永祥	全日制学术学位
177	王　攀	机械工程	超高速磨削电主轴液体动静压轴承动力学问题研究	刘保国	全日制学术学位
178	陈仁权	机械工程	基于无线传感器网络的机械振动信号采集与分析	刘自然	全日制学术学位
179	赵　耿	机械工程	超高速磨削电主轴角接触球轴承动力学问题研究	刘保国	全日制学术学位
180	位艳芳	机械工程	玉米干燥热泵技术应用及干燥塔角状盒结构优化设计研究	李永祥	全日制学术学位
181	张盼盼	机械工程	回转清理筛力学特性及仿真分析研究	阮竞兰	全日制学术学位
182	王维豪	机械工程	晶圆制造自动化物料运输系统轨道布局优化及调度研究	吴立辉	全日制学术学位
183	张　坦	机械工程	智能"鲜食面"售卖机关键技术研究	沙　杰	全日制学术学位
184	祁莉霞	材料加工工程	硼酸盐玻璃转化制备中空羟基磷灰石微球的研究	王迎春	全日制学术学位
185	曹一帆	控制科学与工程	集中养老环境下老人位置检测识别技术研究	牛群峰	全日制学术学位
186	白薇薇	控制科学与工程	基于伏安型电子舌的大米黄曲霉毒素检测方法研究	惠延波	全日制学术学位
187	陈文根	控制科学与工程	基于深度学习的小麦图谱特征技术研究	李秀娟	全日制学术学位
188	岳朋闯	控制科学与工程	智能电车运行参数的监测与分析技术研究	王　威	全日制学术学位
189	张立良	控制科学与工程	面向复杂表面喷涂机器人的遥操作主手控制系统研究	宁　祎	全日制学术学位
190	杨　阳	控制科学与工程	组合导航滤波算法设计及其性能评估方法研究	刘楠嶓	全日制学术学位
191	赵艳阳	控制科学与工程	集中养老环境下老人姿态检测与识别技术研究	王　莉	全日制学术学位

续表 17-1

序号	姓名	学科(专业)名称	论文题目	导师	类别
192	刘　磊	控制科学与工程	遥操作喷涂机器人从手控制系统研究	宁　祎	全日制学术学位
193	宋义轩	控制科学与工程	基于系统拆分的状态、参数协同估计	文成林	全日制学术学位
194	李鹏鹏	信号与信息处理	基于小波分析的太赫兹光谱信号分析研究	张　元	全日制学术学位
195	曹培格	信号与信息处理	基于灰色组合模型的粮食产量预测研究	樊　超	全日制学术学位
196	吕倬凯	信号与信息处理	基于压缩感知的 MIMO-OFDM 信道估计及导频优化研究	杨铁军	全日制学术学位
197	贾曼曼	信号与信息处理	小麦隐蔽性虫害生物光子辐射信号分析技术研究	乔丽红	全日制学术学位
198	赵奎斌	信号与信息处理	复杂天气条件下图像清晰化技术研究	梁义涛	全日制学术学位
199	秦　鹏	模式识别与智能系统	轨迹数据发布中的隐私保护研究	刘　刚	全日制学术学位
200	冯　斌	模式识别与智能系统	基于卷积神经网络的触觉替代视觉技术研究	张庆辉	全日制学术学位
201	王　宇	计算机科学与技术	混合差分进化及其生产调度优化研究	张闻强	全日制学术学位
202	何建伟	计算机科学与技术	粮食数据中心负载均衡算法研究	张德贤	全日制学术学位
203	李　浩	计算机科学与技术	基于混合粒子群算法的多目标最优路径研究	张闻强	全日制学术学位
204	吕晓阳	计算机科学与技术	车载自组织网络隐私保护技术的研究	李兴华	全日制学术学位
205	李向阳	计算机科学与技术	车载自组织网群管理员选择研究	李兴华	全日制学术学位
206	王亚飞	计算机科学与技术	基于出租车轨迹的载客点特征挖掘	杨卫东	全日制学术学位
207	贺楠楠	计算机科学与技术	医学图像三维重建算法研究	杨红卫	全日制学术学位
208	胡荣辉	计算机科学与技术	基于大数据技术的粮仓智能通风策略研究	甄　彤	全日制学术学位
209	赵文君	计算机科学与技术	基于深度学习的储粮害虫图像识别与分类方法研究	张德贤	全日制学术学位
210	王小魁	企业管理	规模差异视角下养殖户参与供应链质量追溯的驱动力分析	肖开红	全日制学术学位
211	原晓雪	会计学	战略转型背景下的冗余资源与金融创新:招商银行的案例研究	王志涛	全日制学术学位
212	翟梦凡	电子商务	网贷市场出借意愿:基于拍拍贷用户数据的实证研究	魏明侠	全日制学术学位
213	石芳宁	应用经济学	基于种粮风险管理的粮食收入保险问题研究	李利英	全日制学术学位
214	王格格	应用经济学	中原城市群一体化发展研究	汪来喜	全日制学术学位
215	何青畔	应用经济学	区域金融结构优化对产业结构升级的影响研究	谷秀娟	全日制学术学位
216	刘　赟	应用经济学	绿色发展背景下环境责任对公司财务绩效的影响研究	奚　宾	全日制学术学位
217	赵璐璐	应用经济学	供给侧改革背景下我国粮食进口贸易研究	赵予新	全日制学术学位
218	朱亚菲	马克思主义理论	不忘初心视角下习近平“以人民为中心”思想研究	刘晓欣	全日制学术学位
219	谢　玮	马克思主义理论	新时期高校意识形态工作问题及对策研究	靳义亭	全日制学术学位
220	王幸美	马克思主义理论	新形势下高校图书馆服务育人创新研究	靳义亭	全日制学术学位
221	陈鸣澌	马克思主义理论	网络意见领袖对大学生道德素养的影响研究——基于河南省高校调查	李海涛	全日制学术学位
222	陈　丹	马克思主义理论	虚拟学习社区在大学生成才中的功能实现研究	刘广明	全日制学术学位
223	孟笑霆	马克思主义理论	城中村改造中人的城镇化问题研究——以郑州市高新区为例	杨六栓	全日制学术学位
224	高文倩	马克思主义理论	我国当代大学生文化自信培养研究	戚世钧	全日制学术学位

续表 17-1

序号	姓名	学科(专业)名称	论文题目	导师	类别
225	张　宵	马克思主义理论	伦理学视角下的生物技术专利保护问题研究	李文江	全日制学术学位
226	兰慧娟	马克思主义理论	大学生网络道德失范对策研究	姜振颖	全日制学术学位
227	赵晓燕	马克思主义理论	我国新生代农民工公民意识培育研究	赵排风	全日制学术学位
228	尚春旭	马克思主义理论	习近平绿色发展观及其哲学基础	杨卫军	全日制学术学位
229	李芳芳	马克思主义理论	《大学》中的德育思想及启示研究	靳义亭	全日制学术学位
230	赵　云	马克思主义理论	河南省周口市农村家庭文化建设问题研究	钱同舟	全日制学术学位
231	王永俊	数学	二阶椭圆混合问题和 Stokes 问题的有限元逼近	肖留超	全日制学术学位
232	刘丽杰	数学	二维 Zakharov-Kuznetsov 方程和分布阶扩散方程间断有限元方法	孙会霞	全日制学术学位
233	韩鑫鑫	数学	多目标多代理排序的相关问题研究	何　程	全日制学术学位
234	周瑞芳	数学	中国汽车保险新奖惩系统严厉性研究	李俊海	全日制学术学位
235	王思洋	凝聚态物理	B 介子两体衰变的研究	张志清	全日制学术学位
236	刘金刚	凝聚态物理	水热法制备 MoS_2 纳米片及其性能的研究	马兴科	全日制学术学位
237	赵远勇	材料学	Cr-Al-C 系三元陶瓷合成及反应机理研究	关春龙	全日制学术学位
238	孔帅斐	材料学	PCBN 涂层刀具的制备及性能研究	栗正新	全日制学术学位
239	朱肖华	材料学	水热辅助溶胶凝胶法制备微晶 $\alpha-Al_2O_3$ 磨料及其性能研究	何　方	全日制学术学位
240	刘鑫鑫	材料学	cBN 磨具用纳米陶瓷结合剂的制备及性能研究	刘世凯	全日制学术学位
241	黄庆飞	材料学	原位生长 SiC_f 复合 SiC 耐磨材料制备与性能研究	侯永改	全日制学术学位
242	赵　硕	材料学	盖板玻璃超精密抛光工具的研究	邹文俊	全日制学术学位
243	丁志静	材料学	凝胶注模成型氧化锆陶瓷及性能研究	侯永改	全日制学术学位
244	孙正谦	材料学	微波辅助聚乳酸合成及其机理研究	郑红娟	全日制学术学位
245	栗晓龙	材料学	金刚石表面镀覆层对金属结合剂金刚石工具性能影响	肖长江	全日制学术学位
246	杨宝震	材料学	微波原位合成氮化钒/氮化铬复合粉末及其应用研究	赵志伟	全日制学术学位
247	王凌云	英语语言文学	从土地伦理视角分析《心灵的慰藉:一部非同寻常的地域与家族史》	岳国法	全日制学术学位
248	姚　竹	英语语言文学	叙事学理论解读爱丽丝·门罗小说《逃离》	武　娜	全日制学术学位
249	周昊亮	外国语言学及应用语言学	态度系统下中美政府语篇中概念隐喻的评价功能对比研究	成汹涌	全日制学术学位
250	樊丽捷	外国语言学及应用语言学	美国总统辩论中模糊限制语的语境顺应研究	闫丽俐	全日制学术学位
251	肖艳伟	外国语言学及应用语言学	译者主体性视角下杜甫诗歌翻译对比研究——以许渊冲与 Bynner 译本为例	轩治峰	全日制学术学位
252	孙　强	外国语言学及应用语言学	操纵论视角下的《檀香刑》英译本研究	鲍成莲	全日制学术学位
253	杨琦琦	外国语言学及应用语言学	基于语料库的新华网与 BBC 新闻英语报道文体对比研究	鲍成莲	全日制学术学位

续表 17-1

序号	姓名	学科(专业)名称	论文题目	导师	类别
254	杨　霞	外国语言学及应用语言学	霍夫斯泰德文化维度下《功夫瑜伽》中印文化融合研究	马玉梅	全日制学术学位
255	陈丛丛	食品工程	鸡肉块油炸工艺研究	王岸娜	全日制专业学位
256	陈　红	食品工程	萌动小麦的品质变化	张玉荣	全日制专业学位
257	麻梦含	食品工程	低脂芝麻酱和低脂炒香花生碎生产技术及品质研究	刘玉兰 刘华敏	全日制专业学位
258	屈小燕	食品工程	大豆面条的研制	陆启玉	全日制专业学位
259	韩坤坤	食品工程	不同碾磨程度对糙米的加工特性和食用特性影响的研究	安红周	全日制专业学位
260	王东东	食品工程	谷物复合物挤压膨化粘性变化与应用的研究	安红周	全日制专业学位
261	于梦丹	食品工程	棕榈油煎炸过程中抗氧化剂的损耗及其对煎炸油品质和稳定性的影响	毕艳兰	全日制专业学位
262	刘天天	食品工程	快速醒发馒头的膨松剂配方及工艺研究	刘长虹	全日制专业学位
263	宗冰月	食品工程	基于深共熔溶剂液相微萃取-高效液相色谱法分析油脂中的外源微量组分	刘　伟	全日制专业学位
264	刘燕超	食品工程	Pickering 乳液技术在巧克力中的应用研究	张　虹	全日制专业学位
265	殷　强	食品工程	年产 1500 吨海藻酸钠的车间设计	刘钟栋	全日制专业学位
266	陈光清	食品工程	微波处理对新收获小麦品质的影响	赵仁勇	全日制专业学位
267	申志翔	食品工程	玉米-小麦淀粉复合可食用膜的制备与应用研究	陈复生	全日制专业学位
268	黄亚飞	食品工程	热烫对面团品质的影响及其在面制品中的应用研究	李雪琴	全日制专业学位
269	郑桂娟	食品工程	真空润麦过程中水分分布变化的研究	林江涛	全日制专业学位
270	吕　晶	食品工程	控温膜下绿色充氮气调实仓储藏工艺及特性研究	周显青	全日制专业学位
271	闫　政	食品工程	浸出芝麻油提取芝麻木酚素及精炼工艺设计	汪学德	全日制专业学位
272	王媛媛	食品工程	稳定型芝麻酱的研制及其风味、流变学特性的研究	侯利霞	全日制专业学位
273	金珍珍	食品工程	大米直链淀粉与支链淀粉分离工艺研究	周显青	全日制专业学位
274	刘　艳	食品工程	一种方便磷脂食品的研制	杨国龙	全日制专业学位
275	刘海兰	食品工程	油脂煎炸过程 3-氯丙醇酯和缩水甘油酯的研究	刘玉兰	全日制专业学位
276	杨月月	食品工程	不同面筋含量小麦淀粉及蛋白质特性分析	王晓曦	全日制专业学位
277	李　莉	食品工程	玉米淀粉中直链淀粉含量的分析测定方法研究	刘　洁	全日制专业学位
278	王利利	食品工程	3 种防护剂和磷化氢联用对 6 种储粮害虫的防治	鲁玉杰	全日制专业学位
279	李　爽	食品工程	定位加工致 β-conglycinin α' 亚基抗原性降低的表位	席　俊	全日制专业学位
280	刘　畅	食品工程	干湿粮混装储藏及通风研究	渠琛玲	全日制专业学位
281	王　好	食品工程	稻谷黄变的检测技术及优化研究	王若兰 黄亚伟	全日制专业学位
282	张甜甜	食品加工与安全	肽聚糖对上皮细胞过敏损伤保护作用研究	殷海成	全日制专业学位
283	邓珍丹	食品加工与安全	肉制品中五种动物源性成分的数字 PCR 检测方法	吴兴泉	全日制专业学位
284	张月阳	食品加工与安全	酵子中醋酸菌的特性及其对馒头面团发酵的影响	曹　健 李海峰	全日制专业学位

续表 17-1

序号	姓名	学科(专业)名称	论文题目	导师	类别
285	吕　辉	食品加工与安全	小麦/玉米混合糖发酵生产谷氨酸钠工艺设计	惠　明	全日制专业学位
286	张　博	食品加工与安全	酵母蛋白的分离提取及在粘胶纤维中的应用研究	胡元森	全日制专业学位
287	秦逸飞	食品加工与安全	挤压处理对小麦面筋蛋白-油脂体系改性的影响	王金水	全日制专业学位
288	张亚奇	食品加工与安全	麦胚清蛋白的表征及中试设计	黄继红	全日制专业学位
289	陆　恒	食品加工与安全	黑曲霉拮抗细菌的筛选鉴定及抑菌作用研究	伊艳杰	全日制专业学位
290	李　奕	食品加工与安全	玉米介导下禾谷镰刀菌与其拮抗菌的相互作用	刘　娜	全日制专业学位
291	李丽敏	食品加工与安全	两种储粮霉变监测方法的实仓应用效果比较	蔡静平	全日制专业学位
292	郭亚军	化学工程	替米沙坦-糖精共晶的热力学研究及研磨制备方法的探索	刘文举	全日制专业学位
293	侯国辉	化学工程	环三磷腈衍生物的制备及其对环氧树脂热性能的影响	朱　靖	全日制专业学位
294	黄孟云	化学工程	磁性纳米复合材料固定化脂肪酶的制备及其催化大豆油酯交换	谢文磊	全日制专业学位
295	苏洪凯	化学工程	温度和脂肪酸组成对植物油粘度和密度的影响及关联研究	赵俊廷	全日制专业学位
296	刘　艳	化学工程	基于微孔聚合物可见光催化剂的制备及其光催化性能研究	杨新丽	全日制专业学位
297	赵　强	化学工程	铅冶炼污染区大气沉降物中重金属风险研究	李立平	全日制专业学位
298	张　明	化学工程	玉米赤霉烯酮毒素印迹聚合物的合成及在粮食和饲料分析中的应用	何　娟	全日制专业学位
299	魏兆龙	建筑与土木工程	粮堆专用压力传感器研制与散装粮堆底部压力试验研究	丁永刚 许启铿	全日制专业学位
300	张林杰	建筑与土木工程	分仓储存下粮食方筒仓受力的有限元分析	曾长女	全日制专业学位
301	赵俊杰	机械工程	汽轮机叶片钢早期疲劳损伤非线性超声检测及信号处理研究	汤宝平	全日制专业学位
302	陈晓阳	机械工程	自动化立体仓库双工位多任务存取策略研究	陈雪琳	全日制专业学位
303	林冬华	机械工程	磨粉机磨辊运动学及动力学特性研究	武文斌	全日制专业学位
304	赵飞超	机械工程	金属铋膜对热电材料 Bi_2Te_3 优值系数影响的研究	王　赞	全日制专业学位
305	石晓磊	机械工程	基于散粒体阻塞理论的柔性机械臂机构研究	岳龙旺	全日制专业学位
306	陈伟华	机械工程	逆向工程中三维点云数据处理精度分析与研究	惠延波	全日制专业学位
307	程晓辉	机械工程	桥梁预应力张拉设备智能控制系统研究	刘自然	全日制专业学位
308	胡金中	机械工程	光伏玻璃压延成型的有限元模拟及质量控制研究	耿　铁	全日制专业学位
309	韦　刚	机械工程	前车桥上料机器人与智能工装的研究	宁　祎	全日制专业学位
310	张　卓	机械工程	串联无阀压电微泵性能及实验研究	田　勇	全日制专业学位
311	杨摩西	机械工程	复杂形面超硬磨料工具精密修磨技术研究	崔仲鸣	全日制专业学位
312	王　远	机械工程	曲面手机玻璃抛光工艺研究	李焕锋	全日制专业学位
313	张家恺	机械工程	碳纤维复合材料座椅骨架结构及工艺一体化设计	吴海宏	全日制专业学位
314	王勤东	机械工程	镁电极液态模锻成型数值模拟及实验研究	马晓录	全日制专业学位
315	宋彩艳	机械工程	汽车机架前车桥焊接智能工装研究	宁　祎	全日制专业学位

续表 17–1

序号	姓名	学科(专业)名称	论文题目	导师	类别
316	闫泽民	机械工程	玉米色选机分选效果主要影响因素的研究	王志山	全日制专业学位
317	刘世界	机械工程	基于三维力传感器的粮仓储粮数量检测系统研究	吴才章	全日制专业学位
318	闫　东	机械工程	大空间仓库环境下的火灾定位算法研究	文成林	全日制专业学位
319	祁甲民	机械工程	基于多源测量数据融合的三维建模技术研究	惠延波	全日制专业学位
320	米　燕	物流工程	基于平台经济的农产品供应链质量安全保障研究	刘　哲	全日制专业学位
321	李　昊	物流工程	河南省桐安综合物流园区功能规划研究	程大友	全日制专业学位
322	张汉军	工商管理	FN 农村商业银行信贷业务风险评估与防范研究	穆健康	全日制专业学位
323	丁子涵	工商管理	XZ 公司非物质激励策略研究	魏明侠	全日制专业学位
324	张登辉	工商管理	营销组合视角下葡萄酒消费偏好及购买动机研究——以郑州市居民为例	乔光辉	全日制专业学位
325	付占文	工商管理	心理契约对新生代知识型员工工作投入影响的实证研究	李广平	全日制专业学位
326	孙建发	工商管理	宇通客车海外服务备件库存控制研究	穆健康	全日制专业学位
327	焦永杰	工商管理	高职毕业生初次就业专业匹配的研究——以河南 YY 职业学院为例	刘　哲	全日制专业学位
328	李丹泽政	工商管理	企业集团母子公司的管控模式选择——九州通的案例研究	王志涛	全日制专业学位
329	胡天天	工商管理	Y 酒店战略成本管理研究	秦海敏	全日制专业学位
330	郑　雪	工商管理	面向跨境电商的中国邮政国际速递物流服务市场定位研究	肖开红	全日制专业学位
331	贾　殷	工商管理	组织气氛对员工建言行为的影响——内部人身份感知的调节效应	李广平	全日制专业学位
332	蔡淑娟	工商管理	供应链视角下 YT 企业采购成本控制研究	秦海敏	全日制专业学位
333	罗亚青	工商管理	新飞公司焉何败走麦城:基于研发人员心理契约破裂视角的分析	程云喜	全日制专业学位
334	王亚轩	工商管理	万通地产并购正奇投资财务效应研究	秦海敏	全日制专业学位
335	李　勇	工商管理	Y 代用茶有限公司营销渠道冲突管理研究	肖开红	全日制专业学位
336	涂　宁	工商管理	互联网背景下河南农村地区农民资讯需求研究	吴建勋	全日制专业学位
337	王　迎	工商管理	轻资产运营的逻辑:招商银行与中信银行的比较案例研究	王志涛	全日制专业学位
338	罗培培	工商管理	刑满释放人员就业援助研究	程云喜	全日制专业学位
339	张佳晨	工商管理	油脂行业精益管理有效性分析——以河南 Y 油脂集团为例	魏明侠	全日制专业学位
340	任淑婧	工商管理	中旅银行人力资源管理信息系统分析与优化	徐　恒	全日制专业学位
341	李　瑛	工商管理	基于作业成本法的 HG 职业学院教育成本核算研究	刘　哲	全日制专业学位
342	刘雪颖	工商管理	互联网背景下河南农村地区资讯环境研究	吴建勋	全日制专业学位
343	何　冰	工商管理	高校目标管理存在的问题及改进策略——基于河南 Z 高校的经验研究	魏明侠	全日制专业学位
344	孙　赟	工商管理	Z 市市政管养处市场化转型模式与保障措施研究	肖开红	全日制专业学位

续表 17-1

序号	姓名	学科(专业)名称	论文题目	导师	类别
345	陈　明	工商管理	民办高校员工心理所有权对职业倦怠的影响——基于 WF 的案例研究	程云喜	全日制专业学位
346	王　琛	工商管理	ZMD 市住房公积金资金使用效率研究	魏明侠	全日制专业学位
347	孙　青	会计	物流上市公司资本结构与经营绩效关系研究	程大友	全日制专业学位
348	马　鸣	会计	基于哈佛分析框架的 CY 公司财务报表分析	王晓刚	全日制专业学位
349	李宇明	会计	土地资源资产绩效审计评价研究	牛彦绍	全日制专业学位
350	广黎明	会计	HG 钢铁公司精益成本管理方案设计	秦海敏	全日制专业学位
351	代莹莹	会计	锤子科技公司定价策略研究——基于第四张报表	张　斌	全日制专业学位
352	孙文迪	会计	旅游企业社会责任对其财务绩效的影响——基于 24 家上市公司 2010—2016 年数据	程云喜	全日制专业学位
353	李　晴	会计	纳税评估导向下企业财务报表解读与风险管理	王　敏	全日制专业学位
354	陈　清	会计	洽洽食品多元化战略与盈利能力关系研究——以洽洽食品为例	徐　恒	全日制专业学位
355	陈　玮	会计	管理层变更、内部控制与盈余管理	袁晓波	全日制专业学位
356	张异凡	会计	上市公司资产重组财务舞弊问题研究——以步森股份和康华农业为例	徐　恒	全日制专业学位
357	康亚可	会计	小微企业股权众筹融资模式研究——以“星煌餐饮”为例	张延涛	全日制专业学位
358	高尚晗	会计	巨人网络回归 A 股的路径及效应研究	秦海敏	全日制专业学位
359	王　真	会计	股权激励、所有权性质与代理成本——基于我国房地产上市公司的实证研究	张延涛	全日制专业学位
360	吴小艳	会计	基于价值链的 Z 公司成本控制研究	穆庆榜	全日制专业学位
361	冀　欣	会计	基于价值链的杭州老板电器战略成本管理研究	穆庆榜	全日制专业学位
362	王　莹	会计	HMart 连锁便利店盈利因素分解及管理报告体系构建	王　敏	全日制专业学位
363	李晓梅	会计	企业碳信息自愿性披露指数评定研究——以河南省上市公司为例	吴建勋	全日制专业学位
364	乔俊皓	会计	基于 COSO 框架的高新技术企业内部控制分析——以 A 公司为例	申小刚	全日制专业学位
365	王明钰	会计	风险投资对创业板公司治理结构和业绩的影响研究	杨艳萍	全日制专业学位
366	姚　双	会计	城市轨道交通 PPP 模式评价研究	王晓刚	全日制专业学位
367	李振远	会计	信贷资产证券化与经营绩效:中国建设银行的案例研究	王志涛	全日制专业学位
368	刘姣姣	会计	轻资产运营,财务风险与组织绩效:海尔集团的案例研究	王志涛	全日制专业学位
369	张亚萍	会计	企业碳信息披露质量评价研究——以河南省上市公司为例	吴建勋	全日制专业学位
370	王　认	会计	Z 建筑公司现金流管理研究	宋晓文	全日制专业学位
371	王梦超	会计	电商软件行业资本结构对其盈利能力的影响:基于 48 家上市公司样本数据	程云喜	全日制专业学位

续表 17–1

序号	姓名	学科(专业)名称	论文题目	导师	类别
372	李熠瑾	工商管理	连锁服务行业培训体系设计研究——以 DW 童装公司为例	冯亚明	全日制专业学位
373	李　超	工商管理	基于财务杠杆效应的企业资本结构优化研究——以汽车行业上市公司为例	张清学 穆庆榜	全日制专业学位
374	刘江璞	工商管理	公考培训微信公众平台营销体系的构建与优化研究	孔繁世 贾留战	全日制专业学位
375	任敬周	工商管理	制度创业、互动仪式与认同危机:基于扎根理论的编外雷锋团研究	王志涛	全日制专业学位
376	曹小涛	工商管理	民营企业社会责任、声誉资本与员工忠诚:基于天香公司的调研数据	程云喜	全日制专业学位
377	韩素英	工商管理	河南省高速公路超限超载治理优化研究	魏明侠	全日制专业学位
378	任　旭	工商管理	C 保险公司豫东分公司电子商务发展模式研究	魏明侠	全日制专业学位
379	王天宇	工商管理	私募股权投资基金的投后管理研究——基于 J 基金对 S 公司的投资案例分析	秦海敏	全日制专业学位
380	丁轩轩	工商管理	基于钻石模型的平乐“淘宝村”竞争优势研究	雷　兵	全日制专业学位
381	刘军丽	工商管理	基于哈佛分析框架的 JYDC 公司的财务报表分析	穆健康	全日制专业学位
382	黄永霞	工商管理	粮食行业科技型企业财务风险预警体系构建研究——以 A 公司为例	肖开红	全日制专业学位
383	蒋欣哲	工商管理	实体书店社会化 CRM 的实施——基于郑州地区实体书店的调查研究	尚恒志	全日制专业学位
384	任玄磊	工商管理	基于 BIM 信息化的 EPC 模式建设项目成本动态控制研究	冯德显 段　涛	全日制专业学位
385	刘新文	工商管理	供给侧结构性改革背景下国有煤炭企业职工安置研究——以中国平煤神马集团为例	冯亚明	全日制专业学位
386	李　晴	农村与区域发展	河南省农业新业态发展思路与推进策略研究	梁瑞华	全日制专业学位
387	申子钰	农村与区域发展	沂源县现代农业庄园发展问题研究	李铜山	全日制专业学位
388	冯铭言	农村与区域发展	息县食品产业发展路径及对策研究	孙中叶	全日制专业学位
389	胡淑燕	农村与区域发展	原阳大米品牌建设问题研究	吕玉花	全日制专业学位
390	李　飞	农村与区域发展	颍州区花博园休闲农业发展研究	吴海峰	全日制专业学位
391	李丽丽	农村与区域发展	河南省 HXYT 冷链物流公司降本增效的研究	孙宏岭	全日制专业学位
392	张　睿	农村与区域发展	商丘市新型农业经营主体发展研究	李利英	全日制专业学位
393	张晓静	农村与区域发展	平顶山市果蔬类农产品物流配送研究	杨　茂	全日制专业学位
394	张若珉	农村与区域发展	供给侧结构性改革下河南粮食流通产业转型升级研究	赵予新	全日制专业学位
395	薛志坤	农村与区域发展	新型城镇化背景下农村养老问题研究——以河南安阳为例	喻新安	全日制专业学位
396	杨　荣	农村与区域发展	“一带一路”框架下河南农业“走出去”的路径与对策研究	赵予新	全日制专业学位
397	巴园园	农村与区域发展	洛宁县苹果产业发展研究	穆中杰	全日制专业学位

续表 17-1

序号	姓名	学科(专业)名称	论文题目	导师	类别
398	李　昂	农村与区域发展	许昌市智慧农机信息平台发展问题研究	裴少峰	全日制专业学位
399	白冰洁	农村与区域发展	虞城县农产品品牌建设问题研究	高美玲	全日制专业学位
400	高　卫	农村与区域发展	郸城县粮食产业化龙头企业发展研究——以河南金丹乳酸科技股份有限公司为例	高美玲	全日制专业学位
401	张若男	农村与区域发展	平顶山市惠农卡使用问题研究	李绍玲	全日制专业学位
402	郭迎春	农村与区域发展	“政融保”化解新型农业经营主体融资难问题研究——永城市为例	奚　宾	全日制专业学位
403	李宁飞	农村与区域发展	洛阳市农村居民消费结构研究	杨　茂	全日制专业学位
404	刘丰华	农村与区域发展	新野县肉牛产业三产融合研究	吕玉花	全日制专业学位
405	郭　琦	农村与区域发展	郑州陈砦花卉市场发展研究	刘克非	全日制专业学位
406	杨绍闻	农村与区域发展	中牟县农业灌溉用水定额管理研究	李铜山	全日制专业学位
407	张鋆森	农村与区域发展	光山麻鸭产业发展研究	李铜山	全日制专业学位
408	张少允	农村与区域发展	西峡县太平镇特色小镇建设研究	李利英	全日制专业学位
409	杨晓娜	农村与区域发展	河南省农业新业态发展过程中存在的问题及对策研究	梁瑞华	全日制专业学位
410	朱叶红	农村与区域发展	大冶市金山店镇香李文化旅游发展问题研究	刘增学	全日制专业学位
411	南　琼	农村与区域发展	西华县新型城镇化建设问题研究	孙中叶	全日制专业学位
412	秦　勤	农村与区域发展	电子商务环境下食用农产品安全监管模式升级研究	任新平	全日制专业学位
413	王雪萌	艺术	洛宁竹编在室内设计中的应用研究	郭全生	全日制专业学位
414	付曼钰	艺术	基于色彩视知觉的城市综合体标识系统规划设计研究	訾　鹏	全日制专业学位
415	苏超然	艺术	包青天文化的品牌设计创新研究	马　蕾	全日制专业学位
416	许　辉	艺术	神垕古镇街巷空间设计研究	王庆斌	全日制专业学位
417	贾明月	艺术	基于增益效应的地下空间标识系统规划设计研究	訾　鹏	全日制专业学位
418	李恒异	艺术	互动性数字媒体景观设计研究——以碧沙岗公园为例	郭全生	全日制专业学位
419	郑佩敏	新闻与传播	“一带一路”背景下河南对外传播路径与策略研究	杨丽雅	全日制专业学位
420	孙美艳	新闻与传播	“中原文化云”APP 传播策略研究	吴文瀚	全日制专业学位
421	王　晨	新闻与传播	自媒体平台号草根写手创作行为调查报告	吴文瀚	全日制专业学位
422	洪　洋	新闻与传播	社交媒体中表情包使用情况调查报告——以郑州市大学生为例	乔俊杰	全日制专业学位
423	迟　源	新闻与传播	网易云音乐用户行为调查报告	李晓云	全日制专业学位
424	王灵玲	新闻与传播	基于短视频平台的公益传播研究	乔俊杰	全日制专业学位
425	刘素娜	新闻与传播	社交媒体时代反转新闻的生成与传播研究	尚恒志	全日制专业学位
426	苏文雪	新闻与传播	斗鱼网络直播的社会责任研究	于建华	全日制专业学位
427	关贺元	新闻与传播	河南电视台都市频道融媒体广告经营策略分析	尚恒志	全日制专业学位
428	任聪喆	新闻与传播	商业网站原创新闻研究——以“界面新闻”为例	吴成福	全日制专业学位
429	金晓利	新闻与传播	企鹅媒体生产模式探究	郑冬晓	全日制专业学位
430	张　琪	新闻与传播	电视寻人节目的社会功能研究	尚恒志	全日制专业学位
431	刘进吉	食品工程	高粮堆浅圆仓储存小麦的粮温、害虫及水分变化研究	王殿轩	在职工程硕士

续表 17-1

序号	姓名	学科(专业)名称	论文题目	导师	类别
432	胡高升	食品工程	挂面干燥联合节能系统设计	陈　洁 温钦豪	在职工程硕士
433	孙振北	食品工程	高大平房仓仓顶控温技术应用比较研究	张玉荣	在职工程硕士
434	陈　聪	食品工程	中储粮山东辖区储粮磷化氢熏蒸杀虫技术应用调查与研究	王殿轩	在职工程硕士
435	王焕国	食品工程	制粉生产线中菌落和霉菌变化及影响因素研究	温纪平	在职工程硕士
436	卢庭明	食品工程	抗氧化剂对方便面煎炸棕榈油品质影响的研究	陈　洁 朴成文	在职工程硕士
437	陈帮军	食品工程	湿芝麻渣干燥工艺及关键装备设计	刘玉兰	在职工程硕士
438	高　钰	建筑与土木工程	工程项目风险评估研究——以郑州某高校新校区建设项目为例	韩建军	在职工程硕士
439	李　换	食品科学与工程	大米储藏品质的近红外光谱评价研究	王若兰	全日制学术学位
440	程　婷	食品科学与工程	脂肪族羟基酸辅助尿素包合法富集亚麻酸的研究	杨国龙	全日制学术学位
441	潘娅梅	农业昆虫与害虫防治	磷化氢抗性对嗜虫书虱交配行为影响的研究及分子机理的初探	鲁玉杰	全日制学术学位
442	段　飞	建筑学	“社区居家养老”导向下的新建社区适老性规划设计研究——以郑州市为例	王　薇	全日制学术学位
443	马青松	信号与信息处理	多平台生猪养殖服务系统设计及其 Web 前端优化方法	梁义涛	全日制学术学位
444	鲁传政	计算机科学与技术	基于视觉显著性的储粮害虫检测方法研究	靳小波	全日制学术学位
445	张渝龙	马克思主义理论	雷锋精神的当代价值——以郑州编外雷锋团为例	张清学	全日制学术学位
446	赵彩霞	食品加工与安全	实仓储粮预警黄曲霉毒素污染方法研究	蔡静平	全日制专业学位
447	苏良越	会计	上市公司内部控制信息披露影响因素的实证研究	苏淑艳	全日制专业学位
448	薛培琼	会计	创业板上市公司鼓励政策影响因素实证研究	苏淑艳	全日制专业学位
449	甄健虹	会计	履行社会责任能够提高公司价值吗？青岛啤酒的案例分析	穆庆榜	全日制专业学位
450	李立良	艺术	戏曲音乐元素在动画设计中的应用研究	王庆斌	全日制专业学位
451	张超逸	艺术	基于像素艺术的动画场景设计与研究	王庆斌	全日制专业学位
452	崔　灿	艺术	儿童医疗环境中室内空间设计研究	郭全生	全日制专业学位
453	彭　展	新闻与传播	移动互联网背景下“网络红人”现象研究	吴文瀚	全日制专业学位

2018届本、专科毕业生名单

材料科学与工程学院

本科

闫　鑫 任　亮 邓梦蕾 王晨鹏 孟　琪 陈　杨
杜相恒 李　昊 王　永 马梓淇 杨文杰 方乃亮
吕亚雨 张焱垚 刘　琪 戴思维 陈艳楠 陈春晖
王　璐 王　佳 黄永豪 杨　露 罗　泽 邬伟超
马道东 任　萱 苏开放 周涛涛 吴　晗 黄闽岳
李钰铮 王俊雅 戎泽玉 徐瑞锋 殷清华 白天骄
杜毫军 周仁宸 朱泳霖 徐智赢 夏双武 黄福雷
赵　攀 周思辰 李汶桐 王亚最 石永芳 周　敏
邵克光 刘明冉 何继东 金　豪 洪莉睿 周子豪
牛军圣 韩佳城 陈世伟 赵晓鹏 吉则羽 赵　康
高双宝 温　磊 马江涛 夏令坤 毋苗洋 王宇航
于浩洋 胡　毅 郑　卿 李晓旭 陈可欣 屠菊萍
冯思雨 魏晶莹 王　语 石梦佳 姜紫凌 谢园芳
谢晓平 侯如界 潘俊发 易方韬 苏章聪 献一帆
孔德禄 王子逍 惠　资 刘洪瀑 周子渊 张　帆
孟　茹 李晨曦 余德和 张美静 胡亚坤 郭林林
王群豪 王天义 付玉磊 刘力新 柳　辉 陈明磊
龙　腾 丁　超 马原蒙 李令杰 邱　璐 李　谦
黄向宇 马豪申 张　旭 袁　帅 聂士辉 王秋月
郭胜洋 张君凯 李雪杨 李延利 朱子龙 谢余欢
李雯琪 刘艳君 姚小博 胡朋博 赵　耀 祝恩光
刘　鑫 蒋小涵 闫春绘 赵子幸 谢　珍 廉维强
徐梓程 刘小薇 耿玉生 杨恒潇 刘　帅 田文晗
田　坤 袁　鹏 王恒星 赵　倩 李　直 刘争艳
张　达 周金磊 李乾坤 高　铭 李邓阳 周凯丽
陶先哲 戴　欣 叶世航 周　峰 黄冯豪 王　锟
孙　藏 徐晓莹 张湲茗 王根平 时　辰 殷德贤
赵　慧 郝钟意 孙　昊 罗小贝 王国晴 宋宇航
高　鹏 曹　博 周嘉宝 张中文 尹　帅 王　倩
檀格稳 张永婷 梁胜荣 乔凯南 杨亚楠 杨　倩
王　爽 郭伟艺 金博文 岳向辉 王　臣 韩文申
路厚茂 刘　丰 秦志兵 曾　毅 霍海磊 弓志明
赵学洲 朱晟昊 王　帆 李登科 马路明 翟康程
杨　帆 张　卓 张　泉 梁文科 吴伟元 郭珂良
王　威 张　庆 夏政辉 韩金钊 李倩倩 刘　京
刘　萍 刘腾飞 贾学玉 张永辉 王帅博 曾　凯
简亚溜 贾昆仑 罗文虎 安国栋 张　伟 何小山
陈良熠 霍智朝 潘在宏 保　顺 刘显刚 宗超园
徐克成 张中杰 楚士军 刘红杰 李隆隆 陈峻岭
周民强 冀英豪 马祥斐 张海洋 祁阳阳 余　威
师灿琪 郭循棋 张泰隆 廖强胜 张广垚 张　倩
潘宗魏 李旭冰 张　凯 朱开轩 朱文凯 陈贺方
何永威 廉佳涛 张　强 蒋云振 王金辉 王浩伟
郭延飞 种灵成 何永胜 秦银亮 李　星 徐海峰
罗　浩 邓　滦 左　滔 邓伟华 王　齐 刘雪涛
王继超 张镇峰 刘　森 王克宁 韩金可 刘孝威
刘贺朋 邵会斌 李　伟 现旭涛 都孟初 张　军
王　萌 许凌飞 李鹏伟 宋永凯 何浩毅 范鹏宇
倪　旭 赵国军 刘恒源 张如意

电气工程学院

本科

孟冲冲 蔡嘉豪 史晓宇 孙有根 杨亚超 石冠文
高磊磊 蔡帅鹏 韩耀磊 郭　森 王帅星 刘中棋
吴福昊 李怀生 陈昭霖 房晓冬 张洪岗 郭富安
张绍恒 王昆昆 张小素 刘博皓 刘镇涛 李元杰
董　鑫 袁　芳 王亚军 王雄一 靳志翔 陈　龙
刘益彬 唐定昌 罗宇健 黄俊仕 黎　磊 周之敬
苗　猛 李童昕 王利锋 马成功 王春兴 陈万彬
姜云威 王韩风 张贺宾 杨状状 邹前进 田艳祥
布思航 王　森 崔俊先 陈希翔 董赛楠 阮济民
周　轶 梁念誉 许永春 陈亚民 杨坤翔 普　恒
苏良洪 秦　伟 杨星光 刘港英 吴浩禾 何　林
全业强 王银辉 崔俊飞 李　哲 陈　通 王春翔
黄　鑫 尹会斌 申小彬 郭文超 薛耀华 李豪鹏

郑明超 张洋洋 常林江 张会军 齐永兰 孔雅婷
易　明 庄昌杰 杨　晨 孙　荣 刘玉莹 董　彪
郑　超 楼嘉平 张绍璨 吕　亮 张　涛 李玉乐
徐世通 权昌杰 宋万志 王愿望 李伟博 李芝杰
李梦哲 张　帅 刘星灿 张广峰 刘胜强 周军杰
涂思奇 韦攀毅 郭　满 韩强强 黄占林 邹文钺
惠万卿 王　盼 廖戈剑 梅守业 李　辉 王　潇
熊保全 杨红伟 洪海昊 毕鹏远 焦国鹏 陈国颖
何春林 孙振辉 景　杰 时　磊 宋春玉 张鹏举
张培营 王明阳 周　锐 王　飞 崔铭博 李亚东
刘　科 夏繁森 彭玉宾 左光旭 张海岩 杨尚飞
董亚坤 孔曼曼 李林辉 毛　倩 火利冬 景瑞德
左留通 任滨川 黄金怡 张琪垚 冯钰新 吴　越
王浩然 李　刚 张　通 李东昇 周亮亮 闫　坤
吴东阳 孙嘉豪 张宏海 郭晓阳 左亮亮 任伟军
夏建立 姚　航 史彦飞 张优优 沈重阳 康丰收
周向登 刘丹阳 梁　珊 张佳琳 赵园园 李亚欣
朱怡洁 陈　跃 王晟扬 郭佩山 苏　轩 张　城
乔静波 刘　路 张贺团 梁国辉 何永强 陈飞飞
吴　桢 王明义 马玉杰 李鹏帅 常　豪 杨嘉鑫
王朝阳 杜许歌 马　瑾 张　震 贾文凯 杨阳阳
徐　蒙 刘元晖 张学军 李咏桐 穆文献 杨　根
石泽穹 刘　鹏 秦　柱 吴　伟 李梦捷 赵向前
王梦铭 赵晓岗 李　丰 管广域 王君谊 王　晶
刘志伟 马少康 刘家璇 陈　鹤 刘海峰 王田贺
蓝　鑫 王　舟 张　苗 刘雨晨 蔡贤好 许忠柱
王行健 连　超 薛琛琛 辛宇翔 钟明超 曹小坤
王鹏飞 李兴本 边兴邦 李思远 李伟伟 李鹏新
史伟克 王　庆 杨　彬 孙　燕 王海涛 周　颖
冯苏聪 郑　爽 熊显青 伊治佳 苏　朋 徐佳桦
余政达 郑海军 王世潭 江　澍 封鑫义 王强强
魏宏鸣 杨　威 张雪林 李奕蒙 牛鑫磊 王　克
张梦威 位帅豪 吕　鹏 张　超 李崇阳 高　博
贾宗连 赵鹏浩 刘光辉 顿伟超 张　斌 芦建超
杨　峰 王　涛 苏涵玥 江小文 虞佳乐 欧昌鹏
金贵琨 赵健华 张　浩 周文帅 张康德 刘　清
石俊飞 宋煜炜 王建科 李鹏飞 巴玉林 肖　克
郭根乾 刘文博 穆帅飞 张讯铭 马争光 罗乐乐
葛丹丹 唐　瑞 石梓丁 刘　允 刘晓媛 张　淳
盛　枫 张　其 张凤林 张　路 张文斌 徐嘉培
杜涵潇 蔡自力 吕有博 张坤玉 莫保平 郝士杰
白永杰 丁中涛 高武斌 宋正胜 尹　航 陈　雄
李　贺 兰天笑 胡　鑫 李　健 张国瑞 吴德平
邓龙飞 宋昊霖 杨继陈 赵佳乐 李馥利 唐慧晨
李春艳 明大志 张　帆 欧阳武东 唐婧文 吴晓亮
卢昱旭 梁业全 吴铭惟 李娟娟 李根旭 张家领
聂　铭 闪鼎坤 牛凡旭 刘宇错 贺靖宇 董浩岩
赵　可 乔博文 李琪妍 姜欣欣 坚明丽 覃宝锭
张　浩 林治理 丁　浩 刘思红 邓　斌 孙　杰
李薜涛 黄　熙 夏荣翔 陈孟楠 刘　梦 曹人杰
史少轩 张　珂 肖志威 邹青园 张铭傲 朱瑞琦
王宇冉 邹东升 赵琳飞 董永智 李蕴锐 汪　鹏
许天水 刘金辉 张　灏 张成成 魏小康 陈照光
程栋栋 孟庆涛 李若鹏 张　凯 赵　博 田小倩
刘文静 杨朝维 齐　振 刘景瑜 陈　璐 王　蔚
陈思红 杨宝强 罗家稷 林　昂 姚献礼 翟俊辉
马天行 李　闯 张　航 李嘉祺 黄梦茹 王世祥
冯钰康 贾小威 高学军 王帅兵 靳芳芳 华　攸
王亚楠 张　正 李乾隆 黎俊成 张玉湧 付世昌
霍玉鑫 杨　斌 马粤龙 郑篡赢 孙永浩 张　硕
贺　楠 郑　杨 李伟起 王昌龙 徐耀辉 李雨璇
刘国良 张海增 贾　勉 刘浩廷 潘　轮 黄家俊
侯有业 辛景娜 张斌斌 张　楠 崔智杰 樊　响
鲁　扬 李　鑫 刘　峰 屈冯辉 唐宇飞 郑启圣
郭一东 杨龙啸 谢黎辉 张宇阳 王巾溢 赵青青
严　彬 潘　旭 李俊秋 高　妍 潘良辉 宋祐平
任立猛 潘鑫成 郑　峰 宫　平 栾　昊 刘行行
李　尚 张　托 陈凯歌 吴　龙 薛尚尊 韩远光
闫　铭 高俊山 李　刚 左自强 赵云哲 刘俊鹏
张坤鹏 杨天增 毕远鑫 苗素铭 尚文进 郭俊煌
秦　源 杜金鑫 金学鹏 简彦威 王上攀 曾子辰
郑胜建 娄世远 张刘明 万承志 李志杰 乔　宝
陈功凯 雷振兴 闫顺阳 张晋华 夏耀威 高东绪
樊　凯 吴含鑫 黄光东 梁健宇 刘霁元 訾鹏飞
刘理想 朱亚楠 付海鑫 刘志钢 谷亚陶 付奋明
刘强强 郭向心 赵春霖 王斯博 张　策 张磊磊
赵　勇 张福成 毛安琪 郭艳刚 王世钰 程　帅
王毓庆 邓中元 李雪臧 林春光

法学院

本科

石　悦 孙　珊 姚舜宇 李中浩 黄　德 赵灵菊
陈炎豪 侯春雨 陶相龙 王自强 姜一帆 祝晓羽
陈梦鸽 顾冰砚 万家云 郭　蕊 刘　威 黄丽敏
孙　涛 盛荣玉 庄静远 马金娜 王　乐 王阳光
李　森 张尧尧 张　丽 申梦真 韩萍萍 秦格格
殷邦君 李有君 翟　珂 张一帆 刘增兰 楚良睿
郑丹琦 孙　麟 吴　琳 钱宗昌 周　豪 刘　洋
李家亮 赵　智 薛　洁 程　敏 崔　欣 鞠润康
李译轩 张　辉 田　英 郑淇鸿 韦笑晴 常小宇
林　帅 刘超楠 周燕佩 王萌萌 刘　岩 韩纬纬
黄　瑞 卓晓岚 马晓燕 杨　洋 陈　全 暴子瑶
程　惠 滚荷花 张海庆 李月月 陈露露 胡　蓉
康恬雪 勲若玢 郭志芳 王昌兰 李安琪 徐家祥
高婉莹 李　晓 马蓉蓉 葛溧阳 贺燕燕 谢兴甫
田帅杰 吕家盛 宋展稷 马　玥 吴丽红 李千千
高拉杰 侯梦凡 范新雨 李梦瑶 崔　扬 刘雅鑫
邸雪芹 赵婷婷 宋　苗 李泊錞 王瑞华 肖东雅
孙倩倩 杜朦朦 李俊霞 岑智芝 任志希 张文婧
皮阳阳 王子琦 朱　颜

管理学院

本科

李　星 王　京 张　璇 林羽冬 杨兴余 王　尧
李博今 于水雷 胡扬波 刘建波 何昊远 高　赞
李　扬 王　峥 邓　诺 郭飒爽 刘晶晶 吴亚珂
孙春灵 何舒雅 张雪彤子 周琳琳 陈　洁 李唯妍
蒋小雪 杨琬滢 文滢钦 刘　健 黄晓瑞 王含笑
刘　敏 向　伟 束　璐 陈　荣 张本然 杨丹丹
李苑雷 廉学彬 张　龙 张胜涛 李　阳 邓　凯
吴文齐 原国晋 黄　莉 曹彦彦 路宝玲 张　豪
刘晨薇 岳真珍 杨　静 付　莉 刘　影 刘红梅
胡　安 石　磊 石华宁 常　正 马春康 何信文
王娟娟 邓　敏 万诗宇 王星辰 周克斌 蒙　琴
申　瑶 马宇鑫 张颢鹏 杨坤奎 于深深 马玉杰
闫皓翔 刘钰莲 陈嘉瑞 李　渺 苏林仪 何夏威
秦艳杰 田宁宁 曹丹华 陈真真 董晋利 刘　振
立丽君 汤　浩 吴　群 张佳怡 杨运琼 陈曦瞳
李仕红 张月洪 林祥清 陈振华 韦　慧 吴　雪
杨长乐 张　良 秦振飞 梁中建 蒋自立 李海洋
黄成鹏 王　彦 徐　燕 林珂珂 秦　聪 叶凤娇
尹佩佩 乔豆豆 刘雪丽 李雅楠 李沈霞 李妙贤
谢冰宇 谭　琳 龚绍鹏 王　娜 陈雨楠 李哲婷
史纪正 曹　永 蒋家铭 周院军 林珺瑶 陈　航
杨丽君 张留洋 赵贝贝 彭小刚 吴白雪 朱永娟
张颖媛 牛菁莹 王笑涵 张靖雯 张　晗 王　燕
马　琳 袁丽杰 杜宇婷 孙入心 李奥辉 陈秋萍
李　萍 李　戈 张雅文 何小诺 张赵怡 蔡贞叡
许国富 鲁茹颖 李　瑞 钟　韬 赵　帅 吴军涛
甘新乐 田永洋 杨敏娜 侯玉洁 张　媛 刘　巧
段怡彤 仝文雅 王　静 李菲菲 李　彩 范梦蕊
郭爱婷 周晓艳 徐海凡 魏　琪 杨　惠 郭梅莹
雷　倩 吉芳婷 王怡然 徐　锐 林子超 施有倩
谢帼莲 杨如嘉 刘　小 刘乐乐 于永波 张　栋
吕志强 蒋刘旭 郭笑笑 赵乾程 杨康乐 卢继平
李智慧 李嫣然 张婷婷 高　慧 秦雅姣 杨亚博
杨蕊蕊 张　欣 王弯弯 耿　越 黄珺一 徐　超
陈欣妍 叶福铖 包苏雅乐 魏锦萍 秦春蕾 魏　杰
华　月 杨中朋 邵其骏 余苏婷 杨涌钦 陈秋延
李坤方 黄春玉 李鹏飞 张澳林 任冉冉 张超利
李宜欣 李金超 杜庆章 梁雅峰 李桂锋 陈晓兰
吕宁涵 李　群 张亚楠 刘雅婷 杜　新 丁　盼
秦丹丹 张　玉 陈　彤 陈萍萍 徐　迎 李　崴
陈冒杰 黄莎莉 陈文星 王旭锋 张青苗 宋　涛
何金珂 吴娅辉 赵文秋 陈丽丽 马中富 何锦帆
邓金伟 张心怡 田楠鹏 张虎威 曹世超 李正阳
解方城 牛广亚 郭传道 周智辉 刘文宁 庞战胜
王肖肖 候晓利 姚　瑶 杨春艳 王　瑶 陈秋平
郭鲁艳 杨　航 司慧丽 贾　玉 龚嘉诚 何国辉
姜欣宇 张　米 陈　淼 毛　磊 陈新茹 黄新国
李兴雨 李　黎 范梦丽 张文健 曹　灿 赵高见
岳　帅 张欢硕 周志浩 韦林平 刘　冰 姜　荷
邢丹雅 田川南 刘　莹 时甜甜 张潘婷 李雪峰
靳新新 侯竹倩 李晓晴 李佳倩 张晓雪 李锦锦
赵李琳 李玉萍 李　佳 陶明玥 周明珠 刘青云
杨晨晨 王潇敬 孙世文 闫紫瑾 郑晓芸 黄秋河
吕光辉 史锦涛 刘育良 刘　毅 薛志开 薛　冰

熊猛 海利红 杨宁 吴继亭 房琳 常琦
张俊 张婷婷 王春艳 王毅 陈东阳 任家明
魏奇 邵俊杰 王晓彤 刘云卫 尹容芳 滕忠英
唐桂华 李梦强 彭瑶 吴一梅 马瑞嵘 刘英
郭腾 元凯 薛理方 曾豪 张万通 寇博思
程运飞 黄大志 赵向荣 潘亮亮 汤银月 李嘉慧
张肖 陈士珊 丁彩云 徐克壮 陈志远 彭静
蔡嘉文 曾琛 刘雨慧 杜潘 产会洋 徐欢欢
代冬霞 王雨萌 杨娅 黎粤 吴迪 郑佳美
陆兰霞 韩金仁 卢海昂 武奔奔 刘文启 王隆
杜潇强 邵隆隆 燕玉辉 邱高强 祝威威 李志宇
王曼曼 李旭 李爽 朱靖文 王慧娜 刘含笑
杨文雅 谈易渡 严妙叶 高云飞 武俊杰 赵翰裔
胡瑞婕 陈凡林 马爽 宁翌婷 叶阳天 李润
董机源 张晓霞 谢艳艳 黎春桃 陈大仁 曾宾
张亚韶 秦梦泽 王文举 李南杉 孔双圆 郑中昌
吕彩云 邱莹莹 郭利萍 杨会冉 王月 李佳佳
赵萌萌 马萌 张民高 吴雨婷 王钢 焦俊莲
刘紫薇 李欢 王子豪 王莉 杜丽亚 郑飞
杨正兴 王子松 钟佳星 董旭阳 张笑 张航
丁国庆 肖劲草 王孟琪 吴万方 张明杰 李佳佳
张心悦 刘静静 左月阳 马晓裴 陈钰璞 叶昌平
石菲儿 张启鑫 阳冬香 闫梦月 韩亚心 孙小艺
郭晨 舒敬贻 席艺媛 陈怡霖 冯月婵 苏亚磊
李世东

国际教育学院

本科

沈旭彤 翁双晏 肖刚 韩锐 杨少博 岳昶帅
王玉 贾瑶 穆俊毅 李陶陶 边明明 邓智文
刘觅 褚昭 周思同 高远 张媛婷 吴思源
何子豪 文豪 司晓 李堂昊 蒙太和 刘健飞
竹源 陈云霄 李嘉雯 王瑞琦 韩冰 商煜聪
刘慧 李念琦 刘芳 任艺 郑明 杨雪
王宇驰 李芳婷 张倩熔 刘奕轩 许柠 武欣欣
张倩 汪浩然 徐心怡 徐京辉 林声俊 刘亚文
王哲斌 姚飞 魏旭 张浩 申兆栋 谢文华
臧北辰 种倖亭 张丽 黄若男 邢明月 丁雨婧
朱嘉月 朱雨笛 郭名扬 韩坤宸 赵静 李月阳
白云洲 张亭妍 张萌 赵艺 石俊英 屠唯一
施纯祎 郑立雯 刘迪磊 燕云飞 周星 李志扬
李万山 任豆豆 马雪琳 辛如月 沈雨桐 任孟珂
张蕴华 梁潇 陈垚 吴昭芳 岳志鹏 姚佳蒙
康洪天 赵孟阳 叶欣蕾 谯佳佳 黄海洋 张豫麒
郑建鹏 卢润 陈富强 王磊 张莹 凌新盈
王海凡 姚晔彤 马思远 冯婕 李姣萱 陈姝玮
林逢春 肖家伟 李佳珊 陈韵秋 常腾 梁俊琦
程瑶 张述原 顾艳 张思语 郑卉子 刘晓芳
戴岁寒 薛瑞珂 王彩玲 孟祥一 宋唯诺 罗志涛
张子涵 黄进博 朱世虎 高悦 王瑜诗 耿路齐
陈尚里 孟俊 郭江 黄宗文 李卓 赵征美
申纪冲 孙国昊 郭婉钰 李真真 詹友新 张晨
乔梦雪 覃林左龙 吴振东 王帅博 谷万里 张灿
刘钰铭 陈金鑫 彭娜 郭怡雯 李久睿 何鹏程
尤佳栋 沈佳怩 李青 陈佳伟 贺辙 马瑶
马靖 武昭圻 周娣 王艺存 郝思宇 姜春晓
廖浩惠 宋奇 徐思嘉 徐莹莹 伍安琪 吴文静
胡纬坤 陈思家 何楠 赵若雯 夏铱苧 陈思含
柳霄鸽 李星璇 杜晨羽 葛珍 孙舒晴 林明旭
张帅鹏 邵元龙 王哲华 李鹤南 宋攀航 周梦娟
董思怡 宋月洁 胡慧敏 王靖雯 魏菡 崔浩楠
田雨鑫 余熙雅 鲁雨舟 李悦 杨露 杨承凡
杨雨霖 刘小璐 黄浩天 李美慧 曹晶飞 刘炜
刘彤 顾涵 吴疆 张倩 刘洁 陈阳雪
麻诗宇 李丹阳 朱光佳 王喆 张沫绒 胡瑶
俞晓晗 杨楠 郭卓悦 曾欣 原晨菲 王竣贤
盖若名 云童宸 张坤翊 涂刚 周错 姚猛
郭洪杉 丁利敏 倪馨郅 李若彤 吕利兰 吴梦妍
乔雪凤 任格格 杨丽涵 刘雪 张静怡 邵冉
马远远 李琛 李昱树 权曼晖 夏胜男 贺冰艺
曹冉冉 姚欣 张博翔 贾萌 沈天阳 俞子婕
邓泽宇 王奕人 刁晖恒 黄娟 班胜楠 王晨阳
崔馨予 张可超 李昊 程茗 张跃坤 吴天婷
史嘉 宋昕蔚 庋苒 全圣龙 尹晨光 吴舒婷
陈恋 曹雅琪 耿东雪 王理想 马忠婕 翁雪梅
胡翔洲 韦韬 赵秀玲 王歆 梁丹青 王鉴贤
孔子璐 赵哲 张东辉 李雲鹏 刘利霞 郭婷婷
邹姗姗 赵婕 张卓君 蔡东伶 柴雪 范志伟
董连雪 蔡佳昊 赵坤 尤苗 赵剑锐 闫潇峰

郑晟华 凌元淳 马依琳 沈佳蕾 吴嘉颖 柴少卿

林朝霞 朱戈 宋冬蕾 钟梁 郑伟 孙光耀

徐莉荣 张晓青 李留威 陈莉 王侠飞 冒棋文

王磊 韩晓峰 林博 赵澳 王敏卉 黄山

智晴晴 李欣然 刘梦真 梁惠琳 张露露 邹康平

李娜 李雪莹 曹钰翊 曹熠佶 朱旖旎 陈根

赵文熙 吴雯岚 杨松伟 杨冬梅 牛阅政 罗艺杰

赵旭 谢消阳 李林鲜 张攀攀 胡田田 谭怡雯

胡一帆 刘亚楠 纪钰涵 巫桐 唐美玲 秦志超

韩澍 施瑜 沈斌 沈宏宇 顾涵菡 彭翼丰

蔡玉玲 王玉龙 杨鹏飞 徐磊 耿植 刘威麟

张科研 鲁竞泽 梁志超 肖亚超 李诗雨 张秀梅

何梦真 宋梦晓 李想 杨丹 程璐 宋子洋

张慧杰 薛玉倩 吴玉婷 许金花 黄俊宏 于章春

王旭洁 纪鑫骏 张嘉轩 肖钰 李坤驰 刘泽萱

李正 谢文豪 李阳阳 祝遇周 仲维娜 陈康

龚世杰 林子豪 张怀超 冯振博 雷畅 程强

孟天一 赵勃然 龚子君 曹嵩翊 桑广悦 谢友豪

乔尧康 李康玮 王梦斌 韩学雨 靳志恒 程一隽

李田静 赵春杰 刘红叶 王康 张泽天 秦威

赵雪丽 钭菁华 张嘉隽 郁楠 刘俊宝 谢继洋

许维辉 姚露 李晓蒙 赵春艳 史晗卓 李闪闪

张宇飞 孔朋莉 董姝一 王家伦 郭颖 韩晓辉

赵亚菲 栗俏俏 沈晓峰 刘青雪 张锴 齐一墨

林巧蕙 关彬彬 祖一鸣 吕惠 介菲菲 李姣姣

邢晨阳 周煜 江海宙 张维之 黄蕾 马戴阳

杨羽 汤育龙 朱博杰 张浩雯 李嘉仁 李家铖

赵祥文 张耿 黄文杰 李红波 沙泓 阮叶弥

寻逸婷 倪钦 林毅亮 吴玥 孙亚萌 郑晓晗

蒋姚瑶 曹蔚 李小月 郭志萌 张逸凡 钟可倩

李晶晶 吕航 杨菁菁 杨煜普 宋元泽 张馨元

李林琳 吴姿萩 杨洋 孔繁琳 吴雲 张楠

王绥隆 赵威 熊家文 葛鹏霄 赵子豪 朱康康

姜红雅 郭应姗 牛玉琴 李晓玲 张思梦 靖御斌

安洋洋 李怀钰 陈雨飞 程茜 付帅 栗娜

桑文君 翟晓庆 刘雨菁 乔海星 魏子龙 奚江昇

吴茗君 秦楚楚 陈霞 余雨豪 张苏杭 吴秋岩

刘羽茜 赵玲 郭芳英子 王精华 蒋晓晨 薛静怡

李伟仁 李紫薇 丁羽洁 陈冠峰 王江曼 李文杰

路雪皎 谢文秀 王志强 赵鹏 吴振剑 黄圆春

冯乐乐 闫梦雪 朱琳 魏佳奇 王真真 程心景

赵霄 温慧丽 张佳悦 丁乾文 王薇 刘士琪

张一驰 韩可可 冯璐 王正浩 杨佳伟 孔令泽

朱瑞琦 张夏青 蓝珍 陈瑜 王向普 罗永磊

任志杰 连启越 罗琪 李运超 涂孟 王文其

李彦仪 雷晨晨 章铭 李祥 敬茜茜 郭曦文

李扬 胡思羽 赵思雨 郑阔 詹新辉 范璐

韩丹阳 夏雯雯 陈祥敏 赵金环 周晓宇 唐思妮

强坤 沈越萍 李甲昊 梁如阳 李翔宇 刘维绮

张会芳 施妍 蒋利薇 田雅晨 刘博雅 张一哲

石俊杰 田妮 蒋仕然 杨鹤然 王楠楠 张霞霞

孙艳萍 吴毅哲 计孟佳 曹男 卢迪 李泉润

徐甜甜 杨宇奇 杨曦 徐志远 杜雅馨 陈因之

郜瀚翾 张琳超 鲁滋 张国强 张天钊 王靖

赵钰 薛冯博 徐昇玮 程心桥 刘璐 印凌峰

河南辅读中等职业学校

专科

韩彦歌 马培霖 冯志伟 李太晴 崔程凯 程岩

何豆豆 王文莉 安士林 王豪 李文举 刘长安

陈留兵 王俊 于占洋 蒋奕锴 马鹏程 赵映

易善豪 牛笔耕 孙阳雪 孙松军 赵士杰 王董凯

牛朝阳 徐浩楠 唐杉杉 孙博 李思源 杨涛

胡振强 张铭会 郑静静 李亚星 任英杰 李恩鹏

张田田 赵孟珂 王许光 王新磊 高超航 赵林雨

谢冠磊 赵洋 董勋梦 王浩楠 高一鸣 刘涛

邢耀琦 周会超 李文征 孙彤 贺鑫鑫 付冠玺

滕永豪 王伟伟 马文博 扈冲 卜坤洋 胡昊

贾作阳 徐文明 马浩杰 李俊延 王得龙 于苗苗

周建 刘潞君 丁胜利 韩萌 闻子博 王鑫

陈思敏 翟超超 翟银龙 闻超峰 闫锴

化学化工学院

本科

周翔宇 郑淑敏 姚剑康 唐仙会 廖春苑 周玉双

王志博 刘琳 杨小强 王汉强 张家源 文灵

王爽 李振 张彦羽 袁开圣 韩德全 李艳鑫

王媛 鲍泽华 杜佳燕 李毅航 余国 黄思毅

吴谋发 董乐 黄瑛婕 邓健 刘中生 蔡明利

吴华波　曾　浪　赵宏杰　徐金杰　马攀登　李　奇

万　磊　赵冠然　曹蓓玲　王　乐　贾正惠　曲雪梅

郭向峰　苟红鹏　林　凯　刘　阳　洪天怡　李浩博

李　举　李成林　陈自龙　刘传亮　吴迪超　李江华

付高位　李坤成　韩登辉　刘毅斌　王海洲　刘　鹏

单建行　葛文旭　宋康杰　曹龙雨　郭晨阳　聂舒莉

赵雪娇　王梦玲　樊荣荣　刘　莹　刘婷婷　姚甜甜

赵贝贝　王清雪　黄亚杰　宋蒙蒙　高乐乐　林祥斌

董江柳　梁龙飞　凌　通　张涛涛　赵朋国　周鑫浩

郑向前　江浩伟　李培锋　梁晶晶　李永利　张少方

苏　畅　付少莹　王少卿　陈　鸣　马　然　孔令辉

崔书凯　李金华　冯胜男　刘自琦　吴拉拉　徐大伟

杜育东　徐浩然　贺帅旗　杨莲康　李润龙　张　灿

王一帆　潘国勇　付丽丽　刘向东　毛文杰　黄锦文

夏　颖　蔺阳杰　张根龙　曹镰义　张燕超　江杭洲

袁胜鑫　赵崇杰　刘阳光　薛静辉　王军华　王博韬

葛献国　卜丹丹　耿萌园　崔培娟　何　霞　祖少博

王　楠　丁伟东　李　成　王鹤达　任慧敏　张景翔

杨　谦　王旭琛　尹记红　刘双宝　黄汉育　郭福虎

马栋栋　杨广涛　赵　翔　李少峰　汤善顺　王　凯

马　楷　姚明星　齐党杰　贺佳佳　张　悦　梁佳怡

胡　榕　牛少华　刘　昊　高　雄　许陈琴　左守康

刘晓静　陈　鹏　李文腾　许小明　李大宽　李延鹏

尚博文　武玉驰　张传义　苗　盛　娄臻成　秦帅兵

赵　刚　肖　晶　蒋　宇　徐景烨　左瑞可　刘劭聪

张子昂　高铁帅　孙航宇　毛　凯　李　伟　李兆瑞

冯敬宇　徐家洛　王子豪　汪　洲　梁敏聪　舒永开

杨涛涛　郭　建　吴增辉　梁　浩　汪昆仑　王福振

代鹏博　谢龙龙　毛　迪　赵　钰　康　丽　朱金凤

孙　晨　张　磊　周宝康　叶冬梅　李　业　岳广琛

武辰阳　赵新伟　徐锦涛　李进松　叶国鑫　李国泰

刘李森　高家航　刘大波　张志鹏　徐继辉　郭垚兵

杜小玉　牛瑞浩　史乃元　邓继宝　武超杰　李皓琼

梁梦丽　刘　慧　梅华鹏　肖智敏　王　腾　郑泽政

宋媛莉　樊　倩　隆　伟　刘尚韬　林月如　胡欣杰

韦柳英　孟　浩　李帅斌　张世杰　白金柱　李　明

石　磊　花绍强　王尚政　王韵达　赵子通　李宛蔚

陈项项　连冰冰　王　露　刘晓静　赵彦楠　曾　冰

胡江江　李明祝　裴　晶　胡东阳　杨　慧　刘　肖

徐向新　李锦锦　李江波　杨　阳　范冬冬　李付帅

贺金龙　范晓祖　邢向前　李俊南　杨　铠　杜存诏

司治平　赵　鹏　赵德兴　朱宝祥　冯　宇　王海洋

董朝阳　殷滕伦　杨　闪　巴　鑫　杨秋婷　王慧格

王　娟　段　岩　柯咏琪　周会杰　卢玉姗　冯　依

翁越华　李海彬　史守彬　宋靖修　张　玲　郑永康

陈晓滨　黄德波　韦学堂　孙宇航　李荣洋　杨锡东

李雄杰　薛志平　彭秋晨　岳旋旋　王正旺　杨　轩

温志兵　杨新月　李鑫乐　文　迪　陈娇影　沈仙凡

高　敏　罗荣庆　周炜尧　黄炎择　王　吉　倪　帆

何伟业　张云霞　付童元　胡　彪　李松茂　于洪锋

张　平　刘　璐　韩佳宏　张先龙　郭佳斌　闫鹏泉

范鹏榆　朱晓祺　吴东明　杨　凯　刘　超　袁　超

董红兵　张　华　宋子飞

机电工程学院

本科

孙　爽　何博文　黄　东　欧大涛　肖　峰　张小惠

罗　琳　杜梦嘉　李永达　李跃轩　白高含　苏林林

马　冉　范凤翔　徐蒙蒙　车欢欢　李少华　何小云

梁　爽　王春雨　顾　樊　贾国平　陈国喆　闫　浩

黄民虎　安　兴　王　攀　王旭锋　陈　彪　孙　政

宁建华　万忠永　王　绮　陈　鹏　张明财　顾梦辉

王胜亮　黄利辉　李　展　贾要权　金　鑫　时来翔

王海清　王　萌　宋春艳　黄锦玉　刘佳玺　丁宏涛

项昌盛　贾秀海　张舒宁　徐　嘉　李钰鑫　周亚琳

严宏浩　柳诗琪　张伟杰　胡朝晖　平　昕　吴鸿杰

孙忠国　柴志豪　杨　耿　付殿波　周　涛　杨　凯

王　鹏　付　典　丑凡刚　黄文锦　张平原　陈明鹤

薛伟良　方庆祥　胡志强　董树鹏　王　琳　孙莉婷

赵显扬　马维成　郑明良　连梓清　李　宁　董　刚

陈思琪　李浩天　高杨杨　陈玉麒　冯　伟　李　崇

黄　冲　王海峰　赵洋洋　黄林林　冯　轲　刘宗涛

李亚博　张芳超　张世鑫　王龙飞　索玉栋　闫钰昊

张　旭　张　宇　卢荣基　吴新刚　邵一峰　王锦鹏

李柠盈　蓝冬水　骆锦涛　罗　辉　乔兵豪　赵志龙

刘　健　王　晨　韩卫东　邓志毅　陈　阳　高君君

刘　春　梁鹏程　陈文卓　王永理　张启明　李　昊

马春云　郭　佳　张帅领　张栋凯　宋佩颖　黄留飞

林　鑫　宋相楠　李晨阳　郑帅杰　顿　润　朱子岳

王培彬 刘谦 符瑞强 韩羽丰 刘颖超 王广超
李连科 郝涛 何浩林 符荣旺 李玉强 关梦贤
李凯锋 张倬维 张学航 付冠杰 张晨光 王朝阳
叶洋清 杨丰硕 赵飞鸿 李士威 赵君德 姚明星
杜家鑫 何涛 孙永海 雷声 陈哲 李瑞
郭闯 黄广尧 伍金保 辛勇 廖科 李振清
曹恒 孙雪祥 刘闯闯 孟昭凯 李玉 张孟珂
肖天永 袁权 刘海洋 麻旭 周程鹏 徐连甲
杨德昌 马光明 张启辉 郭润然 周飞 赵国斌
孙志远 马炎里 张传龙 骆观龙 王玱 李路兴
吴腾辉 汪学沛 陈更 陈祥雨 乔炎飞 常宏
白路遥 邓威耀 禹军安 刘一鸣 刘志伟 王向鹏
屈世阳 康飞翔 李龙辉 刘书如 施天威 范凯
郭林钊 张鑫沛 岳乾雷 田肖帅 杨朋成 马逸飞
黄世宏 赵光亚 史维清 毛鹏 董永辉 田鹏飞
苏书珍 陈功胜 韩明晖 王启鹏 关留栓 王虎
宋子杰 成忠鑫 黄世奇 许立冬 李晓龙 李甲历
刘博 张磊 周壮壮 杜红才 张高阳 杨兴家
李克 丁亚阁 陈子威 洪丽 杨太旗 周亭羽
杨云鹏 李永昆 欧阳金华 李昊泽 朱亚南 赵钟灵
唐斌 徐世旺 惠恒坤 惠永涛 禤庆祥 郝东康
韩帅 周正 屠广辉 方乐 武亚州 李万灯
吉闯洋 刘现利 郑东州 董奥伟 张志明 程建兵
侯姣姣 李聪 汤绍喜 刘文壮 司薛川 王世磊
吕俊航 陈俊豪 郭永亮 何超伟 常晓官 田王恩
陈志愿 章震 王世龙 张亚震 陶小健 方祺祥
严玉文 戈剑章 孙光辉 孙培耕 韩文帅 马胜超
王成举 陈鹏杰 朱亚超 崔展铭 张帅辉 李肖亚
郑恒 孙光辉 陈海宽 李树本 巩琪琪 刘兆亮
刘志强 邹小欢 赵煜斌 张帅 蒋坤 王朋
李彦川 麦名亚 杨阳 李志宏 杨胜 陶松松
任俊飞 冯文华 谷豪东 姚力方 李博文 王晓鹏
李金钞 蔡星宇 于松博 夏天元 刘高尚 吴春燕
谭廉洁 胡嘉勋 姚鹏宇 宫文祥 鲍岩汉 田彤彤
李鸣 王博 张文卿 宋浩然 马迪 肖忠新
肖国朦 田少康 郭康临 房凯文 张豪 贾自杰
陈忠明 王世琦 戚舒好 竹跃可 王宁钦 李凯丽
陈通 谢永明 赵明欣 曹锦山 张士成 秦松
蔡金泽 吴磊 葛少聪 李亚帆 关鹏 龚浩岚
周现伟 张红瑞 梅俊伟 张一凡 李放 李星耀
姚赵友 叶松林 牛志豪 邱建举 尹帅锋 柴子元
倪冬倩 蔡文辉 陆明志 张志晨 王琳佩 王梓旭
朱星泰 何博 张柏吉 丁康 关东英 李红友
代东云 王旭亮 邢茏葛 刘卫青 骆向阳 武梦阁
段勇 杨克楠 李昆祥 许田琦 鲁嘉诚 张梧楠
卢政彤 朱黎 戚玉强 张路路 周亚清 雷晟
李成龙 董金鹏 常皓然 姬学欢 王帅 李平
许礼文 王镇发 叶林 王子铭 安仕伟 霍旭坤
赵文哲 王跃昌 张永敢 张谦谦 罗勇 许振威
周松午 廉腾宇 李忠峰 熊安亮 李宁 弋金宝
冯全峰 张贺 王启康 李怡 娄大为 曹钊
黄浩东 李朋威 秦雷 江林杰 肖春能 李靖杭
王继振 张春洋 万卓 孟龙坤 刘培伦 贺鹏飞
吴桐 靳艺凯 李明阳 张书磊 熊文涛 任永恒
鲁豫 臧春田 任景朋 张月莹 胡天赐 沈浩明
贾宁 曹世鹏 魏丽 李畀宸 邓亚昌 曹蕊
林润华 云秀 王鑫超 贾志学 张坤 张云龙
赵乐 陈星飒 王哲 孙辉 李镕基 冯帅杰
郭宇晨 范文强 夏天 候留洋 胡静 罗巧辉
徐文斌 杨万云 郭银辉 刘志勇 范佩侣 邢素娟
陈云峰 杨凤跃 董朗乾 廖超 田林 闫金阳
凌雷然 谢璐璐 朱寒冰 吴元磊 刁珍宝 高传
李冬 吴康康 李赟 刘耕鑫 丁伯帅 闫文涛
李航 宋小飞 李双豪 王江生 唐志好 左伟
张聪 杨东 霍之琳 张丽阳 陈岩康 潘润泽
张守林 刘保钟 陈彬 张丰 李鹏 刘汉东
石厚良 张骁骉 牛英凯 谢越 任广辉 李航
苑梦龙 朱朝晖 付雪锋 邵汉明 冉怀安 张超禹
石聪慧 高倩倩 刘佳星 王雅各 温恒 谢广涛
凡东升 王昌帅 刘备备 焦启月

经济贸易学院

本科

廖文楷 康佳伟 潘青山 方怡雪 全芳乐 穆淑慧
张杉杉 曹鹏 刘琴 杨喜峰 田伟怡 郝文静
刘琼 武薛筱 李娜 宋若琪 李辉 张宇
刘科 邹雨函 竹乐乐 王龙虎 陈振国 杨忠瑛
冯滢钊 朱思敏 孔丽斌 武茜 仇琳 董静
胡明晨 赵思琦 孙晓梅 吴鹏 张汪洋 吴晓东

丁露迪　吕　彤　银　哲　胡玉婷　甄双钰　唐雨燕
李至薇　陈　春　王　萌　刘　靖　王培旭　可延林
李　晨　董莹莹　刘依依　王萌萌　宋俊婉　黄丹青
白生琴　杜静文　伏虹宇　李子奇　郑园青　陈其勇
符秀玲　杨玉慧　李春航　丁林可　霍林蕊　张秀云
夏礼俊　张　沛　杨莹莹　李嘉妮　曹启慧　王烘瑞
吴　媛　叶晓菁　陆　娇　张贵坤　陈北明　丁龙飞
司凯歌　文　斌　赵艳春　郑亚珍　何汝楠　李　莉
靳晓云　李　文　刘文莉　伏　璇　金月月　衡玉琼
冀彦昭　殷佩霞　李小雨　杨　慧　黄业钦　孙　莹
庞柯佳　梁　玉　刘婉嘉　杨梦营　陈少华　杨子杰
丁非凡　王乔冉　柳　娜　陈伟丰　彭智峰　孙　晓
聂　娟　刘　冲　任青丞　张雅珺　边挚英　靳摇摇
童凯汀　陆婉珊　何兴林　杨班琪　王巧霖　唐轶男
任世豪　李　昂　胡英周　刘增辉　杨　帅　李天赐
张丹丹　李明伟　张亚丽　郭亚爽　刘真真　陈　露
祝宜佳　袁朵朵　张海燕　马湘菡　韩笑笑　范　啸
陈雨飞　肖雷蕾　张航玉　徐弘煜　恽　杰　祁怡蓉
赵佳鹏　李　根　李文强　朱小梅　陈　烨　张　奥
江琴琴　江胜兰　符锦新　江新苗　白璐莹　吕飞飞
张云楼　王圣杰　崔赛赛　杨腾北　王广科　毛　恒
曹云峰　张　肃　赵梦姣　张梦可　荆慧敏　康胜男
许晓静　郑雪蓉　王恒宇　刘艳丽　石雪梅　张金瑞
石银萍　尹金涛　熊竹林　谢　懿　田得雨　李慧明
张汉昭　焦东彦　张宸玮　吴柳柳　赵玉红　吴匀菲
徐南南　赵　玺　韩鸿纷　王　超　康向辉　余　钖
赵英杰　宋嘉慧　郭惠芳　秦　雯　王亚楠　李　航
徐佳佳　翟书慧　梅亚兰　冯海峡　禹佳函　张昭坤
梁　雪　段海林　朱海萌　彭建敏　潘　宇　叶　凯
崔培荣　麻盛哲　唐小玲　刘君尧　喻佳佳　许　悦
吴立军　李钰丹　李小雨　赵昱杰　彭庆洋　袁江辉
马江涛　肖远真　焦　熙　任静文　王瑞雪　闫丹丹
王惠文　彭　杰　于逍亚　王雪珂　杨兰兰　王林阳
张艺丹　吴渭清　李雅婷　郑京京　喻　理　杨静谊
王　洋　朱子瑞　李子元　邵新亮　张欢欢　王　晨
孙艳蕊　王文君　付　媛　曾　鑫　张　雪　刘　琳
徐亚北　张静怡　周　静　史静伟　曾宪兰　王凤羽
龚　飒　石梦杰　吴雅静　侯晓洁　娄慧敏　郭丹阳
李　勤　袁东英　武亚男　叶甜甜　刘阳阳　卓聪聪

常雅丹　冯　聪　胡　艳　徐　健　张毓坤　姜露霞
王太极　刘家正　韩新宇　郭金龙　何银松　杨智博
周梦娇　冯孟娟　尹伊君　韩　菊　陈蒙蒙　李　曼
井梦茹　杨　露　信冰洁　徐如思　罗孝州　李浩栋
涂利果　邢思远　刘银格　李　盼　王晓旭　卢倩倩
张　静　贾军芳　王　瑞　王　玉　胡莹莹　刘　飒
杨　然　周　艳　梁思怡　田世慧　杨双成　陈　强
许晓娇　张萌萌　解雪红　王春迪　张　远　朱德乐
董碧心　周　星　李梦倩　李　璐　张文涛　顾超群
邬淋莉　王　玉　于长江　邓正伟　宋静雯　张钰宁
江晓晓　刘妍然　郭莉云　霍怡彤　陈　杨　梁入心
牛婷婷　吴　静　倪晨钰　李芳达　陈　芳　伊亚涛
张　慧　赵红越　徐会敏　韩依航　刘　辞　侯贺帅
曾照云　李丹华　王振山　闫瀚文　胡若媛　刘路路
黄彩珍　沈　悦　张诺言　张盼强　李　力　禹重阳
张　苗　丁雅晴　栗晓静　牛琳琳　杨一斐　于泽方
石路宁　靳盼盼　叶雪婷　刘璐瑶　赵亚楠　杨孟如
王圣鑫　吕正豪　赵艺航　牛文钰　崔海宁　张　琼
陈雪薇　汪玲辉　孙一宁　丁书妍　金俐含　马　静
张　悦　李雅婧　桑慧娟　钟　彬　何雅迪　赵欣怡
赵安静　桂子晶　钟季吟　杨　帆　蒋　环　汪慧文
张晓婷　张锦秀　翟昕桐　丁　凌　李馨梅　高　婧
吴　颖　张洁珂　党　菁　熊在萍　骆央央　蔡雪莹
郝祥森　陈司泓　弓盛营　余　辉　杨明倩　任莹莹
张晓雅　杨坤齐　郭锦瑞　肖山修竹　王　猛　李志浩
陈　浩　方志培　刘思雅　杨　柳　肖桂柯　李　娟
杨霄羽　孙恩辉　焦浩铭　刘书鹏　徐振威　张如玉
张池慧　李　平　白云佳　李一凡　赵利军　胡慧媛
王司琦　赵迎辉　李　帅　李　超　张　凯　魏　洁
张晨璇　刘芳芳　王倩文　陈进柯　王克林　高志昂
罗　旭　王　力　李　浩　唐　昀　赵淑君　马晓春
刘爱荣　张　硕　郭雅心　张齐志　赵　涛　倪中华
刘光辉　张　雨　王亚男　杨新胜　周娇美　王义栋
黎刘沙　吴　均　王舒民　张　瑞　许桂英　高延程
古乐雅　赵海旭　崔玉洁　石锦峰　严昕宇　谢圆圆
朱世怡　周洁玲　修松迪　董建波　刘鹏程　吴　磊
李　莉　闫月仙　罗　彤　张雪梅　陈奕林　丁文娟
王诗卉　杨　浩　冀　翔　左　涛　刘　东　曾秀梅
贺　栋　朱　璐

理学院

本科

刘坤　马美洲　李进凯　付爱林　付少华　王瑞杰
李雷雨　宋迦南　王凯杰　张悦　陈俊杰　席生
董康　王岩松　李少坦　单世坤　韩继辉　吴东
栗保贵　周晓楠　张永波　瞿经承　葛慕蓉　姚军兴
王冲　章建帅　胡春强　张凯　张路瑶　刘春林
徐生　赵龙戌　刘欢　杨安妮　李营斌　游帮柱
孙永坤　陈金良　周勇　沈成　郭子龙　张炎
宋见见　田沛　董伊祥　刘良辰　韩东亚　关志林
张小振　刘自豪　张凯　吴世英　王东升　彭宇宸
徐祖翔　臧多　程鹏　毕经川　刘奔　徐磊
夏崇宪　毛瑞盈　高永康　单亚飞　黄道明　李鹏飞
杨春欣　董雪银　王凤鸣　杨瑞　柯秋贤　符莹
刘奥星　潘冬　冯智博　蒋蒙蒙　崔亭亭　王露
王浩　邱阳　刘璐璐　李勇　朱亚峰　湛妙俊
张帅坤　唐兴源　蔡猛　户博文　李梦洋　王晓帆
刘国琪　刘振宁　杨玲　刘进业　邢丕毅　黄本乐
谢阳光　苗鹏伟　王明杰　牛世凯　郜慧娟　节亚楠
王硕　张思飞　张浩　吴逸舟　姜垚　马佩茹
王竣翔　陈昱瑾　肖堃　许磊　刘亚茜　朱幸超
李迎春　张德洋　李铮　周锦鸿　胡景琨　张琦
彦秀春　胡亚芳　钱荟卉　张靖悦　次静轩　刘娇娇
吴松雅　王力　赵智勇　李伟男　黄荣强　张浩
陈金鹏　丁鑫磊　蔡恒　郑朝阳　王俊豪　武赛龙
辛帅　樊洒洒　李瑞丽　李月　雷有明　刘甜甜
潘达　马庆旭　李笑萌　方涛　王帅杰　李双好
王倩　任菲菲　王庆飞　方再珍　吴运都　冯倩
乔志文　翁腾飞　田子华　张琛琛　孙阳　王忠建
史绍航　章成芳　黄海　杨文彬　李帅　高晗
陈越洋　张之奇　李巍巍　邹锐　王陆杰　许家莺

粮油食品学院

本科

崔亚　周勇良　陈艳秋　吴贻学　张克柱　王若尧
姚彩虹　王秋荣　王哲潇　霍浩　卢嘉渠　邓远想
莫庆　刘志鹏　李国川　闫文俊　杨丹丹　毛珂
徐德坤　吴祖皓　段广源　李琪　王菲　明玲艳
刘扬合　刘妍妍　郭致廷　刘昊　程褚伟　徐博林
杨森茂　保超群　刘思维　徐杨　田枭艺　范游
石云冲　谢丕钦　贾沛中　牛士杰　董宏飞　毛志润
程鹏　刘冠东　李凯宇　杨舒婷　吴孟雨　陈婷婷
李哲栋　杨游君　李佳恒　王子月　樊成　陈云楠
张锦霞　夏小华　马建婷　张文惠　楼炯君　任心如
刘洋　冯广鹤　李翀　唐宇航　林艳涛　董鹤帅
袁森　王严　孙志辉　柴皓　仝桐　李琳琼
王雪莹　贾方园　马玉迪　程梦丽　季静雅　郭晓丹
张明星　胡葳　窦孟珂　王晨　张玉坤　周涵涵
杨珂静　王胜楠　王倩玉　贾婉婷　李悦　王林慧
彭肖欢　李嘉男　张力　周宏炫　焦灵芝　陈阳
张新帅　徐家星　刘如玉　王鹏云　赵刘威　王艳阳
韩青晓　王孟影　务俊月　李文文　李如娜　郑洋洋
陈园园　荆丹　李明星　甘欢华　杨帆　杨欣然
李子易　宁梦艺　廖云生　马原　林王磊　周礼
闫婷　范梁斌　吴桂兰　王笑然　胡森　姚永刚
张争全　刘东辉　张岩　李林昊　何晓滢　张熙熙
孙志华　郭军华　王军　轩滋　孙杨雪　王家慧
李静怡　吴春成　王晓萍　蔚婷婷　张姣　吕宏伟
王奥琪　蒋雨珊　王长权　马利军　王莹　谷怡珠
吴涵　王风生　王双奇　路清宇　任晨光　朱猛
郭静静　王洁　靳俊莹　李雪萍　侯金雪　范亭亭
张明明　万立昊　吴琴　张颖　王婷　罗雅轩
谢选盈　刘鑫宇　杨家琦　朱振亚　程勇　蔡梦娇
欧宗明　王立科　张佳佳　杨子帆　刘德果　王振
王营飞　江伟　代孟浩　李晓光　王龙　徐万博
王树堃　张江音　李英英　张莹莹　王金凤　陈玉
郑云凡　秦勃然　王威　王金鹏　范启蒙　白涛涛
蒲晓庆　文平　曾寒　韩红霞　徐兵　李迎欣
李楠楠　林钰枷　陆艳城　宋文婷　马优优　张义普
杨垚鑫　喻永涛　陈明凯　杨棕楠　曹朋飞　姬阳天
李静鑫　包洪戌　解欣欣　程丽萍　张聪　孟雨
谢雨津　张青侠　宋艳艳　张光应　刘迪　马晓丽
张宇　张采红　黄立壮　王贵正　张鑫　李智
李月松　王晓琳　陈尚斌　钟皓宇　徐晨辉　武润琳
牛富民　张超越　张豫　况国珍　崔成磊　钱笑
丁永健　谭杨　张敏倩　宋圆圆　肖天真　许紫嫣
朱海涛　王彦云　孙成江　陈文彦　胡文娜　孙荟荟
黄如梦　袁星星　何利峰　成凯旋　解爱军　温文明

韦之惠 史韵华 杨迪 常同亮 高鑫增 温孟招
李琼 王蒙蒙 王虹博 宁思博 禄太恒 林海
杨亚洁 苏凯 王启东 王敬彬 范文鹏 李子睦
王璐璐 汪文花 周航 姜枫 李磊 王志德
张锦乐 李祥 冯鹏飞 张津 李方方 付仁豪
李敏 张婉 陈丽 赵亚磊 赵慧猛 韩志远
林静远 秦恩泽 刘二蒙 宗蕾 周静 仓明月
王诗雨 华晓晗 荆卉 刘维维 吕亚萍 赵芷莹
刘梦莹 张娜威 齐静静 杨琪琳 刘彤晖 刘璟
李东科 张越野 薛宁勋 胡裕骁 闫腾 赵凯源
李新 樊鹏帅 张朋波 涂刚 白梦迪 饶培艳
吕亚敏 赵智慧 樊田利 张红丽 刘喜洋 崔孟霞
张玉杰 赵雪晶 杨富界 卢立鹏 郭亚飞 孙兆晖
赵玲丽 许仕文 张罗文 张晓 吴旭江 苏莉梅
李建源 王美新 孟晓洁 邢乃迪 何鑫 郭江龙
崔开南 韩聪 寇含笑 张瑞迪 闵祥兰 谢宇航
王维静 胡壮壮 刘先锋 牛青源 杨兴钧 王晨阳
邵昊博 杨培珍 李佳梅 芦梦杰 宋慧敏 孟登辉
潘运宇 王晓钢 林子侠 闫泽鹏 潘柏西 刘立坤
张留奎 黄炎 刘磊 胡闯政 王超世 谢俊杰
郑耀辉 邵志刚 朱春燕 李龙乾 吴星星 张兵
韩萌雯 李杰 于文杰 宋粮芳 张思雨 黄家雄
薛野 赵梓棋 赵伟 许圆圆 许一琦 粟雄俊
黄雯茹 郭亚鹏 周亚豪 吴浩然 罗栋 朱子坤
李龙飞 闫小强 闫颖 娄小方 王若莹 周鑫
裴昊铭 赵思远 李艳 金丹 李风明 卢星原
李金彪 张永强 武恬怡 李峥 李靖 周一凡
张晓阳 王婷 黄彩平 马映莹 刘细兰 邬有胜
苏琪惠 李文静 张文丽 李卓 史亚新 张珂飞
李杰 钟齐岚 王敏 陈舒韵 薛玉勋 杜清普
张家绮 张毅 王笑笑 史鑫珂 毋梦竹 李彪
王佳 梅佳林 田瑞瑞 刘晨光 张媛媛 吴可
王乙凡 刘莎莎 李晓蕾 张秀娟 赵宸彪 王睿杰
孙艺璇 牛宇光 曹涵 马瑞佳 符杨 焦青青
伍桧桢 石田田 刘钟霜 龚号迪 徐敏生 叶家豪
卫攀杰 位梦轲 尹萌 赵梦梦 于哲 张杰
梁杰成 杨永建 赵天 马春利 熊海兵 张世杰
张文英 王静怡 张太 郑迪 赵今山 李彬
王括 陈思源 杨丹 孙仕鑫

设计艺术学院

本科

周婷 叶学琴 吴伏雄 况婷 吴云龙 白少果
元至诚 张猛 张松 侯振南 尹云飞 栗彤
郝丹静 赵灵 牛敏 刘洋 申思思 周津羽
张迪 赵晴 席荣荣 晁亚茹 陈栋 郭航
陈家俊 朱玉 杨茂林 马薪茹 朱帅帅 代靓琦
许世静 石法 陈星蓉 明梦杰 陶子钰 任冉冉
卢钰 翟旭东 周子明 王丽芝 常思敏 程孟冬
毛亚珍 王小长 刘源 杜光辉 宗晓丹 杨季鑫
柴莎莎 李会芳 王璐珊 童颖 陈义 王秋利
张倩然 郜天丰 关智心 高官苗 张露 马文文
王筱冉 黄珍 郭稳婷 邓靓华 申茂建 刘昊阳
林琳 王健 徐鹏超 孙梦婷 田纹 许瑶
田莉 龙代娣 李鹏 左文烨 冯苏杭 高迎慧
张可睿 冯灵珠 崔世龙 胡锦华 王尚 王靖
王珂 张馨 王丹 张文娟 苗景玉 张倩
黑来东 唐思 党欢欢 薛文琦 邹志楷 甘鹤鹏
张萌 齐欣悦 温伊菱 张亚楠 刘杰 武晓敏
丁欢欢 侯艳 方若宁 何紫涵 完颜妤颖 胡婷
庞月娇 曲娴婧 欧阳露 许鑫 王正初 李芃良
孙红阳 储玉婷 王建业 吕晨聪 南春丽 汤德英
张家铖 魏民 靳飞燕 王典 张帆 陈慧
张学森 周振宇 苏杭 韩白雪 徐皓 刘文虎
杨春杰 崔雨薇 兰帅兵 张玉娜 林华昕 吴丽建
杨柳 刘爽雨 席寒星 刁娇燕 周俞阳 林巧红
何蓓蓓 史媛媛 高少杰 陈振兴 吴亚茹 白熙芳
宋倩男 崔强 付靖云 邱翎语 武磊 张清
许赛男 王维一 王茹 陆启辉 李佳 崔连心
李青青 冷光梅 申静杰 吕前金 邢倩文 李素云
张家郡 陈宣宣 张静怡 王牛顿 林斌 张翰杰
赵惠 阮亦斐 王婉柯 白梦迪 赵爱平 张婷婷
王钊曦 杨嘉怡 米俊俏 张妍娇 于向阳 海琛
秦林 王路路 杨雯 张新悦 李涵 严孟洁
夏志慧 王思晴 马宇飞 拜雲 王富华 吴嘉璐
乔正阁 郭云 杨曦琪 王杉 吴道贤 全亚坚
许佳辉 徐非凡 张智程 赵沛 杨敏 孟德凯
李金朋 刘增文 李继鹏 刘璐 徐倩倩 涂文飞
李娜娜 张东涛 李盈盈 阴瑄 许昊 王世民

郭爽爽　黄宇薇　李　顺　程亚辉　车鑫林　司光莉
杨昆晓　李亚欣　侯佳杨　李雅璐　宋明霖　常一博
史晶晶　陈金晶　任　婧　徐智慧　龙岚洁　樊潇珂
何宇坤　高　璐　方　珊　李　欣　刘　婉

生物工程学院

本科

吴　昊　冯军强　杨　天　黄　高　谭舜阳　刘志辉
唐文涛　段烨红　郑　昊　刘岳丞　李　双　汪福珍
薛晓雯　赵　葛　范金媛　熊　黎　孙晓先　张家林
屈　菊　陈　建　谢海笑　袁程玮　梁照坤　胡应萍
武　洋　王泽昊　邢欣欣　况嘉铀　尚露彤　赵浩东
赵倩冰　梁　梅　彭　沙　常　悦　马静雯　李思毅
李茂强　陈海银　陈博文　罗奕火　李政恩　杨　恒
宋　斌　李东升　陈道广　位志杰　沈怡帆　李静文
李瑞盈　杨璨睿　岳瑞雪　陈俊杰　张真真　徐梦蔚
姚　鑫　苏春晓　林子湄　郭　莹　孙文艳　曹奇奇
陈　立　林冠宇　潘　乐　覃冬梅　陈东辉　张鹏飞
顿建凯　刘　亚　孔旭强　王深圳　耿坤朋　付志强
栗梦婷　陶梦珂　张路影　贾田丽　胡佳桂　李亚楠
兰志发　李　磊　王翔祺　付　蕾　程本明　蒋　磊
迟长春　马　骁　肖　倩　商永钺　郑明辉　张海强
孙彦鹤　刘　畅　杨　韬　李树浩　井曼曼　赵倩倩
苏蓓蕾　李美美　陈艳蝶　周依豪　陆吕昭　董　鹏
孙海燕　蔡冬梅　吴孟璠　王　宁　王　奔　岳远佳
李思琪　陈小雁　冯子如　姚武祎　王　坤　李　博
孙瑞飞　王久星　孙志国　徐新程　吴超慧　冯高青
刘利华　罗亚珂　安义平　袁孟敏　温　梅　宋莉苹
张雅兰　刘艳玲　匡清悦　郑　爽　栗银婕　宁顺星
刘鑫桐　岳　娟　童　新　金晓春　易泽焕　蔡青梅
申　妍　张树涛　王深垒　任亚斌　杨亚峰　牛亚锟
高鑫鑫　李彦增　张静文　刘晓玉　房菲菲　张若楠
张文翠　孙朋雪　邵悦馨　王　瑞　刘　玲　樊嘉训
葛　童　解玉军　段月香　王文腾　王云燕　严小雪
胡学龙　劳丹红　叶　静　刘　琪　王帅彬　刘中文
陈军峰　张明辉　吴赛赛　赵海翔　刘　振　郭高峰
宋小花　李曼雨　刘　娜　王欣欣　张　珊　侯婉毅
沈　璐　唐铁军　张　鑫　戴　菲　王海燕　刘夏夏
李　波　陈梦琪　郑奕人　刘龙达　张晓晨　黄宝坤
张飞月　乔东阳　李金河　郭胜利　王亚永　路　正
李　建　王志林　邱　贺　马明芬　张　远　王艳婷
付　梓　段香媛　轩二影　骆贝贝　韩抒真　欧林浩
谢艳梅　王小珍　杨丽萍　常岩岩　王　甜　乔　晨
夏宏宇　金丽婷　李佳阳　马玉涵　秦梦梦　王康亮
郑单丹　丁　卷　邹　剑　苏聪聪　郝乙成　厉　倩
赵梦博　向思琳　徐元红　项东旭　安　娜　林培晖
隋雨辰　唐家磊　王怡文　韩冰清　徐　柯　唐秀娟
张妍妍　宋国翔　王佳奇　付乾振　张　田　丁家祥
韦右贺　石晨晨　冯倩倩　张　琴　王　曦　林佳锐
王　喆　孙　凡　胡朋辉　李振军　查泽轩　许传祥
李　硕　柴雪伦　于志聪　郑帅楠　郭成号　窦　彬
徐云鹏　刘尚威　王腾飞　刘　状　史帅康　周航炜
孟　铠　李　琳　刘　鑫　郭育强　李林儒　胡光中
王天桂　黄威亚　黄家健　樊　坤　穆棒棒　赵云鹏
申开榜　王守超　刘亚飞　高风雷　刘　壮　侯奇雷
杨　天　陈奎营　毕　晨　吴延康　江渝田　汪雨清
邢新华　陈思危　秦聪聪　任彩霞　刘玉良　赵　浩

土木建筑学院

本科

杨　爽　吴　兵　薛楠楠　李　赫　丁　旭　王丽清
连红雨　秦振涛　江　昆　谢雁杰　苏朋哲　李　彬
张照鹏　余乐飞　李金洙　邹丰秋　于　鑫　肖辰昊
王利源　李龙龙　马仕先　张　煜　曾巧珍　闫俊丽
周亚中　贡　姣　杨　磊　秦肖伟　王鹏瑞　赵梦佳
贾　鑫　谭　偲　刘　壮　李江伟　何佳键　苏凤麟
王超凯　张文耀　赵鹏程　王迪迪　洪立功　白林飞
桑家伟　苏家琳　陈灿灿　刘　玥　秦　颖　黄贝贝
冯玲香　祖亚宁　张思雨　胡　烁　张文彬　魏　铭
冯淑瑶　王成瑞　曹亚男　王　权　陈　阆　李　翔
罗春花　陈小松　吴思思　管俊峰　张　兵　蒋九军
刘含哲　梁扬政　马　颖　李建林　刘正一　吴　昊
于泳搏　杨　壹　丁明慧　张姗姗　韩　飞　武田园
张　岩　许小禾　李嘉欣　杨会会　郭　忻　孟德牧
陈加宝　赵琛宇　宫百成　李　琴　雷德俊　杨　昆
林　鑫　马春永　宋光文　倪　铭　刘敬帅　黄　波
吴　磊　张记伟　乔　彬　李　飞　冯　翰　冉小迪
王瑞鑫　李有康　娄得志　柴世新　袁鹏飞　陆文慧
周翠芳　刘　涵　赵潇羽　柴博文　李瑞聪　许晓璐
王丁冉　郭亚丽　王金鹏　万　曌　武若斌　王阳阳

郭杏涛 赵 彤 邓 元 陈家威 廉晓帅 刘鑫鑫

薛俊超 王晓康 张宏帆 袁嘉蔚 项 锦 刘晓琦

李 飒 马义娟 杜婷婷 黄灵艳 余诗璇 孙玉芩

秦 晗 张海峰 张雨晴 胡向楠 陈承鋆 马智远

蒋振武 刘洋洋 冯光元 朱登波 崔 朋 孙红非

史留洋 孟玉玲 王彩云 韩学彬 邢雅涵 李军楠

景雅蓝 高雪莹 郭 洁 黄嘉威 刘少轩 康冰辉

陈 博 吕华翔 承 风 李顺朋 张鹏飞 刘 克

许 科 赵 桦 景建军 王午杰 徐志敏 党辉玺

赵文文 花艳楠 熊玉超 许路凯 涂保中 赵起尧

孙胜文 刘明杰 张 佳 冶寿山 李 翔 赖正乾

彭沛颖 熊鹏杰 张 颖 闫一川 张双建 李 猛

宋 珂 李为康 韩赵魁 黄路环 刘振威 黄永胜

田子彬 郭俊乐 吴文博 管西伟 严智华 张俊武

林 超 吴 艮 范锐强 贾亚飞 黄淑港 冯东明

梁发成 王 希 李博杨 陈先锋 葛文东 胡健坤

李亚盟 张 豪 晏 明 宋化宇 柏 琦 徐沈鹏

林泽辉 赵泽文 黎兴科 陈 姝 马健康 张天润

陈齐威 赵 恒 曾 超 孟繁昌 马 通 张浩男

晏洋洋 卓冠伟 李亚飞 暴育峰 尹青超 孙志亮

胡 睿 薛晓晨 张思雨 徐 鹏 聂伟平 何家坤

陈达柏 张光坤 李佳绪 郝金钱 吴玉根 陈思远

曹 朔 何晓晨 樊创碧 朱利峰 王 帅 李宗明

梁礼明 王瑞涛 王隆鑫 李株莹 王 超 武建国

姚腾帅 吴 双 胡陈维 张鹏宇 王学义 姚 森

陈 辉 张梓键 龚正华 李俊义 司淑倩 贾文涛

史博文 贾自芊 师华顷 程献访 上官志浩 卢智森

孙学美 刘 津 赵小童 张国栋 魏长辉 陈 旭

裴小龙 毛雨欣 陈 凯 刘昀墨 郝吉全 李承祥

梁 华 李云霞 余启东 王子昊 盛卫国 韩玉俊

石天宇 吕庆东 张 宁 赵亚斌 杜瑞瑞 于学博

伍振军 黄莎莎 阮荣强 罗子俊 王振奎 郭金聚

罗志强 仇冠鹏 王子涵 张海鹏 刘侠飞 雷永鑫

于川朝 陈赛杰 朱军阳 刘 轶 禹 凡 官雅茹

申 凯 张明明 余 潇 李 彬 陈晓普 胡亚崇

周华宁 尹艺洁 杨 谦 郭 宇 程杰里 李 丁

许炳辉 程素雅 娄世天 周鸿飞 贾艳宇 王镔钦

陈 斯 汪鹏鹏 郑胜杰 李百文 王晓东 张培新

梁 栋 宋帅南 闫贺琦 袁玉柱 唐亚浩 王路飞

朱君隆 吴俊松 马浩然 苏标镇 林 宇 李梓呈

张良良 杨 阳 刘 义 王蒙恩 翟石磊 邵景星

金芒芒 张 锋 王珂龙 李戈辉 姜春园 黄登攀

王 旭 许建梓 殷延涛 肖 赟 黄 静 李 东

阮 焕 刘建鹏 苏英奇 郭进学 王 李 张大旭

余瑶沁 尤 猛 黄子硕 黄升荣 李乙平 王宇阳

张瑞士 马有才 姜明明 李振洋 齐 鹏 刘剑锋

朱瑞通 武赛赛 舒 宁 张永勋 陶继康 李 阳

董 慧 邓 卓 佟天祥 王诗远 宋绍刚 石 坤

唐 辉 郝志欢 陈星颖 徐玲燕 王艺博 莫韶峰

王世界 王炎松 刘 洋 杨智乐 张 浩 杨朋飞

徐月刚 王松山 张鹏飞 满志豪 孙聪利 孙 齐

黄文翔 张彦阳 梁浩哲 范维建 吕健鹏 范皓誉

杨雪尧 刘杭毓 高鹏飞 马红帅 刘定坤 张天宇

陈 航 余立新 刘广运 李春鹏 李 赛 晋继超

朱广杰 姚学春 谢华峰 张艺萌 陈俊文 于明阳

李 耀 赵亚楼 蔡振旺 徐慧敏 晏成栋 颜华中

杨迪开 周 峰 饶子奇 张科伟 沙 刚 席晓莹

何泽华 汪 江 陈 程 卓航宇 杨梦园 王亚威

王一敏 谷 贺 洪 冲 张永威 李 建 曹建磊

王向阳 吴君杰 陈志良 纪明欣 程 馨 郑宏卓

殷大为 朱 斌 薛志达 闫斌斌 马 萌 刘泽胤

宋 典 李子聃 任甬优 韦飞翔 李彦峰 秦福勤

朱云翔 崔卫亚 侯支龙 杨清晨 晏 杰 符展鹏

张 赏 李孟阳 胡元博 徐 宁 朱 彤 曾 勋

赵 林 陈 亮 徐 铸 张娜娜 孟祥瑞 孙启虎

杨 柳 吴天宇 李显锐 李 亮 卜晓梅 李韦佳

吕晓楠 宋志豪 操文生 郑毅贤 潘天帅 张 帆

王 洋 贾梦奇 侯春波 巴明学 李 想 宋 迪

王艳林 刘桂辰 黄 森 王宗晓 胡孝东 任剑萧

李嘉琪 丁书苏 程 武 刘加童 王耀锋 陈 丰

骆 倩 李佳楠 陶连杰 席 龙 廖文杰 李亚飞

韩旭鹏 李东海 王 凯 朱材峰 黄文鹏 孟祥源

纪海楠 张瑞海 裴文君 易怀磊 谷少闯 王贺喜

蒋 震 周景升 龚小远 刘腾飞 胡江凡 李壮壮

崔 耀 云名名 邢 刚 祁雪威 郑亚闯 刘泽宇

郭 颖 潘 樊 潘 祎 周容名 韩 爽 吕焕杰

贺晓祥 马要辉 叶国庆 刘 楠 吴祥乐 陈先林

袁春良 孙艳龙 王 亿 杨 康 董自爽 王彦栋

温田青　陈　畅

外语学院

本科

曹海明　钟成卫　商明月　赵争辉　刘艺飞　李明明
李　涛　魏小飞　宋红艳　郭　宁　程凌云　张　洁
宋福琳　陈子璇　李　俊　于斌未　尤　越　袁修亮
宋雨晴　赵一博　朱银洁　琚宛如　位　展　王柯柯
郑梦蝶　李晓彤　武瑞娜　葛一凡　廖如丹　孙路林
胡展娟　李　智　梁铋铖　王肖赛　赵　迪　张　焕
张真真　赵晶斋　查文成　孙良凤　冯　杨　杨　霜
徐婉丽　王春垟　冯明丽　苑孟娟　王婉君　杨瑞泽
刘好志　李建良　王　云　卓伟剑　陈　杰　吴育财
吴亚辉　张淑谊　王晓莹　王喜梅　宗孟雅　邓双燕
张永琴　闫明利　李亚欣　赵恩艳　戚紫莹　王　平
李泽文　孙思琳　李　众　宿鹏珍　曾　斌　郭　翠
王一斐　叶小川　武淑婷　刘　昕　李芳婷　沈江钟
聂芙蓉　谢梦恬　王景城　卫俐米　李会杰　石文龙
韩　旭　胡晓晶　周希玉　吴文文　丁　琰　蔡成艳
朱新兴　邢明慧　杜东彪　张淑娜　刘方杰　薛寒寒
黄　雨　刘苏策　田培莉　赵瑞华　杨梦迪　唐凤仪
班　源　季　玲　王佳楠　朱　泉　付　丽　赵　丹
王琪瑶　靳戴娆　雷子佩　周灿灿　娄寒雨　沈凌波
杨楠琪　王笑晗　赵　盼　李亚琴　谢雪利　周红丹
李钦钦　王晓颖　王永琪　董　磊　王采霞　陈　杰
唐邦春　刘梦君　赵京鹤　李　静　李梓廷　黎海清
杨小凤　吕　阳　张瑛莹　王　琴　付　萌　陈　思
顾吉平　刘书杰　刘云飞　丁丽伟　李　玲　张艳云
廖彩平　张　媛　王光辉　李梦杰

新闻与传播学院

本科

陈志生　夏怀城　张亚芳　靳柳青　杨旖宁　陈　昂
刘雪洁　王欣媛　赵婷雨　何　跃　杜　威　时璐瑶
武永香　郑　晶　赵露红　赵彬雁　徐　莉　张　月
刘　杨　吴红灯　涂　功　汤倩倩　万春晖　潘方米
刘梦麒　李艳平　吴彦竹　于　蕾　张　琦　史怡非
董林林　王　巧　张文静　李慧慧　韩晓磊　胡海娟
荣美娜　李　桐　李　威　安怡丞　朱瑞婷　程梦瑶
马微冰　徐毅然　尚　宽　李　强　张云梦　刘世娴
武　玥　吕梅梅　刘　奇　周琼燕　雷子薏　丁关婕
贾梦瑶　刘冠男　韩晓东　符肖音　曹一凡　赵　璐
汤小涛　杜晓琳　孙思佳　李儒松　宋江丽　李瑶瑶
贺　帅　孙　露　杨向阳　李志云　高冠英　王璐莹
赵芳颖　张云罗　楼正阳　吴梦姣　王晨光　简玉枝
陈　杰　刘企盼　李　月　郜艳军　马亮亮　刘佳玲
许含嫣　李　乐　张海梅　任梦瑶　田秋月　邱园园
李　师　陈雅鑫　何　静　杨　帆　周艺萌　肖　惠
李春雪　焦春燕　张悦晨　高巧春　戚佳丽　殷子惠
王士焕　王大平　郭　纯　彭登敏　王雯倩　王佳铭
续小艳　陈合群　高　歌　白鹤莹　余　霞　张靖雅
赵林梅　闫　迪　刘彬彬　张思琪　刘正光　申雅媛
李　伟　郭攀峰　李　慧　王　晓　李梦晓　王佳菊
尚　玲　杨　杰　申勉勉　常晨晨　常音音　任梅婷
王盼盼　梁　倩　李　叶　晋国文　刘羽康　李　颖
郭珂静　胡凤祥　张宁洁　彭　洁　刘冰冰　胡莹莹
杨　健　宋进宝　于　涵　陈佩雨　赵静远　李利霞
叶洋子　任晓宇　冯玉珍　陈明燕　牛利娟　狄　颖
李　扬　陈静一　晁　闯　孟祥云　李优优　刘宇贤
高青波　马　瑶　崔高洁　牛冰洁　罗正敏　帖玉涵
栗　一　孟贝贝　薛巧巧　许小雨　廖婧婷　吴　翔
侯清彪　何晓娟　苏芷琪　宋淑慧　闫　焱　姚洋洋
王泽群　李斌善　林小娜　李高超　蒋志勇　李姿凝
莫　迪　张书玮　田　茹　张雨雪　韩子卿　陈　威
林恩越　侯权威　孙伟朔　刘　潇　王富田　黄泽莹
党旭东　陈丽文　龚　倩　卢若聪　吴腾飞　汪　睿
王　雨　陆媛媛　李俊峰　李旭东　赵景亮　王　涵
张曼玉　王盛楠　李柯槿　张　静　胡靖雯　陈悦悦
刘　畅　陈曦斯乔　陈佳铭　王　曦　徐　琛　孙睿桉
左　伟　董艳伟　胡冰洁　乔　玥　刘雅爽　远广琳
汤皓苒　王玉芳　田晓菲　俞　芮　郭亚鑫　吴怡熹
孙经龙　窦　轲　魏慕方　吕如冰　臧培雅　李　瑾
韩露荷　冯玉玲　秦　越　赵　蕾　赵鑫梦　杨　灿
张艺凡　沈雨凡　郑立南　丁明睿　李雨潇　李　炎
吴凤婷　马　瑞　赵旭龙　刘佑铭　滕君茹　郑洵沙
洪球艺　陈佩佩　何　洋　王攀龙　刘一鲜　李超群
蒋　捷　郑　璐　李木子　谢雅昕　谭小燕　赵珂欣
张　澳　王语婷　胡鹏鹤　付依兰　方　玫　汪　涵
李亦凡　苏　磊　高媛源　张　晴　张　栋　李　超

张晓丽　刘静　邓珂　董卓昂　李东　夏小珍
潘亚　宋华　李鑫鹏　张华印　许阳光　李晨
李志翔　卫质斌　陈梦迪　蒋钰缘　董亚旗　李文
李进杰　贺梦云　李焱焱　刘星　朱文浩　焦淑英
徐悦铭　张士潇　陈思彤　陈思桥　何瑞鹏　杨耀洁
戴君红　廖昕皓　王子豪　曾中笑　张钰　付海尧
孔晨光　王洋洋　陈自鉴　朱晓闯　孙飞　王亚茹
杨舒盟　陈媛媛　梁思纯　王文静　王科涵　申羽飞
邓佳惠　殷露露　文香博　沈钰　胡山丁　张明媛
查锋　王双玲　王云川　李陈辉　陈家驹　高倩
陈子姝　王春梅　王桂钧　王佳颖　李鹏达　张恒恺
刘甲丙　杨富康　曹顺顺　杨闪闪　郭鑫彤　刘淑颖
陈弘　高慧珂　李昶乐　高雅　王晶钰　凌紫怡
徐文倩　朱弘熙　陈超　官振兰　卫云飞　曾强
项静　佟冠男　邓桢泓　赵云飞　陈玉祥　黄翔宇
魏子琦　孙欣怡　方瑞雪　王青洁　薛玉玲　马广胜
田赛　安宇航　宋博文　王建方　袁旭辉　张洋
李红

信息科学与工程学院

本科

江贻林　李飞　丁扬　曾德健　陈明辉　李自强
赵小斐　顾雪亮　喻星恺　张强强　夏富强　刘佳辉
赵俊　侯康乐　郑瑞　贺珍　贠梦柯　冯子玉
张绵　金敏　张婷　张玥　刘遥　魏俊超
沈驿超　杨尧苇　张静雯　舒昇　王之娴　梁倍福
李净　胡军委　彭福康　郭泽林　袁治中　原则
田庆乾　董高杰　娄季琛　熊威　汪丹　董家辉
阚孟菲　阳健　吕培　李瑞刚　刘志豪　辛艳峰
樊文静　李颖　章灵伟　戴鑫　陈江萍　秦川
潘国友　吴文峰　李文俊　吴传勇　林觉列　刘元茂
王寒星　张广顺　邓翔坤　金正宇　郑舜　刘玉祥
董占　丁文龙　郑超群　张亚飞　王琪　张桂平
汪一鸣　郑毅　李圣进　刘嘉棋　郑志爽　彭琦
史俊燚　梁斯硕　盛浩　于玄　张德华　杜新
张之亨　李正　孙梦君　卫彬　汪志鹏　田稼科
方元博　郑皓　骆宏伟　焦欣凯　倪培双　梁艳艳
宫春杰　文树成　刘雨晴　杨玉平　高双起　刘硕
韩松　李帅天　王杰　范良辰　王杰　宋燚
温洪帅　李征　孙东　刘浩　周祖栋　程书阳
徐海华　周子威　孙宾宾　陈晨　苏格格　赵玉环
周紫薇　樊亚敏　米欢　吕亚培　孙瑞　姜静
邢茹萍　王博　金琳烨　张俏　郭亮　鲁茹莹
李瑞龙　傅世友　莫位豪　高晓龙　范延庆　何永军
霍帅帅　尚佳杰　闫润　李彬　张驰　王治飞
张桂硕　李腾腾　黄纬然　李源　陈健　魏暄云
王孟璠　郭芳君　郝志鹏　黄晨凯　熊姿　杨廉
徐艳　何增焕　彭晖智　刘涛　王恩临　姚文浩
王向锋　夏林超　王重阳　常继川　沈祥瑞　杨小亮
张广阳　王永顺　杨娟　马潮　曹新雷　冯林秋
刘港　喻明亮　任涛涛　杜枫　张艺璇　郭志强
张康生　刘宗尚　周锦辉　武肖伟　崔文博　何松林
张道庆　张国海　张丰沛　王中普　梁鑫岩　刘建行
杨敖　李凯　宋纪龙　王培银　黄世民　琚家伟
郑晓涵　白志超　钟洁　张浩　史钰祜　曾大川
魏丽佳　王成耀　季玉双　许东成　梁桢灏　黄贵川
陈文兴　杨晨　祝月星　罗传威　丁红康　王伟伟
杜军辉　贺刚磊　许文征　许思瑞　赵理想　田明华
刘洋洋　朱进杰　姜洋　周巍　王超　王锦麟
韩坤　冶彦辉　孔德春　周楚君　王曦　李誉凯
陈正航　苏有朋　张松佳　张鹏　张栋　吴红运
何晓耀　汪浩杰　陈富超　白银川　张光辉　杜俊康
金江涛　赵梦梦　邓琳　曹小刚　程瑞强　江夏昱
焦小强　李东泽　吴玉钊　刘增辉　黄祥祥　苏新满
王震震　谈龙伟　张敬业　张金柱　张梦祥　刘鑫
王恕园　周映琪　石家斌　杜国霞　马梅玲　马子龙
关宇　李发邦　禾云涛　曹仁俊　陈龙　桑范岭
梁康延　王兴遥　魏振方　李蒙皓　范文浩　张家兴
郭明哲　苏本朋　付呈祥　王世界　徐若男　梁翠华
刘改　王二盼　余方琦　刘欢　端木帅飞　于子勇
华子清　陆铭杰　郝欣　于雷　李鹏举　金琦栋
胡东升　张品　吴文乐　于洋洋　刘高杨　任永恒
王路遥　刘坤　李冲　盛瑞杰　吴明珠　柳爽
陈韬　郑雨生　李根　韩晓朋　何心　谢秋豪
姚旋　梁祺斌　陈金萝　常杰　梁昆　绳金涛
崔金涛　吕国锋　唐蕴梦　张旭东　李超超　吴泽豪
邢熇　任明辉　孙林飞　胡海良　黄章勇　陈稳超
谢方亮　郜婷婷　刘晓豆　邓菁　肖秋杰　陈小壮
党飞　崔伊磊　张培基　梁闯　杨仕锦　王刘欢

潘靖 杨振 鲁汉鹏 郝士倩 苏国琪 张开帆
包俊 朱梦园 刘素 赫英明 李世杰 张林丰
王晓聪 赵航 赵佑芳 夏亚东 胡少恒 任凯
罗畅 石志远 张满 李耀松 万红伟 陈心怡
蒋锦 程峥 蒋承乾 李博 马义 赵路明
王豪杰 李玉超 林永鑫 陈海文 侯天旭 张赫菲
麻豪杰 陈锴 王含 蔡刘洋 李金旺 李金伟
余鹏程 梁正 夏广欣 陈玥 曾世强 丁露
冯坤 杨淑绘 刘金宝 谢振华 孟超 杨睿迪
王宇琦 刘争光 李鹏翔 庞明远 赵宝乐 张铭龙
何俊 段智永 郝治坤 李凯凯 李姑女 岳锐峰
祁开拓 张斌 任元宝 杨志赢 刘立陈 钱梦寒
周俊兴 张沁莹 刘佳灵 杨钊 畅翔宇 金志刚
邓东晓 邢征 韩宇文 李浩 陈海建 刘文生
罗扬 陈郑伟 蔡正亮 白迪 邢苹 董亚超
陶佳琦 毛洵锐 任国航 王逸凡 郭建兴 黄钱鹏
王涛 欧志锋 韦祯轲 李浩然 刘家豪 顾李锋
魏青松 陈文哲 郭志达 陈鹏发 李孟雨 刘承典
张娴利 周铁鑫 国栋 徐昶 杨庆 李容禾
姜萌 谭廉政 张伟杰 熊希平 张雅坤 寻正领
张兆喆 张林辉 吴银 马潇菲 蔡宇 刘永锋
吴汉晖 赵鲜兰 梁佳敏 马中原 刘宇 路行
周华浩 王雪岩 李世锋 刘旭东 李明杰 王鹏
贾钊逸 高典 张永新 汪文豪 王敏 杨攀攀
栾宁 鲁潇 田冲 于克南 许希安 谢鲁泽
吴兆青 李涛 李丽华 李书群 郭瑞萍 宋志豪
秦成成 樊璐华 徐祥 方波 付立保 张宇
孟少康 张潇 杨君午 高振东 袁虎 赵威
王恒阳 孙龙 李振辉 纪加兴 樊明磊 冯章成
饶春辉 林佳敏 李程坤 杨海杰 刘琪 路芳云
翟小伟 赵旭 刘如东 齐博达 连进 杨炳玮
杨根权 唐艳芳 邓远超 马莹玉 仇茂超 吴封雷
张帅 唐双喜 蒋国晖 田中民 康雪峰 汤杰
黄文奇 朱杰 高志伟 李学杰 雷水鱼 刘林峰
韩大伟 周骏 包振鑫 姜茂霖 滕宏伟 戴二壮
梁宸铭 邵红涛 丁帅 郑瑞明 陈国辉 赵卓
周建强 王治豪 蔡田甜 刘亚培 童瑞 曹明龙
赵诚 李佳琦 任剑文 孙豪 陆罗 刘文进
吴宙 黄天亮 雷超 苏天伦 张国汉 王修浩
王曼依 王睿泽 易双武 潘德发 边新童 张文康
张炜明 朱德帮 李宏达 张坤 王凤杰 何磊
彭子轩 高馨月 李泽 曹科 孙淑雅 俞艳慧
马云晴 曾帆 高永强 王明慧 张照辉 姜康
姬瑞晓 代昆鹏 黄钊坤 崔新蕾 徐翔 卢浩强
孟一恒 张鑫伟 闫志斌 贾静 郝江涛 李文俊
范宇航 张宇 施永豪 郭锟杰 王家平 王海童
赵焱 岳小兵 陶素珍 陶亚姣 牛草原 郑旺旺
张永威 冯舒琰 柴冬瑞 王峰 王志雷 李浩义
邹洋 肖阳 张岩 李鹏辉 赵振 余昕哲
王宁 邱晨阳 温英惠 杨园利 叶婷 齐园园
潘婷 曾祥嵩 张亚举 王卓程 石乙量 刘允祯
吴承锴 李东临 王晨宏 周安 王华 苗凤凯
陈浩 李一鸣 苏朋辉 何明扬 郭家宝 朱绪斌
张双力 邵泽权 张路 魏文静 赵莹 姚思筠
李童 潘昱 茅作伟 贾增鑫 马超祥 李室佑
宋迎辉 姜振 黄春林 孟令昌 赵浩 朱建柯
李阳 程聪慧 韩燕芳 王国亮 林芷轩 郭泉波
东厚强 刘学超 董振志 张镡钊 张鹏毅 王飞
陶海强 江鸣慧

职业技术学院

专科

韩乔波 任亚伟 邵开 刘迎港 关皓凯 周明星
马钦 许志明 吴鹏辉 孙需要 王栋 刘子辰
赵效世 郅文涛 邵震 何权恒 黄辉 赵韵翔
刘木易 周轩宇 王欣角 肖业曌 董一彤 闫梦鑫
张延龙 崔益广 霍一恒 王嘉民 骆子贤 李盼盼
王崇 张云鹏 赵冬滔 李鑫洋 郑世博 杨晨辉
苑富海 袁野 倪远博 杨卫国 王路阳 王林
田瑞博 徐振光 徐成 刘鹏宇 岳江超 李志国
李耀坤 李博文 臧云飞 李俊阳 张烜钰 李强
朱松威 黄军 叶飞龙 刘昊 乔宇昊 时润华
马琳 刘潇洋 贾永昭 杨昊 李海东 马家昊
史世凯 马攀攀 赵喜琳 任杰明 张博闻 代家龙
徐中淮 赵梦君 郭艳艳 崔业燕 李醒 张博
申记飞 刘振杰 潘梦岩 杨文昊 秦振华 郑直
伍鑫刚 段文涛 杨定方 甄志恒 张夏炎 高铭
王铎 王闻笛 苏越 白伊飞 胡惠东 徐继龙
符豪 郭镕硕 岳雪寒 翟朋毅 石如霞 朱孝彦

郭玉洁　李陆煜　曹陶陶　陈真　曹东泽　耿帅
陈禾峰　赵喜祥　刘永杰　王怀斌　魏兴　晏浩东
王宗朝　梁栋　邵琪　蔡申申　夏鹏飞　王振永
朱奇周　王孟奇　张昆　李志宽　赵言庆　李高升
黄小波　段盛旺　魏南华　李四宝　乔艺博　彭明强
黄毅博　张颖　张路　刘婷婷　王红丽　徐健
卢毅博　金留科　尹耀文　董卫博　岳亚光　张怀玉
张林坤　李宗烜　胡岩飞　许根柱　冯广通　刘奇
叶春林　王泽原　李康　于柯桢　化高朋　蒋东升
王雨晨　秦福伦　宋照恒　王建博　毕家政　杨楚
郑凯元　赵光亚　李心梦　孟敏敏　魏新铭　巴艳卿
李慧杰　程肇良　徐洋　温向前　宁恒　梁文灿
李亚超　张家英　魏凯利　韩洋钢　胡勇峰　高立辉
赵康尧　朱浩然　竟鹏飞　苑富光　田恒恒　张梦真
张政　李泉铭　赵元坤　苗永帅　刘文卓　冯浩
窦鹏宇　毛鹏伟　张豫轩　王梦菲　谢静宜　顾晓欣
张清清

中英国际学院

专科

张鸣扬　张家豪　薛培　聂浩天　陶洋港　杨浩
杨远达　赵启冉　李建邦　仝鑫　王献昆　王硕
刘诗雨　范贝贝　袁梦瑶　王艺颖　曹闪闪　孙一涵
李培钧　黄俊文　彭慧　赵柯洋　柳方然　李雪琪
马梦茹　姜悦歌　罗薇　段静雅　杨琛　苗睿
李佳欣　计天启　连浩宇　周家辉　王浩权　沈欢波
张展翌　杨路路　雷泓　李金潞　贾丹馨　龚敏敏
王晓　刘雨欣　刘莹　林亚澜　罗家琦　韩芮敏
崔涵　丁景　张钰笛　周若宇　朱雅瑞　郑锦华
苗明慧　于海琦　王倩雯　毛筱笛　周晓莹　李景
王静媛　朱文莉　孔维瑶　孙盼盼　李姝妤　杨兆颖
赵亮　承金明　徐少康　陈明　王志豪　朱常凯
朱航　郭哲　赫大中　刘浩强　刘盈盈　焦梦雨
吉佳雯　叶宇　徐尊尊　吴婧怡　游丹丹　石婉桢
底亚茹　赵艺琳　褚青怡　井伊凡　邱瑞　张杨
杨柳　郭淑淑　王碧茹　袁婷婷　徐燕　李洪源
范鑫鑫　李泽玉　程思杰　王冰洁　姚至柔　梅亦寒
王宇伟　陈浩　翟肖杰　王子宁　孙文墉　成佳梦
徐凯笛　时晨森　李倩　赵鑫　王笑笑　侯丹丹
郝梦姚　朱振茹　刘雅　王英歌　连鑫　王悦莉
张芳妮　刘亚军　付晴怡　郭冰娜　娄翠萍　孙子雯
贺莀仪　侯冰杰　曹玉菁　田文文　余杰　邓雨
盛鹏霄汉　张杰　何志远　石高峰　李庆龙　张紫栋
张易难　邓博翔　潘志烁　郭子轩　冯立　张亚伦
史留星　陈容宇　李瑾　吴贵莲　杨兰　陈悦
刘芳冰　王方婧怡　高雯雯　马晓娜　朱源镐　尚亚萌
魏靖一　沙柯含　贺一瀛　杨玲玲　吉利亚　刘思岐
郑月寒　杨晶晶　王小林　王嘉远　王文婧　秦一
张近　李行彬　王世伟　祝孟想　王子希　赵健
翟新钧　王瑜熙　王若飞　赵雪蒙　孙晨　陈怡梦
孟萍　王琼　金爽　李晨　张晓耘　郭九瑜
张陈晨　付伊　崔文悦　柳阳　冯圆圆　孙铭徽
李杰　孙世昊　徐子凯　路迪　金梦圆　张皓
杨成龙　张立宸　王博涵　张亚彬　李梓宾　周温蝶
李诗梦　冯靖雯　张赛赛　杨滢　丁若晨　常宇
赵愉靖　朱晗　周港华　韩晨阳　康一丹　朱红红
马晓君　支慧　石瑞瑞　何爽　吴朋霖　王梓
张镇　李昕航　王永乐　高豪　冯家明　王禛帅
刘培中　轩茹雨　王敬雯　焦点　李梦圆　唐靖雯
窦悦悦　吴曼凝　张淳一　崔瑞敏　洪梦婷　杨佳羽
郑伊如　陈永昕　丁腾腾　苏永山　李永杰　胡文豪
杨珂　贾寒东　胡远　刘浩田　王腾飞　赵建国
黄蔚林　刘韶波　王震　赵理想　王硕　李天旭
胡浩昌　张佳　张文宁　柴新　孙海龙　段俊强
张鹏　阎睿智　郑博文　张相坤　李宗玮　李帅
陈曜明　刘志翔　刘嘉星　田长江　郭鑫　耿晓鹏
黄深　屈贺江　孟明钢　姚康平　李帅锋　李政帅
张智林　贾志豪　蔡大宝　张仕雨　李亦赫　侯岱利
李驰　张希贤　宋志颖　惠朋志　潘永明　邢乐
连松涛　胡文涛　王隆隆　刘长城　赵腾飞　毛子豪
薛云舟　宋鑫杰　付高阳　谢宜翔　吴帅龙　丁清华
霍文超　贾成玉　寇俊豪　范宇浩　闫豫东　郭庆丰
张山林　白靖博　车浩彦　刘世豪　林泓　漆正波
李益臣　徐维克　马壮　刘子博　吴俊林　霍元中
张涛　丛梓彬　胡方岩　李振华　陈彦勋　徐建城
皮宽宽　亓明亮　马得青　郭林恺　罗斌　杨翔宇
罗天宇　张鹏宇　田龙　张屹松　秦海超　高翔
冉文昊　张亚飞　邓德畅　赵齐　崔文博　张珑
王程斌　王岳卿　邓文可　阚向阳　孙越阳　潘光帅

孙新景 赵朝阳 王一萧 王智 倪浩宇 丁鑫
秦闻严 王伟超 冯林杰 邱宇 段礼杰 赵玉玺
卢秋硕 王维烽 刘逸超 刘耀菲 高浩桓 薛云飞
王宇武 吴冠宇 董烨楠 高一鸣 张育搏 张冲
刘萌 简成薇 李霞 马婕 卫琳琳 钟丹妮
徐昕琪 罗丹丹 韩东芮 化智伟 王琳惠 李方媛
秦菡 吴文清 刘子佳 谢松佑 何成达 甄致远
邱鹏程 王昇 余东宇 李彦斌 刘辉辉 王石
马泉林 杨锐 付云翔 陈五岳 吕彦龙 王凯
孙一帆 郑景方 李渊 崔敬威 姚炬帆 陶力赫
范明珠 刘雪倩 袁茵 陈悦 陶颖璠 李倩楠
李婷婷 何家雯 王艳阳 吴书宇 王质淳 孙晓毅
韦思旭 秦快 周宇宁 冯春璟 丁嘉晖 宋世平
崔恒阳 李晨 和林博 蒋正一 郭浩 李涵
王赟 王帝 王书豪 丁智宇 李朝鑫 夏文杰
李政 王玉龙 赵锐 李经伟 张文清 申梦茹
张丹 田雨蕊 娄茜 常冉 张晗 徐妍玢
王淑蕾 马荣蓉 郭诗琪 毕晓玉 吴峰峰 海冬磊
李世方 池国华 丁孝敬 王方明 方绅绅 刘明阳
张震 李沐梵 宋金全 赵留坤 薛钊南 王家豪
陈泊錞 邓紫豪 李鸿浩 赵晨光 丁嘉硕 潘聿聪
姬一鸣 吴顺妞 梁聪 张祎 李孟凡 张玉玺
王珂 唐怡文 梁蓓 党亚婷 张菲 彭琳琳
刘卿 王胜 孙炜翔 胡晨磊 徐一恒 袁涛
杨得瑞 王家豪 娄伟 李豪 聂开阳 焦傲
毛柯萌 王英翰 李柯 张帅新 程豪 王培奇
刘青菁 郭玥 刘宁婷 刘雅琪 郭美琪 黄晓宇
张英丽 陈梦诗 陈慧东 袁鼎明 李原 陈冠旭
朱亚蒙 张定 王建超 焦彦哲 刘孟恩 李兴鹏
孟嘉浩 秦振钧 王星昊 胡永波 朱鑫 王静思
曹亚恒 王子珏 宋泽宇 王国旗 李士民 郑旭阳
张婉琦 李文婷 黄晨雨 卢昆琪 万艺阳 姜牧春
李文博 冯超 任磊 付京深 谌浩 李锐青
谢世杰 张义鹏 王耀光 耿远培 刘晨阳 刘昂
刘帅北 封华仁 王政 王家宝 李晨 刘彪
王迪然 索涵 李洪鑫 徐记如 田秋爽 冯帆一
杨婉君 吕福勇 朱欣凯 顾威威 祝梦聪 李振杰
吕飞跃 李林 靳凯歌 李康淼 过子强 韩森
吴章兵 宋豪阳 李哲 刘子钰 赵国星 程飞跃

张豪龙 朱雅芳 高梦瑶 王楚璇 梁璐瑶 刘蔷
康赛 高培嘉 冯旦辉 毛海涛 韩枫 单航
乔奔欣 白天文 王陆飞 张锐琪 叶剑鹏 夏子恒
杨坤铭 张霖杰 刘华禛 陈雅阳 李凯 陈浩翔
王浩博 窦允浩 王博 张鹏 陈鹏 田润东
任为 毛宝源 陈国育 吴振华 刘玉叶 杨乐然
龚鑫 徐梦迪 高俊涛 韩统 刘鹏燕 张喆
杨汉青 杨璐嘉 于广沅 杨远方 崔金宝 邵胜琦
任泽锋 李颖颖 霍新新 蔡子龙 李林可 毛紫阳
丁薇 李文会 张琨 娄翔飞 刘家祺 郭梦圆
段晓 陈耀威 宋豪凯 刘茜蒙 阮文馥 陈旭
潘世隆 徐亚伟 潘天恩 李京 翟宏凯 郭宏彬
代晓辉 芮子博 邢一凡 李洋 吕政润 孙帅
鲁永旭 马骏 王子涛 张博 昝兰兰 苏于敏
黄元祺 王乐丹 余雪 柳璐 安冉 王玲玲
潘馨蕊 左程程 景慧晓 李婧文 张倩倩 吴光莹
刘潇 高雅静 关婷 孙玉娇 朱倩倩 张佳懿
徐若楠 孟瑶 黄志婷 许晨 赵锡林 石玉婵
曹冠楠 徐一琦 王凤情 尹月月 蓝昕月 赵颖华
段锋东 郭庆 郭志超 李定 朱家生 张正阳
韩博 闫昊 丁泽胜 胡俊洲 王鹏勇 侯绍山
苏文庆 韩瑶 李迎光 杜凯 牧世焯 张超凡
宗俊辉 李春林 赵一凡 王灵翼 李明 刘晗
郭翔 王卓 王莉君 赵文珂 武晓倩 田得松
李甜甜 唐建峰 韦可涛 李虹达 王阔 李杰
付子恒 朱高帅 陈嘉林 孙向宇 赵凯洋 王浩
时梦勇 姜棚 张大强 王志鑫 毛承睿 陈家宝
焦孟林 马利华 李镇旭 焦宁宁 兰鑫 王淑静
原晓青 夏嘉斌 刘硕 郭思然 张梦飞 郭玉龙
任旭东 武冲之 胡浩天 张洪远 孙晓宇 杜京辉
王亚明 杨璠琦 王超乾 李彤 王盼明 侯沛震
贺阿辉 江超 曾一凡 赵聘卿 王胜高 侯一凡
刘秋峰 姜哲 宋跃 解雯 夏梦佳 李惠洁
原梦月 宋保健 宁哲 裴飞翔 王硕哲 王攀登
岳鑫 王宇航 王寅虎 周应武 李瑞焕 徐显银
李东阳 王润哲 李瑶 周浩楠 叶永浩 禹宏业
史新博 杨昆 黄悦童 张陆豪 代炯炯 杨俊南
焦森洋 周莉娜 谭爽 李萍 蔡梦月 陈思佳
张紫良 侯正向 李延鑫 耿强伟 陆彤彤 乔昂

刘龙辉 尤　鑫 唐　森 牛金祥 胡玉哲 夏晓飞
李博文 刘文杰 郭　冲 朱嘉旭 陈　栋 李红鑫
杨文博 汪　澍 李岩磊 张宏达 李　响 孟庆勇
石鹤敏 刘宇航 邵明明 薛白冰 何璐路 常滨滨
王嘉柔 王佳威 郑自力 吴春阳 李智渊 吴新义
崔誉宝 鲍智欣 崔禹兵 赵　放 苏　航 张高尚
钮瑞杰 祖明硕 范雅星 宋宝光 郭可健 杨　坤
李幸威 杨明超 郭恩东 王贺泽 康丹辉 朱国胜
刘金鹏 万旭乐 张广言 张亚敏 李夏莹 赵趁趁
王　晗 张　旭 刘梦楠 陈憬怡 张　振 许明义
张　飘 蔡萌园 兰怡静 薛志豪 赵帅龙 罗　健
郝　璐 李金凯 王延超 李悟通 杨梦娇 邱茗柯
刘卫东 吕珂珂 焦一展 禹业路 梁适雨 马婧怡
崔昊翔 李高鹏 杨凯文 郭晓杰 陈思思 刘晓丹
马　畅 李京芮 田亚彤 曹书静 张皓斐 汪晓锁
金　钰 张林康 职奇峰 郑来贺 易　鸣 赵　威
王　梓 贾　菲 司谊飞 王新宇 李浩源 王琪媛
郭轩彤 张　哲 郭　凯 杨孟辉 周　雷 赵柳雅
付　好 张涵冰 赵晨雨 周志博 杨铭鑫 周恭源
刘梦迪 余晓蒙 刘桂源 张亚婷 吕　岩 王艺普
崔毅伟 余园升 姜　雪 彭雪阳 郭晓静 徐　宇
李嘉钰 苏　芮 张华利 李　翩 王振杰 田　广
宋龙江 姜雨璐 陈培燕 李含韵 许悦雯 刘　畅
王　乾 王　淞 耿　嘉 肖久涵 宋东浩 孙　悦
贺亚雯 李田雨 史苡嫚 李婧祎 董玥璇 蔡晨笛
蒋雨利 张曼青 王志隆 朱冠宇 马　随 吕昊霖
谢亚龙 杨博文 郝政杰 李佳飞 裴淇源 武恒远
田鲁南 张新芸 丁　宁 宋伟杰 李泽洋 喻志伟
王瑞祥 王雯靖 吕超宇 耿龙涛 杨志明 杨金睿
陈思宇 魏高宇 连雅婷 辛欣欣 王子豪 彭松博
武晓哲 郭子强 刘煜熙 刘　铭 邓鑫森 徐莉坤
郭鑫炀 张　刚 姚　地 马竞泰 韩旭迎 彭亚兰
孙一帆 吕康丽 石茜如 井秋莉 薛晓妍 韩芳芳
侯柏旭 王阿丹 王皓哲 刘家利 任悦萍 高　琪
宋坤昊 靳棋斐 麻倩倩 杨京蕾 杜明泽 贾蓓蓓
王语嫣 王宇华 刘萌萌 崔恩铭 孙　悦 吴　星
梁玉琳 麻　妞 蔡凯阳 霍海洋 肖红宇 郭春雨
宋超男 孙言苹 李方博 刘明祎 刘书君 赵　琪
王凌志 韩丽娜 郑晓柯 张雨萌 华雯霏 李志航
苏　桐 葛信豪 申庆悦 罗晓瑞 陈梦媛 姜向荣
龚泶涵 黄一芳 王　栋 冯长林 王　倩 高子贺
李雨绯 魏珺孺 周　烁 安子业 贾　豪 杨　牧
周琦璇 贾泽阳 吴基浩 刘水水 刘云洋 张雅欣
苏昱心 田永宇

双学位

法学

李晓旭 马　瑾 陈　鹤 邓　诺 刘　振 张赵怡
仝文雅 滕忠英 谈易渡 王子豪 阳冬香 王　玉
穆俊毅 韩坤宸 王　喆 郭卓悦 原晨菲 权曼晖
贺冰艺 柴少卿 张泽天 陈　莉 刘梦真 梁惠琳
徐　磊 耿　植 刘威麟 梁志超 何梦真 冯乐乐
沈越萍 竹乐乐 王烘瑞 张贵坤 吴柳柳 何雅迪
王家慧 张　浩 胡　葳 许　鑫 吕晨聪 梁　梅
张　珊 李戈辉 陈　昂 时璐瑶 张　静 臧培雅
韩露荷 滕君茹 喻星恺 张艺璇

工商管理

张永婷 曾　凯 李隆隆 李咏桐 穆文献 王田贺
宋正胜 黄　熙 樊　响 刘　峰 訾鹏飞 马　玥
王尚政 刘志伟 方祺祥 李　宁 韩新宇 董　康
张新帅 郭军华 王　军 孙杨雪 王　倩 林艳涛
王　莹 李雪萍 朱振亚 张　宇 张采红 李月松
王彦云 禄太恒 冯鹏飞 刘　璟 邢乃迪 王睿杰
赵　晴 刘　杰 靳飞燕 陈　建 刘　琪 王帅彬
段香媛 李　琳 陈思远 武建国 徐月刚 朱　彤
刘好志 周灿灿 万春晖 吴梦姣 张曼玉 邓　珂
霍帅帅 尚佳杰 黄纬然 陈　健 张梦祥 金志刚
邓东晓 邢　苹 陶佳琦 郭建兴 刘　琪

市场营销

周涛涛 陈北明 王乔冉 陈　露 袁朵朵 潘　达
李国川 孙志辉 姬阳天 张罗文 陈舒韵 赵宸彪
厉　倩 林恩越

国际经济与贸易

黄闽岳 白天骄 郭伟艺 郑淇鸿 胡一帆 江　伟
王　云 周希玉

金融学

黄向宇 王　倩 王　臣 张宇阳 潘　旭 陶相龙

鞠润康　林　帅　王昌兰　谢兴甫　王子琦　朱　颜
文滢钦　黄晓瑞　赵李琳　刘青云　石俊英　高　悦
黄宗文　陈思家　张　倩　刘　洁　陈阳雪　俞晓晗
黄　娟　柴　雪　赵　坤　赵勃然　谢继洋　孔朋莉
张晓青　杨冬梅　刘亚楠　杨　羽　张苏杭　吴秋岩
黄圆春　温慧丽　李江华　王海洲　陈　鹏　李昊泽
曹　蕊　邢素娟　李少坦　韩继辉　毕经川　杨春欣
刘振宁　姜　垚　张　琦　钱荟卉　张靖悦　次静轩
欧宗明　张越野　尹　萌　郭　航　韩白雪　常一博
郑　昊　范金媛　胡佳桂　李彦增　安　娜　宋国翔
王亚威　张　洁　张淑谊　戚紫莹　李泽文　韩晓东
陈合群　左　伟　窦　轲　李　瑾　杨　灿　李雨潇
何　洋　蒋　捷　谢雅昕　谭小燕　张　澳　胡鹏鹤
李　超　李焱焱　卫　彬　夏崇宪　李梦杰　耿坤朋

英语

杨亚楠　江　澍　董永智　张雅文　刘紫薇　商煜聪
朱旖旎　张佳悦　计孟佳　曹　男　柯咏琪　徐蒙蒙
任青丞　尹伊君　吴世英　刘娇娇　王　晨　蒋雨珊
郭静静　张青侠　秦　越　刘　璐　朱　璐　冯　翰
郭　洁

2018 年 2 月毕业生

冯换晖　马世远　葛　亮　唐恩寅　赵进斌　黄建龙
化志豪　王希冉　邱胡波　李凡丁　韩冲冲　甄胜云
李　伟　李志健　赵　禹　杨建伟　杜　帅　路　妍
王涵宁　张凯悦　韩明武　康　郑　张　欢　匡三木
张　丰　刘　潇　曹孟萌　陈　康　曹一娇　刘志远
李仕一　兰　焕　胡哲川　董　威　魏龙超　余震涛
邢哲铭　阮雨琪　周路易　张成宇　耿　祎　成新明
余建国　王文龙　朱顺辉　胡兴志　王一帆　魏文杰
张　铎　周　磊　姬帅飞　李　飞　张耘浩　杨宇泽
孙金莹　郭书睿　文　学　朱鹏飞　刘杨超　宋海洋
石亚飞　李　杰　李小娜　董文艺　靳之琳　鲁欣静
莫濠玮　袁长有　张慧洋　张　炜　王云霄　蔡　鹏
凡杲祥　罗天楚　蒙柏程　王明明　谢　琪　孙德强
朱作威　罗泽林　许中辉　黄　麟　冯齐朋　陈阳阳
冯翼泽　谭俊杰　肖　男　李瑞恒　彭俊贺　王万顺
李　杰　刘　举　余汶壕　蔡于蔚　王金良　陈建坤
毛　昊　张佛旭　张二祥　崔思顺　张亚鹏　李冠佐
候宗楠　王　航　索　源　杨伟斌　周义鹏　王后贤
张澳萍　洪　凯　王　震　梁龙啸　李　超　张　冶
滕小浩　苏又山　王余粮　王鹏磊　牛　旭　张　博
王　统　范梦雨　王　爽　崔笛童　王　浩　胡　帅
张梦雨　王曦冉　刘　晶　郭　垚　刘晓东　黄程前
赵晨曦　胡炳晔　李志远

继续教育学院 2018 年毕业生名单

函授本科

武媛媛　苏　森　盛　康　许青军　吴延飞　邹海宽
吴成龙　彭晓莹　韩朋辉　陈银鹏　李　琳　史　超
邓淑贞　袁贵梅　张小艳　孔伟豪　党鹏飞　陈祎辉
卢亚如　袁金梅　洪　磊　陈亚琼　张坤明　王鹏程
朱伟峰　李达平　荆　伟　黄好龙　杜　猛　周小帆
朱丽卫　郑亚州　朱吉利　陈晓溪　单云峰　卫欣博
谷晓亮　梁雄飞　王珍珍　王志朋　李　华　王彬彬
周艳慧　任长顺　于素芬　宋　坤　孟利沙　冀　东
申富东　李岳洲　杜志伟　宋　芳　付士卿　源成轶
张婷婷　姚宏宏　李　涛

函授专科

陈奉东　张应春　王　闯　杨　赫　冯文玉　王　帅
杨梦欣　王书文　郭倩娜　张　毅　冯标标　王　瑞
许小包　崔晓柒　李成昊　贾魏魏　梁　铎　陈　杰
胡　军　赵英剑　梁帅涛　路帅洋　郑　硕　马振杰
王凯凯　申振辉　张令兵　范曾港　张二辉　郝文翔
宋　磊　李科学　常林林　丁恩惠　段罗琳　栗鑫鑫
任亚慧　张　蓓　张圩梅　张真真　户梦晓　史玉龙
祝庆保　韩文博　周志勇　王响响　刘晨晨　李　闯
陈志赏　鹿正帅　闫寒冰　张　文　黄文龙　李洋洋
赵玉涛　蔡梦香　怀宇恒　李毅豪　林　铭　刘钰冰
刘钟洋　马丹丹　马媛君　牛亚倩　潘盛安　任　静
邵晨航　苏智豪　王海涛　王莉丽　王美芝　王帅飞
王　洋　姚杏子　于欣颖　张森华　张希龙　张　怡
张　瑜　赵清雯　张恩艳　耿海景　孙梦举　方　泽
李鹏钊　岳喜贺　王硕硕　王富康　程江彭　付　迪
郭定奇　郭元昊　韩童生　候飞飞　胡小锐　贾春雨
苏小鹏　李　聪　李　明　李　伟　李圆圆　刘红磊
孟祥彬　秦苗苗　孙　琦　孙喜丽　田英铸　王新月
王鹏杰　王玉林　王增豪　杨静菲　余梦娟　郑腾飞

周园园 宋　震 邵林娜 马肖菲 冯志伟 杨　朝
李会芳 刘含笑 吴　婷 王怀倩 杨　鑫 吕向成
王　豪 李亚东 李　进 姚鹏涛 李坤峰 李晋仓
梁东辉 李敬源 金高天 康森鑫 李亚光 李勇辉
余召龙 牛衍堂 马浩浩 吴明洋 杨俊岩 张莎莎
王　跃 王　杰 姜柯欢 马梦娜 李莉莉 王苗青
陈艳芳 武龙飞 史晓航 薛梦菊 史　博 李超峰
蔡晓东 赵肖卜 孙刘朋 张　毅 王　冬 邹运坷
孟祥炜 郭忠翔 段亚鹏 魏广超 宋小鹤 朱丽丽
孙战军 武小东 乔　辉 赵培涛 郭　强 胡晓阁
杨　磊 尹红渠 李　波 朱利明 周长栓 朱广宇
郭　威 刘铭运 刘会杰 王　龙 孙晓童 陈　光
林　静 段雷斌 王俊俊 杨佳龙 李士光 刘　灿
王萌萌 王欣欣 张　伟 王　祺 赵亮亮 寇琭琳
李鹏飞 牛草草 张志豪 石　磊 鹿阳阳 王玲玉
于其正 刘乐乐 张梦琦 王　涛 崔莹莹 王艳飞
徐　浩 许天成 孙建社 张松田 苗薇薇 陈　凯
高华松 陆文彪 时丽华 李英奎 周　磊 田春红
马　会 韩江梅 张　超 熊　晨 刘晓静 张莎莎
刘建伟 冯永帅 赵　杨 王保芳 王　强 刘清伟
冷全振 王晓伟 王　梁 张　鑫 胡鑫菘 杨华英
赵　静 邹佩媛 来云奉 张　莺 蒋　林 葛　林
蒋卫娟 黄　钰 吴世恩 黄佳祺 马登尚 甘秋萍
周文静 邓梦媛 李俊杰 刘晶艳 苏海浪 谢文琼
刘伟立 黎顺莲 周海燕 李　朝 郑阳蝶 张沁颖
易海叶 易思金 邓堂堂 罗银瑜 肖丽梅 陈文波
罗海南 李文秀 邓　志 刘新科 黄腾新 唐诗琳
石六斤 薛庆林 王　畅 陈笑宇 刘羽军 赵　练
左　飞 曾　勇 卢　光 叶明亮 向　超 郑学科
姚　凯 吕亚如 封琪杰 文清泉 田世亮 周叶青
王武城 周　健 何福林 余益新 粟登辉 罗振兴
张　钊 陈　涛 高俊杰 李金旺 卿鑫鑫 周　瑞
黄　景 刘　明 胡　旺 宁雄辉 李其旺 刘　易
李　娟 伍广贤 向　月 周　杨 廖　俊 黄耿辉
奚　涛 叶　平 沈姣雯 谢银柱 郭　萍 杨潮龙
李海波 刘磊磊 刘　丹 李　鑫 黄　巍 邓梓枫
梁志鹏 陆泳聪 郑海丹 唐海潮 赖家豪 高　鑫
廖创轮 陈佐典 陈小玉 杨福招 黄敏怡 林欣如
何　雨 肖玉凤 杜　琴 马洁儿 梁素樱 谢泳桃

郑小敏 王玉婷 石佳俊 杨剑锋 罗启超 赖春华
周火锐 梁锟源 吴　伟 练鸿欣 梁土福 蔡松华
阮丽晓 黄铭芳 植石东 卓上森 瞿建明 关浩波
贺丽平 唐秋菊 张泉兴 李姝囡 鲁　英 刘　娟
师成涛 周　迅 唐　浩 蒋　依 张　璐 湛　艳
潘兴基 孙文芝 赵巧玲 宋　洁 赵艳梅 许长英
李永超 焦柏松 郭慧珍 何家豪 李　磊 乔晓飞
张朋威 康留洋 朱一鸣 李　昌 吴新昊 张　笋
朱红岩 石　岩 赵　阳 高博泉 胡海江 刘　磊
李子豪 侯永发 朱　龙 杨春林 贾会林 李　煜
吴龙浩 闫　娟 李成龙 李　栋 赵　阳 刘鑫鹏
吴树鸽 邢永辉 高亚涛 陈鹤祥 李东东 王明洋
许　朋 徐吉君 魏晨阳 李　勇 丁伟冬 谷文君
张俊豪 周增辉 刘　超 井鹏举 姜砚申 赵月文
魏　强 周　原 杨　明 马　倩 李　娜 张晓晨
徐占山 屈彦彦 刘丽娟 马红丽 冯亚军 张书亮
刘远远 杨　莹 李　鼎 王永波 王亚洁 刘晨亮
宋卫云 刘小平 常永轩 何川俊 徐子强 杜　典
付　帅 韩　朕 张静如 司彤彤 朱艳杰 杨红艳
张玉冰 邵凯月 王　静 孟雨珂 胡　鑫 楚梦雪
王海新 王文娟 郑　然 李　晨 黄金源 谢晓龙
宋文鹏 刘　肖 王晓雨 刘媛媛 苌梅珍 张宇森
任　静 李　萌 李　超 冀丽丽 姚瑞君 李志子
屈彦奎 薛杰斌 王秀丽 吴彦超 贾软妮 马淑娟
冯林丛 马亚君 乔家亮 杨思明 裴若冰 王睿铭
赵　渊 代斌斌 刘晶晶 徐明霞 陈发旭 赵媛媛
杜祥嵩 耿孝倩 刘梦娇 张郑升 张婷婷 叶东松
辛萃萃 陈东雨 刘松森 郭建红 张艺霞 李思慧
孙开俊 常怀军 王张闯 周　贺 张文礼 金梦婷
王垒垒 郑　浩 崔丽娟 赵雅柯 孙文博 魏金婉
李亚菲 许红阳 卞　娜 崔亚飞 孟　银 李梦月
王志红 孙艳霞 李利霞 闫光超 李泽昆 杨世林
李存孝 王宣钧 张鑫涛 徐　璐 徐　杰 李　鹏
王伟锋 杨万里 孟自立 谢艳艳 张　环 张瑞霞
崔高山 岳亚慧 赵　帅 贾志恒 韩秋丽 吴雯雯
韩贝贝 常钰鑫 马玉洁 曹文静 智宁朵 吕浩杰
杨亚威 董一航 楚泽鑫 赵思源 皇甫志恒 张海飞
陈耀元 李卓琳 胡盼盼 库菲菲 牛靖凯 田文文
王　瑄 李雪华 曹　丽 李雪艳 李东晖 朱伟涛

万　辉　楚真真　代宗浩　宰玉磊　邱鑫成　鲁益飞

刘玉梅　裴文亭　冯广超　李亚南　胡孟飞　朱晨曦

张军伟　禹幸改　董文地　吴念念　赵　通　何文斌

陈新超　刘　旭　许明锐　李明雷　王可胜　李　宁

李　宁　赵一非　郭庆祥　任号军　贾亚波　秦太圆

刘　阳　王培龙　高　森　程　龙　宁鹏帅　郑先营

侯王月　张孟凯　张　雨　张以斌　杨鲲鹏　张伟杰

赵　鑫　刘少泽　吴　冰　翟向阳　潘梦楠　杨　帆

樊宇航　范静依　张兴根　王亚辉　饶晓东　杨书凯

万俊良　王高龙　杨成树　刘玉杰　吕帅军　徐曼婕

刘津龙　王钰倩　晋卫丽　王雅萍　李超飞　任志诚

杜文举　马浩忠　孙　悦　陈真真　刘家银　蔡金伟

刘增为　张珂珂　许　翔　李全超　张梦杰　蒋新雅

李军辉　唐乐乐　薄勇辉　郭珊珊　郭金鑫　王凯旋

梁理思　王俞凯　张耀昆　王永康　李孟菲　董银生

宋丹丹　王奇英　孙小方　李和平　翟瑞琪　翟瑞丽

王东垒　颜伟超　马军红　张占成　王巧玲　姜　爽

刘涛涛　张莹莹　张光辉　许高昂　吕　鹏　周荣光

马永威　李　静　史伟强　闫崇琳　闫玲玲　蔡春生

闫兴芳　苑国华　郑　阳　齐亚洲　魏晓远　王　海

潘延超　马　飞　禹奥丽　张项项　程　迪　李晓锋

潘豪铮　柳　奇　郝天瑜　王锦涛　武雪平　赵良向

于科科　万亚可　于素霞　李雨珂　王翠柳　张振威

廖国明　梁艳平　李　艳　杨炎东　翟祖威　孙思伟

张耀芳　王晓恒　班禄夏　姚欣欣　王　丹　司马盼盼

黄　庆　秦威冬　潘二朋　付振强　李　阳　王　琼

刘冰冰　李德富　王艳丽　周武林　陈林林　周　玲

姚彩红　李晓春　于家明　李富富　丁保根　陈永乐

王雅倩　陈胭脂　谷慧彬　赵彦胜　刘小娜　宋长增

程帅锋　魏　娜　张　振　王高强　陈寒红　郭　鹏

杨云霞　朱洗洁　杨　川　张喜翔　杨聪慧　赵清杰

朱燕国　潘东立　臧馗阳　吴天鑫　范振南　邓小川

田鑫宇　宋智豪　李　辉　耿好远　李晓源　李尧煜

王　雷　李　东　张银钢　刘志杰　李世龙　杜光宏

赵健康　韩开超　南哲哲　申宵朋　丁　宇　高振力

郭向阳　王朋亮　梁树双　夏瑞涛　李先雨　冯振勇

于济侗　屈晓飞　张　珅　何美芳　解振祥　张文文

焦喜瑞　张晓强　王　顺　黄　庆　任玉龙　杜怡江

张　见　轩子龙　常亚伦　靳智龙　贾伟杰　李　伟

孙　浩　许永昌　张宏刚　谢丽萍　张　黎　刘朋艳

林　艺　杨德青　鲁茸农　布和鑫　尤　磊　潘英楠

王重阳　李　慧　张梅霞　娄　冰　史小高　张孟洋

闫超宇　潘现洲　徐志强　阎延卓　刘振涛　宋晓一

殷金八　姬云鹏　张卫中　白　佳　王政凯　韩艳霞

王飞飞　赵宗英　刘玉龙　陈　豪　曹福颖　王丁丁

孙　宁　周建冯　宁诗慧　李　梦　王翠红　孙宏敏

何　帅　王筱君　李明岩　王兴顺　苗　舒　孔　程

郭艳芳　徐　瑞　王雨祥　高田田　苗胜杰　郭亚萍

陈　阳　刘　爱　李冬青　张　烨　王　铭　田　威

函授专升本

梁家睿　刘光辉　燕海宾　张德明　胡志楠　刘世龙

赵晓明　王俊涛　郑鹏举　李军亮　段充赟　张国旭

罗晓霞　徐　剑　李　霞　王国兴　聂　冲　李占豪

刘新浩　廖成富　穆　林　王保成　方琳萌　唐德宇

郭建超　张庆丰　杜朝印　李　楠　唐俊安　李　超

蒋艳丽　吴新月　赵爱兵　崔雪敏　尹书玉　陈　晓

翟照忠　王　培　程朝辉　李俊国　袁　禹　陈　鹏

韩　生　田小弟　陈飞帆　曾文琪　李　璐　刘小林

刘永良　陈培栋　孟　军　欧　源　彭　艳　曾　志

刘小薇　詹巧玲　肖　曦　陈　梁　王勇志　祁　伟

王竞争　曾誉球　李维欣　易　筱　万忠胜　续　进

龚望枚　刘　华　郭　霞　吴建军　王护军　周浩波

胡小娟　霍　宇　龙　曙　任维克　陈　文　黎冰水

朱文婷　阳　丽　翁小阳　王　璐　董哲文　高鹏威

张　龙　冯晶晶　张　凯　付　明　刘煊志　张福涛

杨　洋　杜文凯　马　岩　刘媛媛　何泉清　张艳玲

马现朝　张丙琪　王　虎　刘志远　王　锋　朱腾威

王战伟　韩　倩　王晴晴　王　渤　李　渊　蔡倩倩

薛培信　赤晓燕　张蓓蕾　赵文洁　李富辉　范玉胜

王留学　李　庚　张令坤　高　昆　孟子云　范小方

李利隔　王朝辉　吴改飞　司广杰　郑　艳　王　峥

娄升升　王昌东　张会改　常丽强　张　帅　高真真

郭江寅　郭泫洋　薛振国　黄龙伟　吕明明　张亭亭

张海博　马　聪　花玉真　孟　涛　孙立国　宋肖兵

宋文军　尚亚芳　周　俊　王福社　李海申　孙雪丽

陶乾东　程　芳　王雅瑞　马晓伟　张丽霞　安　睿

徐　仲　申振郎　张留柱　刘　庆　张方亮　宋曙光

林显仓　石少华　高志鹏　梁京玉　王婉婷　李　珂

刘红强　魏林红　张祖杰　潘明莉　贾桢洋　王　灿
鲁郑丹　安　康　吴会峰　丁　檬　孟宪臣　陈　霞
王晓凯　黄磊涛　郭毅哲　郭　强　崔玉鹏　吴素霞
和利颖　张小振　庞雪平　刘建海　杨志军　杨忠华
沈腾超　陈德军　高建伟　孙浩楠　朱　彤　魏　红
张　波　陈　程　庞洋洋　李童威　刘勇亮　齐振龙
李　骏　沈　彬　白艳敏　郭培勤　刘赛男　肖万山
王海宝　李　岩　王金锋　丁梦杰　王　坤　王　亮
肖海豹　张永立　常亚飞　徐未秋　王化琪　冯琪琪
平双倩　丁璐璐　王高杰　李卫中　方永攀　王　蕊
董　东　杨　光　齐　翔　牛伟伟　王苗苗　田　野
金一丹　李瑞平　胡东阳　李遂勤　郭黎明　马　亮
耿　婷　侯英才　陈伟东　郭　凯　李文彪　辛云龙
刘　松　霍　阳　陈　侨　岳跃文　潘周菲　李　振
李广太　常　斌　白静坦　刘治国　李亚楠　苏高强
李文博　王白石　朱瑞瑞　李宗恩　罗晓丽　施紫星
李　兵　黄仁燕　李小燕　张　立　张孟丽　王建民
许鹏程　陈金伟　章勇进　樊梧伊　郭艳敏　张德庆
张志国　韩向国　付颖颖　张云峰　张博奇　曹文正
王林威　吴梦爽　代华丽　张盼盼　李志鹏　朱文如
肖　彤　吴　明　王伟龙　仵园春　陈　浩　常　静
党临奇　范甜甜　徐鹏飞　路勇军　张巧格　屈冰夏
席　珂　何泽豪　方金舟　陈超华

学士学位授予名单

王俊华　王俊卿　张路路　刘成龙　李绿玉　田新磊
曹玉轲　陈海勇　陈久长　丁会丽　樊梦雲　胡佳林
荆　峰　李　冰　李　晨　李瑞华　刘文涛　欧泽亚
彭红超　盛艳蕾　石　磊　王炎生　王　洋　邢彬彬
杨超超　杨汝宝　袁留兴　郑崇茜　王璐飙　俞　昊
申　楠　万志捷　王　刚　王　贞　张　鹏　郑　辉
徐江怀　柴文杰　代振龙　单阳光　何　靖　和卿卿
胡亚鹤　靳启龙　李玉玲　刘海军　马晓利　欧丰鸽
宋志远　孙　源　万龙鑫　王国闯　王丽丽　武喜佩
于艳丽　赵　宁　黎　彻　杨　荣　郭玉山　郭艳秋
白棉棉　白婷婷　常雅娟　陈大卫　付　勇　耿　娟
韩　璐　兰　静　兰婉晴　劳振强　李朝蕾　李海花
李梦洋　蔺丽男　娄砚北　马　露　任　悦　时大玉
魏桃蕾　邢　婧　杨露珠　杨柳清　张聪聪　赵　娜
赵　燕　郑萌箐　王　院　黄　颖　刘立波　李玉婷
王俊涵　刘玉佳　陈龙娇　龚　帅　李孝存　刘松涛
马文玲　毛行领　任敬龙　宋培岗　王小波　张世杰
赵春华　周许杰　朱　江　尚旭凯　陈右利　雷冬旭
李超军　李二朋　梅　影　许　帅　姚　晨　张金龙
谭龙峰　董庆亚　郜晓航　屈亚丹　王亚歌　徐杏利
张　洁　张嵋恋　张艺文　陈　权　魏仁乐　蔡海波
陈世欣　董悠悠　范若男　范树均　方桂秀　高慧营
高　伟　谷晓乐　郭琳琳　郭　瑞　郭世同　郭晓勇
郭正洁　韩旭日　何云庆　贺闻超　侯冬冬　胡锋亮
贾海霞　贾　珂　焦丽萍　李红辉　李世伟　李　岩
梁梦强　梁卫卫　蔺瑞川　吕广宇　马　红　马甲闯
马文强　孟　杰　孟淑洁　潘金玲　秦　臻　任善超
任小展　邵　超　沈家山　史洪生　水江丽　宋建强
孙帅燎　唐　静　王凤娜　王　瑞　王明政　王旭伟
卫倩南　温爱君　吴宇彤　吴少杰　邢利孟　徐成龙
徐利侠　姚　梁　杨铭宇　杨伟君　张　杰　张宁宁
张帅统　张晓凯　张云清　赵雪锋　赵亚飞　祝冬坡
朱新平　秦丽萍　王国庆　李建波　刘　娜　毕景博
郭亚兵　吴莹莹　张学全　陈晓娟　褚天琦　董　杰
董玉婷　高雅梅　郭倩倩　郭园园　韩晓含　胡　娟
黄　越　吉恒壮　贾文斌　贾萌萌　李丹丹　刘　浩
刘　慧　刘芮娜　刘卫盼　罗　燕　彭赛赛　秦雪艳
尚好景　尚祎萌　石昕苒　万桂君　王金河　王　英
王　悦　吴　琳　谢依珊　徐红丹　许连杰　晏若楠
禹　苗　叶敏杰　阴　航　余　静　喻　凤　张欢欢
张海燕　张力凝　张梦军　张亚兰　张　征　赵　丽
朱嘉禾　朱小雨　俎晓晓　高　燕　贾陆强　杨其鹏
张燕娜　钟　浩　彭　博　秦璐璐　叶露茜　冯盼盼
付同玲　韩潇阳　胡意娟　李　岚　李林可　连帅华
刘学文　牛梦丽　庞　欢　王华强　王元宵　肖雪男
杨　娇　张梦杰　王梦诗　曾维林　陈　梦　炊海晓
从中岩　丁仕玲　樊　帆　高欢欢　耿玉超　郭露露
候云丹　黄岩岩　来亚豪　雷海良　李梦凡　李　师
李晓雨　李艳荣　李玉林　李　振　梁　娟　梁培峰
梁晴晴　梁帅华　刘国辉　刘萌萌　刘瑞雪　刘赛男
刘　涛　刘　洋　陆　宽　彭芳芳　彭子豪　钱文迪
邱幸来　任丽萍　汝　龙　申思洁　石　辰　宋慧敏
宋元敏　孙小罗　孙旭东　万施平　汪纪格　王慧娟
王赛赛　王素素　王文娟　王玉男　王悦歌　武林霞

杨　严　张　奎　张　散　张婷婷　张旭阳　张　杨
周冲冲　周学强　左　霖　白云翔　陈天予　董璇喆
高艳朵　高月振　李佳豪　李凯辉　李　梅　梁哲鸣
卢科宇　马　利　屈海波　尚亚森　史　坤　王朝阳
王芳芳　王少伟　赵一方　赵竹凯　贾玉磊　杜　凯
梁欢欢　赵　丹　宋林峰　杨兵兵　赵烨星　梁园深
高智慧　郑亚州　黄好龙　武媛媛　刘少林　魏影超
王海燕　魏　祯　燕海宾　何　鹏　史　超　陈小瑞
孙文娟　王鹏程　袁金梅　乔思琪　张　莹　沈莉莉
王俊贤　任文芳　郑路莹　朱艳琪　闫　柯　汤苗苗
孙　银　张雨莹　杨苗苗　解雅婷　程雪花　张俊旗
渠思源　陈　焱　张亚杰　李　佳　乐海姣　王　硕

谢良玉　梅　冬　翟甜甜　张新峰　马　芸　王晶晶
武艳哲　张艳萍　白雪宁　杨　雪　冯志培　张龙飞
陈明会　高　智　茹　杨　郭园园　邵园琳　闫亚雯
宋　昊　包东海　殷　娇　侯文斐　张瑞元　邵泽龙
黄　敬　李万鹏　周　颖　钱　锐　李　拓　许　昊
吕寻泰　姜文文　张谭龙　董婷婷　常志国　蒋　涵
张罗南　任文康　姚良玉　王　帅　张忠伟　吕帅禹
张　倍　赵　晴　张政飞　梁世基　张万鹏　徐宝元
王　童　陈红林　崔骁鹏　高鹏飞　管术新　黄金洲
方肖肖　侯永彬　焦靖熠　赵永涛　金彬彬　高玉婷
梁诗羽　耿云鹏　陈旭东　袁贵梅　刘厚忠

· 2018 年大事记 ·

1 月

1 月 3 日

学校举行学习贯彻党的十九大精神专题培训班集中辅导报告会，省委党的十九大精神宣讲团成员、省委党校科社部主任田宪臣教授应邀做题为《新时代中国特色社会主义的行动纲领》的辅导报告。

1 月 3 日

学校召开会议，宣布副校长朱文学同志任职。

1 月 3 日

省委高校纪工委书记李莉华、副书记王瑜一行莅临学校调研思想政治工作，并召开专题座谈会。

1 月 3 日

学校在共青团中央、全国大学生志愿服务西部计划项目办共同组织的大学生志愿服务西部计划绩效考核中，被评为 2016—2017 年度全国大学生志愿服务西部计划“优秀高校项目办”。

1 月 5 日

学校官方微信在河南省第二届大学生新媒体原创作品大赛暨 2017 年度十佳高校新媒体平台评选中获“2017 年度河南省高校十佳微信平台”称号。

1 月 8 日

泰国兰塔纳功欣皇家理工大学校长 Siwa Wasuntarapiwat 一行 7 人莅临学校进行访问。

1 月 10 日

《河南日报》教育版头题以“河南工业大学实施‘文化铸校’‘文化强校’战略”为题，报道了学校大学文化建设情况。

1 月 15 日

据 2018 年 1 月 ESI 最新数据显示，学校农业科学学科首次进入 ESI 全球前 1%，标志着学校农业科学学科初步迈进世界高水平学科行列。

1 月 16 日

学校被评为 2017 年全国“国防教育特色学校”，标志着学校国防教育工作迈入全国高校前列。

1 月 17 日

学校召开 2017 年度来华留学生工作总结暨表彰会。

1 月 19 日

爱思唯尔（Elsevier）发布 2017 年中国高被引学者（Most Cited Chinese Researchers）榜单，1793 名来自 38 个学科最具世界影响力的中国学者入选该榜单，河南省 7 所高校共计 9 位学者入选，学校谢文磊教授在“能源”领域入选。

1 月 23 日

《粮油科技（英文）》第一届编委会第一次会议召开。《粮油科技（英文）》编委会副主任、主编、陈复生副校长参加会议。

1 月 25 日

河南省高校统战工作座谈会在学校召开。省委高校工委、省教育厅统战处处长张水潮出席会议。

1 月 23—25 日

由全国高校机械工程测试技术研究会暨中国振动工程学会动态测试专业委员会主办，学校机电工程学院承办的 2018 年全国测试技术专题学术交流研讨会在学校召开。

2 月

2 月 1 日

由中共河南省委高校工委、河南省教育厅组织评选的“2017 年度河南省高等学校思想政治工作奖”

揭晓，学校 8 位教师榜上有名。

2 月 8 日

2017 奇瑞全球大学生汽车设计大赛结果发布，在 21 件公布作品中，学校交通工具设计工作室学生作品有 3 件，仅次于考文垂大学（4 件）。

2 月 9 日

河南省省人大常委会副主任徐济超来校慰问卞科、谷克仁。校党委常务副书记王玉斌和有关部门负责同志参加慰问活动。

3 月

3 月 2 日

学校申报的 17 个学科全部获批第九批河南省一级重点学科。

3 月 5 日

学校小树苗志愿服务团在 2017 年全国大中专学生社团影响力评选活动中，获大学组“全国学生最具影响力公益社团”称号。

3 月 6 日

学校被授予“河南省高校统战工作示范单位”称号。

3 月 13 日

学校召开推进共建“一带一路”教育行动国际研讨会，会议就如何落实国家“一带一路”倡议，抢抓国际交流机遇进行研讨。河南省汉办主任徐恒振莅临指导。

3 月 15 日

校党委书记张元到邓州市冠军村指导驻村帮扶工作。

3 月 21—23 日

由中国仪器仪表学会主办，河南工业大学、河南省仪器仪表学会、河南汉威电子股份有限公司承办的中国仪器仪表学会 2018 年秘书长工作会议在郑州召开，副校长朱文学、河南省科学技术协会副主席谈朗玉出席会议并致辞。

3 月 23 日

学校第二届教职工代表大会第四次会议举行。184 名正式代表以及列席代表、特邀代表参加会议，共商改革发展大计。

3 月 23 日

美国柯林斯堡市长 Wade Troxell（韦德）一行到访学校。

3 月 23—25 日

第九届全国大学生数学学科竞赛在西安交通大学举行，理学院物理专业苏行松、数学专业陈意两位同学代表河南省参加决赛，分别获全国非数学专业二等奖和数学专业三等奖。

3 月 27—28 日

常务副校长赵豫林深入邓州市张村镇冠军村，慰问驻村第一书记，指导驻村帮扶工作，开展义诊送药活动。

3 月 28 日

学校交通工具设计工作室 2016 级孟萌的设计作品“Spider Drone”获 2018 年德国 iF 新秀奖，全球共有 62 件作品获此奖项，获奖作品将在 iF 官网上无限期展示，并在德国 iF 汉堡设计展中全年展出。

3 月 30 日

中韩第六届大数据（BIGDAS）国际学术会议筹备会在学校召开。

4 月

4 月 20—22 日

第八届全国大学生机械创新设计大赛慧鱼组竞赛在浙江理工大学举行，学校所报送的 4 件作品最终获全国一等奖 1 项、二等奖 1 项、三等奖 2 项。

4 月 21 日

由学校 30 位学生组成的 10 支参赛队伍在 2018 年美国（国际）大学生数学建模竞赛（MCM/ICM）竞赛中全部获奖，共获国际二等奖（H 奖）5 项、三等奖（S 奖）5 项。

4 月 23 日

学校学习贯彻党的十九大精神专题培训班集中辅导报告会举行，省社科院院长张占仓应邀作“习近平新时代中国特色社会主义思想科学体系研究”辅导报告。

4 月 23 日

河南省普通高等学校本科专业评估评审培训会在学校召开。

校长卞科莅会并致辞。

4月24日

美国雪兰多大学校长Bloss女士、商学院院长陈女士与艺术科学学院院长Coker先生一行三人莅临学校交流访问,洽谈合作办学。

4月25—27日

学校在河南省第七届高校辅导员素质能力大赛获“优秀组织奖”,辅导员许森获大赛特等奖第2名,张佳晨获特等奖第4名。

4月26日

学校召开第十二届田径运动会,教工项目打破学校记录5项。

4月26日

学校在“第九届河南高等教育领军高校高峰论坛”暨“2018年度河南教育豫军总评榜”上获评“改革开放40周年具有国际影响力河南十大高校”,卞科教授主持的科研项目“高效节能小麦加工新技术”获评“改革开放40周年影响河南十大科技创新项目”。

4月26日

土木工程专业教育评估(认证)启动会及汇报会举行。校长卞科出席会议。

4月27日

学校与浪潮集团战略合作协议签约仪式举行。校长卞科、浪潮集团执行总裁冷严凌出席签约仪式。信息科学与工程学院院长张德贤、浪潮通软副总裁张照平代表双方签署战略合作协议。

5月

5月3日

学校学习贯彻党的十九大精神专题培训班集中辅导报告会举行,河南省政府发展研究中心主任谷建全应邀作“关于河南创新驱动发展的几个问题”辅导报告。

5月4日

学校举行纪念马克思诞辰200周年暨《共产党宣言》发表170周年座谈会。校党委书记张元出席并讲话。

5月5日

由河南工业大学、河南省工业和信息化委员会、河南省美术家协会设计艺委会联合主办,河南省陈设艺术协会、上海威墨信息科技有限公司协办,设计艺术学院承办的《2018中部设计论坛·台湾设计专场》设计论坛举行。

5月7日

美国雪兰多大学商学院院长Yvonne Chen女士到访,并代表雪兰多大学与学校签署合作办学协议。

5月8日

学校获批博士学位授予单位,食品科学与工程、机械工程、土木工程等3个学科获批博士学位授权一级学科点。

5月9日

台湾中原大学两岸处及篮球队师生代表团到访学校。访问行程涵盖教师交流、学术研讨、学生宣讲及篮球友谊赛等多项内容。

5月10日

河南省援外培训中心立项研讨会在学校举行。省政府研究室副主任韩联伟,省教育厅汉办主任徐恒振,学校副校长李利英参加会议。

5月12—13日

中国翻译认知研究会主办,河南工业大学外语学院承办的新时代创新背景下翻译传译认知国际研讨会暨中国翻译认知研究会第三届大会在学校举行。国内外百余所高校300多位专家学者齐聚一堂。

5月14—17日

学校在河南省大学生“诚信校园行”学生资助知识大赛总决赛中获大赛总冠军、优秀组织奖和最佳风采奖。

5月16日

中国中原大学生创业园河南工业大学孵化基地揭牌、“启迪之星”孵化器校企合作签约仪式暨“梦想课堂”进校园活动举行。

5月16日

以柬埔寨财经部国务秘书翁赛维索为团长,涵盖柬埔寨财经部、农林渔业部和商业部等多部门政府官员的代表团一行10位贵宾到访学校。

5 月 18—20 日

由中国粮油学会饲料分会主办,河南工业大学、正大(中国)投资有限公司、中粮饲料有限公司、江苏丰尚智能科技有限公司和江苏正昌集团联合承办的中国粮油学会饲料分会第七次全国会员代表大会在郑州召开。

5 月 22 日

学校在由河南省教育厅主办的“新时代·新梦想”首届大学生创新创业优秀项目选拔赛中,获一等奖 1 项,二等奖 2 项,三等奖 2 项。

5 月 22 日

“工大讲坛”第 200 期的重要节点,中国著名考古专家、中国社会科学院学部委员、考古研究所学术委员会主任、郑州大学历史学院院长刘庆柱应邀做客第 200 期“工大讲坛”,讲述“从中原走来的中国”。

5 月 23 日

学校官方微博@河南工业大学入选“本科类高校优秀政务微博”。

5 月 24 日

学校蒲公英支教团(电气工程学院)被授予“河南省教育系统学雷锋活动先进集体”荣誉称号,土木建筑学院王萌(老师)、机电工程学院张宾(老师)和校青年志愿者协会池良丹(学生)被授予“河南省教育系统学雷锋活动先进个人”荣誉称号。

5 月 25 日

校党委常务副书记王玉斌,河南省大中专学生就业服务中心副主任焦金雷,郑州市人力资源和社会保障局人才服务中心主任张怀仓,中国光华科技基金会科技事业中心主任李鹏出席由河南省校企联合会主办,学校就业创业中心承办的“2018 河南省大学生创新创业论坛”。

5 月 26 日

由学校承办的第八届全国大学生电子商务“创新、创意及创业”挑战赛河南省赛区决赛在学校举行。

5 月 28 日

学校材料科学与工程、高分子材料与工程、电子信息工程 3 个专业通过工程教育专业认证,有效期 6 年。

5 月

学校优秀校友叶晓波先生和设计艺术学院景观 & 建筑与空间设计工作室张翼明的设计作品“ZRT-拙人堂办公室”获第八届筑巢奖办公空间专业类别唯一的金奖。这也是河南省第一次获得该奖的金奖。

5 月 31 日

第四届“互联网+”大学生创新创业大赛校赛举行。本次大赛特别邀请教育部全国万名优秀创新创业导师博思人才网 CEO 李金保、河南启迪之星科技孵化器执行总经理车中锐等 9 位导师担任决赛评委。

6 月

6 月 1 日

由商务部主办,学校承办的“2018 塞拉利昂高速公路建设与运营管理培训班”举行开班仪式。

6 月 9 日

学校土木建筑学院学生毕业设计作品在第四届全国高校 BIM 毕业设计作品大赛中获特等奖、二等奖各一项。

6 月 12 日

学校召开服务国家粮食安全(产后)博士人才培养项目实施指导委员会第三次会议。原国家粮食局副局长(副部级)、项目实施指导委员会主任徐鸣,国家粮食与物资储备局人事司司长陈军生,原国家粮食局科学研究院院长杜政,中粮营养健康研究院党委书记张建华,中国储备粮管理总公司仓储部副部长熊鹤鸣,江南大学副校长、食品科学与工程国务院学科评议组成员金征宇,郑州大学副校长屈凌波,黄河科技学院党委书记贾正国,国家粮食和物资储备局人事司人才工作处处长李涛,国家粮食和物资储备局办公室秘书贺伟,以及学校党委书记张元、副校长陈复生、原校长王录民等出席会议。会议由校长卞科主持。

6 月 15 日

学校土木建筑学院被省委高校工委、省教育厅确定为河南省“三全育人”综合改革试点学院。全省共确定 16 个院(系)为河南省“三全育人”综合改革试点院(系),试点周期两年。

6 月 21 日

由商务部主办,河南工业大学承办的“2018 塞拉利昂陈式太极拳培训班暨 2018 玻利维亚少林武术、陈式太极拳研修班”举行开班仪式。

6 月 23 日

学校 2018 年“校园开放日暨高招咨询活动”举办。这是学校深入实施“改革驱动、开放带动”战略,探索具有工大特色的开放办学模式,全面推动内涵建设、提升办学质量的一项重要活动。

6 月 29 日

由郑州信大先进技术研究院、河南工业大学主办,河南工业大学承办,中国信息协会通用航空分会、郑州宣宇培训学校协办的智能遥感技术应用与大数据高端学术论坛在校举行。本次论坛旨在围绕空天地一体化遥感、遥感大数据智能处理与云平台、无人机遥感数据综合处理、北斗网格时空大数据技术等智能遥感技术最新科研成果、技术应用、产业现状、行业整合、发展模式展开探讨与交流。

6 月 29 日—7 月 4 日

由中国大学生体育协会主办大学生跆拳道(品势)锦标赛在河北省迁安市九江体育中心举行。学校跆拳道代表队获 1 金 1 银 5 铜,并荣获女子团体总分亚军,男子团体总分季军,获“全国体育道德风尚奖运动队”称号。其中,许鲁豫同学获甲组女子个人级位品势第一名;许文化同学获甲组女子个人级位品势第二名,并被评为“全国体育道德风尚奖运动员”。

6 月 30 日

学校网络与新媒体专业 2015 级黄欢、王凯生、闫佳琳、陈高昂、龙瑶小组的视频类数据新闻作品《数说中国援非这些年》在第三届中国数据新闻大赛暨数据新闻教育高峰论坛上获二等奖,这是河南省高校本届参赛作品中最高奖项。

7 月

7 月 1 日

学校中西部高校基础能力建设一期工程基础实验实训中心竣工。项目总投资约 2.3 亿元,其中中央财政投资 1 亿元,省配套财政投资 6700 万元。该项目总建筑面积 72 516 平方米,分为实验中心和实训中心两个建筑单体。

7 月

教育部在线教育研究中心公布 2018 年度在线教育“智慧教学之星”评选结果,全国有 161 人获得此项荣誉称号,学校机电工程学院教师蔡刚毅榜上有名。

7 月 4 日

由国家商务部主办、学校承办的“2018 年发展中国家少林武术培训班”暨“2018 年发展中国家陈式太极拳培训班”举行开班典礼。

7 月 5 日

河南省外国留学生出入境服务管理座谈会在学校举行。河南省公安厅出入境管理局局长赵书乾,河南省外侨办涉外管理与新闻处处长艾帆,郑州市公安局、高新区公安分局、郑州大学、河南工业大学等单位相关领导和人员出席会议。会议由河南省公安厅出入境管理局副局长张力主持。副校长朱文学致欢迎辞。

7 月 6—7 日

由中国粮油学会信息与自动化分会主办,学校承办的中国粮油学会信息与自动化分会第三次全国代表大会暨 2018 年学术年会在郑州召开。中国工程院院士崔俊芝、中国粮油学会理事长张桂凤、副秘书长魏然,校党委书记张元、副校长朱文学出席会议。来自国家粮食局、有关高校、研究院所、信息化企业以及学校师生 150 余人参加本次盛会。会议由信息与自动化分会秘书长惠延波主持。

7 月 17 日

南非林波波省省长查普 · 马萨巴萨一行到访学校,河南省人民政府外事侨务办公室国际交流处副处长陈国良和校长卞科陪同。

7 月 18 日

学校举行与信阳市光山县扶贫工作对接会。光山县委书记刘勇，县长王建平，县委、县政府相关同志，县扶贫办、金融办、教体局、工信委等相关部门负责人一行参加会议。校党委书记张元，校长卞科，常务副书记王玉斌，以及相关职能部门和相关学院负责人参加本次会议。

7 月

学校获批为第八批国家级专业技术人员继续教育基地，这是全国粮食行业获批的第一个国家级专业技术人员继续教育基地，中央财政给予专项经费资助。

7 月 20 日

由商务部主办、河南工业大学承办的“2018 年玻利维亚少林武术与陈式太极拳研修班”结业典礼举行。河南省商务厅、教育厅、省外侨办的相关领导，副校长朱文学以及玻利维亚的 22 名学员、2 名观察员参加典礼。

7 月 22—24 日

学校孙瑜等 5 位同学的作品《跨垄式草莓采摘机》在第八届全国大学生机械创新设计大赛决赛中获二等奖。

7 月 25—26 日

副校长朱文学深入邓州市张村镇冠军村，送驻村干部李磊进村工作，对驻村帮扶工作开展情况进行调研指导，走访困难户，看望支教学生。

7 月 26 日

由商务部主办、河南工业大学承办的“2018 蒙古少林武术、陈式太极拳研修班”举行开班仪式。河南商务厅、教育厅、郑州市体育局的领导出席开班仪式。

7 月 29 日

学校参赛项目“如愿轰趴平台”在第八届全国大学生电子商务“创新、创意及创业”挑战赛总决赛中获一等奖。

7 月 30 日

英国亚伯大学副校长丽贝卡·戴维斯一行 4 人访问学校。校长卞科会见外宾。

8 月

8 月 1 日

省委组织部召开 2018 年挂职干部动员培训大会，学校选派的挂职干部董庸昌同志被派往邓州市挂任市委常委、市人民政府副市长。

8 月 2 日

受全国粮油标准化技术委员会委托，2018 年度国家标准审定会在学校召开。

8 月 2—3 日

学校在第四届中国“互联网+”大学生创新创业大赛河南省决赛中取得自参加“互联网+”省赛以来的最好成绩，“预感应电弧传感器-为机械制造保驾护航”“叠加自疏水纤维混凝土添加剂—背水面防水唯一材料”和“中原地区羊肚菌高产栽培技术推广”3 个项目荣获一等奖，“亲果倾诚”等 3 个项目荣获二等奖，“平米科技有限公司”等 5 个项目荣获三等奖。

8 月 8 日

河南省第十三届运动会学生组足球比赛暨河南省大学生第十七届足球锦标赛在河南财政金融学院落下帷幕。学校足球队夺冠。

8 月 9 日

由商务部主办、学校承办的“2018 年发展中国家粮食安全研修班（法语）”拉开帷幕。

8 月 14—18 日

2018 年全国高等院校健身气功比赛在满洲里市体育馆开赛，学校健身气功队取得六字诀普及功法集体项目一等奖，八段锦普及功法集体项目二等奖，六字诀普及功法个人项目第二名，易筋经普及功法个人项目第六名的优异成绩。

8 月 23 日

由河南省高校计算机教育研究会和河南 MOOC 工委会主办、学校和新开普电子股份有限公司承办的 2018 年新工科建设与 MOOC 教学研讨会在学校召开。

8 月 24 日

由商务部主办、学校承办的“2018 年蒙古少林武术与陈式太极拳培训班”结业典礼举行。河南省教育厅国际处副处长蔡弘、郑州市武术协会秘书长李菲参加典礼。

8 月 25 日

河南省第十三届运动会学生组跆拳道比赛暨河南省大学生“华光”体育活动第七届学生跆拳道锦标赛在商丘工学院体育馆落下帷幕。学校跆拳道代表队 13 名队员参加比赛。取得男子团体、女子团体、混合双人、男子个人、女子个人、女子一段、女子二段、男子级位、女子级位、跆拳舞等 10 个参赛项目的全部冠军,获团体总分第一名。吕化老师被评为“优秀指导教师”,林远同学被评为“优秀运动员”。

8 月 26 日

由商务部主办、学校承办的粮食安全研修班结业典礼在校举行。河南省粮食局副局长刘大贵、河南省商务厅国际关系处副处长杨军岐参加典礼。

8 月 29 日

由中加生态储粮研究中心、粮食储运国家工程实验室主办,河南工业大学、河南粮食作物协同创新中心、粮食储藏与安全河南省协同创新中心承办的第八届中加生态储粮研究中心暨粮食储运国家工程实验室工作学术研讨会在校召开。

8 月 29—30 日

第五次学生代表大会召开。校党委常务副书记王玉斌,出席大会开幕式,民主选举产生的 442 名学生代表肩负着全校学生的重托参加大会。

8 月 30—31 日

河南工业大学、河南粮食作物协同创新中心、粮食储藏与安全河南省协同创新中心举办首次粮食加工场所害虫综合治理国际学术研讨会。来自五得利面粉集团和益海嘉里集团等国内主要粮食加工企业、浙江农林大学等高等院校、国家粮食局科学研究院等科研院所 90 余人参加研讨会。

9 月

9 月

校体育代表队在全国比赛中获全国冠军 2 项(跆拳道 1 项,啦啦操 1 项),亚军 4 项(跆拳道 2 项,篮球 1 项,健身气功 1 项),季军 7 项(啦啦操 1 项,跆拳道 6 项),一等奖 1 项(健身气功)。

9 月

细胞生物学研究小组在细胞自噬领域的国际顶级期刊 Autophagy(IF = 11. 1)在线发表题为“Identification of compound CA - 5f as a novel late - stage autophagy inhibitor with potent anti-tumor effect against non - small cell lung cancer”的研究论文。

9 月 3 日

商务部主办、学校承办的“2018 年发展中国家粮油食品加工技术厂长经理培训班”拉开帷幕。

9 月 3—4 日

以“合作共赢,携手构建更加紧密的中非命运共同体”为主题的中非合作论坛在北京举行。峰会期间,受到南非代表团代表南非林波波省省长查普 · 马萨巴萨的邀请,副校长朱文学一行前往北京,与林波波省相关人员深入交流、洽谈合作并签署两份备忘录。

9 月 6 日

由河南省科协首次组织申报的 2018 年度“中原千人计划”——中原青年拔尖人才自然科学和工程技术类项目中,青年教师朱利敏、吴兰入选。

9 月 7 日

学校获 2018 年度河南省“大美学工”十佳优秀学生工作先进单位。

9 月 7 日

《河南工业大学学报(自然科学版)》入编《中文核心期刊要目总览》2017 年版(即第 8 版)之“食品工业类”的核心期刊。这是学校学报自然科学版第 7 次入选全国中文核心期刊,是河南省唯一连续 7 次入选全国中文核心期刊的高校学报。

9 月 15 日

由中国商务部主办、河南工业

大学承办的“2018 年塞拉利昂陈氏太极拳培训班”结业。

9 月

学校食品科学与工程 1501 团支部、广播电视学专业 1601 团支部获评全国高校“活力团支部”。

9 月 26 日

由商务部主办、学校承办的“2018 发展中国家粮油食品加工技术厂长经理培训班”结业。

10 月

10 月

学校农业科学学科连续 5 次进入全球排名前 1%。全球共有 768 个机构的农业科学学科进入 ESI 前 1%，学校位居 749 位。学校 ESI 学科排名位居河南省高校第五位。

10 月 9 日

学校管理学院 2009 届毕业生魏相乾在河南省第二届大学生创新创业标兵评选活动获奖。

10 月 10 日

全省 11 个科学团队入选 2019 年河南省高等学校哲学社会科学创新团队，学校“大数据与管理决策团队”获批。

10 月 12—16 日

学校选送的“预感应电弧传感器——为机械制造保驾护航”“中原地区羊肚菌高产栽培技术推广”“叠加自疏水纤维混凝土添加剂——做永不更换的防水”3 个项目，在第四届中国“互联网+”大学生创新创业大赛总决赛中获铜奖。

10 月 16 日

2018 年世界粮食日河南主会场系列活动启动仪式在学校举行。

10 月

在共青团中央、全国大学生志愿服务西部计划项目办共同组织的 2017—2018 年度大学生志愿服务西部计划志愿者考核鉴定工作中，学校薛鹏伟、王珍珍、闵芳芳、孙怡雯、王依心、朱玥 6 位西部计划志愿者获 2017—2018 年度全国“优秀志愿者”称号。

10 月 18 日

按照中央、省委巡视工作有关要求，根据中央巡视河南反馈意见及河南省委关于中央巡视反馈意见的整改方案，为进一步做好学校巡视整改工作，进一步巩固、提升巡视整改成果，推动学校教育事业健康快速发展，学校党委召开深化巡视整改工作会议，安排部署学校深化巡视整改各项工作。

10 月 18 日

河南省档案局副局长李宝玲带省档案局相关处室负责人和 8 所高校档案馆负责人共计 14 人到校档案馆开展档案工作观摩活动。

10 月 19 日

马来西亚管理与科学大学校长舒克瑞（Mohd Shukri Ab Yajid）、药学院院长张圣贤、国际事务和策略规划主任陈洁一行 3 人访问学校。

10 月 23 日

由国家粮食和物资储备局主办，学校承办的“2018 年粮食行业信息化高级研讨班”在校开班。这是国家粮食和物资储备局规划安排在全行业开展信息化专题培训培训工作的第一个培训班。

10 月 26 日

“全国第十六届重味物理和 CP 破坏研讨会（HFCPV-2018）”在郑州开幕。本届会议由中国高等科学技术中心、中国科学院高能物理研究所、中国科学院大学、北京大学、南京师范大学、上海交通大学与李政道研究所、河南工业大学主办，河南工业大学理学院具体承办。

10 月 26 日

“2018 年发展中国家少林武术培训班”与“2018 年发展中国家陈氏太极拳培训班”举行结业典礼。

10 月 26 日

由河南工业大学主办，郑州大学、清华大学协办的 2018 河南国际复合材料研讨会在校召开。中国工程院、清华大学、北京航空航天大学、北京科技大学、上海交通大学、郑州大学、澳大利亚悉尼大学、中国复合材料学会、中航复合材料有限公司等单位的知名专家、学者及相关企业代表近 200 人参加。

10月26—28日

第二届中国亚临界生物萃取技术发展论坛召开。本次会议由学校和河南省亚临界生物技术有限公司联合举办,粮油食品学院、小麦和玉米深加工国家工程实验室和河南亚临界萃取技术研究院有限公司承办,郑州四维粮油工程技术有限公司和河南省鲲华生物技术有限公司协办。

10月29日

由农业农村工作部乡村产业发展公司、河南省农业厅指导,河南工业大学、小麦和玉米深加工国家工程实验室等单位主办,河南亿谷坊实业有限公司、粮食加工杂志社等单位承办的"2018'中国粮食加工产业年会暨面制主食产业发展论坛"在郑州市举行。

10月29—31日

由天津大学季民教授、山东大学高宝玉教授、江苏南大环保科技有限公司张炜铭副总经理、福州大学陈少靖老师组成的全国工程教育认证专家组一行4人莅临学校,对环境工程专业进行现场考查。

10月30日

河南工业大学外宣专家团成立暨培训会举行。校党委常务副书记王玉斌出席会议。《中国科学报》记者、河南省首席科普专家史俊庭作专题培训。

11月

11月1日

由河南省测绘学会和郑州市创新创业市场服务协会联合主办,河南工业大学、河南省测绘学会地图学与GIS专业委员会等单位共同承办的"金鹏杯"河南省首届地图制图与应用专业竞赛决赛在学校举行。

11月1日

在2018年度全省教育系统"两创两争"活动先进集体和先进个人评选中,学校2个班级、2个宿舍、2名教师、5名学生受到表彰。

11月2—3日

河南省测绘学会2018年学术年会在学校召开。本次会议由中国测绘学会、河南省科学技术协会和河南省测绘地理信息局指导,河南省测绘学会主办,河南工业大学承办。

11月3日

全国大学生软件测试大赛河南省省赛在学校成功举行。大赛由教育部软件工程专业教学指导委员会、全国高等院校计算机基础教育研究会、中国计算机学会软件工程专业委员会、中国软件测评机构联盟、中国计算机学会系统软件专业委员会和中国计算机学会容错计算专业委员会主办,学校信息科学与工程学院承办。

11月3日

由学校主办、中国跨文化交际学会协办的第三届全国"一带一路"跨文化沟通高峰论坛暨河南工业大学"一带一路"跨文化研究基地揭牌仪式举行。

11月4日

省委第六巡视组巡视河南工业大学工作动员会在校举行。

11月5日

《河南工业大学学报》(自然科学版)被评为"2018年度中国高校优秀科技期刊",学报第5次获该奖项,河南省共6家高校学报入选。

11月7日

学校获"2018年全国大中专学生志愿者暑期'三下乡'社会实践活动优秀单位"。

11月7日

《光明日报》10版以《实施"榜样引领工程"建设良好师德师风》为题,报道学校师德师风建设情况。

11月6—8日

卞科教授主持的"大宗面制品适度加工关键技术装备研发与示范"、陈复生教授主持的"特色油料适度加工与综合利用技术及智能装备研发与示范"两项国家重点研发计划项目启动会在郑州召开。

11月10—11日

由中共河南省委高校工委、河

南省教育厅主办河南省高校思想政治理论课教师教学技能大赛决赛在河南师范大学举行，李海涛老师获特等奖。

11 月 9—11 日

第 28 届全国土工测试学术研讨会在郑州召开。会议由中国土木工程学会土力学及岩土工程分会、中国水利学会岩土力学专业委员会共同主办，河南工业大学、郑州大学等单位共同承办。

11 月 12—14 日

由中国科技大学卫国教授任联合专家组组长的全国工程教育认证联合专家组一行 9 人莅临学校，对过程装备与控制工程和化学工程与工艺两个专业进行现场考查。

11 月 14 日

美国欧道明大学国际部主管 Paul Currant、招生部主管 Steven M Risch、语言中心主管 David Holas Silvis 等一行 5 人到访，副校长朱文学会见外宾。

11 月 14 日

国家教育部组成有关专家对由河南农业大学牵头，学校参与共建的首批国家“2011 计划”河南粮食作物协同创新中心进行建设绩效评估。

11 月 15 日

学校马永瑞、刘增喜及陈侣涵 3 位心理委员在第十三届全国高校心理委员暨朋辈心理辅导研讨会上获“全国百佳心理委员”荣誉称号。

11 月 16 日

由中国社会科学院中国社会科学评价研究院主办的第五届全国人文社会科学评价高峰论坛暨期刊评价峰会在北京举行，峰会发布了《中国人文社会科学期刊 AMI 综合评价报告(2018 年)：A 刊评价报告》。《河南工业大学学报(社会科学版)》被评定为 A 刊扩展期刊。

11 月 16 日

学校被团中央全国大学生志愿服务西部计划项目办提出通报表扬，全国共 185 个高校项目办受到表彰。

11 月 17—18 日

粮油食品学院第一届董事会 2018 年年会暨第一届“粮食产业经济发展高端论坛”在校举行。

11 月 19 日

由国家粮食和物资储备局主办，学校承办的 2018 年人社部专业技术人员知识更新工程项目“现代粮食物流发展”高级研修班开班。

11 月 19 日

教育部考试中心国际交流与合作处官员韩敏、英国文化教育协会考试部对外关系经理王瑞、考试部考点组经理郑乐添一行 3 人莅临学校，考察中国雅思考点筹备工作。

11 月 16—19 日

在 2018 年全国大学生软件测试大赛总决赛中，张立千获得“开发者测试”决赛三等奖，孙永泰获得“移动应用测试”决赛三等奖，王付荣、郭丽萍获得“嵌入式测试”决赛三等奖。

11 月 19 日

由团中央学校部、团中央网络影视中心共同举办的 2018 年全国大中专学生志愿者暑期“三下乡”社会实践“镜头中的三下乡”优秀成果遴选活动结果公布，学校“小树苗志愿服务团”荣获“优秀报道奖”“优秀视频奖”，“图南团队”和“心系乡情 · 支农践农”团队荣获“优秀摄影奖”。

11 月 19 日

团中央网络影视中心发布中青校园 2018 年全国暑期社会实践传播力榜单，学校入选全国 50 个优秀新闻宣传单位，2 支实践团队入围全国百强传播力团队。《小树苗志愿服务团》《心系乡情 · 知农践农》获全国百强传播力团队三等奖。

11 月

学校获“河南省征兵工作突出单位”荣誉称号。

11 月

经北京科爱森蓝文化传播有限公司(以下简称 KeAi 公司)严格审核，《粮油科技(英文)》于 2019 年 1 月 1 日起，成为荷兰 Elsevier 公司的 Science Direct 全文数据库的固定收录期刊(此前,《粮油科技(英文)》刊发的文章以过刊形式被 Science Direct 数据库收录)。

11 月 21 日

2018 年阿克苏诺贝尔中国大学生社会公益奖获奖名单公布,学校“寻迹人”公益服务团队的“记录传统文化,讲好中国故事”项目获仅次于金奖的“专项特别奖”,全国共 10 支高校团队获此殊荣。

11 月 21 日

河南省教育厅公布了 2018 年省级虚拟仿真实验教学项目立项建设名单(教高〔2018〕991 号),学校《冲压模具拆装及结构分析虚拟实验》《粮食仓储物流园区建造虚拟仿真实验》《粮油工程虚拟仿真实验教学项目》《LTE 阵列天线与传播模型创新设计虚拟仿真实验》获批。其中《冲压模具拆装及结构分析虚拟实验》《粮食仓储物流园区建造虚拟仿真实验》和《粮油工程虚拟仿真实验教学项目》3 个项目被推荐参加国家级虚拟仿真实验教学项目遴选。

11 月 22 日

河南省教育厅对学校标准化学生食堂和学生公寓创建工作进行评估验收。

11 月

由团中央、全国学联、全国青少年足球文化发展与建设中心联合开展的 2017 年度校园足球主题文化作品征集活动获奖名单公布,学校获三等奖 4 项,优秀奖 16 项。

11 月 29 日

学校召开本科教学工作审核评估专家意见反馈会。专家组组长、河北工业大学党委书记李强教授代表专家组反馈了总体意见。他对学校办学成就和本科教学工作给予高度评价,其他专家组成员根据实地考察情况,坚持突出问题导向,逐一反馈了个人意见。围绕学校的师资队伍建设、人才培养体系及模式、教学改革、学科设置与建设发展、实验室建设及运行等方面提出了中肯的意见和建议。11 月 26 日,教育部本科教学工作审核评估专家组一行 14 人莅临学校,进行本科教学工作审核评估,进行为期 4 天的实地考察。召开 31 场不同类型的教师、学生座谈会;深度访谈了 8 位校领导,18 人次;走访职能部门、教学单位;听课、看课,调阅试卷和毕业设计或论文;查阅教学材料;走访校内外实验室、实习教学基地、学生宿舍、食堂、体育场馆和用人单位。

11 月

在第十届全国大学生广告艺术大赛总决赛中,学校何振可、李磊等创作完成的《爱华仕——生活即旅行》和荣莹、吕可勤等创作完成的《带你去旅行》两幅作品获影视类全国二等奖,冯鹏鹏、王保杰和赵凯创作的《人生专列》获得广播类全国三等奖。

12 月

12 月 1—2 日

由教育部高等学校地理科学教学指导委员会、中国地理信息产业协会教育与科普工作委员会主办的第七届全国大学生 GIS 应用技能大赛在河南理工大学举行。学校代表队获大赛一等奖。

12 月 3 日

“不朽计划”项目获第四届中国青年志愿服务项目大赛暨 2018 志愿服务交流会大赛最高奖金奖。

12 月 3—4 日

副校长李利英带领教务处、招生办负责同志到邓州市张村镇冠军村,看望学校驻村第一书记和工作队员,指导驻村帮扶工作。

12 月 4 日

“全国专利文献服务网点及河南专利信息中心河南工业大学分中心”揭牌仪式在学校举行。

12 月 4 日

依托学校申报的“河南省超硬磨料磨削装备重点实验室”获批立项建设。

12 月 4 日

英国亚伯大学副校长提姆·伍兹(Tim Woods)一行四人来访,就两校国际合作办学项目进行考察评估。

12 月 4 日

在 12 月 4 日举行的全省高校校园文化建设优秀成果展演颁奖典礼上，学校申报的《国防铸魂引领成长 家国情怀广育英才》获一等奖，《科技文化艺术节——第二课堂立德树人的有效载体》获二等奖。

12 月 5 日

学校荣获 2018 年“大美学工”十佳学生工作先进单位。

12 月 6 日

学校教师张宝强荣获河南省首届十佳就业指导名师称号，魏相乾获第二届十佳创新创业标兵称号。

12 月 8 日

学校在 SuperMap 杯第十六届全国高校 GIS 大赛决赛中获 1 项二等奖，2 项三等奖，1 项优秀奖。

12 月 8—9 日

学校李俊亨、杨馨梅、冯盼盼、董姝玮 4 位同学组成的“天工队”在 2018 年“百蝶杯”全国大学生智慧供应链创新创业挑战赛全国总决赛中获三等奖。

12 月 9 日

由中国工程院、宁波市人民政府指导，中国创新设计产业战略联盟、中国工程科技知识中心主办的 2018 中国创新设计大会暨好设计颁奖仪式在宁波隆重举行，校产学研成果-V28 前摇摆倒三轮电动车获得中国“好设计”创意奖。

12 月 9 日

学校 2 支研究生队在第十五届中国研究生数学建模竞赛中获国家三等奖。

12 月 11 日

国家粮食和物资储备局主办、学校承办的“2018 年（粮油）仓储管理员高级技师研修班”开班。

12 月 18 日

由国家粮食和物资储备局立项，河南工业大学主持，浪潮集团协同开发的“粮库信息化培训课件 V1.0”项目在北京通过验收。

12 月 19 日

根据河南省教育厅安排部署，专家组一行 5 人莅临学校对学校进行信息化发展水平评估。

12 月 19 日

学校“小树苗”志愿服务育人工程、绿色成长服务队、“明德书屋”，被授予 2018 年度“河南省高等学校思想政治工作优秀品牌”荣誉称号。“三位一体”文化铸校育人工程获评“全省高校思想政治工作精品项目”。

12 月 21 日

学校召开纪念改革开放 40 周年座谈会。

12 月 21 日

由共青团中央学校部、全国学联秘书处主办，全国学校共青团研究中心以及东方财富承办的第四届“东方财富杯”全国大学生金融精英挑战赛成功落幕，学校团队获全国亚军，学校荣获最佳组织奖。

12 月

根据《郑州市教育局关于在河南工业大学设立全国硕士研究生招生考试报考点的函》（郑教办函〔2018〕30 号）文件要求，自 2019 年研招工作起，学校成为全国研究生招生考试报考点。

12 月

学校吴文瀚教授入选河南省第七批宣传思想文化战线“四个一批”人才之新闻类人才。

12 月 25 日

印度国家信息技术学院（NIIT）中国区总裁 Kamal Dhuper（柯谋）先生一行到访学校。

12 月 26 日

国家粮食和物资储备局组织专家，对学校承担建设运行的“国家粮食局粮油食品工程技术研究中心”进行评估。评估专家组一致同意通过评估，等级为优秀。

12 月 26 日

中国工程院院士、大连工业大学食品学院教授、博士生导师、国家海洋食品工程技术研究中心主任朱蓓薇教授，应邀到粮油食品学院作题为“中国食品产业的创新与发展”的学术报告。

12 月 27 日

河南工业大学情系光山脱贫攻坚暨光山羽绒制品及农特产品展示展销活动开幕式在体育馆举行。

12 月 28 日

依托学校建设的河南省粮食光电探测与控制重点实验室和河南省粮油仓储建筑与安全重点实验室通过河南省科技厅组织的建设项目验收。

12 月 28 日

学校与郑州市签订战略合作协议。

12 月

土木建筑学院范量老师被评为“郑州市 2018 年 7 月份文明市民”。

12 月 28 日

“春天的芭蕾”——河南工业大学2019 年元旦师生音乐会举行。学校领导、各职能部门负责人、学院领导、老师与来自各学院的同学们欢聚一堂,共同欣赏了这场盛大演出。

12 月 29 日

学校科技开发中心被认定为河南省技术转移示范机构。此次全省共有 19 家机构获批省技术转移示范机构。

· 附　录 ·

2018 年河南工业大学十大新闻

1. 学校荣获“河南省高等学校基层党组织建设先进单位”称号

学校党委深入贯彻党的十九大精神，牢固树立“抓好党建是最大政绩”的理念，以问题为导向，抓基层强基础，努力把全面从严治党要求落实到每个基层组织和每名党员，不断提升党建工作科学化、规范化和制度化水平，以优异成绩获评先进单位。

2. 学校农业科学学科首次进入 ESI 全球前 1%

学校坚持内涵发展，注重规划引领和目标导向，跟踪并分析最新数据，多次组织 ESI 学科建设专题报告和讲座，编印学校 ESI 潜力学科期刊名录等，营造跟踪科技前沿、提高学术研究水平的氛围，促进农业科学等潜力学科迅速发展。农业科学学科首次进入 ESI 全球前 1%，标志着学校农业科学学科初步迈进世界高水平学科行列，进一步扩大了学校的国际声誉和影响。

3. 学校获评“改革开放 40 周年具有国际影响力河南十大高校”

改革开放 40 年来，河南省基本实现了教育现代化，教育成果卓著。学校获评“改革开放 40 周年具有国际影响力河南十大高校”，卞科教授主持的科研项目“高效节能小麦加工新技术”获评“改革开放 40 周年影响河南十大科技创新项目”，真实反映学校教育事业发展的辉煌成就和历史经验，推动有特色高水平工业大学建设进程。

4. 学校学生在 2018 美国（国际）大学生数学建模竞赛中获奖

学校自 2014 年首次参加此项竞赛以来，一直受到学校领导及相关部门、学院的高度重视。由理学、机电等学院 30 位学生组成的 10 支参赛队伍全部获奖，共获国际二等奖（H 奖）5 项、三等奖（S 奖）5 项，展示了学校大学生的创新能力、团队意识和拼搏精神，为学校赢得了荣誉。

5. 学校成功获批博士学位授予单位及 3 个博士学位授权点

学校认真贯彻落实党的十九大精神，强化质量意识、汇聚高端人才、增加教育投入、补短板强弱项，大力发展内涵建设，不断提升办学水平和研究生培养能力。跻身博士学位授予单位，是学校办学实力、办学水平、办学特色和学术地位的集中体现，对于进一步提升学校办学层次、增强核心竞争力具有十分重要的意义。

6. 学校喜获河南省“大美学工”十佳学生工作先进单位

学校认真落实立德树人根本任务，不断提高办学水平和育人质量，荣获“大美学工”十佳优秀学生工作先进单位这一河南省学生工作战线最高层次的综合荣誉，彰显了学校学生工作在全省高校的领先地位，推动了学校人才培养质量的不断提升，开创了学校学生工作的新局面。

7.《光明日报》报道学校:实施“榜样引领工程”建设良好师德师风

11 月 7 日,《光明日报》10 版以“实施‘榜样引领工程’建设良好师德师风”为题,报道了学校师德师风建设情况。多年来,学校高度重视师德师风建设,将其摆在教师队伍建设的首位,作为评价教师队伍素质的第一标准;坚持思想建设和业务建设并重,以“以德育人”为核心,推进“以德治教”,为学校事业发展做出积极贡献。

8. 学校实现了国家重点研发计划项目牵头主持零的突破,共获批 3 个项目,其中 2 项国家重点研发计划专项项目顺利启动

2018 年,在“现代食品加工及粮食收储运技术与装备”重点专项中,学校共获批 3 个项目,经费突破 6000 万元,实现了国家重点研发计划项目牵头主持零的突破。11 月 6—8 日,学校卞科教授主持的“大宗面制品适度加工关键技术装备研发与示范(项目编号:2018YFD0401000)”、陈复生教授主持的“特色油料适度加工与综合利用技术及智能装备研发与示范(项目编号:2018YFD0401100)”两项国家重点研发计划项目启动会在郑州顺利召开。本次项目启动会是专项由项目立项阶段转入项目实施过程管理阶段的重要标志,对于明确专项管理要求、统一专项实施思路、加强专项研发协作具有重要意义。

9. 学校接受教育部本科教学工作审核评估

受河南省教育厅、河南省教育评估中心的委托,11 月 26 日,专家组一行 14 人莅临学校,对学校本科教学工作进行审核评估。专家见面会后,根据本科教学工作审核评估的要求和有关日程安排,专家组在审读学校提交的自评报告、教学基本状态数据分析报告和本科教学质量年度报告的基础上,对照审核评估要求,对学校进行了为期 4 天的实地考察。11 月 29 日下午,在召开的本科教学工作审核评估专家意见反馈会上,专家组对学校办学成就和本科教学工作给予高度评价,指出学校对本科教学工作高度重视,领导班子坚强有力、奋发有为,认真贯彻 20 字评建方针,工作举措实,师生态度好,整改成效大,特别是诊断评估以来,以评促建效果非常凸显,全校形成了校院联动、分工协作、同鸣共振的良好局面,梳理了本科教学工作的典型经验和优秀做法,明确了今后本科人才培养的工作思路,开启了改革教学范式、提高课程质量的新征程,有力推动了本科教学工作。

10. 省委第六巡视组进驻学校开展巡视工作

根据省委巡视工作统一部署,11 月 4 日至 12 月 18 日,省委第六巡视组进驻学校开展巡视工作。巡视的主要任务是以习近平新时代中国特色社会主义思想和党的十九大精神为指导,增强“四个意识”,坚定“四个自信”,落实中央巡视工作方针和省委部署要求,坚定不移深化政治巡视,以“两个维护”为根本政治任务,聚焦坚持和加强党的全面领导、新时代党的建设总要求、全面从严治党,从“六个围绕,一个加强”等七个重点方面,着力查找和发现被巡视高校党委及其领导班子成员存在的政治偏差及违纪违规问题,推动党中央关于高校工作的重大决策部署落到实处,推动全面从严治党向高校基层延伸,推动高校进一步严肃党内政治生活、净化党内政治生态。巡视期间,巡视组设置了专门举报电话、邮政专用信箱、电子邮箱、举报信箱,学校上下切实按照省委巡视工作要求,统一思想认识,提高政治站位,强化责任担当,全力配合省委第六巡视组的各项工作,使此次巡视工作圆满完成。

河南工业大学2018年度人物

王殿轩　粮油食品学院

吕玉花　经济贸易学院

许　森　信息科学与工程学院

李海涛　马克思主义学院

张　霞　教务处

谢文磊　化学化工与环境学院

雷　兵　管理学院

蔡刚毅　机电工程学院

肖　国　管理学院电子商务1503班

青年志愿者协会志愿服务团队　土木建筑学院

河南工业大学2018年百条新闻

1.“河南工业大学工业设计中心”被评定为省级工业设计中心

2.学校荣获“河南省高等学校基层党组织建设先进单位”称号

3.省委高校纪工委书记李莉华一行莅临学校调研思想政治工作

4.学校官方微信获评2017年度河南省高校十佳微信平台

5.学校被评为全省“大学生宣讲团”基层巡演先进单位

6.泰国兰塔纳功欣皇家理工大学代表团来访学校

7.学校农业科学学科首次进入ESI全球前1%

8.《粮油科技(英文)》第一届编委会第一次会议顺利举行

9.学校谢文磊教授连续四次入选中国高被引学者榜单

10.2017奇瑞全球大学生汽车设计大赛落幕　学校学子获奖

11.学校8名教师喜获“2017年度河南省高校思想政治教育工作奖”

12.省人大常委会副主任徐济超慰问学校专家教授

13.学校获评2017年全国“国防教育特色学校”

14.学校获评首批“河南省高校统战工作示范单位”

15.学校荣获“全国大学生志愿服务西部计划优秀项目办”称号

16.学校17个学科成功获批第九批河南省一级重点学科

17. 全国高校辅导员素质能力大赛落幕　学校许森老师获二等奖
18. 土木建筑学院获批河南省“三全育人”综合改革试点学院
19. 学校学子在全国大学生机械创新设计大赛慧鱼竞赛中获奖
20. 美国雪兰多大学校长 Bloss 一行来访学校
21. 学校获评“改革开放 40 周年具有国际影响力河南十大高校”
22. 学校与浪潮集团签订战略合作协议　校长卞科出席签约仪式
23. 学校举行纪念马克思诞辰 200 周年暨《共产党宣言》发表 170 周年座谈会
24. 美国雪兰多大学与学校签署合作办学协议
25. 学校学生在 2018 美国(国际)大学生数学建模竞赛中获奖
26. 学校学生作品获得 2018 德国 iF 设计新秀奖
27. 柬埔寨财经部国务秘书翁赛维索一行访问学校
28. 学校荣获河南省“诚信校园行”学生资助知识大赛总冠军
29. 中国社科院学部委员刘庆柱作客第 200 期工大讲坛　讲述“从中原走来的中国”
30. 2018 省大学生创业大赛终审决赛落幕　学校获“优胜杯”
31. 第八届全国大学生电子商务“三创赛”河南省决赛在学校举行
32. 学校举行党的创新理论万场宣讲进高校工作推进会暨“我与‘两个一百年’”“我与中原共出彩”主题活动启动仪式
33. 学校第四届“互联网+”大学生创新创业大赛校赛落幕
34. 学校成功获批博士学位授予单位及 3 个博士学位授权点
35. 学校又有 3 个专业通过中国工程教育专业认证
36. 第四届全国高校 BIM 毕业设计大赛落幕　学校学子获特等奖
37. 学校 2018 年计划招生 9320 人　本科一批录取规模继续扩大
38. 英国亚伯大学副校长丽贝卡・戴维斯一行访问学校
39. 学校学子在第八届全国大学生机械创新设计大赛决赛中获奖
40. 省委高校工委调研组莅临学校调研省委十届六次全会暨省委工作会议精神贯彻落实情况
41. 2018 年度国家标准审定会在学校召开
42. 2018 年发展中国家粮食安全研修班(法语)在学校开班
43. 学校足球队在河南省第十三届运动会上夺冠
44. 河南工业大学入选国家级专业技术人员继续教育基地
45. 第八届中加生态储粮研究中心暨粮食储运国家工程实验室工作学术研讨会在校召开
46. 粮食加工场所害虫综合治理国际学术研讨会在学校举办
47. 生物学院张璐课题组在生物学国际知名期刊发表重要论文
48. 学校学子获全国大学生电子商务“创新、创意及创业”挑战赛一等奖
49. 2018 年发展中国家粮油食品加工技术厂长经理培训班在学校开班
50. 南非林波波省与学校签署合作备忘录
51. 学校喜获两项“中原千人计划”——中原青年拔尖人才项目
52. 学校喜获河南省“大美学工”十佳学生工作先进单位
53. 学校学报(自然科学版)连续第 7 次入选全国中文核心期刊
54. 学校两个团支部荣获全国高校“活力团支部”称号

55. 2018 年学校获批 8 项国家社科基金项目
56. 河南工业大学教育思想大讨论启动暨教学工作表彰大会
57. 2018 世界粮食日河南主会场系列活动启动仪式在校举行
58. 学校六名西部计划志愿者荣获“全国优秀志愿者”称号
59. 马来西亚管理与科学大学校长舒克瑞一行访问学校
60. 河南省档案局领导率队到学校开展档案工作观摩活动
61. 学校“大数据与管理决策团队”获批省高校创新团队
62. 学校在第四届中国“互联网+”创新创业大赛中获 3 项铜奖
63. 2018 年粮食行业信息化高级研讨班在学校开班
64. 学校承办“全国第十六届重味物理和 CP 破坏研讨会”
65. 2018 年发展中国家少林武术、陈氏太极拳培训班落幕
66. 学校积极参加中国·河南招才引智创新发展大会
67. 学校主办 2018’中国粮食加工产业年会暨面制主食产业发展论坛
68. 学校主办第二届中国亚临界生物萃取技术发展论坛
69.《光明日报》报道学校:实施“榜样引领工程” 建设良好师德师风
70. 学校承担的两项国家重点研发计划专项项目顺利启动
71. 学校承办第 28 届全国土工测试学术研讨会
72. 学校获评全国大学生暑期“三下乡”社会实践活动优秀单位
73. 2018 中国(国际)传感器创新创业大赛在学校举行
74. 美国欧道明大学一行到访学校洽谈合作事宜
75. 粮油食品学院举办第一届董事会 2018 年年会暨第一届“粮食产业经济发展高端论坛”
76. 2018 年现代粮食物流发展高级研修班在学校开班
77. 学校学子在 2018 全国大学生软件测试大赛总决赛中获奖
78. 学校荣获 2017 年度“河南省征兵工作突出单位”称号
79. 省教育厅专家组到校评估验收标准化食堂和公寓创建工作
80. 学校接受教育部本科教学工作审核评估
81. 学校荣获第七届阿克苏诺贝尔中国大学生社会公益奖特别奖
82. 学校学子在第十届全国大学生广告艺术大赛全国决赛中获奖
83. 省委第六巡视组进驻学校开展巡视工作
84. 学校在 2018“创青春”全国大学生创业大赛中再获佳绩
85. 学校与光山县举行扶贫攻坚工作座谈会暨项目签约仪式
86. 学校在 2018 年团中央“镜头中的三下乡”社会实践活动中获奖
87. 全国专利文献服务网点及河南专利信息中心河南工业大学分中心揭牌
88. 学校获批立项建设河南省超硬磨料磨削装备重点实验室
89. 喜获金奖!学校斩获中国青年志愿服务项目大赛中最高奖
90. 学校举办学习贯彻全国教育大会精神专题学习研讨班
91. 英国亚伯大学副校长提姆·伍兹一行来访学校
92. 学校获批 4 项 2018 年度河南省示范性虚拟仿真实验教学项目
93. 学校一成果荣获中国“好设计”创意奖 历时三年研发设计

94. 学校大学生志愿服务西部计划工作获团中央表彰　获评优秀项目办
95. 学校 2018 年精神文明建设工作受河南省教育厅表彰
96. 学校获批全国研究生招生考试报考点　首次考试顺利进行
97. 学校“国家粮食局粮油食品工程技术研究中心”以优秀等级完成评估
98. 中国工程院院士朱蓓薇莅临讲解中国食品产业的创新与发展
99. 学校两个省级重点实验室通过河南省验收
100. 学校与邓州市签订战略合作协议

·后　记·

《河南工业大学年鉴(2019)》按照党委的的安排,对 2018 年学校的历史印迹和发展进程做了客观的记录,许多老师对年鉴编纂工作提供了无私的帮助。

在《河南工业大学年鉴(2019)》出版发行之际,我们对关心、支持、参与年鉴编纂、出版、发行工作的领导和老师表示由衷的谢意。

由于我们人员少、水平有限,缺漏和不妥之处在所难免,请专家和读者不吝指教。

各组稿件单位供稿及审稿人员名单如下:

张新州　包　晖　余传杰　唐　燕　孙国俊　李晓沛　丁达安　赵维华　张宝强　王晓宇
尚　伟　杨　莹　李焕锋　李国仓　刘亚伟　薛　明　张浩军　黄晓玉　惠延波　郜双汭
于建华　钱　怡　李永祥　薛中海　杨艳萍　许　文　刘国仕　周　媛　田少君　许　速
彭昌喜　秦　渝　王振松　杨超雄　张景现　杨　曦　郑峰才　杨正华　宋　伟　王喜贞
刘永霞　林秀元　王志山　崔希文　王恒胜　李　科　梁　朗　余汉华　琚学周　张小平
程建会　邵　靓　孙志明　李漫男　刘保国　邓鹏辉　周志强　汤东晓　钟月双　张建华
赵俊廷　李　珂　乔发东　卢　凯　栗正新　朱　贺　刘楠嶓　李沛沛　李广平　王爱玲
徐朝晖　马　强　王建辉　张晓萍　焦万堂　王庆斌　彭德富　尚恒志　宋芙晖　鄢　焱
靳义亭　赵均明　于亦文　鲍宇茹　曹利强　刘　杰　刘广明　姚艾东　王　放　闫多多
马传国　程建民　王殿轩　闫　磊　许德刚　王　珂　周显青　李欢庆　杨延林　王向军
牛彦绍　王艳军　隋　飞　付晓炎　师高民　谷创业　钱向明　王国栓　赵永强　陆　坤

《河南工业大学年鉴》编委会

2019 年 5 月